创办世界一流中学

做好受益终身的教育

程凤春

为天地立心，为生民立命，为往圣继绝学，为万世开太平

藏主丁酉吴善如

世界一流中学建设的学校探索与实践

杨斌 张新民 何刚 荣彬 等 著

四川教育出版社

图书在版编目（CIP）数据

世界一流中学建设的学校探索与实践 / 杨斌等著.
成都：四川教育出版社，2025.1. -- ISBN 978-7-5408-
9607-2

Ⅰ. G637

中国国家版本馆 CIP 数据核字第 2025JB5516 号

SHIJIE YILIU ZHONGXUE JIANSHE DE XUEXIAO TANSUO YU SHIJIAN

世界一流中学建设的学校探索与实践

杨斌 张新民 何刚 荣彬 等 著

出 品 人 雷 华
策划组稿 卢亚兵
责任编辑 李萌芽 高 玲
责任校对 奉学勤
封面制作 庞 毅
责任印制 李栩彤
出版发行 四川教育出版社
　　　地　　址　四川省成都市锦江区三色路 238 号新华之星 A 座
　　　邮政编码　610023
　　　网　　址　www.chuanjiaoshe.com
制　　作　四川看熊猫杂志有限公司
印　　刷　成都新凯江印刷有限公司
版　　次　2025 年 1 月第 1 版
印　　次　2025 年 1 月第 1 次印刷
开　　本　787 mm×1092 mm　1/16
印　　张　21.75
字　　数　400 千
书　　号　ISBN 978-7-5408-9607-2
定　　价　80.00 元
如发现质量问题，请与本社联系。总编室电话：(028) 86365120

本书受国家社会科学基金资助，为国家社会科学基金"十三五"规划 2018 年度教育学一般课题"中国特色的世界一流中学建设研究"（编号 BKA180236）最终研究成果

| 前　言 |

我们所探索建设的世界一流中学，是在中国大地上创建的具有中国特色的世界一流中学，即"具有中国特色的世界一流中学"，其基本内涵和要素包括"中国特色"和"世界一流"。为简明起见，本书将"具有中国特色的世界一流中学"简称为"世界一流中学"。

创建世界一流中学，是我国卓越中学面向世界的办学理想，大量的教育工作者为此付出了不少心血。党的二十届三中全会继续强调了教育在中国式现代化建设中的基础性和战略性作用，要求以创新驱动发展战略提升国家创新体系的整体效能，以新发展理念引领教育强国和高质量教育体系建设。就新时代所处的历史方位看，我国教育的高质量发展已进入"全球参照"时期，需要在世界舞台上以世界一流教育做参照。据此确立的创新战略才是真正的创新战略，才能真正提升我国教育的整体效能。只有当我国教育具备了这样的效能，高质量教育体系才能成为中国式现代化建设的战略支撑。

中学教育作为我国高质量教育体系的有机组成部分，也应以"世界一流"作为标杆，创新育人方式，建设出具有影响力和引领力的世界一流中学，为我国高质量教育体系和教育强国建设做出应有贡献。因此，在今天，创建世界一流中学，不应只是部分中学的办学理想，而应成为所有中学都努力承担的时代使命。

从我国中学教育的现实困境与发展战略看，创办世界一流中学，既是我国中学提升办学境界、拓展办学格局、提升高质量公平发展水平的一种路径，也是我国中学教育"以更加开放的姿态拥抱世界"[①]，以更高的办学品质参与国际基础教育改革，为世界基础教育发展做出更大贡献的需要。然而到目前为止，人们对建设世界一流中学的

---

① 习近平. 深化文明交流互鉴 共建亚洲命运共同体：在亚洲文明对话大会开幕式上的主旨演讲 [N]. 人民日报，2019-05-16 (2).

诸多问题还没有形成共识，特别是在"为什么要建设世界一流中学""能否建设世界一流中学""如何才能建设好世界一流中学"等问题上，还存在不少争议。

带着这些争议，我们于 2016 年开始谋划，于 2017 年正式提出"创办世界一流中学，做好让学生受益终身的教育"的办学愿景，开启了成都金苹果锦城第一中学（以下简称"锦城一中"或"锦一"）创办世界一流中学的探索之旅。在获批国家社会科学基金教育学一般课题后，我们按照课题研究要求开始了规范性研究，在持续探索中逐步形成了关于上述问题的共识，并以这些共识为引领完善了改革方案，在实践中取得了明显成效，得到了多方认可，本书就是我们持续探索所得的部分成果。为了系统梳理我们的研究与实践成果，并为有志于创建世界一流中学的同行提供参考和参照，我们将这些内容分为七章，从整体和细化内容两个层面回答上述问题。

第一章是"前提追问"，主要回答世界一流中学"为何建""能否建"和"建什么"三大问题。

创建世界一流中学是一个有争议的话题，比如有观点认为："我国的中学教育属于基础教育，基础教育具有很强的国家属性，缺乏统一的世界性质量标准。""我们的中学是在中国大地上办的中学，强化中国特色就可以了，有必要再提出'世界一流'的发展要求吗？""建设世界一流是大学的事，效仿建设世界一流大学提出创办世界一流中学，是不是跟风？会不会只是华而不实的口号？""我们国家强调基础教育高质量公平发展，创建世界一流中学只能是极少数学校才可能做成的事，将大量资源用于创建极少数世界一流中学，会不会影响我国基础教育特别是中学教育发展的公平性？"

从总体上看，质疑主要集中在六个方面：一是中学不存在世界一流的标准，缺乏建设世界一流中学的前提；二是我国的中学应该彰显中国特色，不需要强调世界一流；三是建设世界一流是大学的事，中学不必承担这一责任；四是建设世界一流中学的只能是少数中学，违背了高质量公平发展的要求；五是我国还不具备创建世界一流中学的条件；六是建设世界一流中学可能会出现创建世界一流大学时的部分问题，如创建内容不清晰。正是基于这些原因，一些人认为建设世界一流中学没有多大价值，不需要创建也无法创建。为了澄清这些问题，我们逐一剖析并回答了这些质疑，明确了世界一流中学的建设价值、必要性与紧迫性，得出了目前是我国中学建设世界一流中学的最好时机等结论，并根据世界一流大学和世界一流中学的本质区别，回答了世界一流中学"建什么"这一问题。

第二章是"理论探讨"，主要明确了建设世界一流中学要解决的问题及其建设原点、内涵与表征，系统回答了世界一流中学的建设原点、发展方向和理想样态等问题。

在解答了"为何建""能否建"和"建什么"这些前提性问题后，我们开始探讨世界一流中学建设的理论问题。由于本研究的主要目的是推进中学的办学改革，因此对理论问题的研究主要集中在有助于引领和推进实践变革的关键问题上。

我们首先探讨了世界一流中学要解决的问题及其建设原点，明确世界一流中学建设理论的逻辑起点和改革的行动指向。在我们看来，我国中学面临的最大难题是"育分"与"育人"之间不和谐、可持续育人质量难以有效提升。这不是少数学校存在的个别现象，而是大量存在的多数现象，已经成为我国高质量教育体系建设中的重要公共议题。建设世界一流中学，就是要围绕这一公共议题探讨走出困境、实现可持续育人的理论与实践方案。因此，世界一流中学建设应指向可持续育人这一内核，探寻有效整合"育人"与"育分"的基本思想、主要路径与实践方案，形成以可持续育人质量的有效提升解决"育分"与"育人"之间不和谐等问题的办法。

根据要解决的问题和建设原点，我们探讨了世界一流中学的主要内涵，其目的是回答"世界一流中学到底是什么样的中学"这一问题，以求在建设过程中把握其核心和本质。由于世界一流中学的建设原点是可持续育人质量，我们对世界一流中学的内涵界定，就是从可持续育人质量这一视角出发预设其思想内涵、时代内涵和文明内涵。通过对世界一流中学的思想内涵、时代内涵和文明内涵的剖析，我们建构了世界一流中学的内涵体系，为明确世界一流中学的主要表征以及建构实践改革方案奠定了认识基础和方法论基础。

在明确了世界一流中学的思想内涵、时代内涵和文明内涵后，我们结合其建设原点探讨了世界一流中学的主要表征，目的是为世界一流中学建设树立标准，为改革办学实践提供依据，为创新办学质量评价内容与指标提供框架。由于世界一流中学的表征具有多层次性和多维度性，为了便于引领和推动实践改革，我们将其集中在"中国特色"的主要表征、"世界一流"的主要表征、"中国特色"和"世界一流"的整合性表征三个方面进行探讨，形成了世界一流中学的主要表征指标体系。在对主要表征的探讨中，最为关键的是探讨"中国特色"和"世界一流"的整合性表征，只有明确其整合性表征，世界一流中学的建设才能兼顾"中国特色"和"世界一流"两大要素，才能建设出真正的世界一流中学。

由于要兼顾"中国"和"世界"两大维度，世界一流中学的育人场域就应具有"全景"特征。全景，是全方位大视角看待问题的思想、思维与方式，即全面分析和利用影响世界一流中学提升可持续育人质量的所有因素，不留死角和空白，据此建构系统解决"育分"与"育人"之间不和谐的问题的办学方案，以此引领所有中学有效提高可持续育人质量。世界一流中学要提高可持续育人质量，既要考虑学生个体与群体"谁发展"和"发展谁"等主体性问题，也要考虑学校育人环境的整体建设；既要考虑社会、国家和中华民族共同体整体发展对中学教育的要求，还要考虑全球可持续发展对我国中学教育的要求。这就需要学校以"全景"思想和思维提高五个层面的可持续育人质量：一是学习活动本身要有可持续育人质量，即学习内容、方式、技术、过程与结果等要具有可持续育人的价值、空间与功能，以避免学习活动中"分"与"人"的分离；二是要保障个体成长的可持续性，即师生个体及其所在学校都应具有可持续发展的基础与潜力，能够促进学生全面发展与多元发展有机结合；三是要服务于国家成就的可持续性，中国式现代化的发展不是"杀鸡取卵""涸泽而渔"式的发展，而是具有可持续性的绿色发展，学校教育要能够引导学生关注国家的可持续发展，并为服务于国家的可持续发展打好基础；四是要有助于我国与全球其他国家关系的可持续性，学校教育要引导学生参与"促进世界和平与发展，推动构建人类命运共同体"[①] 的高质量发展，引导学生放眼世界，增强理解和尊重不同文化的意识与能力；五是要有利于人与自然的可持续发展，引导学生参与"推动绿色发展，促进人与自然和谐共生"[②] 的高质量发展，引导学生形成绿色发展观念，提高与自然和谐相处的能力。这五个层面的可持续发展目标，是全面推进、相互影响的，只有以"全景"思想和思维推进这五个层面的可持续发展，才能建设真正的世界一流中学。

世界一流中学要把全景时空融入学校教育，需要以全息思维建构全息系统。"中国特色"和"世界一流"都是大范畴的概念，如何在学校教育这一小阵地上反映出这些大范畴的内容要素及相互作用关系，是世界一流中学建设必须突破的难题。从现有理论看，全息系统和全息原理为解决这一难题提供了思路和方法。只有把学校建设成一个全息系统，才能把社会、国家和全球看作不同层级的母系统与子系统，并通过子系统反映母系统的基本要素及其关系。在此模式下，学校教育这一子系统反映社会这一母系统的要素及其关系，社会这一子系统反映国家这一母系统的要素及其关系，国家这一子系统要反映世界这一母系统的要素及其关系。在这样层层传递并反映上一级系统的要素及其关系的模式下，中学教育可以自下而上地促进学生、学校、社会、国家和全球实现可持续发展。所以，世界一流中学应具有全息特征，能够全面反映全球、

---

① 习近平. 高举中国特色社会主义伟大旗帜 为全面建设社会主义现代化国家而团结奋斗：在中国共产党第二十次全国代表大会上的报告 [M]. 北京：人民出版社，2022：60.

② 习近平. 高举中国特色社会主义伟大旗帜 为全面建设社会主义现代化国家而团结奋斗：在中国共产党第二十次全国代表大会上的报告 [M]. 北京：人民出版社，2022：49.

国家和社会发展要素及其相互作用关系，并能据此培养学生可持续发展的意识与能力。

在研究"中国特色"与"世界一流"的整合性表征时，我们特别探讨了应当如何处理好"中国"和"世界"的关系的问题。在建设世界一流中学的"中国"和"世界"两大元素中，一方面"中国"既是一个政治共同体，也是一个民族文化共同体，世界一流中学肩负着中国强盛和民族复兴的使命。另一方面，"世界"是由不同国家构成的，不同政治与文化的国家对理想中学的共同追求，构成了世界一流中学的质量愿景，这一愿景充满了对世界发展和人类福祉的共同期待。中国是世界的一部分，具有中国特色的世界一流中学，既不能只有"中国"的，也不能只有"世界"的，而应是"中国"和"世界"两大元素的有效整合。但是，具有中国特色的世界一流中学教育，应以"中国"为主体。"中国"和"世界"两大元素的有效整合，不是相互包容，而是以"中国"为主体的相互交流与有效生成，必须为我国的社会主义现代化国家建设和中国式现代化建设服务。从总体上看，"中国特色"和"世界一流"的整合性表征，是以可持续育人思想为引领，以"全景"为场域，以"全息"为思维方式推进的实践样态与办学成效等体现出来的主要特征。

第三章对世界一流中学的改革框架进行整体建构，主要回答了世界一流中学的改革任务、起点、路径、策略与保障等问题。

在探讨了世界一流中学建设的理论问题后，我们根据理论认知对办学实践的改革框架进行了整体建构。美国著名社会学家米尔斯认为，任何一项社会改革都必须从价值入手，只有明确了改革价值才能持续推动改革，因为"我们选择研究哪些问题，涉及价值；我们使用哪些核心观念来阐述这些问题，涉及价值；而解答这些问题的过程，也受到价值的影响"[①]。世界一流中学的改革也不例外。在推进世界一流中学的办学实践改革时，"必须先说清楚它们蕴含的价值和面临的明显威胁"[②]，并将这些价值和威胁变为建构改革方案的切入点。我们在"前提追问"和"理论探讨"中明确了世界一流中学的办学改革是为了提高可持续育人质量，可持续育人就是推进办学改革的核心价值。为此，我们将提高可持续育人质量作为改革的核心任务，并把这一核心任务作为世界一流中学建设的战略支点，由此确定了改革的起点、路径、策略与保障等一体化改革框架。

在此章建构的改革框架中，全景德育、全息课程、全息课堂和核心支撑构成了改革的主体内容。为了突出这些改革重点并取得实质性突破，我们在第四章、第五章、

① 米尔斯. 社会学的想象力 [M]. 李康，译. 北京：北京师范大学出版社，2017：108—109.
② 米尔斯. 社会学的想象力 [M]. 李康，译. 北京：北京师范大学出版社，2017：180.

第六章和第七章分别细化了这些改革内容。

第四章提供了全景德育的建设方案，重在探讨世界一流中学如何在整合"中国特色"和"世界一流"育人资源的过程中建构和优化全景育人场域，以及如何在全景场域中提高立德树人质量等问题。在建构学校的全景德育体系时，我们特别强调"中国"和"世界"两大元素的不可分割性。世界一流中学在全景时空中建设全景德育，必须把握住融合"中国"和"世界"两大元素的关键节点与关键要素。

第五章和第六章则以"全息"为核心，细化了全息课程和全息课堂的改革方案，回答了世界一流中学如何把全景时空和全景德育转化为课程与教学内容等问题。全息课程和全息课堂是世界一流中学的两大全息系统，是以全息思维和全息观念将个人全景、国家全景和世界全景转化为学校课程与课堂学习内容的基本策略。"任何类型的社会研究都是靠观念推进的，事实对它只起到了约束的作用"[①]。世界一流中学的课程与课堂改革也是如此，它们需要用全息观念来推动。今天的中学课程与课堂，已不是封闭的课程与课堂，而是在世界格局中思考内容定位与质量的课程和课堂。世界一流中学的课程和课堂，应以更加开放的姿态拥抱世界，以更有活力的教学培育学生的可持续发展素养。这样的课程与课堂，既要体现中国智慧、中国活力，具有中国特色，还要把世界发展大势和全球对中学教育的普遍需要作为课程与课堂的改革指向，体现世界发展格局，浓缩人类与自然的发展过程与形态。以此为课程和课堂改革的平台和实践框架，才能落实全景时空对新时代"全人"的培养要求，提高课程和课堂的可持续育人质量。

第七章探讨了世界一流中学建设的五大核心支撑，即教师学术共同体、教师数字素养、全球交流平台、办学质量评价、学校诊断与改进系统，主要回答如何才能有效推进世界一流中学办学改革并持续提升可持续育人质量等问题。

在这些核心支撑中，教师学术共同体建设是核心中的核心，只有全体教师具备了可持续育人素养，并共同坚守可持续育人价值观时，世界一流中学的可持续育人质量理想才可能得以实现。世界一流的中学建设只依靠教师学术共同体还不够，还必须健全办学质量评价这一支撑体系，只有改变了办学质量评价的内容和指标，才能引导全校师生、全体家长朝着可持续育人质量奋斗。除了这两大支撑，世界一流中学还需要健全学校诊断与改进机制，以创新后的办学质量评价内容与指标为诊断标准，引导师生发现办学过程中的优势与不足并持续改进，这样才能使办学过程始终走在世界一流中学建设的正道上，为我国高质量教育体系建设做出贡献。

需要特别说明的是，上述七章谈及的中国特色世界一流中学建设方案，虽然没有

---

① 米尔斯. 社会学的想象力 [M]. 李康，译. 北京：北京师范大学出版社，2017：100.

专章阐释教育数字化与人工智能的运用问题，但这并不意味着世界一流中学建设可以远离信息技术特别是人工智能的发展。相反，世界一流中学在技术利用上不但要与时俱进，而且要破解技术运用难题，在提高技术使用效益上作出示范。我们在一流中学的建设中始终在思考：信息技术飞速发展的育人价值在哪里？学校使用信息技术的本质是什么？如何才能避免技术使用的形式化和"赶时髦"？

这些问题的探索让我们认识到：技术的使用不是为了技术本身，而是为了优化育人方式、提高育人质量。这需要在树立正确使用观念和创新数字资源建设模式两个方面着力。

一方面是把握技术使用本质，形成正确的技术使用观念。一切技术的改进都是为更好的发展提供有力工具。技术使用的第一大难题是如何从被动的"技术用我"向主动的"我用技术"转变，从形式上的技术运用走向运用技术促进实质性发展。要实现这一转变，需要把握技术使用的本质。我们认为，信息技术的飞速发展反映了发展理念的变化，是为人们追求更好的生存方式、生活方式、学习方式与发展方式提供便利。要在一流中学的建设中把握住这一本质，既要明确育人的根本目的，也要考虑如何使用技术才能改善学校的发展方式、达成育人目的。以此为基础，"一盘棋"考虑技术使用的质量和效益，才能形成与时俱进、持续深化的技术使用观念。

为此，我们首先确立了信息技术使用的目的，即信息技术的使用是为了促进学生更加整全的发展，要根据"卓越全人"的发展需要有效地使用技术；其次确立了运用信息技术的基本理念，即以促进学生可持续发展、提高学校可持续育人质量为基本理念确立技术使用的标准；第三是以有助于"全景""全息"发展的方式使用技术。换言之，我们的技术使用融入了"全景德育""全息课程""全息课堂"建设的全过程，是实施"三全育人"模式的基本工具，难以从前七章剥离开来，因此没有用专章探讨信息技术的建设与使用问题。

另一方面是创新数字资源的建设与使用模式。信息技术使用的重要内容是如何建设和用好数字资源。中共中央国务院于 2025 年 1 月正式发布了《教育强国建设规划纲要（2024—2035 年）》，作出了"实施国家教育数字化战略"的总体部署，要求"以教育数字化开辟发展新赛道、塑造发展新优势"，提出了"建立横纵贯通、协同服务的数字教育体系。开发新型数字教育资源。建好国家教育大数据中心，搭建教育专网和算力共享网络。推进智慧校园建设，探索数字赋能大规模因材施教、创新性教学的有效途径，主动适应学习方式变革"等任务。随着这些战略与任务的不断落实，全国性的学校共享资源将越来越丰富、越来越成熟。世界一流中学除了为国家优质资源建设做出贡献以外，还需要探讨和解决诸多问题。

一是如何运用现有技术盘活外部数字资源，将外部数字资源转化为适合本校使用的校本化数字资源体系；二是在转化、使用国家提供的共享资源外，如何根据本校实际丰富校本化的数字资源，以更好地助力学校创新发展方式，实现育人目的；三是如何引导老师们提高数字资源转化、使用的过程与结果质量，既把资源盘活，也把技术用活等。我们认为，数字资源的建设与使用也是为了改进学校的发展方式，提高育人质量，需要根据学校高质量实施育人模式的需要创新数字资源的建设与使用模式。根据这一想法，我校在建设数字资源中心时，不但尽可能链接和转化外部数字资源，还根据全景德育、全息课程和全息课堂的建设需要开发了校本化的数字资源体系，并通过信息技术和数字资源的有效使用优化教育教学管理过程，提高因材施教质量。当然，信息技术的飞速发展，特别是 DeepSeek 等大模型的不断涌现，对教师的数字素养与育人方式的深度变革提出了巨大挑战。如何有效利用前沿技术深化"三全育人"模式的理论与实践，仍是我们面临的大课题，需要持续探索。

这七章内容从前提追问到理论探讨再到实践改革，全面建构了世界一流中学建设与改革方案。在这一方案中，我们以培养具有可持续发展素养的新时代"全人"为改革起点，在整合"中国"与"世界"育人资源的过程中建构学校育人的全景时空和全息系统，在全景时空和全息系统中建设全景德育、全息课程和全息课堂，在推进学校育人方式全面变革的过程中提高可持续育人质量。这些探索中有不少观点和策略是我们在办学过程中持续探索之后形成的，不尽完善，但属于我们自己的方法和思考。"每一位从事实际工作的社会科学家都必须是自己的方法论专家，是自己的理论家"①，我们不是社会科学家，但我们是世界一流中学建设的尝试者、探索者与变革者，我们提出的这些观点和改革方案不一定能成为理论和方法论，但如果能为致力建设高质量中学的同行提供参考，我们就初步达成了本研究的目的。

"任何对于某个问题的充分'解答'，都将包含寻找战略干预点，即寻找据此维护或改变结构的'杠杆'"②，本研究就是以"可持续育人质量"为战略干预点提出的世界一流中学的建设方案。在探索这一方案的过程中，不少领导、专家、家长、师生和同行给予了大力支持，特别是全国教育科学规划领导小组办公室对此课题倾注了大量心血，在此表示诚挚的感谢！由于世界一流中学建设的理论与实践还处于初步探索与尝试阶段，其理论成果才初步形成，其实践改革还需大力完善，书中的观点、做法与表述如有不当之处，敬请批评指正，以便我们携手为世界一流中学建设贡献我们的力量。

---

① 米尔斯. 社会学的想象力 [M]. 李康，译. 北京：北京师范大学出版社，2017：168.
② 米尔斯. 社会学的想象力 [M]. 李康，译. 北京：北京师范大学出版社，2017：168.

目　录

第一章

世界一流中学建设的前提追问

到 2035 年，建成教育强国。党对教育事业全面领导的制度体系和工作机制系统完备，高质量教育体系全面建成，基础教育普及水平和质量稳居世界前列，学习型社会全面形成，人民群众教育满意度显著跃升，教育服务国家战略能力显著跃升，教育现代化总体实现。

——中共中央 国务院《教育强国建设规划纲要（2024—2035 年）》

　　创建世界一流中学，首先需要厘清三个前提性问题，即"为何建""能否建"和"建什么"。为何建，主要厘清建设的动力和意义，追问的是创建世界一流中学的价值；能否建，主要厘清建设的基础，追问的是创建世界一流中学的条件；建什么，主要厘清建设的主体内容，追问的是创建世界一流中学的对象。只有追问清楚创建世界一流中学的价值、条件和对象，才能激活创建动力，树立创建自信，明确创建的目标和任务。

第一节　为何建：创建世界一流中学的价值追问

　　价值既是一切行为的动力源，也是一切行动的航标。在行动之前厘清即将行动的价值，是保证行动顺利推进和持续推进的前提。因此，对行动的价值追问，应是前提性追问中的"第一问"。

　　创建世界一流中学也不例外。对"创建世界一流中学"的倡议之所以反响不一，甚至一些人持怀疑或否定态度，其重要原因之一，是对其价值的认识有偏差。我们认为，创建世界一流中学，不是与世界上的一流中学比高低，而是以世界一流中学为标杆，扩展我们的办学视野，提高我们的办学境界，促使我们逐步形成以全球视野反观办学过程与结果的意识，并据此提高缩短与世界一流中学教育差距甚至超越其他世界一流中学的能力。只有这样，我们才能立足高处推进学校的育人方式改革，落实国家的高质量发展要求，成为助推教育强国建设的积极力量。具体而言，创建世界一流中学的主要价值，是其创建过程和结果，对学校自身、我国一流教育体系建设和落实国家高质量公平发展战略具有重要作用，这些作用成了为何建的主要理由。

一、学校的内涵发展价值：以更高站位和更大格局提高育人质量

　　创建世界一流中学的最大受益者首先是学校。中华人民共和国成立以来，党和国家采取多种措施发展中学教育，并在办学条件、教育规模、教育公平、教育质量等方

面取得了令世界惊叹的成就。但无须讳言，我们在育人质量和中学教育发展生态等许多方面与"人民日益增长的美好生活需要"对教育的高要求上存在较大差距。这种差距不仅严重制约了我国中学教育的高品质发展，而且对建设世界一流学科、一流大学以及教育强国产生了不容忽视的消极影响。要想缩短这种差距，我们自己首先要以实事求是的态度正视存在的差距，以新的质量标高积极改革育人方式。就学校自身建设而言，其价值主要体现在两个方面。

一方面，这有利于中学探索走出困境的校本之路，在构建良好的教育生态中改革育人方式，以达到与中国式现代化建设相匹配的育人质量要求。

与小学和大学教育相比，中学教育始终面临着形式多样的升学与竞赛等多重压力。由于民众对优质高中和大学教育资源的高度认可，而这些优质资源相对不足，家长、社会往往将初中升入顶尖高中、高中升入一流大学的人数视为衡量学校办学质量的主要甚至唯一标准。在这场升学"大战"中，中学面临着多重压力与挑战，在提高全面发展的育人质量方面陷入诸多困境。这些困境主要体现在以下三个方面：

其一是因激烈的升学竞争而陷入急功近利之困。升学竞争是多数中学面临的最大挑战，而升学的核心依据是卷面分数。无论学生选择考试科目的空间有多大，也无论他们组合出的考试科目多么适合自己，最终都要回归到分数竞争这条道路上。无论是原始分还是标准分，都是分数竞争。无论试题命制如何改革，也无论题目的灵活度和素养含量有多高，是否掌握解题模型、解题技巧和是否拥有一定的解题量依然是决定分数高低的重要因素。因此，在命题改革力度不断加大的背景下，教师依然专注于解题训练，育人模式依然困于急功近利的分数训练模式，难以摆脱急功近利的影响。

其二是因长期形成的育人惯性致使难以走出改革之困。改革之困，是国家要求改革，教师也认为必须改革，而且知道改革的方向、理念、内容与要求，但由于长期以来形成的教育教学惯性，教师在推进育人方式改革时，虽然努力有所突破，但又不知不觉回到了原来的老路上，难以将改革理念和要求变为常态化的育人行为。从目前情况看，国家在课程方案、课程标准、教材、考试命题、录取方式等方面的改革力度不可谓不大，各级教育行政和教研部门推进学校变革育人方式的措施不可谓不多，但大多数教师的课堂"涛声依旧"也是不争的事实。改革难，推动大面积改革更难，这就导致了中学教育的改革之困，这种改革之困难以在大面积范围内有效突破，就不可避免地限制了学校的育人质量。

其三是因恶性竞争致使难以走出生态之困。生态之困，是指特定区域内的中学教育难以长期保持优良生态，导致一些中学总会在营建良好生态和破坏区域生态的行为间左右为难。从总体上看，造成生态之困的原因虽然各有不同，但恶性竞争却是诱发生态之困的重要因素。这种恶性竞争会导致"劣币驱逐良币"的负面效应，进而破坏区域内的中学教育生态。从不同地域的中学教育看，无论教育行政部门如何禁止和处罚违规办学者，总会有学校因为多方面原因破坏区域生态，使严格依法依规和按照育人规律办学的中学难以走出区域教育的生态困局。

产生这些困局的根本原因，是缺乏高站位和大格局的育人质量观，没有站在学生、民族和国家的长远发展和持续发展的高度上，思考学校应该追求怎样的育人质量，应该树立怎样的质量观等根本性问题，导致办学行为短视化、分数追求功利化、恶性竞争白热化，优质区域生态难以形成，国家推进的育人方式改革和高质量建设等难以真正持续和有质量地落地。

要破解这些困局，需要所有中学以高站位、大格局理解中国式现代化建设、教育强国战略和高质量教育体系建设的意图与要求，真正认识到急功近利、不良育人惯性和恶性竞争对学生和国家未来可能带来的诸多隐患，切实承担起中学教育的民族使命、国家使命和未来责任，自觉为优化中学教育生态贡献力量。要想以高站位、大格局承担起民族和国家责任，需要以世界一流中学的质量理想为标杆，树立新的育人质量观，并据此确立新的育人质量标准，在新的育人质量标准和质量观的指引下，整体布局和推进学校的育人方式变革，在持之以恒的改革中将"急功"和"远利"结合起来，结合自身情况确定阶段性的育人质量标准，在满足多方面需求的前提下，通过持续不断的育人方式改革提高发展品质，探索出摆脱急功近利之困、改革之困和生态之困的校本之路。由此看来，创建世界一流中学，需要立足我们的发展现实，根据国家发展需要，遵循世界一流中学教育的改革趋向。所以，"为何建"的首要原因，是我们自己的突围需要，其价值首先是帮助我们以更高站位和更大格局走出困境。

另一方面，这有利于我们增强面向全球应对未来的意识，提高引导学生立足全球应对未来变局的能力。

创建世界一流中学的价值，不仅在于帮助我们走出困境，更在于帮助我们形成全球视野和面向未来改革育人方式的战略能力。换言之，"更高站位和更大格局"，在空间上主要体现为全球视野，在时间上主要体现为面向未来，没有面向全球和未来的站位与格局，中学教育将难以真正破解育人困局。这是因为，世界一流中学的全球格局和未来关切，可以帮助我们在更大范围和更长远的时域内审视今天所追求的育人质量是否能够真正促进中华民族的伟大复兴，支撑我国实现建设世界强国的目标，由此从根源上寻找解决办法。这一价值集中体现在两个方面。

其一是帮助我们更好地树立全球意识，形成放眼全球改革育人方式的办学格局。中学教育是培养明日世界的建设者和接班人的教育，明日世界是立足全球并与全球融为一体的世界，为这样的世界培育建设者和接班人，需要我们增强面向全球改革育人方式的意识和能力。创建世界一流中学的重要价值，就在于通过创建活动，倒逼我们放眼全球思考中学的育人目标、内容与方式。这种倒逼主要体现在三个方面。一是以全球胜任力的基础能力倒逼我们确定新的育人目标。让中国走向世界，成为世界强国的未来生力军的主体是今日中学生，中学生在今天是否具备全球胜任力的坚实基础，决定了我国在未来的世界舞台上能够走多远和走多久。因此，面向全球改革育人方式，首先应以全球胜任力的基础能力为参照确定新的育人目标。二是把全球的整体发展态势特别是全球生态建设等作为课程内容的有机组成部分。未来的世界是全球祸福与共的世界：在经济发展上，你中有我、我中有你的发展态势将更加明显；在人口流动上，移民全球迁徙与相互融合将成为不可避免的趋势；在生态危机上，共同的生态挑战困局将把全球命运捆绑在一起……无论"逆全球化"的思潮如何躁动，全球化的整体发展态势也难以阻止。面向全球改革育人方式，需要以全球胜任力的基础能力发展为依据，选择全球化的相关内容，拓宽学生视野，引导学生逐步形成关注全球、参与全球和为人类命运共同体做贡献的意识。三是把全球的先进技术引入学校，倒逼我们创新教育教学方式。特别是人工智能技术在学校方方面面的有效运用，将成为我们改革育人方式不可或缺的部分。创建世界一流中学的过程，就是面向全球创新育人目标、内容与方式的过程。从上述分析看，这一过程有利于倒逼我们提升育人过程中的全球意识，拓展我们的办学格局。

其二是帮助我们增强未来意识，提高面向未来办好学校的战略能力。中学教育的面向未来，不是指学生毕业后升入某一所学校，而应强调"三个面向"：一是面向学生的未来，学生能否适应未来变局，或在不确定的未来社会中是否具备快速适应并创造未来的能力；二是面向国家和民族的未来，今天"教给学生的一切"，是否为学生积累了成为社会主义建设者和接班人的有效资本；三是面向全球的未来，能否为学生理解人类文明新形态、形成全球共同价值观和建设人类命运共同体提供认知与基础能力的支撑。这"三个面向"，是世界一流中学特别关注的，创建世界一流中学，可以倒逼我们将这"三个面向"融合起来谋划学校的发展战略，以更高站位和更大格局推进学校育人方式的持续改革。

除了这三个"面向未来"，我们还应像世界一流中学那样关注"Z世代"（也称为"网生代""互联网世代""二次元世代""数媒土著"，通常是指1995年至2009年出生的一代人）的未来变化。"Z世代是第一代完全出生在网络数字时代的年轻人。'他们是在计算机和网络的力量提供的无限机会中成长起来的'。"① 这种成长环境使他们具备了与父母辈和祖父辈的许多不同特征，这些特征给中学教育带来了巨大挑战。这种挑战不是我们独自面对的挑战，而是许多发达国家和一部分发展中国家共同面临的挑战。创建世界一流中学，就是倒逼我们借鉴发达国家提前面对Z世代教育难题形成解决方案，以他们的经验为基础，结合我国中学生的实际情况，创新学校育人方式，以增强学校整体应对学生"世代性"变化的能力。

中学教育要在走出困境中获得真正的高质量发展，也应以开放的姿态拥抱世界，以世界一流的教育质量回馈世界。创建世界一流中学，就是立足我们自身实际，探寻拥抱世界和贡献世界的有效方式，这种方式对我们提高办学站位和拓展办学格局具有重要价值。

二、一流教育体系的建设价值：以一流的中学教育奠基一流大学建设

建设一流教育体系，是高质量教育体系建设的重要任务。创建世界一流中学，不仅对中学的自身发展具有重要价值，而且对我国一流教育体系的建设具有重要的奠基作用。我国建设一流教育体系，不是关起门来做，而是以开放的姿态去建设。既然是体系，就不可能由一个学段的教育来完成，而应由基础教育和高等教育共同完成，中学教育也不能置身事外，没有一流的中学教育，建设一流大学将会举步维艰。因此，创建世界一流中学，既是为世界一流大学建设奠基的必然之举，也是我们为尽快适应世界一流教育体系建设的必然之举。

从国家教育战略的整体布局看，不仅大学要朝着世界一流的目标迈进，基础教育也要为建设世界一流教育体系贡献自己的力量。2015年，国务院发布了《统筹推进世界一流大学和一流学科建设总体方案》，要求加快建设世界一流大学和世界一流学科。但是，世界一流大学和一流学科不是凭空建成的，需要基础教育与高等教育共同发力，整体推进。2019年2月，中共中央、国务院印发《中国教育现代化2035》，再次明确了"发展中国特色世界先进水平的优质教育"的战略任务，要求"完善教育质量标准体系，制定覆盖全学段、体现世界先进水平、符合不同层次类型教育特点的教育质量标准"。"体现世界先进水平"，要求教育质量达到世界一流；"覆盖全学段"，要求中学的教育质量也要以世界一流为标准。这份文件明确提出了基础教育和高等教育共同建

---

① 纪廉. 趋势2030 [M]. 曹博文，译. 北京：中信出版社，2022：63.

设世界一流教育的要求，建设世界一流教育不仅是大学的事，也是中学的事。党的二十大进一步明确了教育强国、人才强国的国家战略，强化了高质量教育体系建设的战略任务，这些战略任务都对大中小学教育的一体化发展提出了明确要求。2023 年 9 月，习近平总书记在《求是》杂志上撰文指出："要根据国际形势发展变化，完善教育对外开放战略策略，统筹做好'引进来'和'走出去'两篇大文章，有效利用世界一流教育资源和创新要素，使我国成为具有强大影响力的世界重要教育中心。"① 这不仅是对大学的要求，也是对中学的要求，只有当中学能够有效利用世界一流教育资源和创新要素推进自身改革时，世界一流大学和一流学科的建设才具有良好的基础。事实上，教育部于 2020 年开始推进的基础学科招生改革试点工作（简称"强基计划"），就统筹考虑了大学和中学的一体化建设问题，致力建构贯通大中小学的拔尖创新人才培养体系。我们要在国家整体布局的一流教育体系建设中发挥应有作用，就应努力争创世界一流中学。

从我国的实际情况看，中学是为大学输送人才的主阵地，中学的建设质量决定了大学的生源质量。从系统论看，中学教育与大学教育处在同一个系统中，具有相互作用的共生关系；从质量建设看，基础教育的质量是高等教育质量的基础，对高等教育有奠基作用；从人的发展看，人的发展是连续的，只有中学能够为人的卓越发展奠基，世界一流大学建设才会有高质量的基础。目前，我国的中学教育与大学教育之间存在不匹配的情况，中学教育与大学教育的目标缺少持续性，在教育理念、教育内容、教学方法上都有一定的鸿沟，教育的边界难以融合，从而导致了两者关系的疏远。追问造成这一现象的根本原因，主要是中学教育与大学教育在目标、内容、信息方面不匹配。这就要求中学教育与大学教育不断融合，在育人目标、育人模式、评价方式等方面提高一致性，在世界一流教育的建设上尤其如此。

丘成桐在 2017 年接受《南方日报》记者采访时就建议"广东不仅要建一流大学，还要建一流中学，因为学生从小开始，只有打好基础，才能一步一步成长为领军人才"②。所以，创建世界一流中学，不仅是我们走出困境提高育人质量的现实需要，也是落实建设一流教育体系战略的需要，具有促进国家教育体系高质量发展的战略价值。

---

① 习近平. 扎实推动教育强国建设［J］. 求是，2023（18）：1—2.
② 吴少敏，郑慧梓. 数学家丘成桐建议广东：不仅要建一流大学，也要建一流中学［N］. 南方日报，2018—01—11（11）.

三、促进高质量公平发展的社会价值：以高标准发展推进高质量公平

在追问创建世界一流中学价值的过程中，一些人虽然承认创建活动的上述价值，却担心拉大校际差距，影响教育公平，进而影响社会公平，从而违背高质量公平发展的基本国策。他们认为，世界一流中学只是极少数中学，这些中学有极高的建设标准，需要花费大量的资金和资源，将资金和资源集中在这些少数学校，必然会造成资源分配不公，影响其他中学的建设，从而妨害教育公平。目前，我国中学教育特别是义务教育的主要任务是均衡发展，校际差距还没有完全消除，择校现象还没有完全杜绝，如果建设世界一流中学，会进一步拉大学校间的差距，进而影响教育公平。

但从我们的研究与实践看，在教育公平方面出现担忧，是因为相关人士误解了创建世界一流中学的目的与任务。在我们看来，只要摆正了目的，明确了任务，创建世界一流中学不但不会影响资源的公正分配，而且有利于缩小校际差距，促进中学教育质量的整体提高，进而促进教育和社会的高质量公平发展。我们同时认为，没有高标准的学校发展，就不可能实现高质量公平发展的目标。创建世界一流中学，就是以高标准促进学校的整体发展，以学校高标准的整体发展带动高质量公平发展，因而具有促进高质量公平发展的社会价值。

首先，创建世界一流中学的核心目的与任务是建设一流质量的学校，而不是修建全球最大的学校，配备全球一流的设备。从全球范围看，世界一流中学被认可和被推崇，都不是因为其规模大、占地广、高楼多、设备好、条件优，而是因为其育人理念、育人模式先进，培育出了具有可持续发展潜能的学生。创建世界一流中学的核心目的与任务，不是扩规模、建高楼、换设备，而是转变育人理念，变革育人方式，提高育人质量。达成这些核心目的和完成这些核心任务，虽然需要学校优化资源并调整资源分配重心，但这种调整和优化不是把用于其他学校的资源集中到某几所学校去建设超级校园，而是将资源逐步集中到育人理念和育人方式的改革上，使学校资源从一味集中于追求外在物质条件转向提升育人质量的难点攻坚上。因此，创建世界一流中学不会导致资金与资源的过度集中，因而不但不会造成资源分配不公的问题，反而会帮助我们更好地使用资源提升学校内涵式发展品质，全面提高学校的育人质量。

其次，创建世界一流中学不是拉大校际差距，而是促进所有中学向着高质量育人的方向前进，最终实现中学教育的高质量均衡发展。由于世界一流中学追求的是育人质量的"一流"，其重点是提升内涵式发展品质，创建世界一流中学，就是以世界一流

中学的育人质量为标高推进育人方式改革，在育人方式改革中提高内涵式发展水平，促进学校的高质量发展。促进学校的内涵式高质量发展，既是所有中学提升高质量公平发展水平的必修课，也是所有中学必须突破的改革难点。要有效推动中学教育的高质量公平发展，需要有一批"先行者"和"排头兵"提前探索，形成育人方式改革的学校行动方案，为其他学校推进育人方式改革提供经验参照。当所有中学都树立了这样的质量理想，并朝着这样的理想不断推进育人方式改革时，校际差距就有逐步缩小的可能，高质量公平发展就可能变为现实。所以，创建世界一流中学不但不会拉大校际差距，而且有利于带动所有中学提高育人质量，促进中学教育的高质量公平发展。

四、推进教育强国建设的战略价值：以世界一流学校支撑教育强国建设

建设中国特色世界一流中学，不仅具有发展学校内涵、建设的一流教育体系的价值和促进教育高质量公平发展的社会价值，还具有落实教育强国战略、推进教育强国建设的国家战略价值。2025 年 1 月，中共中央、国务院印发了《教育强国建设规划纲要（2024—2035 年）》（以下简称《纲要》），为国家教育发展擘画了新蓝图。《纲要》明确指出，"主要目标"包括：到 2027 年，我国"具有全球影响力的重要教育中心建设迈上新台阶"；到 2035 年，"基础教育普及水平和质量稳居世界前列"。从 2027 年的目标看，尽管具有全球影响力的重要教育中心具有不同的表现形态和功能，但没有一定数量的世界一流学校做支撑，具有全球影响力的重要教育中心建设将成为无源之水、无本之木。在我国建设世界一流学校的过程中，如果仅有世界一流大学而没有世界一流中学打基础，世界一流大学也难以持续发展。因此，建设世界一流中学，是建设《纲要》中"具有全球影响力的重要教育中心"的路径之一。从 2035 年的目标看，"世界前列"即世界一流，要做到基础教育普及水平和质量稳居世界前列，没有一大批世界一流中学来引领和带动，这一目标也是难以实现的。因此，要落实教育强国战略，实现《纲要》擘画的教育建设目标，需要建设一大批具有中国特色的世界一流中学。

一方面是强化世界一流中学的中国特色。《纲要》在"总体要求"中明确指出，要"坚定不移走中国特色社会主义教育发展道路，坚持社会主义办学方向，全面把握教育的政治属性、人民属性、战略属性，落实立德树人根本任务，为党育人、为国育才，全面服务中国式现代化建设，扎根中国大地办教育，加快建设高质量教育体系，培养德智体美劳全面发展的社会主义建设者和接班人，加快建设具有强大思政引领力、人才竞争力、科技支撑力、民生保障力、社会协同力、国际影响力的中国特色社会主义

教育强国，为建设社会主义现代化强国、全面推进中华民族伟大复兴提供有力支撑"。从这一要求看，世界一流中学建设首先要体现中国属性，彰显中国特色。《纲要》要求的"中国特色"主要体现在五个方面：一是在方向上坚持中国道路，坚守社会主义的办学方向，这是中国特色的根本；二是在目的上推进民族复兴，为建设社会主义现代化强国服务；三是在总体目标上坚持为党育人、为国育才，培养符合社会主义建设新要求的时代新人；四是在任务上始终抓住立德树人这一核心，培养德智体美劳全面发展的社会主义建设者和接班人；五是在育人方式上扎根中国大地，形成立足中国、服务中国的高质量教育体系。这五个方面的内容与我们创办的中国特色世界一流中学在"中国"元素上的追求高度一致。我们认为，我国创办的世界一流中学只有强化了这五个方面的中国特色，才能像《纲要》中强调的那样，做到"深化爱国主义、集体主义、社会主义教育"，"确保广大学生始终忠于党、忠于国家、忠于人民、忠于社会主义，坚定马克思主义信仰、中国特色社会主义信念、中华民族伟大复兴信心"，世界一流中学建设才具有意义。因此，在创办世界一流中学的过程中强化中国特色，具有推进教育强国建设的国家战略价值。

另一方面是将中国特色建设成世界一流水平。强化中国特色不是固步自封，更不是关起门来办学，而是要放眼世界，在全球格局中将中国特色转化为世界一流的教育元素与质量标准。为此，《纲要》要求我国的各级各类教育要"坚持自主自信、胸怀天下"的基本思路，要处理好"扎根中国大地"和"借鉴国际经验"的关系。我国的中学教育要"胸怀天下"，需要站在全球未来发展特别是人类命运共同体建设的高度上思考中国特色的世界价值和未来意义，并将其转化为具有全球示范作用的教育思想、内容、方式与标准；要处理好国内国际的关系，就要"完善教育对外开放战略策略，建设具有全球影响力的重要教育中心"，"提升全球人才培养和集聚能力"，把中国特色变为具有全球吸引力的世界教育风向标。同时，《纲要》还提出了"深化同联合国教科文组织等国际组织和多边机制合作。建立教育创新合作网络，支持国际 STEM（科学、技术、工程、数学）教育研究所建设发展"，"实施中国教育品牌培育计划"等具体任务。要完成《纲要》提出的这些任务，没有将"中国特色"转化为"世界一流"的高质量教育体系做支撑也是不行的。由此看来，没有把"中国特色"变为"世界一流"的学校建设过程，教育强国建设将会存在明显短板。因此，在中国特色世界一流中学的建设中突显"中国特色"和"世界一流"，具有推进教育强国建设的国家战略价值。

综上，对"为何建"的追问让我们认识到：创建世界一流中学，既是为了学生的长远发展，也是为了学校育人质量的不断提升和中学教育的高质量公平发展，更是为了落实中国式现代化、教育强国、高质量教育体系和一流教育体系建设等国家战略。创建世界一流中学不是心血来潮，更不是"跟世界一流大学的风"，或以噱头博取人的眼球，而是综合考量上述价值的结果。在我们看来，创建世界一流中学不是少数学校的事，而是所有学校都应承担的国家责任。对于所有中学而言，不是研究应不应该建的问题，而是要着力解决如何建和建得更好的问题。

第二节　能否建：创建世界一流中学的条件追问

要着力解决建得更好的问题，还需要追问是否具备了创建世界一流中学的条件，如果缺乏创建条件，即使价值再大也难以推进。对创建条件的追问，其实质是对"能否建"问题的探讨，只有明确了这一问题，才能树立创建自信，克服创建的畏难情绪，最大限度发挥创建价值。所以，"能否建"成了前提性追问中的"第二问"。从我们的创建过程看，对"能否建"的探讨，其分歧和争议比"为何建"更加激烈。

一些人认为，之所以有世界一流大学，是因为可以用量化指标将全球大学排名，排名在前面的就是一流大学，而中学属于基础教育，缺乏全世界通用的衡量指标，无法对办学情况进行量化比较，既然无法量化比较，也就无所谓世界一流中学，创建世界一流中学的前提就不成立。

另一些人则认为，世界上的确有世界一流中学，创建世界一流中学也是一件利国利民的大好事，但我们目前的条件还不具备，特别是在国际局势变幻莫测的情况下，世界一流中学很难建成。因为我国还是发展中国家，基础教育还处于均衡发展阶段，缺少具有引领性的世界性经验，不少中学还处于"拼分数"的急功近利阶段，育人理念和育人质量与国际先进教育相差甚远，创建世界一流中学的基础不具备。

但我们在研究与实践中发现，创建世界一流中学，不仅是我们应做与必做之事，而且是能做且能做好的事。这是因为，越是面临百年未有之大变局，越需要有更多的中学着眼于世界的美好未来，培育未来社会的建设者和接班人，这个世界才会有希望。从全世界的中学教育看，有不少建设世界一流中学的研究与实践成果可供借鉴。从我国的整体发展与基础教育的国际影响看，创建世界一流中学已有了一定基础。综合这些因素，我们认为，创建条件已基本具备，创建世界一流中学不仅是一件可能的事，而且是能够办好的事。

一、世界上有没有一流中学

创建世界一流中学的前提，是世界上存在一流中学，而且具有建设世界一流中学的文明基础和价值基础。

首先，自 20 世纪 90 年代开始，国际教育成就评估协会（IEA）和国际教育进步评价协会（IAEP）等一些国际教育组织就对跨国学业成就、全球的学校教育与效能进行了大范围评估研究，发现了全球基础教育的许多共性，并提出了世界顶尖级学校具备的主要共性特色，并据此展开了大量的案例研究和评估指标的建构。他们所说的世界顶尖级学校，就是世界一流学校，这些学校也被称为知名中学、顶尖中学、卓越中学、著名中学等，它们的名称虽然各不相同，但都暗含了"世界一流"的意思。这些中学不但受到所在社区、社会和国家的高度认可，而且具有世界公认的育人理念、质量标杆和育人范式，并为培养具有世界影响力的杰出人才贡献了基础性力量。如芬兰的罗素高中、英国的伊顿公学、德国的海伦娜中学、法国的路易大帝高中、新西兰的国际中学、日本的玉川学园、瑞典的南拉丁中学等，都是公认的世界一流中学，他们的育人质量、办学思想、管理特色、课程建设、课堂教学等经验备受世界各国关注，不少学校都以他们的育人质量为标杆，学习他们的办学经验。

一些国家十分注重本国的世界顶尖级学校建设。如澳大利亚、英国、爱尔兰等国都制定了国际教育发展战略，其主旨都在于立足全球化、信息化背景，把国际的、跨文化或全球性层面的发展融入教育的目标、过程及功能之中，强化了基础教育国际化的战略价值，并一直为创办世界顶尖级中学而努力。

其次，人类命运共同体、人类文明新形态、人类价值共识等的提出，为世界一流中学建设提供了共同的文明基础和价值基础，不同国家的中学有了共同任务和最高价值的衡量准则，能够形成具有全球普遍适应性的优质基准。

党的十九大和二十大反复呼吁，"全世界构建人类命运共同体，建设持久和平、普遍安全、共同繁荣、开放包容、清洁美丽的世界"。"人类命运共同体作为当代全球化和新文明形态构建乃至整个人类社会发展的新理念和新方案已经在世界各国取得广泛共识，得到国际社会的普遍认可，并多次出现在联合国的决议和文件中。"① 这为世界一流中学建设提供了共同的目标和内容。

---

① 丁立群，黄佳彤. 人类命运共同体、共同价值与人类文明新形态［J］. 理论探讨，2022（3）：56.

人类命运共同体所倡导的文明新形态，为世界一流中学建设提供了共同的文明基础。"人类文明新形态是在中国式现代化新道路基础上创造和内生出来的，它超越了西方式现代性文明形态，但又不仅仅局限于中国式现代文明形态，而是从中国式现代化新道路开辟出来的，同时也是人类文明符合时代发展趋势、具有光明前景、正确引领时代潮流的一种新的文明形态"[①]，这种文明形态是物质文明、政治文明、精神文明、社会文明、生态文明协调发展的结果，是人类社会的理想样态。

为了建设这样的文明新形态和未来世界的理想样态，需要形成和坚守全人类的共同价值。共同价值既体现为一种理念也体现为现实中一系列的文化规范，这种文化规范集中体现在和平、发展、公平、正义、民主、自由六个方面。这种理念和规范，既为各国建设世界一流中学提供了参照，也为世界一流中学建设提出了明确任务，那就是为全人类共同价值的形成与坚守贡献力量。人类共同价值正在不断形成的发展过程中，需要一代代人来共同完成，要帮助学生认识建立全球共识的发展理念和互动规范的重要性，要引导学生认识全球的共同价值，是"世界各民族在共同利益、共同需求、共同发展的基础上形成的一种'共善'"[②]，是从以西方强势文化建立的"共善"转向以全人类的共同发展为立场建立的"共善"，是对人类共同的生存与发展表达出的共同善意。这种"共善"需要在各民族的深度交往中完成，"是以国家和民族主体间性的'交往理性'为核心，以'协商主义'为原则，建立'平等相待、互商互谅的伙伴关系'"[③]，而不是形成同质化的或某种"服从"的关系[④]。全人类共同价值的这些建设任务与要求，既为世界一流中学建设提供了共同的价值基础，也为世界一流中学的教学内容改革指明了方向，对育人质量的整体提升提出了新要求。

由于人类命运与共，全世界的中学都面临着建设人类文明新形态和共构全人类价值观的任务，全球的中学教育都应该正视人类未来发展的新需求，并承担起相应的教育责任。由此看来，建设世界一流中学不仅具有共同的文明基础和价值基础，而且是应对人类未来危机和建设理想社会样态的需要，再加上全球已有了一大批世界一流中学，我们创建世界一流中学，不仅具有良好的前提条件，而且是一项紧迫而艰巨的任务，需要我们迎难而上，尽早开启创建中国特色世界一流的探索旅程。

① 韩庆祥. 深刻把握"中国式现代化新道路"丰富内涵 [N]. 学习时报，2021-08-30 (1).
② 丁立群，黄佳彤. 人类命运共同体、共同价值与人类文明新形态 [J]. 理论探讨，2022 (3)：17.
③ 丁立群，黄佳彤. 人类命运共同体、共同价值与人类文明新形态 [J]. 理论探讨，2022 (3)：17.
④ 丁立群，黄佳彤. 人类命运共同体、共同价值与人类文明新形态 [J]. 理论探讨，2022 (3)：17.

二、在百年未有之大变局中能否建成世界一流中学

世界上存在一流中学，且有了衡量一流中学的价值准则与质量基准，建设世界一流中学的前提是存在的。但是，前提存在并不意味着创建条件已经具备，特别是在全球面临百年未有之大变局的情况下，我们能建成世界一流中学吗？百年未有之大变局考验着每一个国家的战略定力、治理水平与建设能力。在这种国际背景下，世界一流中学还能不能建？即使建，能不能建成？这是不少人常常追问的问题。我们的回答是：变局越大，越需要建设世界一流中学；变局中的世相与危机，恰好为创建世界一流中学提供了机会和资源，为我们创建世界一流中学创造了条件。

从目前情况看，一些西方国家处心积虑逆全球化潮流而动，导致世界上出现了逆全球化的新动向。逆全球化是相对全球化而言的，"全球化是各国相互联系和相互依存不断加深的过程，是人类社会发展的必经之路，因而也是一种不可逆转的历史发展趋势"①；而逆全球化，则是一些国家为了自身利益而出现的破坏全球化的思潮与行为。这种情况导致了许多世界性新冲突、新矛盾与新危机，长期积累的矛盾逐步爆发，全球问题和全球风险加剧，世界开始进入全球化发展的平台期、瓶颈期、动荡期与风险期。

但是，这种逆全球化的思潮与行为，只是一些国家或政客的反潮流行为，他们为了自己的私利而牺牲全球利益，但全球化仍是不可逆转的趋势。如今的世界，"全球化与市场化、城市化、工业化、信息化紧密地交织在一起，形成了相互影响、相互推进的叠加进程"②，这种"叠加进程"正以前所未有的速度向前发展。目前，"全球化作为一种历史进程已经在经济社会文化科技等领域形成了稳定的形态，获得了一定的制度支持以及社会观念的支撑，全球化的基本结构没有被打破，全球化的前进方向没有改变"③。在逆全球化思潮下，全球化的范围、速度与程度反而不断增加。

经济的逆全球化无法阻挡教育的全球化，相反，逆全球化以及由此形成的新型全球化道路，为教育的全球化提供了更加广阔的舞台。特别是随着跨境教育问题的增多与跨境教育质量诉求的不断增加，教育被越来越多的国家和有识之士视为全球共同利益，承担着解决全球危机和为全人类带来共同福祉的不可替代的责任。"针对这种跨专业和跨地域流动性的增强，全球约有 140 个国家制定了'国家资质框架'。区域资质框

①　江时学. "逆全球化"概念辨析 [J]. 国际关系研究，2021 (6)：34.
②　杨雪冬. 当今世界时势变化的八大特征 [N]. 北京日报，2021－11－01 (12).
③　杨雪冬. 当今世界时势变化的八大特征 [N]. 北京日报，2021－11－01 (12).

架也出现了"①。这就为创建世界一流中学提供了新空间、新话题、新舞台和新机遇。我们应充分发掘和利用逆全球化与全球化相互交织形成的教育新空间与新资源，创建出更具中国特色的世界一流中学。

三、我们是否具备了建设世界一流中学的基础

虽然百年未有之大变局为我们创建世界一流中学提供了机会和资源，但我们能抓住这些机会吗？换句话说，我们有利用全球资源创建世界一流中学的基础吗？我们在研究中发现，从我国教育的发展历程看，目前中学教育发展的基础条件已处于我国历史上的最好时期，世界一流中学的创建已经具备了较好的基础。

首先是有强大的国力作支撑。2021 年，我国的经济规模已达到 114.4 万亿元，占世界经济比重超过 18%，是全球第二大经济体，人均 GDP 突破 8 万元，超过世界人均水平。② 目前，我国已经逐步从"发展中大国"走向了"发展中强国"，在世界舞台上的角色已经逐步从"跟跑者"向"领跑者"迈进，"正经历由'边缘'向'中心'的转变，正经历地区性强国向有全球影响的大国转变的过程"。在这一过程中，我国的"影响力已经由国家、地区层面向着全球层面提升"③。特别是"在百年未有之大变局中，中国实现了角色转换。以前是接轨，现在是铺轨；以前是答题，现在是命题；以前是被动应对，现在是主动谋划"④。随着我国日益走近世界教育舞台的中心，中国的教育发展经验正得到越来越多国家的关注和借鉴。如"一带一路"倡议实施以来，巴基斯坦、哈萨克斯坦、埃及、葡萄牙等 10 多个国家向我国发出境外办学邀请；近年来，英国引进上海数学教材，购买上海数学教师教学服务；俄罗斯用中国专家、中国标准对本国大学专业进行评估；约旦政府邀请我国高校在约旦开办职业教育，为约旦培养应用型人才；等等。在经济和教育的整体发展上，为创建世界一流中学创造了雄厚的基础条件。⑤

其次是有基础教育国际化铺垫的基础。我国在推进基础教育国际化方面已有 20 余年的探索经验，这些经验为创建世界一流中学奠定了基础。自 2001 年我国加入世界贸易组织以来，开启了对基础教育国际化的实践探索；2010 年颁布《国家中长期教育改

---

① 联合国教科文组织. 反思教育：向"全球共同利益"的理念转变？[M]. 联合国教科文组织总部中文科, 译. 北京：教育科学出版社, 2017：54.
② 根据国家统计局 2022 年 2 月 28 日公布的数据统计.
③ 王帆. 中国特色大国外交：协调、变革与完善 [J]. 探索与争鸣, 2022（1）：12—15.
④ 王帆. 中国特色大国外交：协调、变革与完善 [J]. 探索与争鸣, 2022（1）：12—15.
⑤ 涂端午. 新时代教育对外开放的转型、挑战及策略 [J]. 国家教育行政学院学报, 2019（4）：19—26.

革和发展规划纲要（2010—2020）》之后，基础教育国际化水平得到进一步提升。一方面是"我国基础教育整体发展水平已经达到世界中高收入国家平均水平，其中义务教育发展水平已经达到世界高收入国家平均水平"[①]，为高水平的基础教育国际化创造了条件。另一方面，我国在参与全球教育议程、评估国际教育、制定多边教育战略、建设多边教育合作新机制等方面做出了初步贡献，积累了基础教育走向国际的一些经验。如我国参与制定联合国教科文组织于 2015 年发布的《教育 2030 年行动框架》，参与 PISA 和 TALIS 等项目（PISA 和 TALIS 项目是经济合作与发展组织进行的两项大型国际教育研究项目），为其他国家提供基础教育经验、教材；2016 年牵头组织制定《亚太经合组织教育战略》；等等。目前，我国已成为世界第三、亚洲最大的留学目的地国。截至 2018 年 6 月底，中外合作办学机构和项目达到 2342 个。[②] 这些发展成就为我国创建世界一流中学提供了思路与经验。已有基础和已经积累的基础教育国际化经验，为更好地建设世界一流中学创造了良好条件。

最后是我国中学教育整体发展积蓄的实力。中华人民共和国成立以来，党和国家不断扩大中学办学规模，改善中学办学条件，持续推进育人方式改革，中学教育获得了长足发展并取得了令世界瞩目的成绩。目前，我国的中学教育规模已位居世界前列，整体办学质量也逐步朝着世界第一方阵迈进。一些知名中学利用自身的资源优势，通过其锐意改革、育人观念与办学业绩等的带动、影响及其形成的综合贡献能力，不但在国内得到普遍认同，而且在国际交流中获得一致好评，其办学经验不但受到发展中国家的重视，发达国家也开始研究并借鉴其经验。特别是自 20 世纪末开始，国家正式提出素质教育和高质量均衡发展战略，一些中学开始探索"育分"与"育人"有效整合的破解之道，着力追求可持续育人质量，并积累了一定的改革经验，这些改革经验不但树立了国内中学教育的质量标杆，而且在世界上也形成了影响。这些探索及其所取得的成绩，为创建中国特色世界一流中学奠定了坚实基础。从整体上看，我国的中学教育已经发展到了新阶段，已经具备了提高办学境界、拓宽办学视野、扩展办学格局的条件与基础，创建世界一流中学已经有了较为坚实的地基。

四、是否有了可供借鉴的研究与实践成果

正如前文所言，从全球范围看，创建世界一流中学已不是一件新鲜事，一些国家

---

① 柳海民，邹红军. 高质量：中国基础教育发展路向的时代转换 [J]. 教育研究，2021（4）：22.
② 涂端午. 新时代教育对外开放的转型、挑战及策略 [J]. 国家教育行政学院学报，2019（4）：19—26.

的中学在提高自身办学质量的过程中不断提升国内外的影响力，其育人质量和办学业绩均获得了世界认可，成为事实上的世界一流中学。这些中学的办学理论与实践经验，为创建世界一流中学提供了理论与实践上的借鉴。

我们从两个方面进行了文献梳理研究：一是关于世界一流中学本身的研究，二是与世界一流中学相关的研究。研究文献来源于 CNKI 中国知网期刊全文数据库，以"世界一流中学""著名中学""顶尖中学""卓越中学""中国特色""国际教育""全球教育""未来教师""国际教育政策""中国教育政策""面向未来的能力"为主题词采集数据。精选文献后，我们对 93 篇文章进行精读，根据词频高低筛选相关研究文献，整理出了现有研究与实践在中国特色、世界一流中学的主要构想与实践侧重点，这些构想与侧重点对我们建构世界一流中学的实践框架具有很好的启发作用。从文献看，能够为创建世界一流中学提供参照的主要有两个方面：一是教育全球治理形成的基本框架与相关成果；二是国内外世界一流中学在课程建设方面积累的经验。

首先，全球治理特别是教育全球治理的成功经验，为创建世界一流中学提供了育人方式整体改革的参考。

"全球教育治理是指国际社会各利益相关方通过协商、合作及博弈等多种方式参与全球教育事务的管理，以维持或确立合理国际秩序的活动。"① 为了促进全球治理和全球教育治理，国际正式组织或非正式组织开展了多种活动。如 20 世纪 90 年代以来开始的全球公民教育不断发展，在 2016 年 6 月第 66 届联合国新闻部/非政府组织会议通过的全球教育行动纲领《庆州行动计划》中，将"开展全球公民意识教育：共同实现可持续发展目标"作为本次会议的主题，要求学校"帮助学生发展文化的、国家的和全球的认同"②。在这一背景下，不少国家探索出了两条推进全球公民教育的路径："一是将各国共同关注的问题作为全球公民教育的内容，这样各国在实施关于共同关注问题的国家公民教育的同时，也就等于在实施全球公民教育；二是寻求社会力量的支持，通过自下而上的努力，推动主权国家政府把全球全人类共同关注的问题纳入学校课程并予以实施。"③ 这些思路与路径，为创建世界一流中学提供了借鉴。再如国际情怀教育。2004 年，300 余名国际教育机构的代表在德国杜塞尔多夫召开"国际情怀教育"研讨会，倡导全球教育工作者引导学生理解和尊重跨文化，主动关注和解决世界各国人民共同面临的问题，这些倡导进一步强化了全球公民意识教育。在这种认识背

① 孙进，燕环. 全球教育治理：概念·主体·机制 [J]. 比较教育研究，2020（2）：39—47.
② 郑富兴. 国际环境政治与全球公民教育的批判路径 [J]. 比较教育研究，2017（8）：64—71.
③ 郑富兴. 国际环境政治与全球公民教育的批判路径 [J]. 比较教育研究，2017（8）：64—71.

景下，国际教育组织和跨国家体系的多边教育组织随之产生并不断增加，其目的是实现全球教育的公共利益与公共服务能力最大化，达到全球教育"善治"的目的。这些探索为我国中学创建世界一流中学提供了背景、舞台、渠道和经验。

其次，国内外有影响力的世界一流中学在课程建设方面，为创建世界一流中学提供了课程改革和育人方式创新的参考。

从能够查阅到的文献看，世界一流中学的课程通常具有以下特征：一是注重学生全面发展。课程不仅关注学生的学术成绩，还注重学生的综合素质和全面发展。学校开设了体育、艺术、音乐、社会实践、道德教育等方面的课程，以培养学生的全面能力和塑造健全的人格。二是强调创新和实践。注重培养学生的创新思维和实践能力。通过开展各种实验、项目、实习等活动，学生能够将所学知识应用于实际情境，解决现实问题，并在这个过程中培养创新精神和创造力。三是重视跨学科学习。强调跨学科学习，将不同学科知识进行整合，让学生能够从整体上理解和把握世界。这种学习方式能够培养学生的综合思维和解决问题的能力，同时也符合现代社会的复杂性和多样性特征。四是强调自主学习和合作学习。注重培养学生的自主学习和合作学习能力。学生需要独立思考、主动探究和与他人合作，以解决各种问题，培养自主性和团队合作精神。五是关注全球视野和多元文化。注重培养学生的全球视野和多元文化意识。学生需要了解不同国家和地区的文化、历史和价值，以及全球性问题对社会和环境的影响，培养国际视野和跨文化交流能力。六是重视与现实社会的联系。注重与现实社会的联系，强调课程内容与实际生活和职业需求的关联。学生通过实践、调查、实习等方式了解社会问题、行业趋势和职业要求，从而更好地适应社会发展和变化。七是强调学生的参与和互动。通过讨论、辩论、角色扮演等方式鼓励学生表达自己的观点和想法。这种教学方式能够激发学生的学习兴趣和积极性，提高他们的思维能力和表达能力。上述已有研究与实践，从不同维度和层面为我们创建世界一流中学拓宽了空间、创造了条件、提供了参照。

最后，现有研究形成的一些认识，为创建世界一流中学提供了理论参考。

其一，现有研究对创建的意义有了一定认识。中国人民大学附中原校长刘彭芝认为，建设世界一流中学，在空间维度上可以引领世界中学教育，在时间维度上会引领未来教育[①]。福建省福州第一中学原校长李迅则认为，一所学校的发展与国家的发展一样，要经历解决温饱、建设小康、走向发达的过程。在解决温饱、建设小康后，中

---

① 刘彭芝. 我们要有世界一流中学［N］. 人民日报，2016-10-10（5）.

国的中学要一起来思考提供建设世界一流中学的中国方案，这样才能不辜负这个伟大的时代。四川师范大学的张伟教授认为，建设世界一流中学可以统筹国内基础教育改革①。这样的改革，才会使我国的中学形成新的育人方式、面向未来的人才培养目标和面向全球的办学格局，以此引领的学校变革，才符合高质量教育体系建设的"教育强国"战略。在这种格局下发展起来的高质量，才能以优带差、以强扶弱，促进人才流动、资源共享，才能以先进的办学思想、一流的教学水平，使一大批薄弱学校发展起来，进而辐射、影响我国基础教育的整体高质量发展。

其二，现有研究对世界一流中学所应具备的特征进行了粗略勾勒。如刘彭芝参照世界一流大学的标准，拟出了世界一流中学的 10 条标准：有世界一流的办学理念，有世界一流的教师队伍，有世界一流的学生来源，在课程的广度和深度上领先于世界平均水平，在师生比例上低于世界平均水平，有世界一流的硬件设备，有相当广泛充足的财政来源，毕业生考入一流大学的比例明显高出一般中学，在国内外有较高的声望。综合以上条件，形成世界一流的校园文化和精神气质。② 华东师范大学陈玉琨教授对世界一流学校所应具备的 10 大特征则做了如下概括：准确的自身定位、稳定的培养模式、扎实的课程体系、一流的师资队伍、良好的校园文化、广泛的社区参与、充分的主体发挥、实用的教育实施、浓厚的科研氛围、科学的质保体系。③ 这些认识成果对确定世界一流中学的建设目标具有参考价值。

其三，现有研究对世界一流中学所应具备的文化精神进行了概括。如深圳中学校长朱华伟认为，世界一流中学要营造和培育"传承创新、追求卓越、敢为人先、示范引领"的学校文化；华中师范大学第一附属中学校长周鹏程认为，世界一流中学虽然没有形成标准但有两个基本认同点：文化沉淀和自然形成的影响力。周鹏程用归纳法对全球公认的世界一流中学特点进行了研究，发现世界一流中学具备一些共同特点：培养一流的人才，具有先进的育人理念，拥有雄厚的师资力量，提供高质量的课程。中国中学工作研究会常务理事王志坚认为世界一流学校应有鲜明的标志性特征：有正确鲜明的教育思想、有活跃的教改探索、有令人赞叹的育人成果等。他们都强调了世界一流中学所应具备的治学精神和育人思想。这些认识从不同角度和层面为建构世界一流中学的理论框架提供了多方面的参考。

上述追问让我们清醒地认识到，创建世界一流中学不仅价值巨大，而且具备了创

---

① 张伟. "人类命运共同体"视阈下的世界一流中学建设［J］. 教育科学论坛，2018（2）：1—7.
② 文亮. "中国应该建设世界一流的中学"［J］. 人民教育，2003（9）：12.
③ 卢志文. 好学校的"十大特征"［J］. 新课程（综合版），2016（6）：1.

建条件。在创建世界一流中学的道路上，我们不应长久停留于彷徨、犹豫、质疑和畏难的状态，而应下定决心，开始行动。只有行动，才能让我们更深切地感受到创建的价值，在不完全具备的条件下创造条件推进创建活动。唯其如此，我们才能真正走出急功近利之困、改革之困和生态之困，增强面向全球应对未来的意识与能力。

第三节　建什么：创建世界一流中学的对象追问

　　要通过创建世界一流中学这一路径走出育人困境，提高面向全球应对未来的办学能力，还要进一步追问"建什么"的问题。"建什么"既是对建设具有中国特色的世界一流大学和具有中国特色的世界一流中学的区分点的追问，也是在明确世界一流中学建设特质的基础上，对创建的目标定位和主体内容进行追问。只有清楚了建设世界一流大学和建设世界一流中学的主要区分点，才能把握住世界一流中学建设的本质，准确定位建设目标和内容。

一、找准办学定位：建设世界一流中学和建设世界一流大学有何不同

　　综合对有关创建世界一流中学的质疑来看：认为我国还不具备创建条件的多是中学教育工作者和社会人士；认为世界一流中学的内涵难以界定，缺乏明确的评价标准，无法判定一所中学是否达到了世界一流水平，创建世界一流中学的说法不成立也无法进行实践操作的主要是高校专家。究其原因，是因为一些高校专家认为：世界一流大学可以用全世界通用的衡量指标为学校排名，排在全球某一名次之内则可成为一流大学，而中学缺乏全世界通用的衡量指标，无法对所有中学进行全球排名，无所谓世界一流，因而不赞成建设世界一流中学的说法及其推进的相应改革。我们认为，存在这种质疑声，是因为没有将建设世界一流大学和建设世界一流中学区分开来。

　　在国务院于 2015 年 11 月下发的《关于印发统筹推进世界一流大学和一流学科建设总体方案的通知》中，不难看出，建设世界一流大学和建设世界一流中学具有共同点。因为无论是建设世界一流大学还是建设世界一流中学，"一流"都是它们追求的目标，其指导思想都是"坚持以中国特色、世界一流为核心，以立德树人为根本，以支撑创新驱动发展战略、服务经济社会发展为导向"，"为实现'两个一百年'奋斗目标

和中华民族伟大复兴的中国梦提供有力支撑",都要"加强创新创业教育,大力推进个性化培养,全面提升学生的综合素质、国际视野、科学精神和创业意识、创造能力"。在建设原则上,都要"坚持以一流为目标""坚持以改革为动力"。在建设任务上,都要突出"加强党对学校的领导""完善内部治理结构""建设一流师资队伍""传承创新优秀文化""实现关键环节突破""构建社会参与机制""推进国际交流合作"等。但由于大学和中学的育人功能和任务各不相同,在"一流"建设的目标、"一流"的表现和评价上也就有很大差异。

其一,在建设目标上,世界一流大学以"拔尖创新"为目标,世界一流中学则以全体学生的优质发展和增强学生的未来创新潜能为主要指向。

建设世界一流大学,其重要目标是"使之成为知识发现和科技创新的重要力量、先进思想和优秀文化的重要源泉、培养各类高素质优秀人才的重要基地,在支撑国家创新驱动发展战略、服务经济社会发展、弘扬中华优秀传统文化、培育和践行社会主义核心价值观、促进高等教育内涵发展等方面发挥重大作用"。在这一目标中,知识原创和拔尖创新是其核心,重点是"着力培养具有历史使命感和社会责任心,富有创新精神和实践能力的各类创新型、应用型、复合型优秀人才"。所以,有研究者认为,世界一流大学是"主要学科有一批大师级人才,能够批量培养出产生世界一流的原创基础理论人才的顶尖创新型大学"。这样的大学,"是把培养学生的创新能力摆在第一位、用创新力主导学习力的大学","人员匹配、课程设置、人才评价、资源配置、机制设计,都要围绕培养能出原创成果的人才这一中心目标展开"。2022年2月,教育部第二轮双一流建设进一步强调了培养原创型人才的要求,开始探索建立分类发展、分类支持、分类评价建设体系等一体化改革措施,以引导我国世界一流大学建设把精力和重心聚焦在前沿科技的重大创新与实质突破上,以创造出更多具有世界影响力和引领力的创新成果。

中学属于基础教育,其育人功能和核心任务是为学生的最佳发展和长远发展打基础。建设世界一流中学,首先是促进个体的全面发展,为每位学生成为卓越的社会主义建设者和接班人打好坚实基础。其次是促进全体学生最大程度的发展,在打好共同基础的前提下,尊重学生潜能,发展学生个性,促进学生的共同发展、共生发展、多元发展和最佳发展。最后是为学生将来的拔尖创新打好基础,激发潜能,使学生在将来具有持续创新和拔尖创新的意识、动力与能力。从这一比较看,建设世界一流大学突破的是拔尖创新和重大原创的瓶颈,目的是产出世界顶尖级的发明成果;建设世界一流中学突破的则是高质量育人瓶颈,目的是以高质量的中学教育培养出具有全面发展、共同发展、共生发展和长远发展意识与基础能力的中学生。建设的目标不同，其表现和评价也就有了差异。

其二，世界一流大学和世界一流中学的表征虽在某些方面具有共通性，但其核心特征却具有较大差异。

其共通性主要体现在，无论是一流大学还是一流中学，其基本表征都要体现在学生的视野、基础与发展潜能，教师的视野、格局与专业水平，课程的广度和深度，师生比的合理控制，教育教学改革项目的引领，办学条件的量与质等方面，这些方面的发展水平与程度，决定了学校是否达到了一流水准。这些共通性为我国一流教育体系建设提供了理论支撑和内容线索，但其差异性也较为明显。

有研究者归纳了世界一流大学应具备的主要特征，如：科研成果卓著，具有世界领先水平的原创成果数量众多，学术精神与开创魄力享有世界声誉；科研经费充裕，资金来源渠道多样，通过竞争获取的研究基金数量规模大；学校研发力量雄厚，形成了全球格局的研发力量结构，具有保障研发活动顺利开展的各项支撑；学校管理科学规范，有利于保护和促进师生的原创行为及其遭受的各种挫折；校长具有宽视野、大格局和高境界，促进原创的改革引领力强；学生素质一流，创新意识和潜能明显；国际化程度高，国际课程具有一定广度且层次丰富，留学生比例高；等等。从这些研究成果看，世界一流大学的核心表征是学术成果、研发力量、研发资金及其相应的保障条件。世界一流中学虽然要研究育人方式改革，但其核心目标不是形成原创性的理论成果，而是探寻摆脱育人困境的有效方法，研究的基本任务是提炼实践思想，推动有思想的实践，追求的不是学术声望和研究成果的多少，而是在促进学生的全面发展、全体发展和长远发展上取得了多大成效，形成了多少引领性的改革经验。这些表征差异必然带来评价指标与方式的差异，用评判世界一流大学的思维方式来衡量世界一流中学建设，必然会出现认识上的偏差和结论上的错误。

其三，世界一流大学可以主要甚至全部运用世界通用的硬性指标来评判，但世界一流中学的评价则需要运用多元化的评价指标，不能一味追求世界通用的硬性指标。

从世界一流大学的表征看，不少方面都可以转化为硬性评价指标。如在原创性研发方面，可以比较学校所拥有的国际一流实验室，国际领先的原创性科研成果，获得诺贝尔奖的大师级教师、世界杰出科学家和划时代科技成果发明者的数量，通过国际性竞争获得的研究基金比例、年度科研经费，研究生数量和在学校学生数量的占比，在世界上有影响力的一流学科门类数量，等等。有研究者认为，在世界一流学科的评价上，尽管在学术上有较为客观的量化标准可以比较，但从社会需求的逻辑看，一流学科的评价标准则是主观的，是有地方特色的，因为一流学科建设的重要目的之一，不但要为地方的创新性发展服务，还要为区域文化建设、环境建设等做出突出贡献，这些贡献具有区域需求的特殊性，无法用世界通用的硬性指标来评价。

世界一流中学的评价更是如此，因为中学教育的基本任务是为本国培育未来的建设者和接班人，首先要满足我国现实发展和未来发展的需要，其主要评价标准就不应是全球通用的硬性指标。当然，世界一流中学也可以有全球通用的硬性指标，如教师的学位结构和高学历人数及其在全球教育改革会议上的发言人数，指向全球发展问题和培养学生全球胜任力的课程广度与深度，培养学生未来适应力、创造力和全球胜任力的课堂变革的精度、广度和深度，学生游历世界的范围及其在国际竞赛中获得的荣誉数，学校改革经验在国际会议上的受推介次数，学校与国外学校交往的范围、频次以及友好学校数量，学校为世界一流大学提供的生源数量，等等。尽管这些数量可以进行量化比较，但更多的评价指标却是根据党和国家对中学教育的要求确定的，特别是在促进学生全面发展、全体发展和长远发展等方面所做出的贡献细化评价指标，使其首先成为"中国的"，然后再考究其在世界上的贡献，才符合中学教育的根本目的。世界一流大学和世界一流中学在评价思路上具有较大差异，以建设世界一流大学的思路判断世界一流中学的建设是否可行，不但不利于中学教育的整体发展，也会对中学教育拓展格局、提升境界、追求卓越的决心产生负面影响，而且会对世界一流大学、教育强国和高质量教育体系建设产生消极作用。

因此，要追问清楚"建什么"，需要首先明确建设世界一流大学和建设世界一流中学的异同，特别是其主要区分点，以此为基础明确世界一流中学的建设目标和主要内容，才能把世界一流中学的建设引上正途。

二、拓展办学格局：在"世界一流"质量中彰显"中国特色"

虽然建设世界一流大学和世界一流中学存在上述差异，但它们都要满足"中国特色"和"世界一流"的双重要求，建设"世界一流"的目的是更好地彰显"中国特色"，所以其建设的重要任务是拓展办学格局，在"世界一流"的办学质量中彰显"中国特色"。

首先，"世界一流"质量是立足中学放眼长远的育人质量。"世界一流"的育人质量首先要体现中学的本质属性。学校的本质是育人，影响学校发展的关键因素是育人质量。中学是基础教育的组成部分，其核心任务是为学生的未来发展打基础，其基本功能是培育具有未来适应性的学习者或建设者。这种任务和功能，决定其发展的关键要素只能是具有未来意义和长远价值的育人质量，因为离开了这样的质量，中学的存在价值就会逐步削弱乃至丧失。我们将这样的质量命名为可持续育人质量。换言之，中学的本质属性是具有可持续育人质量，中学的这种本质属性，决定世界一流中学的育人质量应是可持续育人质量。

其次，我们追求的"世界一流"质量应是能体现"中国特色"的育人质量。世界一流中学的育人质量虽然应该体现可持续育人质量，但这种可持续必须彰显"中国特色"的基本属性。从主体角度看，中国特色是中国人民创造出来的特色；从国情看，是基于中国实际的特色；从马克思主义理论看，中国特色是马克思主义中国化赋予中国特色社会主义的特殊规定性。[①] 所以，中国特色是中国共产党领导下的中国社会主义特色。在这一特色中，中国共产党和中国社会主义是决定中国特色的两个最高层次的要素；中国特色与中华民族、中华民族的伟大复兴有着密切的关系，中华民族的伟大复兴是决定中国特色中观层次的要素；中国特色也是中国国情和中国时代特征所共同决定的特色，中国国情和中国时代是决定中国特色的两个微观层次的要素。这三个层次的要素相互作用、相互影响：中国共产党以中华民族、中华民族的伟大复兴为基础构建社会主义制度，中国共产党、中国社会主义、中华民族、中华民族的伟大复兴有着共生的逻辑关系；中国共产党的正确领导和中国社会主义的正确道路决定了中国的美好前景，决定了中国的国情和中国的时代特征。因此，从纵向看，中国特色是中国社会主义建设过程中形成的各类特色的有机统一；从横向看，中国特色是中国社会主义不同领域、不同方面、不同层次特色的有机统一。[②] 因此，建设具有中国特色的中学教育，需要强化如下因素：一是坚定政治信仰与制度自信，必须具有明确的社会主义办学方向和价值坚守，引导学生坚持党的领导和社会主义道路，并在教育中强化政治自信和道路自信；二是以人民为中心，人民的受教育权利和发展需要必须得到保障，高质量教育公平必须在学校不折不扣地落实；三是坚守民族文化，能够传承中华优秀传统文化，弘扬革命文化，发展社会主义先进文化，为中学生打好中国底色、注入红色基因，探索出能够体现中国智慧的中国方案，为世界各国提供具有中国特色的教育模式和经验，并让中国教育在国际上享有更高声誉，为世界各国所认可和尊重；

---

① 欧永宁，吴翠云. 何为"中国特色"：马克思主义中国化视角下的三维探析 [J]. 理论导刊，2018（10）：31—35.

② 欧永宁，吴翠云. 何为"中国特色"：马克思主义中国化视角下的三维探析 [J]. 理论导刊，2018（10）：31—35.

四是坚持学生德智体美劳全面发展，能够培养出具有国际视野、创新能力、团队合作精神、实践能力、人文素养、科学素养和创新精神的高素质中学生。[①] 结合上述因素与中学的本质属性，具有"中国特色"的中学，应该立足党和国家的长远发展提高可持续育人质量。

最后，我们追求"世界一流"质量的基本方式，是以"世界一流"质量为标杆促进"世界一流"和"中国特色"的有机整合，最终办好具有"世界一流"质量的服务于中国式现代化建设的优质中学。我国中学教育追求"世界一流"育人质量的首要目的，是为中华民族的伟大复兴和建设富强民主的社会主义国家培育优质的新生力量，其质量是源于中国、立足中国、服务中国和发展中国的可持续发展质量，必须体现"中国战略"和"中国特色"。但我国中学致力提高的育人质量，不是在故步自封中关起门来提高的质量，而是面向世界并能够为人类命运共同体建设做出贡献的质量，既要以中国国情为根基和出发点，整合中外优秀办学经验提高学校的可持续育人质量，也要引导学生关注国家和全球的可持续发展，把"中国特色"和"世界一流"两大元素整合起来提高自身的可持续发展能力，为将来成为合格或卓越的社会主义建设者和接班人打好基础。要实现这些目的，需要整合"中国特色"和"世界一流"两大元素，创建世界一流中学。

同时，中国式现代化建设要求我国中学整合"中国特色"和"世界一流"两大元素提高育人质量。党的二十大报告提出了"以中国式现代化全面推进中华民族伟大复兴"[②] 的战略任务。完成这一战略任务，需要中学整合"中国特色"和"世界一流"两大元素，推进创建世界一流中学的整体变革。中国式现代化需要以中国式教育现代化为战略支撑和先导性力量。中国式教育现代化，是中国共产党全面领导下的社会主义教育现代化，是世界教育现代化的一般要求与中国教育现代化的个性特征相结合形成的中国教育发展新形态和社会主义教育现代化的新成就。"中国式"是中国范式、中国样式、中国模式等的简称，是对教育现代化的中国道路的另一种表达；教育现代化，是对教育的应有发展样态进行的描述，是对高质量教育的理想追求；中国式教育现代化，是对中国教育现代化经验及其未来发展的模型化概括，是我国教育未来发展的核心战略与改革的基本路向。中国式教育现代化是中国式现代化的组成部分，其本质属

① 孙霄兵. 改革开放以来中国特色教育政策理论的发展创新 [J]. 国家教育行政学院学报，2019（2）：3—10，61.

② 习近平. 高举中国特色社会主义伟大旗帜 为全面建设社会主义现代化国家而团结奋斗：在中国共产党第二十次全国代表大会上的报告 [M]. 北京：人民出版社，2022：21.

性是由中国式现代化的本质要求决定的。"中国式现代化的本质要求是：坚持中国共产党领导，坚持中国特色社会主义，实现高质量发展，发展全过程人民民主，丰富人民精神世界，实现全体人民共同富裕，促进人与自然和谐共生，推动构建人类命运共同体，创造人类文明新形态。"① 这一本质要求主要由走什么道路、走好这一道路的目标是什么以及如何走好这一道路三部分内容构成。在走什么道路的内容要素中，坚持中国共产党的领导和中国特色社会主义，是本质要求，是中国式现代化中"中国式"的核心所在，是不可或缺的中国元素。在走好这一道路的目标中，"高质量"是中国式现代化的重要追求；在如何走好这一道路的主体内容中，人民民主、共同富裕、人与自然和谐共生、人类命运共同体建设是关键要素，这两个方面的要求都体现了人类文明新形态和建设理想世界的核心价值，体现了中国式现代化建设的世界视野与追求"世界一流"发展水平的决心和气魄，是中国式现代化不可或缺的"世界一流"的现代化元素。因此，"中国式现代化，是中国共产党领导下的社会主义现代化，既有各国现代化的共同特征，更有基于自己国情的中国特色"②，是世界现代化的共性与中国现代化的个性相互作用的结晶。

中国式教育现代化的本质属性，是中国教育元素与"世界一流"教育元素有机结合对中国教育现代化建设的内在规定性，由中国教育走什么道路、走好这一道路的目标追求与如何走好这一道路三部分内容构成。中国式教育现代化的首要属性，是坚持中国共产党领导和中国特色社会主义道路，走好这一道路要充分体现中国元素，彰显中国特色，这是中国式教育现代化的根本与前提，是"中国式"在我国教育现代化中的基本体现。但是，中国式教育现代化，不是闭关锁国的教育现代化，而应体现全世界对理想教育的追求。因此，在明确走好这一道路的目标追求与如何走好这一道路的内容时，应充分体现"世界一流"的教育元素，瞄准"世界一流"的教育现代化，确定我国教育高质量发展的程度与路径，即通过全过程民主的教育，丰富受教育者的精神世界，促进所有受教育者共同发展；以此为基础放眼自然生态和全球，着力培养受教育者与自然和谐共生的意识和素质，提升构建人类命运共同体与人类文明新形态的境界和能力等，这既是"世界一流"的教育现代化所应具备的特征，也是中国式教育现代化的应有之义。因此，中国式教育现代化的本质属性，是中国教育元素与"世界

---

① 习近平. 高举中国特色社会主义伟大旗帜 为全面建设社会主义现代化国家而团结奋斗：在中国共产党第二十次全国代表大会上的报告［M］. 北京：人民出版社，2022：23—24.

② 习近平. 高举中国特色社会主义伟大旗帜 为全面建设社会主义现代化国家而团结奋斗：在中国共产党第二十次全国代表大会上的报告［M］. 北京：人民出版社，2022：21.

一流"教育元素有机交融的结果。

"中国特色"和"世界一流"这两大元素在中学教育中相互交织，就是世界一流中学应有的育人理想与运行样态，只有建设好了中国特色的世界一流中学，才能真正体现和落实中国式教育现代化对中学教育高质量发展的基本定位。建设世界一流中学这一时代新命题，不仅是中国式教育现代化的要求，也是破解中学教育长期陷入"育分"与"育人"之间不和谐等困局的路径之一。中国式教育现代化的内涵、本质及其对中学教育高质量发展的宏观定位，要求世界一流中学的建设必须以"中国特色"为根基，在促进"育分"与"育人"有机结合的整体改革中，把中国的历史、现实与未来作为中学教育的大场景，引导学生在中国场景中学习，以此涵养学生和学校的中国根基、中国情怀、中国风骨与中国品位。中国特色的世界一流中学还必须体现世界一流中学的共同特征，发挥中学教育的全过程民主，丰富中学生的精神世界，使所有中学生都能得到最好发展。同时，还要培养中学生与自然和谐相处的意识与能力，为建设人类命运共同体和文明新形态打好坚实基础。在此基础上使"中国个性"和"世界共性"相互成就，才能全面提高符合中国式教育现代化内涵与本质要求的可持续育人质量。

我国的中学教育要为中国式现代化建设做好战略支撑，需要在创建世界一流中学的过程中强调如下三个方面：一是建设具有世界影响力和引领力的中学。在坚持中国共产党领导和社会主义道路的前提下，以培养社会主义建设者和接班人为宗旨，创办具有世界一流水平的中学，逐步把我国的中学教育从"跟跑者"变为"领跑者"。二是促进我国中学教育的高质量公平发展。让一批基础好、有改革理想与魄力的学校成为高质量发展的先行者，为所有中学树立质量标杆和发展典范。三是打通中学教育"育人"与"育分"有效整合的"堵点"。寻找突破"育分"与"育人"之间不和谐，长期陷入"只抓分""死抓分""抓死分"等困局的办法，探索"育人"与"育分"有效整合的路径，既引领小学教育改革，也为大学或社会输送具有可持续发展潜力的高素质学生，为建设高质量教育体系铺垫基础。只有在这样的框架下提高可持续发展的育人质量，才能站在中国式现代化建设的高度上探寻清除"育人"与"育分"障碍的有效路径，从深层次上消除"吃力不讨好"的痛点。

三、促进质量转型：从片面质量向全面质量转变

要在"世界一流"的办学格局中彰显"中国特色"，需要促进学校转变质量思想。质量思想，是学校看待、分析和崇尚质量的基本观念。质量观念不但会引领全校师生

追求与之相应的质量，而且直接决定着师生分析质量的基本思维方式。世界一流中学建设要综合"为何建"和"能否建"的多种因素，促进学校从追求片面质量向注重全面质量的转变。

（一）摒弃片面质量观

片面质量也称"小质量"，其特征是脱离学生生命整体发展、持续发展和创造发展需要，只关注局部的、孤立的静态质量。片面质量之所以"片面"，是因为其追求的质量往往只顾及一点而不及其余。一是看重局部质量，忽视整体质量。其主要表现是忽视生命的整体性和可持续发展的系统性，过分专注于学生某一方面的发展而忽视其他方面的成长，如过分强调高分数和智育质量而忽视了德体美劳的发展。二是看重眼前质量，忽视长远质量。眼前质量，是学校的办学条件、育人过程与结果只能满足学生的眼前需要而无法满足其可持续发展需要，学生虽然得到了今天，但没有能力去追求美好的明天仅仅是指向现实的片面质量。三是看重标准化的机械发展质量，忽视个性化的创新性发展质量。其主要表现是用一个模子机械塑造所有学校和学生，过分强调学校的办学条件、育人过程与结果满足事先确定的育人标准的程度，而忽略了学校的特色发展和师生的个性发展，导致教育质量不断朝着僵化的方向发展，无法满足学校和学生的多元发展需要。四是重视静态发展质量，忽视动态发展质量。静态发展质量主要是结果性质量，动态发展质量主要是过程性质量，片面质量是只强调其中的某一种质量而忽视其他质量，过程与结果分离，导致"育分"与"育人"之间不和谐。小质量和片面质量都是以"碎片思维"或肢解方式，过度强化某一方面而忽视其他发展所形成的质量，以这种质量为依托形成的质量观念称为片面质量观。我国中学教育所面临的"育分"与"育人"之间不和谐造成的"吃力不讨好"等困境，其重要原因之一是受到了片面质量观的影响。在片面质量观的影响下，学生虽然在某一方面有较好表现，但弱化了整体协调发展的程度与未来完整发展的潜能。片面质量观过分重视局部质量或浅表性质量，容易导致学生发展不完整、不持续，以及出现"有分无人"的现象。

片面质量观不仅影响了我国的中学教育，而且对全世界的中学教育都造成了影响。著名的科学认识论研究专家焦尔当对法国一些学校追求"片面质量"造成的危害进行了批评，他说："为了学习一个语法难点，学生们要抄上十几个句子。在物理实验课上，为了解析一个公式，他们常常要花很多时间进行测量。为了临摹一张地图，他们需要花上一个小时，但始终未能理解其中的某些内容……一段学业结束后，即使是成绩优秀的学生，真正储存进他们大脑的知识少之又少。中学毕业一年后，30％的法国高中理科毕业生不知道把脱氧核糖核酸和遗传疾病或是遗传特征联系起来，60％的人不知道原子、分子和细胞各自的特点，80％的人无法描述太阳在天空中运行的轨迹，80％的人无法在器官之间建立联系，90％的人辨别不出主要的星星，100％的人不会画欧洲地图，哪怕只是画一张大概的地图。"[1]

受片面质量观的影响，一些中学虽然为了提高分数而不断对学生进行强化训练，但使更多的学生远离了真正的学习。"在所有的基本规定中，学校把知识的获取放在了优先位置，但与此同时，荒唐的教学计划和经验主义教学法加在一起，却让大多数学生远离了学习。更糟的是，学校让很多人对学习失去了兴趣。学校的各种测试说明，在书桌后面待的时间越长，好奇心、疑问和学习的愿望就越少。"[2] 究其原因，是因为"人们逐渐将'知道'和'学习'"相混淆[3]，把"知道多少"当成了学习质量，这就是片面质量观的体现。这种片面质量观引发的学习是一种"伪学习"，"通过伪学习，学生'学会了'成为消费者。在他们看来，老师教授的知识顶多不过可用于升入下一个年级或是考试过关，出了校门，他们看不到这些知识有任何价值，只有得到的文凭是有用的，能让他们（有机会）获得一份工作，赚到消费所需的金钱"[4]。

最为致命的是，片面追求分数的教与学，把学生、国家和世界分割开来，学校的全景时空和全息系统被肢解得支离破碎。一些中学为了提高学生的分数，将学生禁锢在试卷中或书本上的国家与世界中，未能通过学习或考试将自己、国家和世界联系起来，形成个体、国家和世界的紧密联系，这与学生主体性的形成规律相违背。"人类社会中的主体具有复杂的层次性，可分为全人类主体、国家主体、民族主体、党派团体主体和个体主体。在对现实人的规定性进行考察时，要达到反映真实和思维清晰的效果，这些不同层次的主体是必须加以区分的。个体人的社会性是逐渐加深、扩展和丰富的，从具有强烈的地域的、民族的狭隘性，逐渐扩展到最广泛的、普遍的世界历史性。人作为'世界历史性存在'，是在最广泛、最深刻的社会实践中生成的，是对地域和民族狭隘性的彻底扬弃，是人的全面发展的真正实现"[5]，因为"现实的人应该是处于世界历史过程中的国民性存在的人。这样的人应该是有国际视野的爱国者，是具有

① 焦尔当. 学习的本质 [M]. 杭零，译. 上海：华东师范大学出版社，2015：1—2.
② 焦尔当. 学习的本质 [M]. 杭零，译. 上海：华东师范大学出版社，2015：52.
③ 焦尔当. 学习的本质 [M]. 杭零，译. 上海：华东师范大学出版社，2015：53.
④ 焦尔当. 学习的本质 [M]. 杭零，译. 上海：华东师范大学出版社，2015：53.
⑤ 孙振东. 人的国民性、世界历史性与教育 [J]. 教育学报，2016（6）：3—9.

民族自豪感的国际主义者，是爱国主义与国际主义相统一的人"①，而片面质量观恰好把学生个体与其他主体和地域分割开来，从而使学生逐步失去了全面发展和完整发展的能力，使其在生存和发展方面面临多重险境。

片面质量观追求的不是人和社会的整体发展与可持续发展力量，长此以往，我们就"丧失了将这个世界理解为一个相互联系之整体，并以健康的坦率对之做出反应的能力。……我们只能以令人困惑的步幅将我们兴致的中心由我们内在和外在视野的一方转至另一方，我们缺乏一种伴随不可分割的内在忠诚而生活的能力，我们找不到一种能反映当代全部视野的忠诚感，我们渐渐地削弱了自身的力量"②。美国麻省理工学院视觉艺术教授乔治·凯佩斯在《论艺术》一文中指出："当今的人类处境与一个迷途儿童所遭遇的境况颇为相似，它似乎背离了生活常态，并因而失去其生存的确切性。"③ 失去生存的确切性，是片面质量回馈给当代人类的"礼物"——让当代人在片面发展中失去了内在的整体性，使本应完整的生命失去了自身的完整性，缺失了对自我、他人、社会和自然完整感知的能力，从而失去了可持续发展的意识与能力。世界一流中学所追求的质量，是将"育人"与"育分"整合起来的可持续发展质量，"必须越过在人及其新近取得的成就，亦即知识与力量之间所存在的鸿沟，必须建立一个足够完全和宽广的基础……必须在自己的内心世界里建造一座桥梁，以便实现一种内在完整性，亦即生命的感性、情感及理性诸方面的统一性"④，这就需要走出片面质量观的泥潭，消除片面质量观带来的种种危害。要建设世界一流中学，就要努力摒弃片面质量观，真正促进"育人"与"育分"的有效整合。

（二）追求全面质量观

全面质量也称"大质量"，与片面质量相对，其特征是学校的育人条件、过程与结果全方位全过程满足多样化需求，以此为基础形成的质量观念被称为全面质量观。全面质量观的核心是系统思维、动态建构和科学方法。

从系统思维看，全面质量观主张学校的育人质量在育人系统的关系中产生，要综合考虑学校系统内外各要素对育人质量的影响。世界一流中学所秉持的全面质量观，体现了全息系统、全景时空等要素对学校质量所应具备的系统思维、动态建构和科学方法等的要求，是全面可持续发展在学校质量思想中的体现。世界一流中学把学生个

①　孙振东. 人的国民性、世界历史性与教育 [J]. 教育学报，2016 (6)：3—9.
②　马斯洛. 人类价值新论 [M]. 胡万福，谢小庆，王丽，等译. 石家庄：河北人民出版社，1988：79.
③　马斯洛. 人类价值新论 [M]. 胡万福，谢小庆，王丽，等译. 石家庄：河北人民出版社，1988：78.
④　马斯洛. 人类价值新论 [M]. 胡万福，谢小庆，王丽，等译. 石家庄：河北人民出版社，1988：80.

体、学生群体、学校和社会的发展质量看成一个系统，协同推进不同方面质量的和谐发展，以在系统质量的整体提升中促进每一方面质量的全面发展。

从动态建构看，全面质量观主张学校建构的育人体系要根据需要不断发展，注重育人质量的持续改进。世界一流中学不仅系统筹划学校质量的整体发展，而且"对质量和标准有一个现实的、正确的概念"[①]，能"根据特定的时间、地点以及特定的学习者和他们的环境"[②] 变化调整质量标准，强化学校的全面质量管理，以提高质量的动态建构和科学提升水平。

从科学方法看，全面质量观主张以科学的质量管理方法提高育人效率、效益和效能。世界一流中学所强调的全面质量管理，是学校全员、全程、全组织、多方法的质量管理。首先是全主体参与，师生和家长人人都是质量管理者，每个部门都是质量管理机构。其次是全要素介入，即影响育人质量的各个要素都属于质量管理的对象。再次是全过程覆盖，影响育人质量的每一个环节都必须纳入质量管理范围，因为"质量环的强度取决于环中最薄弱的环节"[③]。推进全主体参与、全要素介入和全过程覆盖的全面质量管理，其基本策略是建构全组织质量管理体系。全组织质量管理，"就是要求组织各管理层次都有明确的质量管理活动内容"[④] 和质量职能，强化全程全面的过程质量管理，无论是纵向上各层次的职能，还是横向上不同组织之间的不同分工，都围绕可持续发展的育人质量这一核心展开，都为可持续发展的育人质量负责，以此优化学校质量建设中的系统思维，运用质量管理的科学方法提高学校质量的动态建构水平。综合上述分析可以看出，世界一流中学追求全面质量观的实质是提高可持续发展质量，其核心是全主体、全视域和全时间流的发展质量。

首先是兼顾"小我"与"大我"的"全主体"质量。"小我"即学生"本我"，"大我"是把其他人或生命也当成"我"，属于"社会的我"与"生态的我"。"大我"能把"本我"的发展和其他生命的发展有机结合起来，注重彼此间的共同发展与长远发展。世界一流中学不仅要关注"小我"的发展质量，也要关注"大我"的发展质量，其办学条件、育人过程与结果，既要有利于学生个体的全面发展，也要能促进学生尊重他人的学习权利和学习机会，在更大范围内尽己所能帮助他人实现可持续发展目标，以

① 库姆斯. 世界教育的危机：八十年代的观点 [M]. 赵宝恒，李环，等译. 北京：人民教育出版社，1990：116.
② 库姆斯. 世界教育的危机：八十年代的观点 [M]. 赵宝恒，李环，等译. 北京：人民教育出版社，1990：116—117.
③ 石川馨. 质量管理入门 [M]. 刘灯宝，译. 北京：机械工业出版社，2018：28.
④ 段永刚. 全面质量管理 [M]. 4 版. 北京：中国科学技术出版社，2018：27.

所学知识促进自身整全发展、民族永续发展和世界可持续发展，因而需要同时强化如下四个方面的质量：一是注重学生个体素质的全面发展质量，学校育人体系能够完全满足学生德智体美劳全面发展的需要；二是学生群体的多元发展质量，学校融合创新的育人体系不但能满足学生个体全面发展的需要，而且能满足不同学生的不同发展需要，能够最大限度地帮助每位学生发展自身潜能；三是学校的特色发展质量，学校融合创新的育人体系盘活了自身的独特资源，能够满足提高学校办学标识度的需要，避免了"千校一面"的发展问题；四是促进社会可持续发展的质量，培育的学生能够满足社会长远发展的需要。世界一流中学只有同时提高了这四个方面的质量，才能在兼顾"小我"与"大我"中提高全主体的发展质量。

其次是兼顾"局部"与"整体"，提高全视域质量。全视域质量，是学校建构的全景空间和全息系统满足学生、学校、社会、国家和全球可持续发展需要的程度。世界一流中学的全景空间包括学习活动空间和学习内容空间。学习活动空间，是指学生开展学习活动的物理范围。传统的学习活动空间是教室，随着全景时空和全息系统的不断建构，世界一流中学的学习活动空间不断超出教室，延伸至社会、国家和全球。学习内容空间，是指学习内容所指涉的范围及其地域覆盖面，包括学科学习内容空间和跨学科学习内容空间。学习活动空间和学习内容空间共同决定着学习视域的大小。世界一流中学所追求的全面质量，主张把中国与世界、人类与自然的和谐共生作为全景空间和全息系统建设的基本视域，把本土和全球作为不可或缺的学习内容与活动空间，在兼顾"局部"与"整体"的过程中提高全视域的建设质量。

最后是兼顾"急功"与"远利"，提高全过程的质量。世界一流中学能够根据中国和世界可能发生的新变化，利用历史和未来资源，改善当下的育人活动，使学校的育人过程成为学生有效连接过去、现在和未来的历程。世界一流中学所追求的全面质量，要求所有师生树立课堂上的"时间流"意识，把学生、学校、社会、国家和全球的过去、现在与未来作为一个整体来对待，引导学生既尊重历史和现实，也超越历史和现实，实现新发展。这就既需要考虑眼前的"急功"如分数的需要，也要考虑学生整全发展、民族永续发展和世界可持续发展等"远利"需求，只有在兼顾"急功"与"远利"的过程中有效整合"育人"与"育分"，才能提高全时间流的整体质量。

世界一流中学建设的重要任务，就是树立、落实并坚持全面质量思想，促进学校不断从追求片面质量转向注重全面质量，引导学校在创建过程中全面提升育人质量。

四、聚焦建设目标：促进理论与实践的一体化创新

综合上述认识，结合教育强国战略和高质量教育体系建设的需要，要充分利用现有条件发挥建设世界一流中学走出育人困境并提高对世界基础教育的贡献力等价值，在建设过程中可以重点确立和实现如下研究与实践目标：

第一，澄清认识。建设世界一流中学，在我国虽有少数学校提出并进行了力所能及的尝试，但在全国还没有形成"气候"，也缺乏深入研究的理论成果和实质性推进的系统化实践方案，特别是在"为何建""能否建"和"建什么"等问题上，还缺乏清晰认识，在一些关键问题上还远没有达成共识。要形成清晰认识乃至共识，仅仅坐而论道是不够的，还需要我们在建设的行动中研究、反思和改革。以行动促进认识，以实践建构理论，以体验达成共识，才能让更多的学校、管理者和教师认识到建设世界一流中学的紧迫性、使命感和艰巨性，才能逐步形成"为何建""能否建"和"建什么"的系统化认识，以此树立建设信心，明确建设目的，更好地为建设世界一流中学做出贡献。

第二，创生理论。理论是实践的先导，理论的改变，意味着看待问题的视角和思维方式的转变。建设世界一流中学，需要以新的质量观念和思维方式审视现有的中学教育，发现其问题和症结，并据此转变质量观念，创新思维方式和育人方式，这就需要创生出具有引领力和改革促进价值的理论。从现有研究文献看，"世界一流中学"作为一个专有名词，还是一个比较新鲜的概念。作为一个新词，需要对其内涵、本质、构成要素与基本表征等进行较为系统的梳理，并创生出相应的理论框架，为有效推进世界一流中学的建设实践提供理论参照和思想框架。

第三，推进实践。就中学而言，建构理论不是目的，而是通过建构新理论转变育人观念，改善思维方式，据此创新育人实践体系，以实践体系为基本框架全面推进育人方式改革。世界一流中学的建设研究也应如此，在创生出上述理论后，还需要据此建构新的育人实践体系，并运用行动研究法推进实践，在具体行动中完善理论和实践方案，以实现世界一流中学建设的实质性突破。

第四，改善评价。评价具有引领和撬动的作用，一切改革的深层次推进都需要通过评价改革来实现。世界一流中学的多元化评价及其国际国内两大要素的整合性评价，既要避免照搬世界一流大学的评价方式与方法，也要避免脱离我国现行政策要求自说自话的问题，二者结合，才能在保证落实国家对中学教育的全部要求的基础上，以世

界一流中学教育为参照，提高办学品质和育人质量。因此，在建设世界一流中学时，不仅要澄清认识、创生理论和推进实践，还需要统整这些要素，改善评价，以评价的改变促进学校进一步深化认识、转化理论和创新实践，在教学评的良性互动中不断朝着世界一流中学的理想目标迈进。

五、突出重点任务：高质量推进办学实践的整体改革

要落实上述目标，需要在世界一流中学的建设过程中突出三个重点任务。

其一，在全面认识"为何建""能否建"和"建什么"等前提性问题的基础上，创建世界一流中学建设的理论框架，这是高质量推进办学实践改革的基础。

世界一流中学的建设，其根本目的是以更高质量培育更有发展潜能的中学生，提高育人质量是其核心和建设主线。在建构理论框架时，应以育人质量观的改变为起点，以新的质量观为引领，明确世界一流中学的内涵、本质、内容构成与基本表征，由此建构的理论体系，才能实现世界一流中学的建设价值。

从总体上看，世界一流中学的育人质量应是可持续发展的育人质量，应以可持续发展的育人质量观为起点建构世界一流中学建设的理论框架。可持续发展质量不仅是世界一流中学普遍追求的育人质量，也是解决"育人"与"育分"难以有效整合等现实问题的基本目标，更是我国在新时代对高质量发展的要求。从国家发展战略看，高质量是中国式现代化的基本样态，是推动社会建设的过程变量，是解决人民日益增长的美好生活需要与不平衡不充分发展问题的金钥匙。在宏观上，高质量发展是社会全面进步的标志；在微观上，高质量发展的终极目标是让人全面发展，提高人的获得感、幸福感和安全感。[①] 因此，我国着力推进的高质量发展，是政治、经济、文化、社会、教育等各个领域的可持续发展。这样的高质量，是与人和社会连接的高质量，是把人的全面发展作为高质量发展的目标，是把人民的获得感、幸福感和安全感作为高质量发展的指数，是把公平性、均衡性作为高质量发展的前提条件……这样的高质量，是新时代和未来社会的人们应该具备的一种生活方式，要使这样的生活方式成为社会常态，需要所有中学都提高可持续发展的育人质量。[②]

在我国全面倡导和推进可持续育人质量的背景下，具有中国特色的中学教育的高质量也应是具有可持续性的高质量。这样的高质量发展，需要体现政治信仰、人民中

---

① 宋国恺. 新时代高质量发展的社会学研究 [J]. 中国特色社会主义研究，2018（5）：60—68.
② 黄镇海. 现代社会的质量概念 [J]. 自然辩证法研究，2009（7）：33—36.

心、民族文化、学生发展等要素，建构以人民为中心导向，以满足人民、社会和国家可持续发展需求为指向，以实现全体全面发展为目标的中学教育体系，这一体系的基本任务是提高学生的可持续发展能力，要更加注重"育人"、更加注重"终身"、更加注重"智能"、更加注重"融合"。① 因此，基于可持续发展的中学教育体系中的"育人"，"育"的逻辑需要发生改变：在育人目标上，从知识与技能育人向"五育"融合发展；在育人方式上，从"他育"向"他育与自育融合"发展；在育人时间上，从小学、中学、大学育人向终身育人发展；在育人空间上，从学校育人向全景泛在育人发展；等等。这些都对世界一流中学建设的理论框架建构提出了新要求。建构世界一流中学的理论框架时，必须以可持续发展的育人质量观为指引，才能在转变育人逻辑的基础上促进学生个体、学生群体以及社会、国家等的可持续发展，最终达成教育强国战略和高质量教育体系建设的目标。

其二，根据理论框架中确定的育人质量观，以及据此确定的世界一流中学的内涵、本质与基本表征，创新学校育人方式改革的实践体系。

可持续育人质量观，首先要在"培养什么人""为谁培养人""怎样培养人"等根本问题上明确应该具备的育人质量观念。世界一流中学的可持续育人质量，必须是完成社会主义教育根本任务的可持续发展质量，即"为党育人，为国育才"的立德树人质量。这一质量主要体现在学生的理想信念、爱国情怀、品德修养、知识见识、奋斗精神、思想水平、政治觉悟、文化素养等全面发展上，只有在促进学生全面发展的过程中将学生培养成新时代"全人"，才能引导学生破解"育人"与"育分"有效整合的难题，在提高自身可持续发展能力的基础上为社会、国家和全球的可持续发展贡献力量。因此，培养新时代的"全人"，既是世界一流中学的重要任务，也是建构办学实践框架的起点和归宿。

培养新时代"全人"，需要运用"全景""全息"思维全面谋划学校的整体变革。首先，可持续发展的育人质量，是组织中的每一个人都对可持续发展负责的质量，要求学校中的每一位成员都具有可持续发展思维，都形成可持续发展的习惯、信念和行为模式。所以，可持续发展的育人质量，是学校组织及全体成员，围绕可持续发展所形成的理念、精神、价值、制度等意识形态，物化载体，以及由此衍生和发展起来的质量认知、思维和行为模式②，没有"全景""全息"思维并据此进行整体谋划，学校

---

① 李政涛. "五育"融合推动基础教育高质量发展 [J]. 人民教育，2020（20）：13—15.

② HARVEY L, GREEN D. Defining Quality [J]. Assessment&Evaluation in Higher Education，1993（1）：9—34.

可持续发展的育人质量将难以真正提高。其次，世界一流中学所培养的新时代"全人"，是植根于中国、放眼世界培养的"全人"，必须以大视角、全景致建构培养体系。正如国际 21 世纪教育委员会向联合国教科文组织提交的《德洛尔报告》中明确指出的那样，"人类活动范围的世界化走向"① 已越来越明显，必须立足全球"强调大局观整体观，以更大范围、更高程度的开放合作，来化解局部的、阶段性的冲突问题。而不是小步对小步的回应，也不是阶段对阶段的对应，更不是以小布局解决大的战略问题"②，而应以全球发展和人类命运共同体建设为基本景致，运用全景思维对"全人"培养进行大格局谋划。最后，新时代的"全人"要具有可持续发展能力，需要面向未来世界提高自身的基础性能力，但中学教育主要是在学校空间内开展的教育，这就需要把外面的世界浓缩在学校空间里，进而浓缩在教室的学习体系里，这就需要把学校变为社会的浓缩系统，把教室变为学校的浓缩系统，使教室里的学习能够保持在社会中学习的基本要素。要实现这一目标，就应使用全息原理和全息思维建构学校教育系统。只有以新时代"全人"的培养为圆心，以世界或社会发展为母系统建构学校教育的全息系统，沉浸其中的学生才能在学校里提高适应未来社会的可持续发展能力。因此，基于可持续发展的世界一流中学建设，应以新时代"全人"的培养为圆心，以"全景""全息"思维建构学校实践体系，形成学校的"三全"育人范式。因此，在世界一流中学建设过程中，创新的育人实践体系应是"三全"育人体系，应以"三全"育人为核心，推进理论向实践转化并有效推进世界一流中学的建设实践。

其三，综合上述研究成果，以扎根研究法、实证研究法和行动研究法等为基本研究方法，明确教师学术共同体、办学质量评价和诊断改进等核心支撑的建设策略，为世界一流中学的持续建设提供保障。

联合国教科文组织在《学会生存——教育世界的今天和明天》中意味深长地问道："这个世界正在和将要对教育提出许多新的要求。如果要使教育的任务不致遭受失败，还有什么新的手段可供教育使用和必须为教育所使用呢?"③ 在我们看来，适应世界新要求的学校教育新手段，不是单一和局部的，而是立足本国放眼全球的系统谋划与学校的整体变革。要回答联合国教科文组织的世纪之问，需要我们用创建世界一流中学的切实行动，去探寻育人方式变革的学校方案。

① 联合国教科文组织. 教育：财富蕴藏其中 [M]. 联合国教科文组织总部中文科，译. 北京：教育科学出版社，2014：5.
② 王帆. 中国特色大国外交：协调、变革与完善 [J]. 探索与争鸣，2022（1）：12—15.
③ 联合国教科文组织国际教育发展委员会. 学会生存：教育世界的今天和明天 [M]. 华东师范大学比较教育研究所，译. 北京：教育科学出版社，1996：66.

第二章

世界一流中学的内涵与表征

要完善教育对外开放战略策略，统筹做好"引进来"和"走出去"两篇大文章，有效利用世界一流教育资源和创新要素，使我国成为具有强大影响力的世界重要教育中心。①

——习近平

---

① 习近平. 扎实推动教育强国建设 [J]. 求是，2023（18）：1—2.

　　通过对"为何建""能否建""建什么"的追问，我们清楚了建设世界一流中学的价值、条件和对象，并由此激活了建设动力，树立了建设自信，明确了建设方向，但要有效推进世界一流中学的建设实践，还需要探究和明晰世界一流中学的内涵与特征。要明确世界一流中学的内涵与特征，需要首先探究世界一流中学所要解决的主要问题，只有从问题出发探析其内涵、明确其特征，才能指引建设过程朝着既定的目标前进。

第一节　世界一流中学要解决的主要问题

　　明确世界一流中学要解决的问题的思路如下：先分析我国中学教育需要突破的最大实践困境是什么，以实践为导向确定需要解决的主要问题；然后明确世界公认的一流中学努力在实现什么育人理想，在它们的育人追求中发现需要解决的主要问题；最后综合前两个因素提出世界一流中学需要解决的核心问题。

一、如何突破我国中学教育的改革困境

　　困境暗示了出路。最大的实践困境，既暗示了理论创新的突破口，也暗示了实践改革的主要着力点。明确世界一流中学要解决的主要问题，首先需要清楚我国目前的中学教育所面临的最大实践困境是什么，造成这一困境的根源性要素是什么，如何从改变根源性要素开始推进中学教育走出实践困境，等等。由此出发，才能找到最适宜的办学理论，改革办学实践，引导中学教育以最佳方式走出实践困境。

　　从表面上看，我国中学教育目前面临的最大困境，依然是"育分"与"育人"之间的不和谐。在我国现行的基础教育运行体系中，中学和小学相比，其特殊性在于"分数"的高利害性与高竞争性。由于我国大多数地方的高中教育还没有纳入义务教育体系，初中升高中面临着分数竞争，尽管不少地方加大了指标到校生、直升生等数量，以促进教育公平并缓解中考压力，但不少学校和教师为了提高学生进入当地传统名校

的比例，"把中考当成高考抓"，分数依然是高利害的竞争性指标，学校和师生的分数压力并没有真正消减。初中如此，高中更是如此。因此，尽管国家三令五申，要求改变育人方式，提高学生全面发展质量，但"只抓分""死抓分""抓死分"的中学依然不在少数，这就严重影响了中学的育人质量，由此导致了小学教育与中学教育严重失衡的现象。有专家认为，我国的小学和中学存在着事实上的"断档"问题，小学教育具有较高的"素质"含量，但进入中学后必须转到分数的轨道上，否则就难以适应中学教育，就会成为中学的"差生"而被淘汰。学生缺乏学习过程中的幸福体验，教师缺乏育人的快乐与成就，学校难以从容应对学生完整发展和基本学习需要的新变化，这些不但给中学教育造成了巨大困扰，而且为社会、民族和国家发展埋下了诸多隐患。

但从深层次看，导致"育人"与"育分"之间不和谐的根本原因和最大困境是不少学校和教师缺乏可持续育人能力。传统教育中的好教师，刻苦勤勉地扑在学生的分数上，其精神和态度本无可厚非。就现实中的中学教育看，分数本身不是问题，存在问题的是"育分"与"育人"之间的不和谐，以及学生、社会和明日世界的可持续发展能力的丧失，阻碍"育分"与"育人"有效整合的不是分数本身，而是获取分数的过程失去了可持续发展的空间、潜能与价值等。换言之，缺乏可持续育人能力才是中学教育目前面临的最大实践困境，这一困境集中体现在三个方面。

其一，教育内容缺乏可持续发展的空间与价值。从目前情况看，虽然在核心素养培育和评价改革的强力推动下，"在多元情境中学与考，以提高学生适应真实世界和面向未来的能力"等教育理念正在逐步普及和落实，但依然不容乐观的是，到今天为止，一些中学仍然以单纯应试的思路筛选和组织教育教学内容，"不能为人们提供有关真实世界的知识"，"也不能帮助人们解决他们今天所面临的各种问题"[①]，更无法面向未来预设学生可能面临的境遇。因此，需要从提升教育内容的可持续发展空间与价值做起。

其二，教育过程与方法缺乏可持续性。不少中学除了教育内容缺乏可持续发展空间与价值外，还缺少"与青少年的现实生活相关的教学方法和过程"[②]，即使获得了高分数，学生也难以成为可持续发展的"完整的人"，"育分"与"育人"之间不和谐的现象就难以从根本上得以改变。提高可持续发展的育人质量，既需要具备可持续发展空间与价值的教育内容作支撑，也需要与之匹配的教育方法和过程为保障，只有两者

---

① 联合国教科文组织国际教育发展委员会. 学会生存：教育世界的今天和明天 [M]. 华东师范大学比较教育研究所，译. 北京：教育科学出版社，1996：93.

② 联合国教科文组织国际教育发展委员会. 一起重新构想我们的未来：为教育打造新的社会契约 [M]. 北京：教育科学出版社，2022：22.

相互促进，才能帮助学生在"育分"与"育人"的整合中获得可持续发展的能力。面向青少年的现实生活与未来发展建构起来的教育内容，需要有引导学生从书本走向生活、从现实走向未来的教育方法与过程，才能充分发挥教育内容的可持续发展价值，提高学生的可持续发展能力。与青少年现实生活相关的教学方法和过程，应是具有现实针对性和未来预见性的方法与过程，是引导学生走出纯粹的知识世界，打破书本与生活、现实与未来相互隔绝状态的教学方法与过程。这种方法与过程，既具有所有学生都能适应的普遍性，又能满足不同学生的个性化需要。内尔·诺丁斯认为，"真正的教育必须充分考虑受教育者的目的，激发他们的能量"①。教育方法与过程也不例外。但是，一些中学在片面追求高分数的过程中，把学生封闭在教室里、书本中和题海里，难以引导学生睁眼看世界，更是把学生走进生活、参与实践看成浪费时间，讲题练题成了主要的教学方法甚至是唯一方法，教学过程变成了讲知识、演示题目和大考小考的过程。方法单一、过程枯燥，学生的自主学习与全面发展能力受到极大阻滞，"分"与"人"难以有效统整，其可持续发展能力必然难以提升。

其三，教育技术运用出现了较为严重的价值空心化现象。教育技术运用的价值空心化，是指在运用教育技术的过程中，只追求客观不客观、准确不准确、可靠不可靠，而不考虑"好不好""善不善""美不美"等价值性目标。正如雅思贝尔斯所描绘的那样，一些中学在运用先进的教育技术时，"不想沉思意义，而是要敏捷地行动；不想诉诸情感，而是诉诸客观性；不是研究神秘的影响，而是明确地弄清事实"②，这就导致了教育技术使用时的价值空心化。在这种情况下，不少师生被去价值化的教育技术所裹挟，"人灌"变成"机灌"，"教师跟踪监测学习过程"变成了机器精准监测……客观化、精准化、量化的教育技术使用要求与标准，导致部分学校和教师只专注于可以量化的教育内容与形式，而忽视了难以量化但对学生的完整发展具有重要意义的部分，导致学校教育不完整。不完整的学校教育难以培养出完整发展的"全人"，"育分"与"育人"之间就会始终存在着没有完全跨越的鸿沟，"吃力不讨好"的痛点就难以消除。

从上述分析看，我国中学教育目前存在的最大实践困境，表象是"育人"与"育分"难以有效整合，深层原因却是部分学校和教师缺乏可持续育人能力。要从最大实践困境着手确立世界一流中学要解决的主要问题，可以从提高中学及其教师的可持续育人能力开始，致力可持续育人质量的不断提升，才能不断帮助教师和学校走出"育

① 联合国教科文组织国际教育发展委员会. 一起重新构想我们的未来：为教育打造新的社会契约［M］. 北京：教育科学出版社，2022：51.
② 雅思贝尔斯. 现时代的人［M］. 周晓亮，宋祖良，译. 北京：社会科学文献出版社，1992：11.

分"与"育人"之间不和谐的困境。

二、如何彰显世界一流中学的育人追求

我国中学目前面临的最大实践困境，标示了世界一流中学所要解决的现实问题，即如何发展教师的可持续育人能力，提高学校的可持续育人质量。我们解决的这一现实问题是否符合世界一流中学建设的整体趋向，还需要分析世界一流中学共同追求的育人理想。只有当世界上的其他一流中学也在致力提高教师的可持续育人能力和学校的可持续育人质量时，着力解决的现实问题才有利于帮助学校不断成为真正的世界一流中学。

从我们的研究看，世界一流中学是具有全球知名度、影响力与贡献力的高质量中学。这些中学在办学模式上虽然各有特色，但追求可持续育人质量却是它们的共同理想与基本特征。这些学校都把可持续发展思想作为办学的核心价值，都把提高可持续育人质量作为办学的实践纲领，致力提高学生、学校、社会、本国和全球的可持续发展能力，他们所追求的育人理想集中体现在三个方面。

其一，把促进学生个体的完整发展和学生群体的多元发展作为育人质量的基本追求，在全主体的可持续发展中追求办学的高质量。

学生个体与群体构成了学生发展的全主体。世界一流中学的可持续育人质量，既要促进全主体的发展，但又不能以统一标准束缚所有学生的发展，而是应该把学生个体的完整发展和群体的多元发展作为全主体发展的基本准则。学生个体的完整发展，是其有能力参与明日世界建设的必要条件，是其具有可持续发展能力的重要体现；学生群体的多元发展，是新生一代创造绚丽多彩的明日世界的前提，是社会可持续发展的基本保障。只有同时促进了学生个体的完整发展和群体的多元发展，新生一代和明日世界才具有可持续发展的基础与潜能。因此，把可持续发展作为核心价值的世界一流中学，是在努力解决如何把培养完整的学生个体与多元发展的学生群体有机结合起来这一难题，并形成与之匹配的育人思想与办学实践。

如芬兰的罗素高中，以充分尊重和满足学生完整发展的需求为基础建构具有充分选择空间的课程体系，既强调学生的完整发展，也强调学生的个性化学习与多元发展。为了照顾不同学生的不同学习需要，"同一门课程开设了内容和难度不同的课程模块，在这种课程模式之下，学生可以根据自身学习情况自由选择"[1]。为了保障学生完整发

---

[1] 周成平. 外国著名学校的管理特色 [M]. 南京：南京大学出版社，2009：2.

展和多元发展的质量，"在罗素高中有两个专职的顾问负责帮助学生解决在学习、生活、心理、人际交往以及职业选择中遇到的困惑或问题。大约有 20 个任课教师要同时担任小组辅导教师"[①]，根据小组的共同发展方向或个性化需求进行有针对性的指导。英国的伊顿公学为了培养完整的学生个体，把鼓励学生独立思考，培养学生自信、热情、宽容、正直等品格和知识、技能、体能、意志等作为教育的基本原则。在此基础上，尊重个体差异，引导学生学会"积极宽容"，理解和接纳不同文化，并在丰富的活动与游戏中拓宽课程的选择空间，以满足学生的不同发展需要。加拿大的布兰克森山霍尔学校为了帮助每个学生实现最好发展，以小班教学为特色，并设立了"特殊教育教室"，以帮助所有学生都能找到最合适自己的发展方法。如此等等，都体现了世界一流中学对可持续发展思想的践行。正因为这些中学从学生个体的完整发展和学生群体的多元发展出发确立了学校的育人目标，推进了学校的育人过程，优化了学校的育人结果，所以他们不但经受住了现实的升学与就业考验，而且赢得了学生、家长和社会的普遍尊重，在长远而持续的育人价值的考验中得到了高度认可，为我国中学教育走出"吃力不讨好"的困境提供了借鉴。

其二，把提高教育的真实性与适切性作为重要任务，在全时空、全视域的统整中提高教育内容、方式与技术等的可持续发展空间与价值。

"学习以真实性（理解所学内容与我们居住的世界的关系）和适切性（理解所学内容与我们的价值观的关系）为强大动力。"[②] 中学教育的真实性，主要是指学习内容、方法、技术等与真实世界之间的联系程度；适切性，是学生在学习过程中形成的价值观与参与明日世界所需要的价值观之间的匹配程度。教育内容的真实性与适切性，是中学教育具有可持续发展价值的必要条件，"学校不能和生活脱节，儿童的人格不能分裂成为两个互不接触的世界——在一个世界里，儿童像一个脱离现实的傀儡一样，从事学习；而在另一个世界里，他通过某种违背教育的活动来获得自我满足"[③]，否则，既会使学生失去可持续发展能力，也会削弱学校、社会、国家和全球的可持续发展基础。因此，只有提高了学习内容的真实性与适切性，"育分"与"育人"的发展过程才会不断趋近，才能实现学生个体的完整发展与学生群体的多元发展高度统一的全主体可持续发展目标。

---

① 周成平. 外国著名学校的管理特色［M］. 南京：南京大学出版社，2009：3.
② 联合国教科文组织国际教育发展委员会. 一起重新构想我们的未来：为教育打造新的社会契约［M］. 北京：教育科学出版社，2022：52.
③ 联合国教科文组织国际教育发展委员会. 学会生存：教育世界的今天和明天［M］. 华东师范大学比较教育研究所，译. 北京：教育科学出版社，1996：12.

不少世界一流中学为了提高教育的真实性与适切性，在教育内容与形式上都进行了相应改革。如芬兰的罗素高中为了打通书本知识与现实世界之间的联系，非常重视学生的课外学习，鼓励他们走出校门参与课外活动，在切身体验中利用自身所学知识建设更加美好的社会与自然。爱尔兰的利默里克特涛瑞中学强化健康生活教育，把学生遇到的真实生活问题纳入课堂。法国路易大帝高中则以真实生活为对象建设综合性课程，培养学生解决现实问题的能力，并为应对未来的不确定性积累知识与能力基础。德国的宁芬堡中学大力推进综合化教学，"以经济课为例，通常会带学生去商场、银行、企业考察，了解经济的实际运作"①，以真实的经济生活为背景建构经济课程，提高学生分析现实世界中的经济现象和参与明日世界经济建设的能力。

为了提高学生参与明日世界的适切性，世界一流中学都着力培养学生团结、合作、宽容的道德品质与价值观，因为这种价值观是应对未来不确定性的最为重要的价值观，也是确保人类在不确定的未来持续发展的核心价值观。如英国的伊顿公学特别强调责任感的培养，包括对自己、对他人、对团队、对社会和对世界等多维度多层次的责任感。他们通过大型比赛如划船赛、田园游戏赛等磨炼学生的坚韧意志，培养学生团结、宽容、合作、负责等品质。德国的海伦娜中学则把团队合作作为学校的第一精神，促进学校、家庭和师生密切合作，培养师生和家长为明日世界共同负责的价值观，以适应未来的复杂生活。美国的斯蒂文森高中则把团队歌唱项目做到极致。在合唱节目中，"每个年级都要动员几百名学生组成出类拔萃的表演团队，他们要自己设计音乐剧几乎所有环节"②，以在团队合作中培养学生的宽容精神与集体意识。"六、七年级，要求学生担当一、二年级'少年数学家小组'的指导员。在五到八年级的整个教学期间，要求学生们担任几个外语小组的辅导员。七至十一年级，要求每个学生都在'科技晚会'上作介绍或报告"③，以促进学生形成互助和奉献的价值观。如此等等，都能看出世界一流中学为增强教育内容、方式与技术等方面的适切性所做出的努力。从它们的育人成效看，其杰出校友都在中学阶段受到了良好熏陶，打下了具有可持续发展价值的基础。也正因为这些学校着力提高了教育内容、方式与技术等的真实性与适切性，其教育改革才提高了全球的影响力、贡献力与知名度，才为中学教育提高可持续发展的育人质量提供了经验，使他们成为名副其实的世界一流中学。

其三，着力引导学生树立全球可持续发展意识，促使学生把自身、国家、人类和

---

① 周成平. 外国著名学校的管理特色［M］. 南京：南京大学出版社，2009：194.
② 周成平. 外国著名学校的管理特色［M］. 南京：南京大学出版社，2009：51.
③ 周成平. 外国著名学校的管理特色［M］. 南京：南京大学出版社，2009：29.

自然的发展视为一个休戚与共的整体，形成全时空可持续发展的意识与观念。

　　世界一流中学几乎都能深刻地意识到"人类正在走向联系不断加深的世界"，它们努力"尝试在学校领导、教师和学生的课程、国际伙伴学校和国际交流等方面建立全球视野"和相应的价值链。[①] 这些中学力求提升的价值链，是有利于促进全球可持续发展的价值链。为了提升这一价值链，它们有意识地引导学生树立"世界一体，你中有我，我中有你"的价值观，并让学生认识到：世界不是空洞的而是具体的，全球不是遥远的而是近在咫尺的，自己和世界密不可分，关心世界和全球就是在关心自己和家园；今天的学习如果只是沉潜在试卷里，把学习、生活、家园、全球等分割开来，以为发生在遥远地方的事件与自己无关，可能发生在未来的危险与今天的自己无关，就会面临着不可预知的危险，因而必须树立全球命运与共、共同追求可持续发展的价值观。在教育内容上，世界一流中学几乎都强调全球视野，主张把全球正在经历的"百年未有之大变局"、国际格局的改变、产业链供应链存在的巨大风险、"不断扩大的社会和经济不平等、气候变化、生物多样性丧失、超出地球极限的资源使用、民主的倒退和颠覆性的技术自动化"[②] 等纳入学习与考试内容，以此引导学生思考本土与全球的可持续发展问题。

　　"新出现的每一项颠覆性转变都会对教育产生重大影响，我们在教育领域的共同行动也会反过来对它将做出何种应对产生影响"[③]，只有当所有的世界一流中学都形成了可持续发展价值观，并有意识地引导学生从"小我"走向"大我"，从本土走向全球，在人类面临不可持续的发展困境时思考自己的责任与使命，并以此不断努力，才能引领所有中学朝着可持续发展的方向前进，明日世界才可能重现美好的曙光。世界一流中学的这种育人追求与办学理想，不但为我国中学教育走出"育人"与"育分"之间不和谐的困境提供了参考，而且与我们所要解决的现实问题相契合。但从我国中学目前的办学情况看，要达到世界公认的一流中学的可持续育人质量水平还有一定困难，因而需要探寻更多有效的策略。

三、如何提高可持续育人质量

　　综合上述两个方面，世界一流中学所要解决的主要问题，可以确定为"如何提高

---

　　① 斯图尔特. 面向未来的世界级教育 [M]. 张煜，李雨英子，张浩然，译. 杭州：浙江人民出版社，2017：96.
　　② 联合国教科文组织国际教育发展委员会. 一起重新构想我们的未来：为教育打造新的社会契约 [M]. 北京：教育科学出版社，2022：3.
　　③ 联合国教科文组织国际教育发展委员会. 一起重新构想我们的未来：为教育打造新的社会契约 [M]. 北京：教育科学出版社，2022：4.

可持续育人质量"。可持续育人质量,是以可持续发展思想指导育人过程并形成相应育人结果的质量,能够体现学校的育人过程与结果,满足学生、学校、社会、国家和全球可持续发展需要的程度。要想提高可持续育人质量,在世界一流中学的理论与实践建设中全面落实可持续发展思想,可以结合"育人"与"育分"难以有效整合的实践困境,重点在三个方面进行理论建构和实践创新。

其一,在教育教学目标上,处理好"可持续育人"和"育分"的关系。可持续育人质量,不是拒绝分数的质量,而是提高分数的可持续发展价值的质量,因此要把提高具有可持续发展价值的分数作为重要的质量目标。具有可持续发展价值的"提分"目标,是由绝对分数的高低与其隐含的可持续发展潜能共同构成的,包括分数数字目标与分数附加值目标两个方面。分数数字目标,是学校确立的在某一时间段内要提高的学生分数目标,这一目标是可见的,也是所有中学必须确立的"硬目标",即通常所说的"育分"目标。分数附加值目标,是指分数所能标识和体现的可持续发展水平及其潜能目标,是属于"人"的整体发展目标,即通常所说的"育人"质量目标,由于这些目标难以用分数客观精准量化,所以也称为"软目标"。从可持续发展思想的内核看,这一"软目标"主要包括三个方面。首先是分数的现实与未来附加值。分数的现实附加值,是学生获取分数所付出的代价与所花费的时间、精力、经济、情绪等成本,以及获取这一分数所产生的现实体验;分数的未来附加值,是指分数在多大程度上反映了学生的发展潜力,学生的分数与其发展潜力匹配度越高,则分数的附加值越高,换言之,学生获取的分数,如果能为其参与明日世界打好基础,则附加值越高。其次是分数的个体与群体附加值。分数的个体附加值,是分数在多大程度上体现了学生全面发展的水平,能否表征其完整发展与和谐发展的水平;分数的群体附加值,是学校获得的分数排名或竞赛等次,在多大程度上实现了学生的最大潜能,是否在促进学生多元发展的过程中体现了教育公平和教育正义,是否杜绝了"牺牲多数人的利益只为少数几个人的高分数"等现象。最后是分数的空间附加值。分数的空间附加值,是指分数在多大程度上体现了学生的学习空间。如果学生的分数仅停留在书本上或试卷里,其空间附加值就低;如果分数能反映学生对书本之外的现实世界如本土和全球的关注与参与情况,则分数的空间附加值就高。可持续育人质量应兼顾"硬目标"和"软目标",并力求将"软目标"变"硬",以此确立起具有可持续发展价值的"提分"目标,引导师生将"分"与"人"整合起来,提高分数的可持续发展含金量。但如何才能有效整合"可持续育人""育分"等要素确立教育教学目标,需要与之相应的理论与实践做指导,这就需要以"如何提高可持续育人质量"为原点研究中学教育目标创新的理论与实践问题。

其二，在教育内容、方式和技术上，提高内容的可持续发展空间与价值，缓和教与学过程中的紧张关系，促进"育分"与"育人"的和谐发展。一方面引导学校在选用教育内容、方式、方法和技术时，既立足今天、放眼明天，又在现实与未来的最佳结合点上选择最适宜的教育内容、方法与技术，也为不同需求的学生提供真实的有价值的选择空间，促进学生个体与群体的多样发展和共生发展，还要能将书本、试卷、学校、本土、国家、全球等连接起来，提高教育内容、方法与技术的真实性和适切性，引导学生在广阔的空间里面向未来获得自身的全面发展。另一方面引导学校缓解提分过程中的紧张关系，帮助学生克服对分数的恐惧感。学校提分的过程，常常是紧张情绪产生、蔓延和加剧的过程，这种紧张情绪常常随着整体与局部、群体与个体、现在与未来、长期与短期、共生与竞争、分数与素质等矛盾不断加剧而增长。具有可持续发展价值的"提分"过程，应是直面矛盾、缓解紧张情绪的过程。同时，对分数无比强烈的恐惧，是学生丧失学习愿望和可持续发展能力的重要诱发因素。雅思贝尔斯说："如果一个人把他的生活看成精神上无法接受和无法容忍的，仅仅因为他无法再理解生活的意义，那他就是陷入了病态，这种病态像看得见的保护一样把他包裹了起来。他的处境是很有局限的（仅仅作为生活经验），这种处境把他从内心里压垮了。"[①] 学习也是如此，如果一个学生把提高分数看成精神上无法接受和无法容忍的事情，他就可能无法理解学习的意义，从而把自己渴求学习的心包裹起来，就会被对他而言没有意义的分数所压垮，从而产生难以预料的不良后果。中学教育要增强提分过程的可持续发展价值，需要引导学生从封闭和恐惧的心理状态中挣脱出来，不被自己的内心压力所压垮。雅思贝尔斯认为，引导学生从分数恐惧中走出来的最佳办法，是让学生在提分过程中感受到分数和学习的意义，这一意义就是让学生切身体会到分数提升与素质发展之间的紧密关系，即分数对自身现实生活与明日世界的意义。学生只有在追求有意义的分数时，才能克服学习过程中的厌倦感，缓解提分过程中的紧张情绪，进而保持持续提分的愿望和全面发展自身素质的动力。唯其如此，才能让辛苦乃至艰苦的提分过程充满意义感和成就感，师生双方才能在这样的意义感与成就感中冲出"吃力不讨好"的困境。在世界一流中学的建设过程中要实现这一目标，需要以"如何提高可持续育人质量"为原点建构具有引领价值的教育过程理论实践优化方案。

其三，建构促进可持续育人质量不断提升的学校评价体系。其重点是利用"提分"结果的评价指标促使教师树立可持续发展的育人质量观念，提高学校可持续育人质量

---

① 雅思贝尔斯. 现时代的人［M］. 周晓亮，宋祖良，译. 北京：社会科学文献出版社，1992：22.

的建设能力。以可持续发展思想为引领建构的"提分"结果评价指标，主要应对学校分数的数字目标和附加值目标的整合发展情况进行分析和判断，主要包含三个层面的内容。首先是教育行政和教研部门对中学办学成效的评价不能仅仅停留在绝对分数的高低上，应把提分结果与提分过程结合起来，分析其提分过程是否彰显了分数的意义，能否全面体现强化可持续发展价值的要求；也分析学生获得的分数与其素质发展的匹配度，在指标构建上能充分考虑这些方面的要求，并将其细化和具化。其次社会对学校的评价，应能将学生目前的高分数与其学习感受和未来发展潜能，以及学校教育所产生的可持续发展功能等结合起来进行综合评判。有影响力的社会人士和各类媒体能积极营造这样的评价氛围，形成具有可持续发展价值的评价导向和舆论氛围。最后是学校对师生的评价，既要重视"分"，也要重视"人"，更要在突破"分"与"人"的关节或障碍点上确立跟踪评价与系统诊断内容，据此建立奖励措施，引导教师不断致力整合"育分"与"育人"的教与学改革，把可持续发展思想运用到日常教育教学的方方面面。在这三个层面的评价指标引领下，中学教育可持续发展的评价生态逐步形成，就能为师生走出"吃力不讨好"的困境创造更好条件。

第二节　世界一流中学的基本内涵

从社会科学研究的一般规律看，研究原点往往隐含着研究假设，确定了研究和解决问题的原点，也就规定了本研究的基本假设。我们将"如何提高可持续育人质量"作为世界一流中学的建设原点，也就为建设世界一流中学提出了研究假设：如果我国的中学致力提高可持续育人质量并取得了很好的成绩，这所中学就可能成为具有中国特色的世界一流中学。在这一研究假设中，自变量是可持续育人质量，因变量是世界一流中学。要达成办好世界一流中学这一结果，需要改变学校可持续育人的条件、过程与结果质量，如果没有可持续育人质量这一因素的变化，世界一流中学的建设就难以取得成功。

在界定"世界一流中学"这一概念的内涵时，我们将重点从可持续育人质量这一自变量出发，探讨世界一流中学应该如何改革自变量，在改革自变量后，因变量应该出现的变化和可能呈现出的样态是什么等，由此厘清世界一流中学的基本内涵。孙正聿先生认为，一个概念的完整内涵应包含思想内涵、时代内涵和文明内涵三个方面，只有从这三个方面对特定概念进行审视和全面建构，才能完整把握其内涵。

一、世界一流中学的思想内涵

一个概念的思想内涵，就是这个概念隐含的基本理念、解释原则、自我规定和子概念间的相互规定等所形成的新的思想规定性，以及据此搭建起的新的思想操作平台。[①] 从这一角度看，一个概念要有独立的思想内涵，需要将自身的思想规定性转化为思想操作平台，这一思想操作平台由基本理念、解释原则、自我规定性、与相似概念的差异性等构成。其中，基本理念是核心，解释原则是由基本理念确定的，自我规定性是由基本理念和解释原则综合而成的，既是这个概念的本质所在，也是区别于其他概念的关键所在。世界一流中学思想内涵的界定，也应逐一剖析和综合这些方面，形成自身的思想规定性和思想操作平台。

第一是基本理念。从建设原点和研究假设看，世界一流中学的核心思想，应是以可持续发展思想提高学校的可持续育人质量。由于这一概念中有"中国特色""世界一流"和"中学"三个限定词，这一核心思想可以细化为三条基本理念：一是以"立足中国、为了中国、服务中国"为宗旨提高学校的可持续育人质量，可以更好地体现学校育人的"中国特色"；二是以"放眼世界、胸怀世界、参与世界"为格局提高学校的可持续育人质量，并为国内外一流中学建设贡献具有影响力和引领力的理论认识、实践经验与办学成果，体现出"世界一流"的育人水平；三是在高质量全面完成我国中学教育基本任务的前提下充分彰显可持续育人特色，由此达到的世界一流水平就符合我国中学教育的要求，可为我国一流教育体系建设贡献中学力量。

第二是解释原则。根据上述核心思想和三条基本理念，本研究确立的总体解释原则是：学校是如何通过确立可持续育人思想，采取可持续育人措施，达成世界一流的可持续育人目标的。根据这一总体解释原则和"中国特色""世界一流""中学"三个限定词确立了三个重要解释点：一是学校是如何落实中国的可持续育人思想并形成可持续育人的中国经验的？二是学校是如何在植根中国教育的基础上借鉴世界可持续育人经验并达到一流办学水平的？三是学校是如何综合中学生的发展需求和国家的中学教育要求，形成整体改革经验并为我国一流教育体系建设做出贡献的？总体解释原则和三个重要解释点都紧紧围绕世界一流中学及其建设所秉持的核心思想与基本理念

① 孙正聿. 怎样把中国经验提升为中国理论：知识生产的理论思维 [J]. 北京大学学报（哲学社会科学版），2023（6）：5—11.

展开。

第三是概念的自身规定。世界一流中学这一概念的自身规定，是由可持续育人质量这一核心思想以及概念中的限定词共同确定的：一是只有树立了可持续育人思想并致力提高可持续育人质量的中学才可能成为世界一流中学；二是世界一流中学应该在教育内容、方式、过程与技术等方面综合运用"中国"和"世界"的可持续育人资源，并形成具有世界影响力和引领力的可持续育人经验与成果；三是世界一流中学应该遵循中学生的发展规律，为他们进入高一级学校或社会打好全面发展与优厚潜能的基础。只有满足总体规定和三个方面的分项规定，这所学校才是本研究所提倡的世界一流中学。

第四是子概念间的相互规定。子概念间的相互规定，是指根据世界一流中学这一概念细分出来的不同子概念之间的相互作用与彼此限定。世界一流中学这一概念可以细分为"中国特色中学"和"世界一流中学"两个子概念。它的完整表述应为以"中国特色中学"为根基和主干、以"世界一流中学"为视域和标高、以世界中学教育的整体发展趋向为参照、以一流中学所追求的可持续育人质量为标高建设的具有世界一流水平的中国特色中学。

世界一流中学的思想内涵见表 2.1。

表 2.1　世界一流中学的思想内涵

核心思想	思想规定性与思想操作平台	
以可持续发展思想提高可持续育人质量	基本理念	1. 以"立足中国、为了中国、服务中国"为宗旨提高学校的可持续育人质量，更好地体现学校育人的"中国特色" 2. 以"放眼世界、胸怀世界、参与世界"为格局提高学校的可持续育人质量，并为国内外一流中学建设贡献具有影响力和引领力的理论认识、实践经验与办学成果，体现出"世界一流"的育人水平 3. 在高质量全面完成我国中学教育基本任务的前提下充分彰显可持续育人特色，并为我国一流教育体系建设贡献中学力量
以可持续发展思想提高可持续育人质量	解释原则	1. 如何落实中国的可持续育人思想并形成可持续育人的中国经验 2. 如何在植根中国特色的基础上借鉴世界可持续育人经验并达到一流办学水平 3. 如何综合中学生的发展需要和国家的中学教育要求，形成整体改革经验并为我国一流教育体系建设做出贡献
	概念的自身规定	1. 树立可持续育人思想并致力提高可持续育人质量的中学才可能成为世界一流中学 2. 在教育内容、方式、过程与技术等方面综合运用"中国"和"世界"的可持续育人资源，并形成具有世界影响力和引领力的可持续育人经验与成果 3. 遵循中学生的发展规律，为他们进入高一级学校或社会打好全面发展与优厚潜能的基础

续表

核心思想	思想规定性与思想操作平台
子概念间的相互规定	1. 以"中国特色中学"为根基和主干 2. 以"世界一流中学"为视域和标高 3. 以世界中学教育的整体发展趋向为参照 4. 以一流中学所追求的可持续育人质量为标高，建设具有世界一流水平的中国特色中学

二、世界一流中学的时代内涵

要深入把握某一概念的意义，还需要分析这个概念的时代内涵，把握这一概念形成的历史坐标，明确这一概念的历史价值和思想内涵的核心指向。孙正聿认为，一个概念的时代内涵应主要包括提出这一概念的时代背景、升华这一概念的实践基础、这一概念的历史局限与意义等，只有明确了这些内容，才能赋予新的概念以新的时代内涵，把时代精神融入新概念的规定之中。[①] 世界一流中学这一概念不是随意提出的一个新概念，其思想内涵也不是空穴来风，而是我国教育改革的持续追求，也是建设教育强国的基本要求，其思想内涵与概念提出具有较为清晰的历史脉络。

本研究之所以把"如何提高可持续育人质量"作为世界一流中学的建设原点，把可持续育人质量作为自变量提出研究假设，以可持续育人思想和可持续育人质量为核心明确世界一流中学的思想规定性，并据此建构其思维操作平台，是因为提高可持续育人质量是我国历次教育改革的内在价值，既具有深厚的历史渊源，也是新时代教育强国、高质量教育体系建设对中学教育提出的时代使命。

中华人民共和国成立以来，国家在不同发展阶段都根据当时出现的如学生负担重、机械训练过多、应试成为中学教育的主流等问题，要求所有中学避免片面追求高分数和高升学率等引发的"高分低能"问题，把中华人民共和国成立之初的培养"德智体美"到后来的培养"德智体"再到新时代提出的培养"德智体美劳"全面发展的社会主义建设者和接班人作为学校教育的基本使命，要求所有学校特别是中学要端正办学思想，提高经得起历史检验的教育质量或办学质量，这种质量既强调了学生个体的全面发展，也强调了学生个体对社会主义建设所能做出的贡献，具有明显的可持续育人质量追求。特别是从 20 世纪 90 年代以来，国家大力推进的素质教育和教育部在 2014 年正式提出的建设核心素养培育体系等要求，都是立足学生、社会和国家长远发展提出来的学生培养目标，这些培养目标都是可持续发展思想在学生个体成长中的反映。大力推

---

① 孙正聿. 怎样把中国经验提升为中国理论：知识生产的理论思维 [J]. 北京大学学报（哲学社会科学版），2023（6）：5—11.

进学生素质的全面发展或核心素养的有效培育，是国家对所有中学提高可持续育人质量的要求，是我国中学整体变革必须体现和彰显的"中国立场"与"中国特色"。

为了引导和督促我国的中学教育提高可持续育人质量，党的十八大以来，国家加大了对学校可持续育人质量的督导与评估力度。2012年，由教育部颁布的《关于进一步加强中小学校督导评估工作的意见》强调：对中小学办学质量的评价，既要"坚持以学生发展为本，把教育教学工作是否适应学生发展需要作为衡量学校办学水平的主要标准"，也要通过评价"促进学校深化改革，遵循教育教学规律和学生身心发展规律，为每个学生提供适合的教育"，开始把全体学生的可持续发展质量作为学校督导评估的重要内容。2013年，教育部颁布的《关于推进中小学教育质量综合评价改革的意见》强调：在对学校办学质量的评价中，"综合考查学生发展情况，既要关注学业水平，又要关注品德发展和身心健康；既要关注共同基础，又要关注兴趣特长；既要关注学习结果，又要关注学习过程和效益"。这种评价要求就较为鲜明地体现了可持续育人思想。

为了促进中学提高可持续育人质量，中共中央、国务院在《关于深入推进义务教育均衡发展的意见》中要求各级党委、政府、家长、社会各界和所有学校必须"树立科学的教育质量观，以素质教育为导向。……鼓励学校开展教育教学改革实验，努力办出特色、办出水平"。在后来发布的一系列文件中，国家强调的科学的教育质量观主要是能够促进学生可持续发展的质量观。随着《关于深化教育教学改革全面提高义务教育质量的意见》《关于新时代推进普通高中育人方式改革的指导意见》《关于深化新时代教育督导体制机制改革的意见》《关于进一步激发中小学办学活力的若干意见》《深化新时代教育评价改革总体方案》《关于印发〈义务教育质量评价指南〉的通知》《关于印发〈国家义务教育质量监测方案（2021年修订版）〉的通知》《普通高中学校办学质量评价指南》等文件的陆续出台，国家对中小学的可持续育人质量提出了更高要求，逐步形成了学生可持续发展质量的评价指标。教育部于2021年发布的学生发展质量评价指标，是我国目前从国家层面发布的最新的办学质量评价指标，这些指标进一步强化了学生德智体美劳等素质整体关联、动态平衡与协同进化的发展特征，更加凸显了学生的可持续发展价值及其评价要求。其中，对品德发展水平的评价，设置了理想信念、社会责任和行为习惯三项关键指标，在这三项关键指标中，理想信念是学生品德的精神内核，属于品德发展的宏观层面；社会责任是学生品德的向外延伸，属于品德发展的中观层面；行为习惯是学生的个人修为与现实表现，属于品德发展的微观层面。三个层面相互影响，共同构成了学生的品德发展质量。对学业发展水平的评价，设置了学习习惯、创新精神和学业水平三项关键指标，这三项指标都与学生的可持续发展密切相关，在考查要点的选择上，也强化了可持续发展思想。在学习习惯的评价上，主要在积极的学习情意、学习方式、学习方法等方面进行考查，因为这些是影响学生可持续学习能力发展的关键。在创新精神的评价上，突破了学科学习局限，重点分析学生的课外活动、创造发明及其创新的基础素质等发展情况，因为这是学生最大程度实现自身潜能的关键要素。在学业水平的评价上，除了继续强调基础知识与基本技能、学科思想方法和学业负担等指标考查要点，还强化了阅读和试验两个考查点，因为"阅读"和"试验"是学生可持续发展的两大关键路径。对身心发展的评价，虽然只设置了健康生活与身心素质两项关键指标，但对健康生活的考查，却覆盖了饮食、卫生、作息、锻炼、安全、防疫、避险、急救、游戏、烟酒、赌博、毒品等方面，涉及中学生可能遇到的不健康生活的方方面面，把学生身心发展与其生活环境整体关联了起来，以学生与其不同生活环境和谐相处、实现良性的互动发展为目标，有利于引导学生在与不同生活环境的相互作用中学会健康生活，促进自身、他人、社会与自然的可持续发展。2021 年的《普通高中学校办学质量评价指南》还增加了"审美素养"和"劳动与社会实践"两个维度的评价内容，对学生的审美实践及其对美的感受与表达、劳动习惯与社会参与等情况进行评价，进一步强调了学生的可持续发展质量。凡此种种，都体现了我国对学生可持续发展质量的追求。

从总体上看，我国目前的中学教育已经从均衡发展转向了高质量公平发展。党的十九大和二十大均强调，新时代的教育要以人民为中心，办好人民满意的教育。人民满意的教育，是"以人民为中心，关注教育公平和个体需求，满足人民的美好生活愿望"[①] 的教育。"以人民为中心"，是指教育面向人民大众和全体百姓，让每个孩子都通过良好的教育去创造美好的明天；"关注教育公平"，是让所有的适龄孩子都能机会均等地进入条件和质量都较为均衡的学校学习，使每个孩子都能获得持续发展的基础；"关注个体需求"，是在确保教育公平的前提下，尊重不同孩子的禀赋与发展潜能，呵护孩子表现出来的不同能力倾向，促进学生个体的全面发展与群体多元发展的有机统一；"满足人民的美好生活需要"，则对所有学校的可持续育人质量提出了较高要求，即新时代的中小学要着力发展学生体验、追求和创造美好生活的能力，提高与之相关的育人质量。"以人民为中心"和"关注教育公平"的核心是教育公平，"关注个体需求"和"满足人民美好生活需要"的核心是高质量，是两者结合的高质量，既要关注学生个体与群体的和谐发展，也要关注学生、社会和国家的协同发展，更要关注今天与未来的长远发展，这样的发展质量才是可持续发展质量。我国的中学要落实高质量

① 宋乃庆，陈珊，高鑫. "新时代人民满意教育"的内涵、意义与表现形式 [J]. 现代基础教育研究，2020 (12)：112—116.

公平的教育改革战略与要求，需要在整体变革中促进自身从"均等—公平"向"多元—公平"的学校教育范式转型。"均等—公平"，是"一把尺子量到底"的公平，追求条件、过程、结果的均衡性，其核心是在"均等"的分配中实现教育公平，这种"公平优先"的发展往往会忽略学生的个体差异，追求的是一种保底质量。"多元—公平"，是满足不同需求、促进学生多样化发展的公平，其核心是在多样化的发展中追求"各取所需"的质量，即党的十九大提出的"关注个体需要"，满足人民群众对美好生活不同需要的育人质量，这样的质量关注了学生个体的不同需求，是在最大程度上促进学生获得最好发展的质量，这样的质量就是可持续育人质量。

在这种背景下，可持续育人质量不但成了"中国特色"的育人追求，也是我国中学教育走向世界，成为世界先进教育的重要凭借，更是把我国变成世界上重要的中学教育中心必须具备的育人思想与成效。以中国特色为根基，以世界一流的可持续育人质量为标高建设世界一流中学，就成了时代的应有之义。世界一流中学的时代内涵见表 2.2。

表 2.2 世界一流中学的时代内涵

内涵要素	内涵要点
提出概念的时代背景	1. 具有中国特色的历次教育改革及其积累的经验 2. 具有中国特色的教育成就及其在世界上的影响力 3. 《中国教育现代化 2035》对建设世界先进中学教育的发展目标 4. 人类命运共同体、人类文明新形态、全球价值观等的提出 5. 世界强国、教育强国和世界一流教育体系建设对中学教育的要求
升华概念思想内涵的实践经验	1. 素质教育与核心素养培育的思想与实践 2. 高质量教育公平在不同层面的持续推进 3. 中小学办学质量和学生发展质量评价的研究与实践 4. 《2030 年可持续发展议程》等 5. 中国式现代化和新发展理念 6. 全球面临的可持续发展挑战和世界一流中学的育人追求
概念的历史意义	1. 站在人类共同体建设的高度上首次提出世界一流中学这一概念 2. 以新的概念为我国中学教育树立新标杆，明确新目标和发展的新方向

三、世界一流中学的文明内涵

文明内涵，是把新提出的概念纳入人类文明发展进程中去考察其意义，重点分析概念本身及其思想内涵是"以何种方式总结、积淀、升华了人类文明，它怎样体现了'问题的人类性'和'思想的普遍性'，它为文明进步和认识发展提供了什么样的阶梯和支撑点"[①]，等等。从这一思路出发，世界一流中学的文明内涵，可以从发展性、人

---

① 孙正聿. 怎样把中国经验提升为中国理论：知识生产的理论思维［J］. 北京大学学报（哲学社会科学版），2023（6）：5—11.

类性和普遍性三个方面来分析。

首先，从"世界一流中学"本身看，这一概念具有发展性、人类性和普遍性。"世界一流中学"这一概念，是我国自 20 世纪初开始学制改革特别是中华人民共和国成立以来首次提出的，既是根据我国基础教育改革成果和国家发展实力提出来的，也是教育强国对我国中学教育发展提出的新要求，既体现了我国政治文明、物质文明、精神文明、生态文明、教育改革和教育文明综合发展的成就，也为我国教育特别是中学教育的未来发展指明了方向、设立了标杆，具有承上启下的划时代发展意义。从人类性和普遍性看，世界一流中学不仅追求具有世界普遍性的高质量中学教育，而且结合中国特色与建设需要探索适合本国本土的学校整体改革经验，努力实现世界中学教育的普遍性和本国教育的特殊性的结合，这为全世界不同国家建设具有世界一流品质的中学提供了具有普遍意义的思路、理论与实践参考，其立足全球的可持续发展谋划课程建设和育人方式等改革举措，对持续改善全人类福祉具有贡献价值。因此，这一概念及其蕴含的思维方式和思想方法，既具有发展性，也具有人类性和普遍性。

其次，从世界一流中学所蕴含的思想内涵看，以可持续育人思想建构的基本理念、解释原则、概念自身的规定性和子概念间的相互规定性等，既是人类文明发展到 21 世纪的期待结果，也是全球面临的普遍问题和人类社会面临的可持续发展挑战的必然要求，可持续育人思想和可持续育人质量具有人类的未来发展价值，其发展性、人类性和普遍性不言而喻。"可持续"最早见于法语"soutenir"，主要是指某一事物、事件或活动可以继续或延续，能在较长时间内维持下去，其适用范围不断从自然环境向人类社会其他领域如教育领域拓展。随着《经济、社会及文化权利国际公约》（1966）、《社会进步与发展宣言》（1969）、《人类环境宣言》（1972）、《发展权利宣言》（1986）、《关于发展与环境的里约宣言》（1992）、《千年发展目标》（2000）和《2030 年可持续发展议程》（2015）等文件的陆续发布，可持续发展的适用范围不断从自然环境向经济、社会环境拓展。2015 年联合国可持续发展峰会提出"5P"理念，则将适用范围拓展至全球生态建设，具有了人类性和普遍性。随着"可持续"适用范围的不断拓展，概念内涵也在不断发生变化。在适用于自然环境时，其内涵指向主要是环境和自然资源的长期承载能力对人类发展进程的重要性。当适用于社会发展时，其内涵指向则强调全人类的共同发展、全球范围的共生发展、兼顾现实与未来的长远发展，后逐步发展为哲学层面的可持续发展思想，包括全人类的共同发展思想、全球生态系统中各要素的共生发展思想和兼顾现实与未来的长远发展思想等，可持续发展的人的类型和普遍性进一步增强。可持续发展的哲学思想逐步用于教育，促使可持续教育向教育的可持续和育人质量的可持续性转化。最初的可持续发展教育主要是环境教育。2005 年，联合国大会提出可持续发展教育的重要任务是"致力培养人们的可持续性思维和价值观，从而构建人类可持续发展的未来"，强调了教育的可持续性。2015 年，联合国教科文组织发布《反思教育：向"全球共同利益"的理念转变》，进一步强化了教育的可持续和学校育人质量的可持续性，一些研究者尝试提出了可持续发展的育人质量观，并对目前我国不少中小学的育人过程缺乏可持续性及其症结进行了研究。但这些研究还显得零碎和浅表，提高可持续育人质量的理论与实践系统尚未建立。本研究以可持续育人思想和可持续育人质量为核心概念建构世界一流中学的思想操作平台，既具有人类性和普遍性，又具有发展性。

世界一流中学的文明内涵见表 2.3。

表 2.3　世界一流中学的文明内涵

内容维度	内容要点
发展性	1. "世界一流中学"是我国政治文明、物质文明、精神文明、生态文明等综合发展的结果，具有继往开来的发展性 2. 可持续育人的思想规定性是在中学教育中对可持续发展思想的继承与发展
人类性	1. "世界一流中学"这一概念蕴含的教育追求、思想方法和思维方式等对人类教育发展具有贡献价值 2. 可持续发展是全人类面临的巨大挑战，以可持续育人思想改进中学教育，对人类社会的可持续发展具有重要意义
普遍性	1. 将世界一流标准和本国育人需要结合起来发展中学教育的思维方式具有普遍适用价值 2. 可持续育人追求是全世界教育的共同责任，具有普遍性

综合上述思想内涵、时代内涵和文明内涵，可以为"世界一流中学"这一概念作如下界定：世界一流中学，是以"为党育人，为国育才"为基本宗旨，以为社会主义现代化建设服务、为人民服务，与生产劳动和社会实践相结合，培养德智体美劳全面发展的社会主义建设者和接班人为根本任务，以可持续育人为办学思想，面向我国和全球的未来发展，传承我国优秀教育传统特别是中华人民共和国成立以来的教育改革经验，整合世界优质教育资源，提高可持续育人质量，为国内外中学提高可持续育人质量贡献具有影响力和引领力的理论与实践成果，并为全人类的可持续发展做出贡献的高质量中学。在这一概念界定中，基本宗旨、根本任务、面向未来、传承经验等是中国特色与时代内涵的体现；可持续育人是思想内涵的体现；整合资源和贡献成果等是世界特色和文明内涵的体现。思想内涵、时代内涵、文明内涵、中国特色、世界一流等要素综合作用，共同确定了世界一流中学这一概念的内涵。

第三节 世界一流中学的主要表征

　　世界一流中学所要解决的主要问题、建设原点与基本内涵决定了其主要表征。由于我们所创建的世界一流中学是具有中国特色的世界一流中学，其表征就应集中在"中国特色""世界一流"和"具有中国特色的世界一流"三个维度上。只有同时具备了这三个维度的表征，才可能探索出解决"如何提高可持续育人质量"这一原点性问题的理论与实践方案，为国内外中学提高可持续育人质量提供具有影响力和引领力的理论与实践成果，建成名副其实的具有中国特色的世界一流中学。本研究分析世界一流中学的主要表征时主要采用了如图2.1所示的基本框架。

图 2.1　世界一流中学主要表征的基本框架

一、"中国特色"的主要表征

　　世界一流中学的首要表征是"中国特色"，这是办学的根基和必须强化的根本属性。世界一流中学的"中国特色"，是指在办学过程中遵循我国的现行教育体制，利用好本土资源，落实、巩固和深化国家教育要求，实现国家规定的中学教育目标等态度、观念、行为与结果等表现出的特征。世界一流中学是在中国大地上创建的一流中学，属于中国基础教育的一部分，必须具有中国属性、彰显中国特色。世界一流中学的中国属性，是学校在育人目标、内容、方式、结果等方面所体现出的中国立场、中国自觉与中国发展需要。世界一流中学要体现中国属性，需要从多层面多维度夯实做透中国元素，强化中国内核，提升中国品质。

（一）具有鲜明的中国立场

坚持中国立场，是指以中国视角、中国眼光和中国思维构建和分析我国中学教育质量的基本态度和观念等。创建世界一流中学，首先要立足我国政治道路、政治制度、文化传统、现实发展与未来蓝图等形成的综合优势与持续发展的新需求、新任务，确立可持续育人质量目标，以此为依据发掘既有优势，并用好用活这些资源，突破可持续育人质量的提升难点，才能站稳中国立场，提升办学的中国品位和中国属性。世界一流中学要站稳筑牢中国立场，需要夯实做透政治立场和文化立场两个关键。

一方面，站稳中国政治立场。世界一流中学应立足中国的政治制度和社会制度，设计学生的可持续发展目标，并在办学实践中不断强化和深化。一是在建设世界一流中学时，要坚持中国共产党的全面领导，走好中国特色的社会主义道路，要以此为前提确立办学的基本立场与政治信仰，提高学生热爱中国共产党和中华人民共和国的情感态度价值观，这是建设世界一流中学的前提和最高准则，应体现在学校育人的方方面面，并不折不扣地得到落实和巩固。二是要以人民为中心办好人民满意的中学教育。世界一流中学的教育，既要满足人民日益增长的高质量教育需求，也要通过高质量教育公平的不断实现，促进每位学生的高质量发展，帮助所有学生增强创造未来美好生活的意识、信心与能力。三是有利于帮助学生提高参与全过程人民民主建设的能力，为学生将来参与富强、民主、文明、和谐的社会主义强国建设打好意识、知识与能力基础。

另一方面，坚守中国文化立场。文化立场，是传承与弘扬文化的基本站位与核心指向，世界一流中学能依托中华文化站稳筑牢中国立场。世界一流中学强调"中国特色"，意味着我国的世界一流中学要走好中国自己的路，这条路既是中国特色的社会主义道路，也是传承和弘扬中华民族优秀文化的道路，更是树立中华民族发展自信的道路。自梁启超于20世纪初提出"中华民族"这一概念后，中华民族成了华夏大地上所有中华儿女的共同标记与精神维系。"'中华'是中国固有词汇，其词义虽历经变迁，但仍相对稳定。一般而言，'中'是'居中''居正'的意思，'华'则有'美''善''大'的含义。'中华'连用，意谓'居中而美善'"。我国的发展虽历经曲折，但"'中华'二字仍稳定地保留着两层含义：第一，中华民族起源和生息于同一片中华大地；第二，中华民族源远流长、不断壮大的机理是文化多元和政治统一"。① 坚守中国

---

① 曹为. 共同体视阈下的中华民族：基本内涵与建设逻辑 [J]. 上海行政学院学报，2020（4）：13—23.

的文化立场，就是在中华大地上弘扬中华文化的这一基因与发展机理，以"中国文化特有的认识论、方法论"以及"中国文化传统特有的思维方法或思维方式"① 等构成世界一流中学建设的参照系，在中华文化的土壤中生长出学校的办学文化和教育文化，提高全面传承中国文化的能力。所谓全面，是指在传承中华文化时，要兼顾中华传统文化、中国革命文化和建设中国特色的社会主义先进文化。在这三种文化中，"传统文化是根，革命文化尤其是社会主义先进文化是干。……社会主义先进文化是中国特色社会主义建设的经验"②。只有在办学过程中全面传承和弘扬这三种文化，才能站稳筑牢中国的政治立场和文化立场。

（二）形成高度的中国自觉

中国是中华民族共同体支撑起来的主权国家，"中国自觉"的实质，是在办学过程中自觉表现出来的对待中华民族共同体的态度与行为。世界一流中学的中国自觉，是在自觉坚守中国政治立场和文化立场的基础上，帮助学生自觉形成中华民族共同体意识，并为建设更加美好的中华民族共同体而努力学习。

自 2014 年中央民族工作会议首次提出"积极培养中华民族共同体意识"的要求后，党的十九大、二十大反复强调"铸牢中华民族共同体意识"这一要求，并将其写入了新修订的《中国共产党章程》，"打牢中华民族共同体思想基础"也因此成了中国式现代化建设的重要内容。以中华民族共同体意识教育形成学生的中国自觉，是世界一流中学必须高标准高质量自觉落实的教育任务。因此，世界一流中学的显著特征之一，是高质量推进中华民族共同体教育并培育全体师生牢固的中华民族共同体意识。

世界一流中学着力培养的中华民族共同体意识，是"中华民族每一位成员对中华民族共同体客观存在的主观认知，是每一位成员在社会实践中对中华民族共同体的态度、情感和认同"③。"中华民族共同体意识教育本质上是一种历史观教育，有助于促进中华各民族'全民一体'属性的形成"，因此能帮助师生认识到"中华各民族历史发展的不可分割性""中华文化各民族共同创造的一体性""中华民族伟大精神各民族共同培育熔铸的整体性"等④，以此为基础才能帮助学生形成对中华民族共同体的文化认同。"民族文化认同是社会成员在历史发展中基于共同的民族身份，经由长时间的积

---

① 李政涛. 走向世界的中国教育学：目标、挑战与展望［J］. 教育研究，2018（9）：45—51.

② 冯建军. 构建中国特色教育学的"三大体系"——基于改革开放后教育学发展的分析［J］. 社会科学战线，2021（9）：210—222.

③ 周智生，李庚伦. 以"四个共同"为核心：全面推进中华民族共同体意识教育［J］. 西南民族大学学报，2021（7）：66.

④ 曹为. 民族复兴战略全局中的中华民族共同体建设［J］. 理论与改革，2021（2）：34.

淀、凝结而形成的民族自我意识"①，只有形成了中华民族的这种自我意识，学校和师生的中国自觉才能真正形成。

从这一角度看，世界一流中学着力培养的中国自觉，其实质是中华民族文化认同的建设自觉。"中华民族文化认同建设说到底是立足我国统一多民族国家的基本国情和中华民族多元一体的基本格局，以铸牢中华民族共同体意识为要旨，聚焦中华民族伟大复兴的中华民族恒久屹立于世界民族之林的一项重要的固本、壮本、强本工程"②，"深厚的文化因子和坚定的文化认同是中华民族团结凝聚的根本，铸牢中华民族共同体意识必须坚定不移地抓住这个根本"，只有"大力弘扬中华民族伟大精神，深入培育和践行社会主义核心价值观，传承和发扬各族人民在历史长河中共同培育形成的革故鼎新、勇于发明的伟大创造精神，勤劳坚韧、自强不息的伟大奋斗精神，齐心协力、同舟共济的伟大团结精神，向往美好、不懈追求的伟大梦想精神"，让学生"将中华文化认同融入血脉、牢不可摧"，把"持之以恒建设好、丰富好、守护好共有精神家园"作为学习自觉和成长自觉，才能真正形成中国自觉。③

世界一流中学能通过强化"中国自觉"的教育，使所有师生不但能够认识到"民族是人们在历史上形成的一个有共同语言、共同地域、共同经济生活以及表现在共同文化上的共同心理素质的稳定的共同体"④，而且能够深刻理解中华民族作为一个共同体的实质。世界一流中学的师生都能明白并坚信："中华民族是一个共同体。近代以来的历史和现实证明，各民族手足相亲、守望相助，自觉凝聚为同呼吸、共命运的共同体，是中华民族屹立于世界民族之林的保证"⑤；"中华民族共同体，是基于对伟大祖国、中华民族、中华文化、中国共产党、中国特色社会主义'五个认同'的共同体，是基于各民族共同开拓了祖国疆域、共同书写了中国历史、共同创造了中华文化、共同培育了民族精神'四个共同'的共同体，是基于国家意识、公民意识、法治意识的'三个意识'的共同体，是各民族'休戚与共、荣辱与共、生死与共、命运与共''四个与共'的共同体，也是基于'少数民族离不开汉族、汉族离不开少数民族、各少数民族之间也相互离不开'的'三个离不开'的共同体"⑥；形成中华民族共同体意识，

① 黄清吉. 把握中华民族文化认同建设的深层理路 [N]. 中国社会科学报，2021—11—29（24）.
② 黄清吉. 把握中华民族文化认同建设的深层理路 [N]. 中国社会科学报，2021—11—29（24）.
③ 孙学玉. 担负起铸牢中华民族共同体意识的时代使命 [J]. 政治学研究，2022（2）：21—30.
④ 斯大林. 斯大林选集：上卷 [C]. 北京：人民出版社，1979：64.
⑤ 白利友. 着眼中华民族文化伟大复兴 铸牢中华民族共同体意识 [N]. 中国社会科学报，2021—11—29（8）.
⑥ 孙学玉. 担负起铸牢中华民族共同体意识的时代使命 [J]. 政治学研究，2022（2）：21—30.

既要具有中华民族作为中国各民族共同体的意识，也要具有中华民族作为中国全体国民共同体的意识。① 只有当这些意识进入一种自觉状态时，才能深化和巩固中国的政治立场和文化立场，在中国立场与中国自觉的相互推动中夯实做透中国属性，彰显中国特色。

（三）体现可持续发展的中国发展需要

服务于中国社会的可持续发展，是中国立场和中国自觉的必然要求，只有当学校教育能够服务于中国社会的可持续发展时，其中国立场和中国自觉才具有实际价值，才能得以持续巩固。服务于中国社会的可持续发展，是指立足中国现实和社会主义现代化强国的建设任务，引导学生不断形成直面中国发展现实，正确认识我国社会主义建设取得的伟大成就与不足，把书本知识学习与认识、改进我国社会主义发展现实结合起来，以此为基础紧盯社会主义现代化强国的建设任务，树立为中华民族的伟大复兴而努力学习的志向以及为此奋进的决心，并为成为新时代优秀的社会主义建设者和接班人打好知识与能力基础，为"发展全过程人民民主，丰富人民精神世界，实现全体人民共同富裕"创造条件。在此基础上，既要引导学生在中学学习阶段力所能及地为学校、家庭、社区乃至社会、国家的现实发展做出贡献，如为净化社会风气、弘扬社会正气、为解决现实问题提出建议等，也要帮助学生形成为国家更加强盛与更长远的发展而不断努力的远大理想与素养。所以，世界一流中学的中国属性与"中国特色"，不仅是在中国大地上利用中国资源创建起来的一所培育中国学生的中学，更是一所具有立足中国、服务中国、发展中国等立场、信仰和教育功能的中学。"中国特色"的本质，是以符合中国国情和中华民族长远发展需要的中学教育，培养具有"国之大者"的中华故土情愫和民族复兴的使命感、责任感的中学生，以中国独有的育人资源帮助中学生形成为国尽力、为民服务进而为人类谋福祉而不竭奋斗的初心、远大志向和扎实功底。因此，世界一流中学为了实现服务于我国可持续发展的目标，能够在中国传统文化的现实转化和以新发展理念改革中学教育两个方面不断着力并取得明显成效。

其一，培育了学生转化传统文化的意识，提高了学生利用中华文化促进国家可持续发展的能力。"中华文明延续着国家和民族的精神血脉，形成了独特的中国理想、中国操守与中国抱负，既为中国现代化发展积累了厚重的思想资源，同时也需要我们不

---

① 曹为. 民族复兴战略全局中的中华民族共同体建设［J］. 理论与改革，2021（2）：78.

断返本开新，在创新中发展。"① 世界一流中学在坚守中国文化立场的过程中，能够以弘扬与发展为基本尺度，帮助学生提高返本开新的能力。一是能够以中华文明塑造学生的价值观，帮助学生养成中华民族优秀的现代国民性。"文化塑造了某种独特的价值观，而这种价值观构成了民众独特的文化心理基础，也是教育价值的基础、力量源泉"②，这些价值基础与力量源泉，具有匡正现代社会过分功利性与技术化带来的问题，帮助学生在纷繁复杂的社会万象中看清问题本质，用传统文化改造现代国民性，引导学生树立可持续发展的价值观的作用。二是推进传统文化向现代发展的有效转换。"现代化过程对任何一个民族与国家来说都是不可复制的，并没有一个可以因循的统一模式"，其精神源泉和实践变式需要在优秀传统文化中去发掘和转化。要实现这一目标，必须首先促进中学教育文化的现代化，以现代化的教育文化促进学生提高转化传统文化的能力。"教育的文化现代化必须致力从自身文化出发，重思传统观念与价值的转化，重建中国传统文化价值系统与现代生活的关系，以安顿当下的教育价值选择"③，帮助师生"对历史传统的扎根，化入丰富多变的当代现实，带着中国特有的历史传统财富和积淀，解决当下特有的中国现实问题"④，才能使中学教育在不忘本来、面向未来的过程中夯实做透中国属性。

其二，运用新发展理念创新中学教育，提高了服务我国可持续发展的能力。2020年10月13日，中共中央、国务院印发《深化新时代教育评价改革总体方案》（以下简称《总体方案》），强调"教育评价事关教育发展方向"，要坚决"扭转不科学的教育评价导向，坚决克服唯分数、唯升学、唯文凭、唯论文、唯帽子的顽瘴痼疾"，"推进教育评价关键领域改革取得实质性突破"，"到2035年，基本形成富有时代特征、彰显中国特色、体现世界水平的教育评价体系"⑤。从《总体方案》的基本精神看，建构和完善我国教育评价体系的根本目的，是"引导全党全社会树立科学的教育发展观、人才成长观、选人用人观，推动构建服务全民终身学习的教育体系，努力培养担当民族复兴大任的时代新人，培养德智体美劳全面发展的社会主义建设者和接班人"⑥，其本质目的是提高各级各类教育服务我国可持续发展的能力：在育人方向上，要确保能培养出担当民族复兴大任的社会主义事业建设者和接班人；在育人质量上，要引导学习

① 高伟. 建构有中国气象的教育哲学 [J]. 教育研究，2018（9）：52—58，88.
② 高伟. 建构有中国气象的教育哲学 [J]. 教育研究，2018（9）：52—58，88.
③ 高伟. 建构有中国气象的教育哲学 [J]. 教育研究，2018（9）：52—58，88.
④ 李政涛. 走向世界的中国教育学：目标、挑战与展望 [J]. 教育研究，2018（9）：45—51.
⑤ 中共中央国务院. 深化新时代教育评价改革总体方案 [Z]．2020，10.
⑥ 中共中央国务院. 深化新时代教育评价改革总体方案 [Z]．2020，10.

者富有成效地全面提高德智体美劳等素养；在育人时空上，要建构有利于全社会终身学习的教育生态和国家学习生态……这些都指向学生、社会和国家的可持续发展。

世界一流中学要夯实做透中国属性，需要高质量落实《总体方案》的要求，运用创新、协调、绿色、开放、共享的新发展理念创新教育过程，提高师生服务于我国可持续发展的能力。新发展理念是习近平总书记提出的中国发展理念，具有中国属性和中国特色，而这些理念的本质是促进可持续发展。"创新发展注重的是解决发展动力问题"，"协调发展注重的是解决发展不平衡问题"，"绿色发展注重的是解决人与自然和谐问题"，"开放发展注重的是解决发展内外联动问题"，"共享发展注重的是解决社会公平正义问题"。[①] 创新、协调、绿色、开放、共享相互交融，构织出了动力充盈、平衡和谐、内外联动、公平正义的社会良性发展生态，对新发展理念的坚守，就是对可持续发展的坚守，运用创新、协调、绿色、开放、共享的新发展理念，既是促进学校坚守中国立场、形成中国自觉，也是帮助师生提高服务中国可持续发展的能力。

综上，世界一流中学夯实做透中国属性的特征，应集中表现为学校对中学教育面临的时代难题和自身肩负的民族使命与国家发展责任有着清晰的认识，对解决我国中学教育难题，提高可持续育人质量有着主人翁的迫切感，并自觉化解中学教育难题，自觉坚守党的教育方针与国家对中学生的教育要求。所以，创建世界一流中学的"中国特色"，意味着我国的世界一流中学，要直面中学教育存在的问题，以敢为天下先的精神打破中学教育的改革僵局，为中学教育改革树立专业性标杆，为我国的高质量中学教育做出引领性贡献，并以自己的办学思想、办学经验、办学成果创造和增进中国福祉，既让中国人民对中国的中学教育更满意，也为我国社会和教育的可持续发展做出贡献。

世界一流中学具有"中国特色"的主要表征见表 2.4。

表 2.4　世界一流中学具有"中国特色"的主要表征

核心维度	主要表征
具有鲜明的中国立场	1. 在教育信仰和育人目标上坚定中国的政治立场 2. 在学校文化建设、德育活动与课程课堂建设中坚守中国文化立场
具有高度的中国自觉	1. 在德育、课程、课堂和学校文化建设中自觉进行中华民族共同体教育 2. 教育教学内容与方式有利于引导学生形成中华民族共同体意识与民族认同感

① 习近平. 习近平谈治国理政：第二卷［M］. 北京：外文出版社，2018：198—199.

核心维度	主要表征
服务中国社会的可持续发展	1. 在德育、课程、课堂和学校文化建设中能转化中华优秀文化，使其服务于中国的可持续发展 2. 能在教育教学过程中运用新发展理念整体改革育人方式，提高可持续育人质量

二、"世界一流"的主要表征

"世界一流"是指中学在全球视野中建构全球学习格局，并为国内外中学提高可持续育人质量提供具有影响力和引领力的理论与实践成果，其主要表征主要体现在如下方面：

（一）具有关怀世界的全球视野

关怀世界，是以可持续发展的眼光、思维与情感对待世界存在的普遍问题，其目的是为明日世界的美好发展做好准备，这是世界一流中学应该具备的育人视野与质量追求。所以，世界一流中学应具有全球视野和开放办学的格局，引导学生不仅要关注全人类生活，还要关注人类与自然的可持续发展，能把全球视为一个生态圈加以关怀与呵护，并且能够为成为人类文明新形态和人类命运共同体建设的参与者与推动者做好准备。世界一流中学所具备的关怀世界的全球视野主要体现在三个方面。

一是师生树立了全球命运与共的观念，能够从全球共同体、人类命运共同体等视角分析中学教育应该承担的使命以及发展方向。"人类命运共同体的基本单位是国家关系。教育深刻影响民众对国家关系的基本认知，塑造着国家关系和人类命运共同体的未来"[①]。世界一流中学能够把全球视为"一个有限的、可感知其边界的空间，一个所有民族国家与集体都不可避免地卷入的场域"[②]，并把"全人类视为一棵树"，树立"我们自己就是一片树叶。离开这棵树，离开他人，我们无法生存"[③] 的观念。

二是不断发展师生的"世界思维"，即将世界视为一个整体去分析学校应该如何利用全球资源提升可持续育人质量的认知方式。这种思维可以帮助师生和学校在全球视域下，在众多国家、众多文化和更广阔的区域中理解中学教育的可持续发展内涵及其

---

① 涂端午. 新时代教育对外开放的转型、挑战及策略 [J]. 国家教育行政学院学报，2019（4）：19—26.

② 费瑟斯通. 消解文化：全球化、后现代主义与认同 [M]. 杨渝东，译. 北京：北京大学出版社，2009：160.

③ 联合国教科文组织. 反思教育：向"全球共同利益"的理念转变？[M]. 联合国教科文组织总部中文科，译. 北京：教育科学出版社，2017：12.

应该具备的价值，在全球体系中思考自己应该做什么、能够做什么、必须做什么等。

三是能顺应全球化进程推进全球可持续发展，能把握全球化进程的实质及其未来的可持续发展要求，谋划学校的整体变革。"全球化进程造成的一个后果是让我们了解了世界本身是一个地点，是一个单独的地方。这一点，不仅表现为世界在太空中的图像是一个孤立的实体，就像月球拍摄的地球照片所显示的那样，而且还表现在我们的脆弱感、有限感，以及面对不可弥补的灾难与破坏而毫无防卫性"①，正因为我们居住在特定的地点而看不到我们对全球带来的影响，所以无节制地消耗这个毫无防卫的地球，导致整个世界处于越来越危险的境地。世界一流中学能够正视这种情况，能以关怀世界的全球视野，"把全球化进程看作是打开了这样一种意识，即今天的世界是一个特别的地方，相互接触不可避免地会增加，我们有必要在不同的民族国家、政治集团和文明之间展开更大规模的对话：不仅仅是在一块儿工作和形成共识，而是一个可预见大量分歧、立场碰撞与冲突的对话空间"②，以避免潜在的全球性冲突，为世界的可持续发展做出贡献。

（二）具有包容世界的天下胸怀

"'坚持胸怀天下'，是一百多年来党领导人民进行伟大奋斗积累的一条宝贵历史经验。"③ 世界一流中学除了具有关怀世界的全球视野，还应具有包容世界的天下胸怀。包容世界的天下胸怀，是理解和尊重世界上不同国家、民族的文化，并能吸收其他文化的先进因素培育学生的全球视野和世界胸襟。

首先是"重启中华文明的天下情怀"。"超越中西文化的价值冲突和地域性对抗"④，引导学生思考我们"如何为世界贡献其德其能，世界怎样为我所用"⑤ 等大问题，在理解和尊重世界上不同国家、民族和文化的同时提高发展自身的力量。以此为基础，以人类文明新形态的建立与运用为己任，关注天下的未来发展及其对中学教育提出的新挑战。"人类文明新形态既属于现在又属于未来，既属于中国又属于世界"，"既立足为中国人民谋幸福，为中华民族谋复兴，又着眼于为世界文明发展提供中国经验、中国方案、中国智慧和中国担当"⑥，世界一流中学要据此引导学生把人类文明和

---

① 费瑟斯通. 消解文化：全球化、后现代主义与认同 [M]. 杨渝东，译. 北京：北京大学出版社，2009：127.

② 费瑟斯通. 消解文化：全球化、后现代主义与认同 [M]. 杨渝东，译. 北京：北京大学出版社，2009：142.

③ 杨奎，刘波. 人类文明新形态的创新性价值和世界性贡献 [N]. 光明日报，2021—12—13 (6).

④ 任剑涛. "天下"：三重蕴含、语言载体与重建路径 [J]. 文史哲，2018 (1)：9—13.

⑤ 许章润. "家国天下"：中国与世界的和平共处 [J]. 文史哲，2018 (1)：14—19.

⑥ 杨奎，刘波. 人类文明新形态的创新性价值和世界性贡献 [N]. 光明日报，2021—12—13 (6).

中国发展结合起来，以天下胸怀树立学习的远大理想。

其次是重视全球胜任力的培养。包容世界的天下胸怀的传统培养方式是，"不同国家与不同文化之间为了扩大知识领域和丰富教学方法，进行情报、书刊和学生交流"①。21世纪以来，不少国家开始以学校课程的方式培养学生的全球胜任力，而且范围越来越广、力度越来越大。世界一流中学能通过全球教育培养学生包容世界的天下胸怀，而"全球教育不仅让学生了解全球问题，更是支持他们学会肩负人类的共同责任，化解全球性风险"②，这就需要提高学生的全球胜任力。费尔南多·M.赖默斯认为："全球胜任力的价值取向是与联合国'可持续发展目标'相一致的，其终极价值取向是促进世界和平与可持续性发展。"③ 世界一流中学要提高可持续发展的育人质量，需要加大对全球胜任力的培养力度。2020年10月，经济合作与发展组织（OECD）在亚洲金融协会全球会议上首次发布了PISA2018全球胜任力评估报告《PISA2018结果：学生准备好在一个相互联系的世界里成长了吗?》，"认为全球胜任力是一种多维度的能力，指个体能够体察本土、全球和跨文化问题，理解并欣赏他者的观点和世界观，与来自不同文化背景的人进行既相互尊重又有效的互动并为集体福祉和可持续发展采取负责任的行动"④，这与世界一流中学所应具备的包容世界的天下胸怀高度一致。因此，世界一流中学能够对全球问题的认识、共情能力、认知适应性、跨文化交际能力、参加全球活动能力、参与全球事务的主动性、对学习其他文化的兴趣、尊重来自其他文化的人、对移民的态度、全球化的问题意识等综合设置教育内容，构建学校的育人体系，以此帮助学生提高理解世界和采取行动的能力。

（三）承担人类文明新形态建设的教育使命

世界一流中学的全球视野和天下胸怀，最终要体现在学校对人类文明新形态建设所做出的贡献上。人类文明新形态是未来世界可持续发展的基本样态，是在全人类共同价值的引领下建设人类命运共同体时所表现出来的全球性文明形态。世界一流中学整合全球资源的重要目的之一，是站在人类与自然和谐发展与可持续发展的高度上，引导学生认同和坚守人类共同价值，并树立为建设人类文明新形态而努力学习的意识与决心，使学校成为倡导和建设人类文明新形态的重要阵地；以此为基础，倡导和促

---

① 联合国教科文组织国际教育发展委员会. 学会生存：教育世界的今天和明天［M］. 华东师范大学比较教育研究所，译. 北京：教育科学出版社，1996：280.

② 赵章靖. 促进教育发展与变革的全球胜任力培养［J］. 比较教育研究，2022（6）：17.

③ 赵章靖. 促进教育发展与变革的全球胜任力培养［J］. 比较教育研究，2022（6）：17.

④ 邹丽丽，郭瑞. 核心素养培育的国际取向［J］. 世界教育信息，2022（2）：21—25.

进家长、社区、社会等认同并建设人类文明新形态，形成践行人类共同价值与建设人类文明新形态的浓厚氛围。

首先，承担引导师生和社会践行全人类共同价值的使命。世界一流中学作为我国高质量中学教育的典范，必须首先承担起这一使命。"共同价值既体现为一种理念也体现为现实中一系列的文化规范"①，既是世界一流中学的重要教育资源，也是建设人类文明新形态的精神航标，涵养和践行全人类共同价值，是世界一流中学的重要教育使命。

全人类共同价值，是中国共产党提出的解决全人类危机的中国方案。2018 年 12 月 10 日，习近平总书记在纪念《世界人权宣言》发表 70 周年座谈会的贺信中强调："中国人民愿同各国人民一道，秉持和平、发展、公平、正义、民主、自由的人类共同价值，维护人的尊严和权利，推动形成更加公正、合理、包容的全球人权治理，共同构建人类命运共同体，开创世界美好未来。"② 2020 年 9 月 22 日，习近平总书记在第 75 届联合国大会一般性辩论上的讲话中再次倡导："让我们团结起来，坚守和平、发展、公平、正义、民主、自由的全人类共同价值，推动构建新型国际关系，推动构建人类命运共同体，共同创造世界更加美好的未来！"2020 年 10 月 23 日，习近平总书记在纪念中国人民志愿军抗美援朝出国作战 70 周年大会上再一次强调："中国坚守和平、发展、公平、正义、民主、自由的全人类共同价值，坚持共商共建共享的全球治理观，坚定不移走和平发展、开放发展、合作发展、共同发展道路。"党的十九届六中全会通过的《中共中央关于党的百年奋斗重大成就和历史经验的决议》强化了"推动构建人类命运共同体，弘扬和平、发展、公平、正义、民主、自由的全人类共同价值"的战略任务。

"全人类共同价值凝聚了人类不同文明的价值共识，反映了世界各国人民普遍认同的价值理念的最大公约数"，凸显了"海纳百川、兼收并蓄的胸怀广度，为实现世界人民大团结提供了强大精神动力"，"为人类进步事业提供了强大思想引领"。③ 从上文可以看出，"全人类共同价值是原创性的中国话语、地地道道的中国创造。作为回答'世界向何处、人类怎么办'这一时代之问的中国方案，其所体现的中国文化、中国精神、中国情怀是鲜明的，蕴含的中国哲学、中国智慧、中国力量是深厚的，是彰显正确中

① 丁立群，黄佳彤. 人类命运共同体、共同价值与人类文明新形态［J］. 理论探讨，2022（3）：36.
② 习近平. 习近平谈治国理政：第三卷［M］. 北京：外文出版社，2020：288.
③ 习近平外交思想研究中心. 坚守和弘扬全人类共同价值［J］. 求是，2021（16）：6

国观、中共观的崭新思想方法"①。因此，全人类共同价值既是全球可持续发展应该坚守的方向，也是中华文化和中国智慧的结晶，既是"世界一流"的人类价值倡议，也是中国特色在人类共同价值中的反映。从这一视角看，全人类共同价值是"中国特色"和"世界一流"两大元素共同作用的结果，弘扬、倡导和培育全人类共同价值，是世界一流中学的应有之义和不可推卸的教育使命。

世界一流中学要在弘扬、倡导和培育全人类共同价值方面做出贡献，其一要引导人们明确六大价值要素的内核、本质及其关系。在这六大价值要素中，"和平与发展，是当今时代的主题，也关乎人的生存权发展权"，"公平与正义，是国际关系的重要准则，也关乎人的尊严"，"民主与自由，是现代政治文明的重要内容，也关乎个人的福祉"，这六大价值要素"贯通了个人、国家、世界三个层面，既反映了人作为个体对生存、发展、平等、自由的共同追求，也浓缩了世界各国处理彼此关系时的普遍共识。和平、发展、公平、正义、民主、自由作为全人类共同价值的六大要素相互联系、层层递进，形成完整的逻辑链条"②。六大价值要素的逻辑链条涵盖了我国倡导的"政治文明、物质文明、精神文明、生态文明、社会文明建设五大领域，彼此各有侧重、相互补充，明确了作为个体的人对于以生存权、发展权为首要的基本人权的共同价值观念，明确了作为独立的国家在包括政治、经济、文化以及制度、道路等重大发展权利上的共同价值原则，明确了处理国家与国家、民族与民族等诸多关系的共同价值准绳"③，既是学生形成中国立场和中国自觉的价值引领，也是学生走向世界，为全球可持续发展做出贡献的指导思想、原则与思路，必须自觉践行并长期坚守，真正培育出全球格局与天下胸怀。其二要引导学生践行、开拓人类共同价值的有效路径。人类共同价值是"世界各民族在共同利益、共同需求、共同发展的基础上形成的一种'共善'"④，是从以西方强势文化建立的"共善"转向以全人类的共同发展为立场建立的"共善"，是对人类共同的生存与发展表达出的共同善意，这种"共善"需要在各民族的深度交往中完成，"是以国家和民族主体间性的'交往理性'为核心，以'协商主义'为原则，建立'平等相待、互商互谅的伙伴关系'"，而不是形成同质化的或某种"服从"的关系。"本质上，人类的共同价值是世界各民族文化共性和文化特殊性、文化特色的辩证统一。"世界一流中学要引导学生把握这一本质，在"中国特色"和"世

---

① 董青. 论全人类共同价值的时代意义 [J]. 南京社会科学，2022（5）：1—8.
② 习近平外交思想研究中心. 坚守和弘扬全人类共同价值 [J]. 求是，2021（16）：2.
③ 董青. 论全人类共同价值的时代意义 [J]. 南京社会科学，2022（5）：1—8.
④ 丁立群，黄佳彤. 人类命运共同体、共同价值与人类文明新形态 [J]. 理论探讨，2022（3）：17.

界一流"的多元交融中开拓践行全人类共同价值的道路，承担起世界一流中学的教育使命，也只有体现出了上述特征，才能成为真正的世界一流中学。

其次，承担参与和助推人类命运共同体建设的教育使命。人类命运共同体作为当代全球化和新文明形态构建乃至整个人类社会发展的新理念和新方案已经在世界各国取得广泛共识，得到国际社会的普遍认可，并多次出现在联合国的决议和文件中，是世界一流中学高度认同并力求有所作为的教育内容。"全人类共同价值提出后，推动形成了以人类命运共同体为总体目标、以全人类共同价值为理念指引的关于人类世界的整体认知战略和内在逻辑框架"[①]，要践行全人类共同价值，需要在人类命运共同体的建设中不断落实和深化。在践行全人类共同价值的背景下，世界一流中学的"教育不但应致力使个人意识到他的根基，从而使他掌握有助于他确定自己在这个世界中的位置的标准，而且应致力使他学会尊重其他文化"[②]，发展与其他文化中的人一道建设人类命运共同体的意识、思想与能力。

人类命运共同体也是我国对世界可持续发展做出的贡献。党的十九大报告明确提出了"构建人类命运共同体，建设持久和平、普遍安全、共同繁荣、开放包容、清洁美丽的世界"的战略愿景，并成为我国处理与世界关系的基本准则。但是，"人类命运共同体不是全球化自然发展的产物，它需要人类主动地构建。教育在建构人类命运共同体中应该大有作为。教育通过唤醒人类本性，促进全球公民的责任意识和团结；通过主体间平等的对话与理解，构筑新型的教育交往方式；基于共享发展的理念，开展国际教育合作，实现全球教育共同利益"[③]。世界一流中学要承担起建设人类命运共同体的教育使命，就应以此为纲领创新育人方式，重构与此匹配的学校育人体系，并在办学实践中明显体现。

最后，在践行全人类共同价值和建设人类命运共同体的基础上承担人类文明新形态建设的教育使命。"人类文明新形态是在中国式现代化新道路基础上创造和内生出来的，它超越了西方式现代性文明形态，但又不仅仅局限于中国式现代文明形态，而是从中国式现代化新道路开辟出来的，同时也是人类文明符合时代发展趋势、具有光明前景、正确引领时代潮流的一种新的文明形态"[④]，这一文明新形态，既是在践行全人类共同价值和建设人类命运共同体的过程中呈现出的物质文明、政治文明、精神文明、

---

① 董青. 论全人类共同价值的时代意义 [J]. 南京社会科学，2022 (5)：1—8.
② 联合国教科文组织. 教育：财富蕴藏其中 [M]. 联合国教科文组织总部中文科，译. 北京：教育科学出版社，2014：13.
③ 冯建军. 推动构建人类命运共同体：教育何为 [J]. 教育研究，2018 (2)：37—42，57.
④ 韩庆祥. 深刻把握"中国式现代化新道路"丰富内涵 [N]. 学习时报，2021—08—30 (1).

社会文明、生态文明协调发展的新样态，也是进一步巩固和深化人类命运共同体建设成果的大环境。只有整个世界"由一种抗衡、对立、冲突的消极性逻辑转换为一种共同发展、和谐发展、和平发展、全面发展积极的建设性逻辑"①，人类命运共同体建设才能逐步走向人们所期望的状态。因此，世界一流中学应引导学生把握全人类共同价值、人类命运共同体和人类文明新形态的关系，将人类文明新形态作为全景时空中的最大母系统，促使学校育人体系承载和反映这一母系统的全部信息，并将其转化为学生成长的养分与路径，才能促进学生、学校、社会、国家和全球的全面可持续发展。

"人类文明新形态既属于现在又属于未来，既属于中国又属于世界。中国共产党所创造的人类文明新形态，既立足为中国人民谋幸福，为中华民族谋复兴，又着眼于为世界文明发展提供中国经验、中国方案、中国智慧和中国担当。"② 因此，世界一流中学积极承担人类文明新形态建设的教育使命，既是做实做透中国属性的体现，也是世界一流中学的应有担当，同时还是可持续发展、全景时空和全息系统三大要素对学校所应具备的基本特征的综合性要求。只有当学校具备了全球视野和天下胸怀，并承担起了人类文明新形态建设的教育使命，才能成为名副其实的世界一流中学。

（四）兼容了基础教育的共性与我国中学教育的特殊性

世界一流中学建构的学校育人体系，既要体现基础教育的一般性特征，也要体现我国中学阶段教育的特殊性。

其一是体现世界基础教育的共性。基础教育是为学生的终身发展打基础的教育，其基础性以及这些基础的长远发展价值，是基础教育阶段学校在建构育人体系时必须密切关注的问题。"学校教育是以知识为基础的，学习能力、思维品质、探究意识乃至态度、情感、价值观等方面的发展离不开知识学习的过程"③，基础教育中的"基础"，首先是为学生的终身发展打好知识基础，知识学习是基础教育阶段学校必不可少的基础性学习。"但是，这一学习过程的基础，并不意味着就是学生终身发展的基础"④，不能仅仅局限于从知识学习角度构建学校育人体系，而要把学生必备的知识基础与做人做事的基础结合起来，"把'学习的基础'转化为学生'终身发展的基础'，把社会昨天的知识转化为有助于学生从容应对明天社会的学习能力、思维品质、探究意识乃

---

① 丁立群，黄佳彤. 人类命运共同体、共同价值与人类文明新形态 [J]. 理论探讨，2022（3）：27.
② 杨奎，刘波. 人类文明新形态的创新性价值和世界性贡献 [N]. 光明日报，2021-12-13（6）.
③ 陈玉昆. 一流学校的建设 [M]. 上海：华东师范大学出版社，2008：5.
④ 陈玉昆. 一流学校的建设 [M]. 上海：华东师范大学出版社，2008：5.

至态度、情感、价值观"①，这就要求在基础教育阶段学校要为学生打下具有可持续发展价值的基础，从可持续发展的角度构建教什么、怎么教以及教得好不好等育人体系。世界一流中学应秉持这样的"基础"理念，从学生的可持续发展出发，根据我国的基础教育课程方案和课程标准研判、选择高质量育人的内容、方式、技术与评价标准，并据此构建学校育人体系。

其二是尊重我国中学教育阶段的特殊性。从学段看，中学是连接小学和大学的特殊教育阶段，具有不同于小学和大学的教育内容与方式，必须从我国规定的中学教育内容出发设计学校育人体系，既高标准落实国家课程和育人要求，也尊重地域和学校的特殊性，体现育人特色与个性。从学生发展阶段看，中学阶段是学生心理、情感、思维、素养发展的过渡期和关键期，需要遵循学生在这一阶段的发展优势与劣势去设计育人体系，以帮助学生顺利过渡并用好用活这一黄金期。从中学教育面临的压力与困境看，在设计育人体系时，要寻找"育分"与"育人"的有效有力连接点，立足学生和社会的长远发展优化教育内容、改革育人方式，寻找突破"育分"与"育人"之间不和谐、长期陷入"只抓分""死抓分""抓死分"等困局的办法，探索"育人"与"育分"有效整合的路径，既引领小学教育改革，也为大学或社会输送具有可持续发展潜力的高素质学生，为建设高质量教育体系打好基础。

（五）融合"中国特色"和"世界一流"两大元素

世界一流中学建构的育人体系，是不同文明对话与互鉴的结果。不同国家的中学教育体现了不同国家对文明的不同理解与追求，我国要创建世界一流中学，需要穿过中学教育的表象，促进不同文明之间的交流互鉴，"文明因交流而多彩，文明因互鉴而丰富。任何一种文明，不管它产生于哪个国家、哪个民族的社会土壤之中，都是流动的、开放的。这是文明传播和发展的一条重要规律"②，世界一流中学能充分利用这一规律，站在人类文明的高度上促进不同文明中先进要素在我国中学教育中汇集，形成我国中学教育的资源高地。"当今世界的教育和发展前途要求促进不同世界观之间的对话，以期整合源自不同现实的知识体系，确定我们共同的遗产"③，只有立足共同遗产创建的中学教育，才可能具有世界的包容力与引领力；同时，世界一流的中学教育

---

① 陈玉昆. 一流学校的建设［M］. 上海：华东师范大学出版社，2008：5.

② 习近平. 在纪念孔子诞辰2565周年国际学术研讨会暨国际儒学联合会第五届会员大会开幕会上的讲话［N］. 人民日报，2014－09－25（6）.

③ 联合国教科文组织. 反思教育：向"全球共同利益"的理念转变？［M］. 联合国教科文组织总部中文科，译. 北京：教育科学出版社，2017：23.

"也能提升人们的能力，使之进一步对文化资源做出贡献"①，从而促进人类的可持续发展。

从世界教育的发展趋势看，许多国家的教育都在适应全球发展的同时强化本国特色，"强化年轻一代的国家认同和民族认同"。如"英国在 1988 年颁布教育改革法之后，不但强调由国家全面控制学校课程，而且提出课程应担负起传承'英国人民'的文化遗产和'传统价值观'的重任"；日本"明确提出，学校教育应该让学生获得成为一个国家公民所必备的知识，如国家的历史、独特的文化传统及艺术等"，"要引导学生尊重本国的文化与传统，并在此基础上发展出作为一个自觉的日本人的基本看法与想法"；澳大利亚也"格外关注国家核心价值的提炼、宣传与普及"，"于 2005 年发布'学校价值观教育国家框架'，明确提出国家倡导的九种核心价值品质，并对各级各类学校价值教育项目提供原则指导和案例库"；等等。② 这种"进军全球"与"对内统合"的思路，也应成为世界一流中学育人体系的建设思路。

因此，世界一流中学建构的育人体系，能够统筹中华民族伟大复兴战略全局与全球发展重要战略机遇期、世界大变局等对我国中学教育提出的新要求，能以"中国特色"为根基，在促进"育分"与"育人"有机结合的整体改革中，把中国的历史、现实与未来作为中学教育的大场景，引导学生在中国场景中学习，以此涵养学生和学校的中国根基、中国情怀、中国风骨与中国品位；同时也能体现世界一流中学所具有的共同特征，使"中国个性"和"世界共性"相互成就，培养中学生与自然和谐相处的意识与能力，为建设人类命运共同体和文明新形态打好坚实基础，并能根据我国中学的实际，发挥中学教育的全过程民主，丰富中学生的精神世界，使所有中学生都能得到最适宜的发展。

（六）建构全球学习格局

世界一流中学在融合创新中建构的育人体系需要具有全球学习格局，只有建构起了全球学习格局，才能满足可持续发展、全景时空和全息系统三大要素的建设要求，体现世界一流中学的基本内涵。"教育的目标必须是把我们团结起来，为我们提供塑造以社会、经济和环境正义为基础的、全民共享的可持续未来所必需的知识、科学和创新。它必须纠正过去的不公正，同时让我们为即将到来的环境、技术和社会变革做好

---

① 联合国教科文组织国际教育发展委员会. 一起重新构想我们的未来：为教育打造新的社会契约 [M]. 北京：教育科学出版社，2022：119.

② 王熙，陈晓晓. 国际教育的全球化陷阱 [J]. 教育学报，2015（10）：19—26.

准备"①。在这种改革趋向下，全球学习格局正在形成，这种学习格局的建设"可以同19 世纪出现的从传统的工业革命前教育模式向工厂模式的历史性过渡相提并论"②，需要世界一流中学融合"中国特色"和"世界一流"两大元素进行探索和创建。

全球学习格局，是以放眼全球、服务全球、发展全球为视域、价值、功能建立起来的学习框架。提倡全球学习格局的目的之一，是克服学校小时空带来的学习局限。以全球学习格局改造学校育人体系，是在学校的有限时空内引入全球资源、创造全球情境、培育学生的全球意识并提高其为全球谋福祉的能力，其实质是面向社会、面向世界、面向未来突破学校育人的时空局限，引领学生在学校的小时空里进行大格局的学习。

为了突破学校育人的时空局限，不少研究与实践者不断探索将学校小时空与学习大格局有效融合的理论与实践方案。早在第一次世界大战前，不少人就越来越强烈地感受到学校教育与生活之间的巨大差距，开始寻找课堂学习与现实生活之间的有意义连接。第一次世界大战结束后，世界满目疮痍，为了快速恢复，不少国家强力推进学校教育变革，促进学校教育向生活与工作开放，并形成了两条延展学校边界的路径：一是"努力集中到复杂生活的关键方面，集中到今日生活的重要方面"③ 去寻找有意义的教学目标与有用的教学内容；二是让学生在与生活相似的学习情境中学习，并"要求学生练习寻找将校内所学运用于校外生活的实例"④，迈出了打破学校小时空的第一步。

第二次世界大战后，随着情境学习理论、社会学习理论、社会建构主义学习理论等的不断兴起与发展，广阔的人类生活与社会时空开始成为学校的重要学习情境，学校育人边界开始拓展至全人类。这一时期的不少研究与实践者强调学校向社会的不同领域开放。⑤ 维尔德米尔思科、贾维斯、杜威等人进一步强调了学生的社会参与和课堂学习中的社会责任培养等问题，立足人类生活改造学习，以人类发展的大格局改造学校教育的趋势越来越明显。⑥ 联合国教科文组织于 1972 年在《学会生存：教育世界的今天和明天》中阐释了"教育是一项具有世界范围的事"的观点，在世界格局中建

---

① 联合国教科文组织国际教育发展委员会. 一起重新构想我们的未来：为教育打造新的社会契约［M］. 北京：教育科学出版社，2022：12.

② 联合国教科文组织. 反思教育：向"全球共同利益"的理念转变？［M］. 联合国教科文组织总部中文科，译. 北京：教育科学出版社，2017：39.

③ RALPH W TYLER. 课程与教学的基本原理［M］. 罗康，张阅，译. 北京：中国轻工业出版社，2009：15.

④ RALPH W TYLER. 课程与教学的基本原理［M］. 罗康，张阅，译. 北京：中国轻工业出版社，2009：15.

⑤ 伊列雷斯. 我们如何学习：全视角学习理论［M］. 孙玫璐，译. 北京：教育科学出版社，2014：105.

⑥ 伊列雷斯. 我们如何学习：全视角学习理论［M］. 孙玫璐，译. 北京：教育科学出版社，2014：117.

构学校学习格局的主张得到了越来越多国家的重视。随着关联学习理论、复杂系统学习理论、分形学习理论与全息教学论等的不断兴起与发展，不少人开始"把学生看成生活在自我和社会情境中的复杂关系"①，并把学习的过程看成构筑立体世界的过程。如佐藤学把学校里的学习变为"建构客观世界意义的认知性、文化性实践，建构人际关系的社会性、政治性实践，实现自我修养的伦理性、存在性实践"②的过程，就把学校与世界进行了对接，强化了以世界格局改造学校教育的主张，丰富了学校学习格局的内涵。

一些国家为了拓宽学生的全球视野，提高学生观照全世界的能力，逐步强化了全球学习的质量格局。如英国实施的"全球学习伙伴计划"，"旨在激励年轻人致力建设一个更加公平与可持续的世界"③。为了实现这一目标，英国提倡各学校联合开发全球主题课程，并在经济、政治、社会和环保四个方面形成了全球素养教育分类话题库。如经济方面，学生可以立足全球探讨援助与救济、企业职责、债务、就业、能源、公平贸易、农业、渔业、工业、技术、旅游业、贸易、交通、城镇等话题；政治方面，学生可以研究国际关系、联合国与国际组织、欧盟、殖民主义、和平/冲突/安全、军火贸易等话题；社会方面，学生可以研究全球公民、多样性与融合、社会正义、人口、种族、歧视、儿童权益、移民与难民、社会媒体、贫穷、奥林匹克运动会等话题；在环保方面，学生可以研究可持续性、可持续发展、动物保护、生物多样性、气候变化、健康卫生、自然资源、废料、水资源等话题④。在此基础上，英国教育与就业部还于2000年发布了《开发学校课程的全球维度》，"支持本国学校与经济欠发达国家的学校建立联系"⑤，推进了"世界教室"计划，进一步加大了全球维度的学习体验程度。

2015年，联合国教科文组织提倡把教育视为"全球共同利益"，要求学校引导学生"尊重生命和人类尊严、权利平等、社会正义、文化多样性、国际团结和为创造可持续的未来承担共同责任"⑥，学校的全球学习格局得到了进一步强化。2021年，联合国教科文组织进一步要求课堂教学促使"人与世界、人与人之间紧密相连"，"超越自

① 弗利纳. 课程动态学：再造心灵 [M]. 吕联芳，邵华，译. 北京：教育科学出版社，2013：67.
② 佐藤学. 学习的快乐：走向对话 [M]. 钟启泉，译. 北京：教育科学出版社，2014：20.
③ 赵婷，刘宝存. 英国全球素养教育的"自我—他者"关系探究 [J]. 外国教育研究，2021（3）：3—20.
④ 赵婷，刘宝存. 英国全球素养教育的"自我—他者"关系探究 [J]. 外国教育研究，2021（3）：3—20.
⑤ 赵婷，刘宝存. 英国全球素养教育的"自我—他者"关系探究 [J]. 外国教育研究，2021（3）：3—20.
⑥ 联合国教科文组织. 反思教育：向"全球共同利益"的理念转变？[M]. 联合国教科文组织总部中文科，译. 北京：教育科学出版社，2017：1.

己的居住空间"，"塑造和平、公正和可持续的未来"。① 这就把立足全球人类生活的学校学习格局拓展至了人与自然的和谐相处，自然生态和促进可持续发展就成了学校小时空应该关注的重要内容，包含人与大自然的"新的全球学习格局正在形成"。要以新的全球学习格局改造学校育人体系，"不仅需要采取新的做法，还要从新的视角来了解学习的本质以及知识和教育在人类发展中的作用"②，这就要求世界一流中学建设全球学习格局。

世界一流中学建构的全球学习格局，是"以国际交流与合作为基础、以融合学校教育发展的世界眼光和本土情怀为追求"③ 建构的，既"要回应国际基础教育发展的基本趋势并借鉴成功的做法来提升本土化实践水平"，也"不能完全根据发达国家的基本主张和做法来推进"④。因此，世界一流中学在建构全球学习格局时，着重强化了如下方面：一是能够站在国际一流的立场上来看待和发展我们的中学教育，使我们的中学教育成为世界一流中学教育的一部分；二是能在世界一流中学教育的共性中凸显我们的主导地位，推进素质教育改革并助力实现中国式教育现代化的目标；三是面向未来确定我国中学教育发展的引领目标，既为我国中学教育消除痛点提供示范方案，也为其他国家的中学提高可持续育人质量做出贡献。

（七）提供具有世界影响力和引领力的提高可持续育人质量的世界性"产品"

聚焦可持续发展的办学成效，是世界一流中学可持续发展要素对学校办学成效的要求，是指学校的育人成果、社会影响与改革经验等不但能促进自身的可持续发展，而且能够引领其他中学提高可持续育人质量。世界一流中学的"世界一流"，不仅是自身的卓越发展，也是在关怀世界和包容世界的过程中推动全球中学教育的交流互鉴，促进不同形态的中学教育的交流对话，并能在此过程中探寻我国中学教育的领先发展道路，逐步把我国的中学教育从"跟跑者"变为"领跑者"，以此形成具有包容力和引领力的办学方案与教育经验。因此，贡献教育改革的世界性经验，也是世界一流中学的特征之一。

首先，世界一流中学能在全球学习格局中成为我国中学教育高质量公平发展的范例。世界一流中学聚焦可持续发展的办学成效，其实质是促进学校教育的高质量公平

---

① 联合国教科文组织国际教育发展委员会. 一起重新构想我们的未来：为教育打造新的社会契约 [M]. 北京：教育科学出版社，2022：2.
② 联合国教科文组织国际教育发展委员会. 一起重新构想我们的未来：为教育打造新的社会契约 [M]. 北京：教育科学出版社，2022：8.
③ 周满生. 树立基础教育国际化的战略思维 [J]. 教师教育学报，2014（2）：1—3.
④ 杨明全. 基础教育国际化：背景、概念与实践策略 [J]. 全球教育展望，2019（2）：55—63.

发展。"加快建设高质量教育体系，发展素质教育，促进教育公平"①，是中国式现代化对我国中学教育的基本预设。在这一预设下，建设世界一流中学不是目的，其目的是让一批基础好、有改革理想与魄力的学校成为高质量发展的先行者，为所有中学树立质量标杆和发展典范，促使所有中学都能高质量发展。所以，建设世界一流中学，不是搞"掐尖"式的或远离民众的精英教育，而是探讨中学教育"育人"与"育分"有效整合的高质量发展道路。名副其实的世界一流中学，能以世界一流中学的办学理想和育人质量为参照，结合我国中学的教育实际，为所有中学明确可持续育人质量的基本追求和育人标准，并为其提供实践范例，不但能培养出符合我国世界一流大学建设要求的学生，而且能用自身的改革经验破解"育人"与"育分"的整合难题，为促进我国中学教育的高质量公平发展做出贡献。

其次，世界一流中学能提升中国优秀传统文化的世界价值，为我国中学教育的先进经验在更大范围内发挥引领作用创造更好条件。"随着全球化交流的深化拓展，儒学的世界意义正日益凸显，作为儒学的核心，仁、义、礼、智、信这些观念虽然产生于两千多年以前，但经过历代思想家与有识之士的不断继承、阐释与弘扬，展示出长久的生命力，催生出了仁者爱人、以民为本、为政以德、天下为公、自强不息、厚德载物、天人合一等哲学思想、伦理、道德与精神追求，在当今经济、政治、文化、社会与生态文明领域显示出重要的现实价值，对于应对当前人类社会面临的复杂难题和重大挑战具有丰富的启示"②，世界一流中学能够把我国的这些优秀文化精神与解决全球性问题结合起来，引导学生学会运用中国文化解决世界问题，以发挥中国文化的世界价值。但这还不够，还必须以此为基础形成对世界具有普遍影响力的中学教育智慧。"一种有思想有智慧的教育哲学必须要能创造出具有普遍影响力的知识/智慧以参与并影响现代文明的自我修复"，因为"现代性问题具有全球的普遍性，这就意味着仅仅创造出地方性知识已经不足以解释、解决这些问题。如果中国文化还希图对世界文明做出贡献，那么，在中国这个问题场域发生的所有问题，就不能被单纯地认为是中国的教育问题，或者教育的中国问题，这些问题还应该是世界问题，是世界文明格局中的有机组成部分。在这一意义上，就有必要把中国作为世界的思想单位，把中国教育作为世界文明的思想单位去看待"，以此思路解决我国中学教育问题的方法，才可能成为

---

① 习近平. 高举中国特色社会主义伟大旗帜 为全面建设社会主义现代化国家而团结奋斗 [M]. 北京：人民出版社，2022：34.

② 刘延东. 传承弘扬中华传统文化 促进世界文明交流互鉴 [J]. 国际儒学，2021 (1)：15.

解决世界中学教育问题的共同财富。^① 因此，世界一流中学的"中国特色"，"包括能努力学习并适当取法中国传统文化与智慧，尤其是教育智慧"，但这种特色必须面向世界，"让中国特色本身具有世界胸怀、国际视野与长远目光，成为世界认同的优质特色"，才能"让'中国特色'精益求精，成为'世界特色'"^②，包括运用中国智慧形成的中国中学教育经验，为世界中学教育破解难题提供中国的中学教育方案、产品与教育资源等。

最后，世界一流中学具备参与全球中学教育治理的意识与能力。"参与全球教育治理是我国学习和了解国际教育思想的重要渠道，为我国介绍和推广中国的教育经验，阐明中国的教育立场提供了平台，促进了中国声音、中国理念和中国智慧在国际社会的传播。"^③ 从总体上看，我国中学教育参与全球治理的意识与能力还较为薄弱，要逐步缩小参与全球中学教育治理的赤字，提高参与全球中学教育治理的实力和主动性，从"参与"到"主导"，从"跟跑"到"领跑"，提升我国在世界中学教育体系中的话语权。为了实现这一目标，世界一流中学应引导学生明白，"要想摆脱当前世界经济的长期萧条和不景气威胁，就需要世界上主要国家行动起来，摒弃零和思维，本着包容互利的理念，积极开创互利共赢的新局面"^④。要开创这样的新局面，需要明日世界的"新人"具有参与全球治理的意识与能力。所以世界一流中学能够主动积极地采取多种措施"深度参与国际教育组织的规则制定，逐步改变我国在国际组织中被动的'观察员'和'学习者'的角色，向积极的参与者的角色转变"^⑤，并努力"成为全球教育治理体系变革的推动者和引领者，积极向国际社会贡献我国在教育教学改革中的成功经验"，等等。^⑥

世界一流中学的"世界一流"表征见表2.5。

表2.5　世界一流中学的"世界一流"表征

维度	主要表征
具有关怀世界的全球视野	1. 师生树立人类命运共同体意识 2. 具有世界思维，能顺应全球化进程贡献于全球的可持续发展

① 高伟. 建构有中国气象的教育哲学［J］. 教育研究，2018（9）：52—58，88.
② 李政涛. 走向世界的中国教育学：目标、挑战与展望［J］. 教育研究，2018（9）：45—51.
③ 袁利平，王垚赟. 新时代中国参与全球教育治理：成就、挑战与应对［J］. 学术界，2021（9）：66—77.
④ 霍建国. 认清逆全球化思潮本质 坚持推进高水平开放［J］. 全球化，2021（4）：5—12.
⑤ 杜维明. 精神人文主义：一个正在喷薄而出的全球论域［J］. 船山学刊，2021（1）：34.
⑥ 杜维明. 精神人文主义：一个正在喷薄而出的全球论域［J］. 船山学刊，2021（1）：34.

续表

维度	主要表征
具有包容世界的天下胸怀	1. 继承并发扬中华文化的天下情怀 2. 培养学生的全球胜任力并取得明显成效
承担人类文明新形态建设的教育使命	1. 践行全人类共同价值 2. 承担人类命运共同体建设的教育使命 3. 弘扬和倡导人类文明新形态
兼顾我国基础教育的共性与中学教育的特殊性	1. 为学生的终身发展打牢基础 2. 育人体系符合中学教育要求、适应中学生发展特点 3. 能整合"育人"与"育分"
融合"中国"和"世界"两大元素	1. 以中国特色为根柢，以全球视野为格局 2. 以世界一流中学的育人理想为质量标杆
建构全球学习格局	在学校小时空中建构全球学习大格局
为我国中学教育高质量公平发展提供范例	1. 培养具有可持续发展意识与能力的高素质学生 2. 促进"育人"与"育分"的有效整合 3. 形成可持续发展改革经验
助力提升中国文化的世界价值	1. 促进中华优秀传统文化的现代转换 2. 助力发掘中国文化的世界价值 3. 贡献建设世界一流中学的经验
具备参与全球中学教育治理的意识与能力	1. 具备参与全球中学教育的意识 2. 拓宽参与全球中学教育治理的途径 3. 丰富参与全球中学教育治理的方法

三、"中国特色"与"世界一流"的整合性表征

世界一流中学不仅要分别具备"中国特色"和"世界一流"的表征，而且要具有"中国特色"与"世界一流"的整合性表征。这种整合性表征集中体现在可持续发展、全景时空和全息系统三个方面。

（一）树立可持续育人思想，提高可持续育人质量

从世界一流中学的建设原点和内涵看，可持续发展是其首要的整合性表征。"可持续发展是既满足当代人的需要，又不对后代人满足其需要的能力构成危害的发展"[①]，"可持续发展一提出来，在主体上就囊括着全人类，在空间上就覆盖着全地球，在实践指导上则是长远的、持久的发展战略"[②]。可持续发展的实质，是追求人类与自然、今天与明天共同利益的最大化，是以"覆盖全球""为了全球""发展全球"为宗旨的，

---

① 世界环境与发展委员会. 我们共同的未来［M］. 王之佳，等译. 长春：吉林人民出版社，1997：52.
② 刘本炬. 论实践生态主义［M］. 北京：中国社会科学出版社，2007：232.

是为了给全球的现在和未来带来福祉和谋求长远幸福。可持续发展思想中的"全球"，包括生活在地球上的所有生物及其赖以生存的环境，即地球生态圈。其中，"覆盖全球"，是从空间的整体性而言的：一是全球空间内的所有人，不分种族、性别、阶层，都应拥有共同的福祉与幸福，实现覆盖全球的人与人之间的公平发展；二是全球范围内的所有生物都有内在的生命价值，都应享受全球发展带来的红利，不能为了人类利益而忽视其他生物的生命价值，无节制地损毁其他生物，这是深层生态学极力主张的观点。"为了全球"，是侧重时间维度而言的，既要给全球的今天带来福祉，也要为全球的未来谋求幸福，只有把今天和未来有机连接起来，才是真正"为了全球"。"发展全球"，是从全时空的角度而言的，即在全球范围内推动长远发展，而不是为了某些国家或地域的福祉而发展。因此，可持续发展理念追求共同利益的实质，是促进系统中所有要素的全体发展与公平发展，以此为基础，提高整个系统的可持续发展能力。因此，"可持续性可以理解为，个人和社会在当地及全球层面采取负责任的行为，争取实现人人共享的更美好的未来，让社会正义和环境管理指导社会经济发展"①，追求全主体、全视域和全时间流的共同利益。

根据可持续发展的上述内涵，世界一流中学的可持续发展，是全面兼顾自己与他者、本土与国际、现在与未来的发展。兼顾自己与他者的发展，是个体与群体的协同共生，其核心是"兼顾人人的全主体发展"，强调"人人共享""社会正义""多元公平"；兼顾本土与国际，是"在当地及全球层面采取负责任的行为"，其核心是全视域的系统发展，以人与人、人与自然的和谐共生为大格局，促进本土与全球的互动发展；兼顾现在与未来，是立足"更美好的未来"看待和处理今天的发展问题，其核心是全时段的整体发展，以全时间流的持续发展为基本要求，促进个体与群体、本土与全球的长远发展。

世界一流中学可持续发展要素中的"全主体"，是回答谁来发展和发展谁的问题；"全视域"，是回答用什么来发展或在什么范围内发展的问题；"全时间流"，是回答为了什么发展或发展能持续多久的问题。世界一流中学的可持续育人要素及其关系如图2.2所示。

---

① 联合国教科文组织. 反思教育：向"全球共同利益"的理念转变？［M］. 联合国教科文组织总部中文科，译. 北京：教育科学出版社，2017：12.

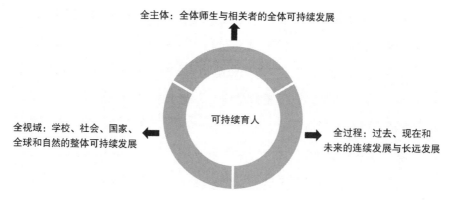

图 2.2　世界一流中学的可持续育人要素及其关系

世界一流中学只有立足"全主体""全视域"和"全过程"，谋划学校发展谁、用什么发展、为了什么而发展等核心问题，才能落实和坚守其内涵中的全面可持续发展要求。将促进学生、学习、学校、社会、国家和全球的全面可持续发展作为世界一流中学的构成要素，不仅是世界一流中学的内涵决定的，也是世界发展和中国式现代化建设对我国中学高质量教育提出的要求，同时还是消除"分"与"人"之间不和谐导致的"吃力不讨好"等痛点的必然选择。

正如联合国教科文组织所指出的那样，"世界正处在一个转折点上"①，在这个转折点上，人类与自然都将面临着越来越严重的可持续发展危机。"不断扩大的社会和经济不平等、气候变化、生物多样性丧失、超出地球极限的资源使用、民主的倒退和颠覆性的技术自动化"②，给世界的可持续发展带来了巨大挑战，每一项挑战和危机都会对教育产生重大影响。由于"教育能够创造和重塑世界"③，在人类面对可持续发展危机时，必须"成为实现可持续发展动力和建设更美好世界的关键"④。2015 年 5 月 21 日，世界教育论坛在韩国仁川通过了《2030 年教育宣言》（也称《仁川宣言》），对全世界教育全纳、公平、质量、终身学习等在 2030 年的发展纲领进行了勾勒和描述，对基础教育促进人类与自然的可持续发展提出了明确期望。2015 年 11 月，联合国教科文组织发布了《教育 2030 行动框架》，对全球教育 2030 的可持续发展愿景、基本原理

①　联合国教科文组织国际教育发展委员会. 一起重新构想我们的未来：为教育打造新的社会契约［M］. 北京：教育科学出版社，2022：41.
②　联合国教科文组织国际教育发展委员会. 一起重新构想我们的未来：为教育打造新的社会契约［M］. 北京：教育科学出版社，2022：3.
③　联合国教科文组织国际教育发展委员会. 一起重新构想我们的未来：为教育打造新的社会契约［M］. 北京：教育科学出版社，2022：147.
④　联合国教科文组织. 反思教育：向"全球共同利益"的理念转变？［M］. 联合国教科文组织总部中文科，译. 北京：教育科学出版社，2017：24.

和原则、总体目标、具体目标、测量指标、实施方式等进行了明确和细化。为了强化教育的可持续发展价值，2021 年，联合国教科文组织倡议全世界的人们以可持续发展为共同追求重新构想全球未来，"设想一个更加多样、更加多元，具有更丰富的共同人性的社会"①，并以此为目标重塑学校教育，把"维护和增强个人在其他人和自然面前的尊严、能力和福祉"作为"21 世纪教育的根本宗旨"，努力提高可持续发展的育人质量。② 中学教育也必须承担起这一责任，并为解决人类与自然的可持续发展危机提供基础性和战略性支撑，世界一流中学必须成为完成这一任务的先行者和示范者，率先提高可持续育人质量，为人类应对可持续发展挑战提供教育支撑。世界一流中学要承担这一使命，必须强化可持续发展这一要素。

从我国中学教育的高质量发展看，我国是全球可持续发展的积极响应者和参与者，特别是中国式现代化和中国式教育现代化的提出与推进，对世界一流中学的可持续发展提出了明确要求。从中国式现代化建设看，中国式现代化是"人口规模巨大""全体人民共同富裕""物质文明和精神文明相协调""人与自然共生""走和平发展道路"的现代化。③ 这样的现代化，体现了中国人民、人类社会、自然世界等命运与共的可持续发展思想。从中国式教育现代化建设看，"中国式教育现代化道路，是坚持以人民为中心，以立德树人为根本任务，促进人的全面发展、全体人民共同富裕、人与自然和谐发展、人类命运与共的教育现代化之路"④。这样的教育现代化，体现了人民中心、公平优质和全面发展等可持续发展思想。我国中学教育的现实困境、质量隐忧和"以中国式现代化推进中华民族伟大复兴"的战略任务，都要求具有中国特色的中学强化可持续发展这一要素，提高可持续发展的育人质量。

从我国中学教育的痛点、症结和出路看，世界一流中学要走出"育分"与"育人"之间不和谐的窘况，有效整合"育分"与"育人"，不仅要过好"分数关"，还要过好"分数所隐含的可持续发展含金量"这一关。分数所隐含的可持续发展含金量，是指学生获取分数的条件、过程与结果，能体现学生、社会、国家和世界的可持续发展需要。学生分数的这种含金量主要体现在三个方面：一是中学的办学条件有利于学生在全面

① 联合国教科文组织国际教育发展委员会. 一起重新构想我们的未来：为教育打造新的社会契约 [M]. 北京：教育科学出版社，2022：55.
② 联合国教科文组织. 反思教育：向"全球共同利益"的理念转变？[M]. 联合国教科文组织总部中文科，译. 北京：教育科学出版社，2017：28.
③ 习近平. 高举中国特色社会主义伟大旗帜 为全面建设社会主义现代化国家而团结奋斗 [M]. 北京：人民出版社，2022：22—23.
④ 张志勇，袁语聪. 中国式教育现代化道路刍议 [J]. 教育研究，2022 (10)：34—43.

提升德智体美劳素质的同时提高考试分数；二是学校的教育过程能打通高分数与高素质的关节或障碍，能促进分数增长与素质发展的有效统一；三是学生获得的分数能与自身整体素质的发展水平大致匹配。只有提高了考试分数的可持续发展含金量，促使分数生长在学生全面发展的素质上，才能既看见分数也看见人，才能在学生整体素质的发展程度中预知其分数的可能性与可靠性，实现"育分"与"育人"的统一。由此看来，要提高分数的可持续发展含金量，必须强化可持续发展要素，提高学校的可持续育人质量。

"人们认为发展的宗旨就是确保增长"[①]，但如果发展缺乏可持续性，就会导致整个生态系统的"脆弱性和不平衡性加剧"[②]；同理，如果中学教育只是一味追求分数的增长，学生发展的脆弱性与不平衡性就会越来越严重。近年来，中学生心理问题日益加剧已成为全球的普遍性问题，世界一流中学作为高质量中学教育的排头兵，必须把可持续发展作为自身的基本要素加以建设和优化，才能提高对我国中学教育的引领力和世界中学教育的影响力，成为名副其实的世界一流中学。

（二）在全景时空中建构起全景育人场域

全主体、全视域、全过程构成了世界一流中学的全景时空，因此，世界一流中学的可持续发展要素需要全景时空这一要素作支撑。全景，是对物体及其周围环境中的景致进行360°呈现。"全"，是全方位、全视野、全视角；"景"，是景致、景象；"全景"，是全方位、全视域、全视角呈现出的360°景致。全景时空，是全方位全视域的360°时空，包括时间、空间和时空交错形成的全景致。首先是教育进程中的时间全景性。教育进程中的时间全景性，是同时兼顾历史、现实与未来，在完整的时间流中形成的学习景致。即在某一阶段开展的学习活动，或学习某一阶段的知识时，都要考虑其之前的来路和之后的去处，既在知识的源流中学习知识，也在历史、过去与现在的时间流中推进学习，以避免孤立地碎片化地开展学习活动。教育进程中的时间全景性，"包括微观层次和宏观层次。在微观层次，根据个体持续不断的发展需求，完整而有序地规划和实施教育的各个阶段，以实现个体发展的连续性、完整性、充分性、独特性和健康性，从人生时间进程维度实现教育的全景性。在宏观层次，根据人类总体持续

---

① 联合国教科文组织. 反思教育：向"全球共同利益"的理念转变？[M]. 联合国教科文组织总部中文科, 译. 北京：教育科学出版社，2017：13.

② 联合国教科文组织. 反思教育：向"全球共同利益"的理念转变？[M]. 联合国教科文组织总部中文科, 译. 北京：教育科学出版社，2017：14.

不断发展的需求和对社会历史的时间进程的趋势性预测和现实化情境，认识各个历史时期的教育，完整而有序地规划和实施各个历史时期的教育"①。世界一流中学在建设时间全景性这一要素时，应以宏观层次的时间全景为参照、以微观时间全景为主线建构育人体系，才能在时间全景性中促进学生、学习、学校、社会、国家和全球的可持续发展。其次是学校教育空间的全景性。学校教育空间的全景性，是突破书本和教室的封闭空间，将学校及其所处的社区、社会、国家和全球等整合为学生的完整学习空间，以拓展学生的学习视域，为促进社会、国家和全球的可持续发展铺垫基础。再次是整合时间和空间形成全景时空。以具体的学习活动为载体，既兼顾历史、现实与未来，也兼顾家庭、教室、学校、社会、国家和全球等不同空间，建构全景致的学习场域。世界一流中学要建设好全景时空这一要素，需要将其细化为学生全景、学校全景、人类全景和生态全景，进行全面建设。

世界一流中学全景育人场域的构成要素及其关系见图 2.3。

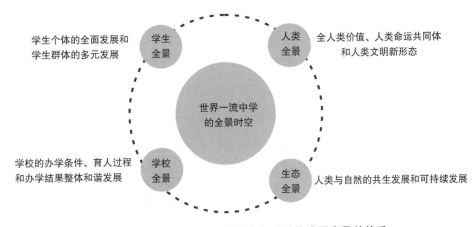

图 2.3　世界一流中学全景育人场域的构成要素及其关系

世界一流中学的全景时空，是对学校教育及其环境的全视野全视角观照，是不留死角地分析和利用影响办学效益的各种时空因素进行办学的思想、思维与思路。所以"全景"视角是一种超大视角或全视角，是对所指涉对象的多层次、多维度或全方位的观照，其目的是更真实更完整更准确地把握所观察的对象。以这种思维和思路推进的教育被称为全景教育，"所谓全景教育，乃是明确地以人的全景发展为基本宗旨的全视野、全思路的教育"②。在全景时空中推进全景教育，是世界一流中学与一般中学的又

---

①　丁念金. 论全景教育的理念［J］. 河南师范大学学报（教育科学版），2008（5）：16—20.
②　丁念金. 论全景教育的理念［J］. 河南师范大学学报（教育科学版），2008（5）：16—20.

一分水岭，要建好这一分水岭，需要在上述"四个全景"的建设上持续着力。

其一，建设高质量的学生发展全景。世界一流中学强化全景时空这一要素的首要目的是促进人的可持续发展，因为没有人的可持续发展就没有学校、社会、国家和全球的可持续发展。"人的全景发展是指基于全视野的、以完整的思路加以动态性构建，并呈现为完全'景致'的发展，它包括人类个体发展（可称为'个人发展'）和人类总体发展这两个基本角度"①，其中的"全视野"是对空间全景性的要求，"动态建构"是对时间全景性的要求。从学校育人的实际情况看，"人类个体发展"主要表现为学生个体的全面发展；"人类总体发展"主要表现为学生群体的多元发展。世界一流中学建设的学生全景，主要是在全景时空中建设的学生个体发展全景和学生群体发展全景。

一方面，建设高质量的学生个体发展全景。学生个体的发展全景，是学生个体在全景时空中全面发展的样态与结果，其核心是全景发展。全景发展和全面发展的区别是：全景发展强调学生在全景时空中实现全面发展的目标，要求学生走出书本和教室，联系历史与未来，在广阔时空中提升自己的可持续发展能力。和全面发展相比，全景发展强调了全面发展的场域与方式，更有利于促进学生的全面发展。促进学生个体的全景发展，不仅是我国一直以来的教育方针，也是国外一流中学着力追求的育人理想。如美国的《超越学术：提升教育和职场成功的整体框架》，就将学生能力分为核心学术能力、行为技能、跨领域能力、教育和职业规划能力等。其中，行为技能主要是适应和胜任学习、工作、社交和生活所需的品质和行为，涉及人际的、自律的、与任务有关的行为，这些行为对于在教育和职场上适应和成功有重要作用；跨领域能力主要包含技术和信息素养、合作解决问题的能力、思考和元认知能力、学习能力等。② 这些能力既体现了学生全面发展的水平，也是学生在全景时空中全面发展的结果。世界一流中学要强化全景时空要素，需要首先强化学生个体的全景发展，并为学校的全景时空建设奠定基础。

另一方面，建设高质量的学生群体发展全景。学生群体的发展全景，是学生在高质量公平的学校教育环境中实现的自我最优发展，其核心是所有学生都发现、发掘和发展了自身潜能，呈现出了各展所长、个性多元、共生发展、全体进步的学生群体发展图景。多元发展和共生发展是学生群体发展全景的基本景致，之所以强调学生群体

---

① 丁念金. 论全景教育的理念［J］. 河南师范大学学报（教育科学版），2008（5）：16—20.
② 左璜，吴丹颖. 中小学生发展质量评价的国际动态：进展与前瞻［J］. 外国教育研究，2022（3）：77—97.

发展全景的这一特征，因为其既是中学教育高质量公平发展的要求，也是学生走向社会和全球的必需。"必须强调指出，社会具有多样性，发达国家和发展中国家莫不如此。文化多样性提供了多种不同的方法来解决影响我们所有人的问题和评估生活的基本层面"①，世界一流中学要"构想出一个超越现在的更多样化的未来，研究和创新就不能排斥不同入口、文化和传统在阅读和理解世界时采用的不同方式"②，就必须引导学生在学习过程中养成这些意识与能力。因此，世界一流中学在建构学生群体发展全景时，应"丰富教育中的多样性"，"让教育工作者和学生接触到多种多样的观点和异彩纷呈的世界"③，"促进不同世界观之间的对话，以期整合源自不同现实的知识体系"④，才能引导所有学生既夯实具有全球发展格局的知识基础，也"把多样性和多种从属关系作为一种财富加以接受"⑤，在促进自身多元发展的同时，认识和理解世界的多样性与全球发展的多元化。

其二，建设高质量的学校全景。学校全景是以系统思维和整体方法推动学校各要素良性运转形成的可持续发展图景。迈克尔·富兰在改革实践中发现，"最好的组织既能从外部学习也能从内部学习"⑥，因而能以全景思维推动学校的整体变革，建设能够促进可持续发展的学校全景。世界一流中学的学校全景可以分为教育内容全景、学习活动方式与过程全景、办学过程全景等，只有同时促使这些方面具有全景性，学校全景才能为学生全景的不断优化创造条件。一是学校的教育内容全景。学校教育内容全景，主要是指学校"在教育内容的规划和实施上，需要充分地体现全局上的全面性、相对应于特定个体或群体的适切性和相对完整性、相对应于不同个体或群体的差异性和多元性。就全局而言，教育内容应该是全面的、能涵盖人类知识经验的各个领域和各个具体细节，能促进人类各种素质的发展。就特定个体或群体而言，主要是要使教育内容适合于该个体或群体，但同时也应该注意相对的完整性，以避免片面发展。针

① 联合国教科文组织. 反思教育：向"全球共同利益"的理念转变？[M]. 联合国教科文组织总部中文科，译. 北京：教育科学出版社，2017：21.
② 联合国教科文组织国际教育发展委员会. 一起重新构想我们的未来：为教育打造新的社会契约 [M]. 北京：教育科学出版社，2022：128.
③ 联合国教科文组织. 反思教育：向"全球共同利益"的理念转变？[M]. 联合国教科文组织总部中文科，译. 北京：教育科学出版社，2017：58.
④ 联合国教科文组织. 反思教育：向"全球共同利益"的理念转变？[M]. 联合国教科文组织总部中文科，译. 北京：教育科学出版社，2017：23.
⑤ 联合国教科文组织. 教育：财富蕴藏其中 [M]. 联合国教科文组织总部中文科，译. 北京：教育科学出版社，2014：22.
⑥ 达林. 理论与战略：国际视野中的学校发展 [M]. 范国睿，主译. 北京：教育科学出版社，2002：130.

对不同的个体或群体,教育内容显然需要有差异性,相互之间形成一种多元化的格局"①,这既是优化学生个体全景的需要,也是优化学生群体全景的需要。二是学习活动的方式与过程全景。学习活动方式与过程全景,是整合学习活动中的各种要素形成的能够促进学生个体与群体高质量发展的活动图景。世界一流中学在建设这一全景时,要"围绕人的全景发展这一宗旨,针对不同的个体和群体的具体情况、具体的教育形式和教育内容及其与教育全景的逻辑关系与价值关系,充分考虑教育活动方式和过程的适切性、多样性和完整性、相互融通性与各自的特异性、连续性等"②,才能增强学习活动方式和过程的全景性。在强化学习内容与方式的全景性时,世界一流中学"必须承认整体方法的必要性,这种方法认识到身体健康和智力健全之间存在密切的相关关系,而大脑当中主管情感、认知、分析和创造的各个部分相互作用"③,"需要采取整体的教育和学习方法,克服认知、情感和伦理等方面的传统二元论"④,引导师生在全景性的学习活动中实现全面发展与多元发展目标。三是办学实践的全景性。世界一流中学的办学实践是由办学条件、育人过程和育人结果等时空要素共同构成的,需要进行系统设计和一体化推进,才能保障学习内容、方式与过程等全景持续优化。

其三,引入人类发展全景。引入人类发展全景,是世界一流中学在育人过程中,主动对人类发展历史、现实与未来进行的整体观照和有效使用。"与更广泛的环境相联系是成功的关键"⑤,世界一流中学不能把目光仅仅停留在学校内部,而应引导师生把目光投向社区、社会、国家、民族和全球,带领师生"迈向和平、正义与人权"⑥,增强为解决人类社会普遍存在的问题而努力学习的意识与能力。这不仅是我国中学应该肩负起的人类使命,也是世界一流中学致力提高全人类素质的要求。"当前,人类自身素质发展意识的高度强化,主要表现为以下几个方面:其一,人们希冀整个人类达到越来越高的素质发展水平;其二,人们希冀每个族群都达到越来越高的素质发展水平;其三,人们希冀每个个人都达到越来越高的素质发展水平;其四,人们希冀不断地提

① 丁念金. 论全景教育的理念 [J]. 河南师范大学学报(教育科学版),2008(5):16—20.
② 丁念金. 论全景教育的理念 [J]. 河南师范大学学报(教育科学版),2008(5):16—20.
③ 联合国教科文组织. 反思教育:向"全球共同利益"的理念转变?[M]. 联合国教科文组织总部中文科,译. 北京:教育科学出版社,2017:19.
④ 联合国教科文组织. 反思教育:向"全球共同利益"的理念转变?[M]. 联合国教科文组织总部中文科,译. 北京:教育科学出版社,2017:30.
⑤ 达林. 理论与战略:国际视野中的学校发展 [M]. 范国睿,主译. 北京:教育科学出版社,2002:130.
⑥ 联合国教科文组织国际教育发展委员会. 一起重新构想我们的未来:为教育打造新的社会契约 [M]. 北京:教育科学出版社,2022:34.

高素质发展的速度，同时又确保可持续性"①，这既给中学教育建设人类全景提供了机会，也为学校优化人类全景提出了新要求。世界一流中学在建设学校全景与学生全景时，"要积极地表征人类强烈的自身素质发展意识，并使人类自身素质发展的意识能够高效率、高质量地现实化，我们就需要树立完整的全景发展理念，以此来明晰、提升人类自身素质发展的愿景和思路"②，进而将人类全景转化为学校全景，才能促进学生、学校和社会的全面可持续发展。

其四，引入人类与自然和谐互生的生态全景。引入人类与自然和谐互生的生态全景，是世界一流中学对人类与自然和谐共生、不同生命和非生命共同维护与繁荣形成的生态景致所进行的整体观照与有效利用，其核心是培养师生的生态意识和为建设可持续发展的美好世界而努力学习的决心、态度，并为此打好的坚实基础等。世界一流中学仅仅关注人类社会的可持续发展还不够，还必须把人类面临的越来越严重的生态危机纳入学生全景、学校全景和人类全景的建设中，以此建构全景时空，才能与可持续发展要素相互匹配，并为学校的全面可持续发展做好坚实支撑。"根据一些预测，人类目前的生态足迹表明，我们大约需要 1.6 个地球来支撑我们的生活、降解我们的废弃物。这意味着，随着我们持续加大资源使用量，地球现在需要一年零八个月的时间，才能再生出我们在一年内消耗的资源。如果不改变路线，到 2050 年，我们将以 4 倍于资源再生的速度消耗地球资源，给子孙后代留下一个资源严重枯竭的星球"③，世界一流中学必须引导所有师生形成拯救我们这个星球的紧迫感，"重新平衡我们彼此之间、与我们赖以生存的星球之间、与科技之间的关系"④，在人类与自然和谐互生的过程中建设人类全景、学校全景和学生全景。

"我们对于教育引导人类走向可持续发展，并培养可持续发展能力的期望及切实需要，才刚刚开始"⑤，世界一流中学只有系统建设学生、学校、人类与生态四个全景，并将其整合为学校发展的优质资源与整体力量，才能营建出高质量大格局的学习场域，与可持续发展要素一道引导师生走出"育分"与"育人"之间不和谐的困境。

---

① 丁念金. 论全景教育的理念［J］. 河南师范大学学报（教育科学版），2008（5）：16—20.
② 联合国教科文组织国际教育发展委员会. 一起重新构想我们的未来：为教育打造新的社会契约［M］. 北京：教育科学出版社，2022：34.
③ 联合国教科文组织国际教育发展委员会. 一起重新构想我们的未来：为教育打造新的社会契约［M］. 北京：教育科学出版社，2022：31—32.
④ 联合国教科文组织国际教育发展委员会. 一起重新构想我们的未来：为教育打造新的社会契约［M］. 北京：教育科学出版社，2022：73.
⑤ 联合国教科文组织国际教育发展委员会. 一起重新构想我们的未来：为教育打造新的社会契约［M］. 北京：教育科学出版社，2022：34.

（三）引入全息方法论，建构全息育人系统

可持续发展和全景时空，是世界一流中学所具备的大视野大格局表征，没有这两个表征，学校将无法满足"中国特色"和"世界一流"对我国中学教育的共同要求。但是，中学教育是一步一个脚印走出来的，大视野和大格局只有在日常教育教学中才能有效落地。世界一流中学和其他中学一样，其日常教育教学都是由每节课和每次活动构成的，如果把每节课或每次活动视为一个小系统，学生全景、学校全景、人类全景和生态全景则是不同层次的大系统，只有当每节课或每次活动这一小系统都具备学生全景、学校全景、人类全景或生态全景等大系统的基本要素与运行特征时，每节课或每次活动才能体现全景时空的要求，才能具备促进全面可持续发展的教育功能。如果学校中的小系统与学生全景、学校全景、人类全景或生态全景等大系统具有这样的关系，它们彼此之间就具有全息性，这样的系统就是全息系统。换言之，世界一流中学要把可持续发展和全景时空这两大要素落实到每节课或每次活动中，就需要以"全息"思路建构学校体系，使学校育人体系和与之相应的全景时空成为全息系统。因此，全息系统也是世界一流中学不可或缺的要素，它和全景时空、可持续发展共同影响和成就着世界一流中学的育人质量。

全息，"是指整体上的任何一部分或母系统中的任何一个子系统，都包含着整体或母系统的全部信息"[1]。这一概念是由德国物理学家盖柏和罗杰斯于1848年首次提出来的，并从物理学逐步拓展至了生物学、复杂科学与社会科学等方面，并逐步成为第四代系统理论的核心表征。[2]

全息是研究整体与局部、母系统与子系统关系的概念，其中的"全部信息"主要包括信息要素、信息结构及其隐含的基本功能、运行机理与变化趋势等，只有当局部或子系统包含了整体或母系统的上述全部信息，整体与局部或母系统与子系统之间才具有全息特征。依据这种特征构建的图景才能被称为全息图景，"全息图的每一个局部都以凝聚形式包含并展示整体的信息"，"任何碎片都可以用来恢复整体图像"[3]。所以，全息图景"既可以从部分研究整体，从小系统研究大系统，又可以从整体认识部分，从大系统研究小系统"[4]。

---

① 刘宗寅，秦荃田. 全息教学论原理［M］. 济南：山东大学出版社，1990：1.
② 高展. 第四代系统论：全息系统论［M］. 北京：中国水利水电出版社，2022：1—15.
③ 弗利纳. 混课程动态学［M］. 吕联芳，邵华，译. 北京：教育科学出版社，2013：124.
④ 刘宗寅，秦荃田. 全息教学论原理［M］. 济南：山东大学出版社，1990：19.

　　全息图景中的这种关系与特征，是以分形范式构造的。"分形是由函数迭代而产生的具有自相似性的模式"，"是在放大的情况下，其局部类似于整体的模式"。[①] 一个母系统不断分形，形成不同层级的子系统，这种不断分形的过程，就形成了动态发展的全息图景。世界一流中学全息育人系统的母系统与子系统具有自相似性如图 2.4 所示。

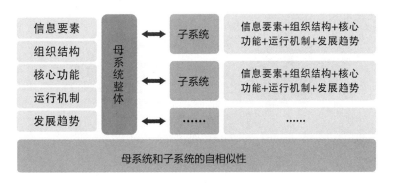

图 2.4　世界一流中学全息育人系统的主要特征与发展过程

　　全息原理是对上述全息特征、分形过程等内在关系及其发展规律的抽象概括，主要包括全息重演原理、整体缩放原理和结构一致原理。这三个方面的原理都是由全息图景中的自相似特征引发或促成的：整体与局部或母系统与子系统的重演、缩放与结构一致形成了彼此间的自相似性，彼此间的自相似性要求整体与局部或母系统与子系统之间要进行重演、缩放，并保持结构一致。因此，全息重演原理是对全息图景动态生成规律的揭示。与其他系统相比，全息系统的动态生成方式是遵循分形原理不断复制包含母系统全部信息的子系统，所以"个体发生就是种系发生短暂而迅速地重演"[②]的过程。整体缩放原理是由重演原理决定的。在重演过程中，"缩"则形成不同层级的子系统，"放"则不断壮大母系统，缩放的关键是整体与局部或母系统与子系统之间所具备的共享信息，只有依据母系统的"全部信息"进行缩放，集体行为才能折叠在个体里，个体行为才能在集体中展开，集体与个体的全息关系才能形成。[③] 结构一致原理，是指子系统的结构"以整体缩影为主要特征"[④]，与母系统的结构高度一致。全息原理及其关系如图 2.5 所示。

① 多尔，弗利纳. 混沌、复杂性、课程与文化 [M]. 余洁，译. 北京：教育科学出版社，2014：164.
② 刘宗寅，秦荃田. 全息教学论原理 [M]. 济南：山东大学出版社，1990：16.
③ 弗利纳. 混课程动态学 [M]. 吕联芳，邵华，译. 北京：教育科学出版社，2013：124.
④ 刘宗寅，秦荃田. 全息教学论原理 [M]. 济南：山东大学出版社，1990：16.

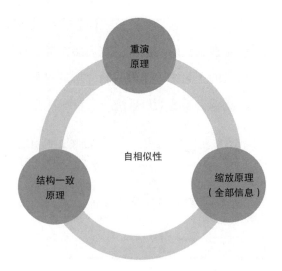

图 2.5　全息原理的内容及其关系

　　全息系统是具有全息关系的系统，也就是"特性种类齐全、特性关系种类齐全的系统"①。"特性种类齐全"，主要是指构成母系统和子系统的要素一致；"特性关系种类齐全"，是指母系统和子系统在要素的组织、运行与发展规则规律等方面一致。全息系统的核心是关系，对全息系统的分析主要是对其系统内外的关系进行分析。

　　全息系统中的特性关系可分为宏观和微观两个层面。全息系统的宏观特性关系一般被视为空间拓扑关系，"这种空间的拓扑关系可以分为纵向的层级关系和横向的交互关系。系统特性层级关系可以细分为分类关系和分解关系"，"系统特性交互关系包括流程关系和接口关系"。② 其中，分类关系主要有时间、空间、动机、条件、过程、结果等视角的分类关系；分解关系主要是特定对象的构成要素的组合关系；流程关系一般是从行为视角思考要素之间的组合问题，如功能、活动、因果、信息等，这些行为要素可以形成自由式、矩阵式、轨道式等关系；接口关系主要是指各类资源、数据、内容、方式等形成的整合关系。微观层面的特性关系一般指实体的属性关系，"包括特性属性的引用关系、计算关系和组装关系"③ 等。这些关系的不同组合形式，既决定了全息系统的性质，也构成了全息系统的不同形态。

　　需要注意的是，全息系统的这些关系，既是向外开放的，也是在分形模式中动态发展的。这些动态发展的开放性关系，集中体现在这个系统的全息元中。全息元是"任何在功能或结构上与其周围的子系统或部分有相对明显的边界，并具有系统或整体

　　① 高展. 第四代系统论：全息系统论 [M]. 北京：中国水利水电出版社，2022：13.
　　② 高展. 第四代系统论：全息系统论 [M]. 北京：中国水利水电出版社，2022：14.
　　③ 高展. 第四代系统论：全息系统论 [M]. 北京：中国水利水电出版社，2022：14.

的全部信息的子系统或部分", "全息元是构成系统或整体的基本单位, 它有两个生命和两重身份"①, 既是一个独立系统获得了自身发展, 也体现母系统的全部信息并为母系统的发展贡献力量。因此, 在全息系统中分析全息元, 并促进全息元的发育、生长以及彼此间的高度关联, 是促进全息系统持续发展的基本方式。

世界一流中学育人系统中的全息关系分析框架见表 2.6。

表 2.6　世界一流中学育人系统中的全息关系分析框架

关系类型			母系统			第一层级子系统			第二层级子系统			……
			全息元1	全息元2	……	全息元1	全息元2	……	全息元1	全息元2	……	……
宏观	纵向关系	分类关系										
		分解关系										
	横向关系	流程关系										
		整合关系										
微观	属性值关系	引用关系										
		主从关系										
		连接关系										
		组装关系										
		量化关系										
	属性条目关系	继承关系										
		泛化关系										
特征	一致		母系统和各级子系统在关系种类、结构与发展变化上一致									
	层级		下一级子系统构成上一级子系统, 层层递升, 构成全息系统									
	生成		全息系统可以在不断分形中获得发展; 某一层级系统在关系上的细微变化会改变其他层级的系统, 进而产生蝴蝶效应									
	开放		全息系统不是封闭发展的, 而是在分形中开放发展的									

在世界一流中学建构的全息育人系统中, 不同层级的系统都可以成为一个全息元, 每一个全息元都是上一级系统的基本单位。如把学校作为一个基本单位, 这个基本单位就是一个系统, 这个系统既可以是生态全景的子系统, 反映生态全景的全部信息,

---

① 刘宗寅, 秦荃田. 全息教学论原理 [M]. 济南: 山东大学出版社, 1990: 21.

把学校这个系统变为一个生态系统；也可以是人类全景的子系统，反映人类全景的全部信息，把学校这个系统建设成一个微型社会系统。学生在这样的系统里学习，既是在生态全景中成长，也是在人类全景中发展，因而能够把全景时空这一要素落实到学校这一育人系统中。同时，学校作为生态全景或人类全景的一个基本单位，也是生态系统和人类社会系统中的一个全息元，只有当这个全息元承载和反映了上一级系统的全部信息时，学校才能在全景时空中培育出具有可持续发展意识与能力的师生。

同理，在学校系统内部也可以细分为不同层级的子系统，如办学条件、育人过程、育人结果，教育内容、形式、技术等都可以分别成为独立的子系统，每一个子系统都可以成为一个全息元，承载和反映上一级系统的全部信息。如办学条件作为一个子系统时，既要承载和反映学校全景的全部信息，也要承载和反映人类全景和生态全景的全景信息，只有这样的办学条件才能为学校的整体发展服务。把学校的教育内容建设成一个全息系统时，既可以把基础教育阶段的教育内容作为一个子系统，承载和反映人类全景和生态全景的全部信息，也可以把这一系统作为一个母系统，把中学六年的教育内容作为子系统，承载和反映基础教育内容这一系统的全部信息；也可以把中学六年的教育内容作为母系统，将其细分为不同层级的子系统，如高中教育内容系统、初中教育内容系统，学年教育内容系统、学期教育内容系统、学月教育内容系统、单元教育内容系统等，每一个子系统都应承载和反映上级系统的全部信息，这样才能把生态全景、人类全景、学校全景和学生全景中的全部信息浓缩到每一节课或每一次活动中，使每节课或每次活动都能通过具体的教育内容体现可持续发展和全景时空的大视野大格局。这样的课堂或活动虽然时空不大、内容较小，但依然可以成为可持续发展和全景时空建设的坚实支撑。

把可持续发展、全景时空和全息系统作为世界一流中学的核心要素，除了其内涵的核心指向与基本规约，还有两个方面的重要原因。一是更好地将世界一流中学与其他一般中学区分开来。世界一流中学作为消除我国中学教育中"育分"与"育人"之间不和谐导致"吃力不讨好"等痛点的先行者与示范者，在办学目标上不能短视，因而必须凸显可持续发展这一要素；在办学视野上不能狭窄，因而需要强化全景时空这一要素；在办学实践上不能浮华，因而必须建构高质量的全息系统。这三大要素分别从不同角度解决我国中学教育存在的"只抓分""死抓分""抓死分"等问题，因而一个都不能少。二是三个要素相互支撑、彼此依存，缺少其中一个要素都会影响另外两个要素的建设，因而每个要素都不可或缺。可持续发展作为方向和引领，贯穿办学的全过程；全景时空作为可持续发展的支撑性因素，对办学思想、教育内容、方式和技术等的优化具有决定性作用；全息系统作为可持续发展和全景时空的落地性要素，既要承载和反映这两个要素的全部信息，也要为全面优化这两个要素护航，三个要素相互嵌套、彼此促进，才能建设成真正的世界一流中学。

从世界一流中学的建设原点和基本内涵看，可持续发展、全景时空和全息系统是从宏观上判断世界一流中学的整合性表征。其中，可持续发展是引领性与目的性表征，世界一流中学的可持续发展是促进学生、学习、中国与全球、人与自然等全面可持续发展，是办学的价值取向和育人理想。全景时空是世界一流中学的办学场域，是学校成为世界一流中学的保障性表征，因为这一表征决定了学校的办学视野和格局。世界一流中学的全景时空是由全球视域和过去、现在、未来全过程构成的全时空，覆盖了育人的全过程和"中国""世界""人类""自然"等方方面面，在这样的全时空里设计办学方案和优化办学实践，才能把"中国特色"与"世界一流"两大元素整合成世界一流中学。全息系统是学校能否有效整合"中国"和"世界"等元素的决定性因素。世界一流中学的全息系统是以全球时空为参照优化办学条件、育人过程和育人结果等育人体系，使学校这一育人系统成为全球时空这一大系统的小系统，能够全面反映和承载全球和国家对中学的育人要求，从而使学校育人系统、国家发展系统和全球发展系统相互支撑，以提高促进全面可持续发展的可能性。

"中国特色"与"世界一流"的整合性表征见表 2.7。

表 2.7 "中国特色"与"世界一流"的整合性表征

主要维度	基本表征
树立可持续育人思想 提高可持续育人质量	使每名学生在全面发展中奠定良好的可持续发展基础 关注中国和全球教育的共同与和谐发展 能根据未来发展需要改进现有教育
立足全景时空 建构全景育人场域	全景育人场域体现学生全景、反映学校全景 融入人类全景，整合生态全景
引入全息方法论 建构全息系统	建构课程全息系统、课堂全息系统、活动全息系统

"教育本身就是一个世界，同时也是整个世界的反映"[①]，世界一流中学就是立足整个世界建设的具有中国特色世界水平的现代教育世界，既要体现出立足中国、服务中国和发展中国的中国属性，也要体现出关怀世界、包容世界、引领世界的世界一流特征，更要在全球学习格局的建构中融合"中国特色"和"世界一流"两大元素创新育人体系，并为中学教育改革提供世界性经验。只有当一所中学同时具备了这些特征时，这所中学才能成为真正的世界一流中学。

---

① 联合国教科文组织国际教育发展委员会. 学会生存：教育世界的今天和明天 [M]. 华东师范大学比较教育研究所，译. 北京：教育科学出版社，1996：83.

第三章

世界一流中学建设的学校改革框架

面对纷繁复杂的国际国内形势，面对新一轮科技革命和产业变革，面对人民群众新期待，必须继续把改革推向前进。这是坚持和完善中国特色社会主义制度、推进国家治理体系和治理能力现代化的必然要求，是贯彻新发展理念、更好适应我国社会主要矛盾变化的必然要求，是坚持以人民为中心、让现代化建设成果更多更公平惠及全体人民的必然要求，是应对重大风险挑战、推动党和国家事业行稳致远的必然要求，是推动构建人类命运共同体、在百年变局加速演进中赢得战略主动的必然要求，是深入推进新时代党的建设新的伟大工程、建设更加坚强有力的马克思主义政党的必然要求。

　　——《中共中央关于进一步全面深化改革 推进中国式现代化的决定》

　　世界一流中学所须解决的问题及其建设的出发点、内涵与表征，决定了其建设过程必然是聚焦于可持续育人质量，推进学校一体化改革的过程。世界一流中学的一体化改革，以提高可持续育人质量为核心任务，依据高质量完成可持续育人任务的需求，对改革的起点、路径、策略和保障等关键要素进行整体性的改进与创新。唯有依据建设的出发点和世界一流中学的内涵与特征，推进学校的全面改进与创新，才能不断展现出"中国特色""世界一流"及其整合性表征，进而全面回应并落实"为何建""能否建"以及"建什么"等核心问题，打造出具有世界引领性的高质量中学。

第一节　改革任务：提高可持续育人质量

　　学校的一切改革都是为了更好地提高育人质量。"质量"（quality）源自拉丁语qualitatem，意即"定性的、上流的"[①]，不同行业对质量的内涵进行了各有侧重的界定，影响最为广泛的是国际标准化组织 ISO（以下简称"ISO"）对质量的定义。ISO以产品为纽带，以供需双方的视角给出了质量的定义：质量是"一组固有特性满足要求的程度"[②]。"质"是产品的固有特性，"量"是产品特性满足要求的程度，"质"与"量"是不可分割的整体，只有表征"质"的"量"才能构成特定对象的质量。这与怀特海对质量的看法大体一致，怀特海认为："一个主体形式有两种成分，即它的质的样式和它的强度量的样式。但不能把这两种样式的成分看作是彼此完全分离的"[③]，"质"与"量"相互交织，共同构成事物的特性及其满足要求的程度。ISO 和怀特海等人所描述的质量，抓住了"质"与"量"两个要素，并为分析和判定某一对象的质量提供了思维框架：首先要分析其应该具备的"质"，即自身所具备的特性能够满足特定对象

　　① 樊改霞，陈扬. 新中国成立以来我国教育质量观的演变逻辑与价值旨趣：基于教育政策的审思 [J]. 教育理论与实践，2020（16）：10—14.
　　② 李晓光. 质量管理学 [M]. 北京：中国人民大学出版社，2006：5.
　　③ 怀特海. 过程与实在 [M]. 李步楼，译. 北京：商务印书馆，2012：359.

的什么需求，这一特性就是其"质"；然后再分析其特性能够在多大程度（量）上满足这一需求。这就较为清晰地揭示了质量的本质，即某一特性满足需求的程度。需求（对象）、被需求（产品）和彼此之间的吻合程度，就构成了质量的三要素，三要素相互作用构成了质量的本质。

一、学校育人质量的内涵与特征

要深刻理解世界一流中学的育人质量，不仅要准确把握质量的内涵与本质，还要遵循学校质量的内在规定性与发展逻辑。分析学校育人质量的内涵与本质，也应明确学校的特殊性及其能够提供的需要，然后再分析学校所涉及的对象对学校有怎样的需要，以及需要和被需要之间的吻合程度等。学校是"按照一定社会的需要，有目的、有计划、有组织地对年轻一代进行培养教育的场所"[1] 和组织。与其他社会组织或教育组织相比，学校特别是中学的育人特殊性，主要表现在有目的育人、系统化育人、组织化育人、规模化育人、基础性育人五个方面。

有目的育人是学校育人的重要特征。学校特别是中小学的办学过程，是有目的地推进育人活动，最终达成育人目标的过程。学校的育人目的具有鲜明的个体属性、社会属性和国家属性，应同时满足个体、社会和国家等发展需要，才能体现出学校的"质"。

有目的育人的特征，对学校的系统化育人提出了要求。系统化育人是指从学生和学校的整体发展入手，统筹考虑影响育人目的实现的各种要素，有计划地持续推进系列化的育人活动，最终实现育人目标和育人价值的过程。学校特别是中学育人的系统性主要表现在全程、全面、全员三个方面。首先，学校的育人过程是具有强烈目标意识的动态发展过程，具有过程的系统性即全程性。其次是集聚校内外不同育人要素，最大限度地发挥每一要素的育人作用，具有育人要素的全面性。最后是关注不同办学相关方的需求，发挥各办学相关方的育人积极性，具有育人主体的全员性。只有在全程、全面、全员的育人系统中促进学生朝着目标不断迈进，才能在最大程度上彰显学校办学的"质"。

组织化育人是指调动学校这一组织的整体力量培育学生。学校质量的重要体现，是学校这一机构通过组织化的手段开展的育人活动及其获得的进展。学校特别是中学的高质量育人，是以较高的组织建设质量、组织化育人活动质量及其取得的成效作支

---

[1]　顾明远. 教育大辞典：第1卷 [Z]. 上海：上海教育出版社，1990：74.

撑的。只有立足"组织"这一要素，把握中学育人的特殊性，才能体现出中学办学的"质"。组织化育人为规模化育人创造了条件。规模化育人是指中学作为专门的育人组织，其教育对象应具有一定数量和规模，才能合理控制办学成本，用好国家或社会提供的育人资源。规模化育人，要求学校遵循班级育人规律，促进在校就读的每一位学生都能在集体活动中获得最好发展。基础性育人是针对中学所处的特殊教育阶段而言的，中学教育是为学生的未来生存与终身发展打基础的教育，要为学生未来的持续发展打下具有生长力的基础。

　　分析和认识学校特别是中学育人质量的内涵，不仅要看其在目的性、系统性、组织性与规模化等方面所应体现的"质"，还要看其是否符合基础性的要求，以及为学生打下了怎样的基础，这些基础应达到怎样的"量"，才能最大限度实现中学的育人价值等。因为中学育人的"质"，主要是由其有目的育人、系统化育人、组织化育人、规模化育人和基础性育人等特征决定的，具体表现为学校的育人条件、过程与结果所承载或实现的目的性、系统性、组织性、规模性与基础性等要求，是否同时满足了国家、社会和学生的育人需求。其满足程度的深浅，就体现了育人质量中的"量"。只有综合并满足这些"质"与"量"的要求，才能全面把握学校质量的内涵。同时，学校育人是一种实践活动，这一实践活动主要由学校的育人行为、育人能力、育人活力和育人成效来推动和体现。因此，世界一流中学建设的"质"与"量"，既依靠学校有目的育人、系统化育人、组织化育人、规模化育人与基础性育人的育人行为、育人能力、育人活力与育人成效来实现，也体现在学校有目的育人、系统化育人、组织化育人、规模化育人与基础性育人的育人行为、育人能力、育人活力和育人成效等多个方面，这些方面可以归结为学校提供的育人条件、推进的育人过程和达成的育人结果三个方面，这三个方面满足育人需要的程度，就可以用来评估学校的育人质量。

二、可持续育人质量的内涵与改革任务

　　从世界一流中学的内涵、表征与建设原点看，世界一流中学的可持续育人质量，应是世界一流中学有目的育人、系统性育人、组织化育人、规模化育人、基础性育人等满足学生、学校、社会、国家、全球等可持续发展需要的程度。其中，学校的育人条件、育人过程和办学结果所能提供的"可持续育人需要"是学校的"质"；这些"质"满足不同方面可持续发展需要的范围与程度则是"量"，即学校提供的"可持续育人需要"能否满足相关方的可持续发展需要、满足了多少等。"可持续发展需要"

"提供的可持续育人条件""过程与结果"和"满足程度",是世界一流中学质量的三个基本要素,世界一流中学推进一体化改革的核心任务,就是改进这三大要素,并着力提高"提供的可持续育人条件""过程与结果",满足"可持续需要"的程度。

具体而言,世界一流中学的改革任务是努力提高其建构的全息育人系统和全景育人时空,满足学生、社会、国家和全球可持续发展需要的程度。首先,要通过改革着力提升全息系统和全景时空所承载的育人条件、过程与结果等所具备的可持续育人功能,即提高学校可持续育人的"质"。然后是通过改革着力拓展"满足"的范围,提升"满足"的程度。因为学校可持续育人的"质"满足学生、学校、社会、国家和全球可持续发展需要的范围与程度,决定了可持续育人的"量",只有提高了二者的匹配度,才能提升世界一流中学的可持续育人质量。就可持续育人质量中的"量"而言,满足可持续发展需要的范围和程度,就是学校的全息系统与全景时空所能支撑的可持续发展的范围和强度。世界一流中学推进的改革,就是要努力使自身建构的全息系统和全景时空既能满足学生的可持续发展需要,也能满足学校、社会、国家乃至全球的可持续发展需要。世界一流中学推进学校的一体化改革,必须聚焦并完成这些任务,才能不违背世界一流中学建设的初衷,并在持续推进改革的过程中提高世界一流中学的建设水平。

第二节　改革起点:培育具有可持续素养的新时代"全人"

学校的育人质量,最终必须体现在学生的发展质量上。世界一流中学的可持续育人质量,也必须体现在学生可持续素养的发展水平上。新时代具有可持续发展素养的学生,是全面发展的具有整全人格的时代新人,新时代世界一流中学所追求的可持续育人质量,需要体现在新时代"全人"的可持续素养发展水平上。所以,世界一流中学聚焦可持续育人质量推进学校整体变革时,需要把培育具有可持续素养的新时代"全人"作为改革起点。

一、"全人"研究和育人实践的总体进程

"全人"是一个不断发展的概念,培养"全人"是中外教育研究与实践者的育人理想。西方的"全人"和"全人"教育最早可追溯至柏拉图的《理想国》,他在这本书中

提出应该通过德智体美等方面的教育培养和谐发展的人，主张通过音乐和体育促使人的精神达到和谐的状态。亚里士多德继承和发扬了柏拉图的教育思想，主张尊崇自然法则，激活人的内在价值，使人拥有健康的体魄、良好的习惯和智力，这是对"全人"的初步描述，也是对全人教育的提倡。随后的哲学家和教育家都陆续对"全人"和"全人"教育提出过自己的主张。在18—19世纪，西方特别是美国的一些教育研究者与学校实践改革者把儿童看成由"身体、心灵和精神三重本质构成的有机体"[①]，这一有机体就是当时所说的"全人"。在这一时期，裴斯泰洛齐认为人的发展具有整体性和平衡性，教育必须能使儿童在德、智、体诸方面以及人体的各个器官上得到全面、平衡的发展，"孤立地只考虑发展任何一种才能（头脑或心灵或手）都将损害和毁坏人的天性的均衡"[②]。裴斯泰洛齐的教育哲学思想成为美国全人教育的理论基础。福禄贝尔也认为人的发展是整体的、连续的发展，需要保持其完整性和连续性。马斯洛和罗杰斯等人认为，教育应使学生行为、态度和人格获得全面发展，学生必须在社会、文化、家庭中获得完整成长，这些都体现了"全人"教育思想。R. 米勒在综合了60位"全人"教育学家的意见之后认为，"全人"应该包含六个方面的基本素质：智能、情感、身体、社会、审美、精神。只有这六个方面获得了完整发展，学生才能成为名副其实的"全人"。其中，"智能"指人提出问题、解决问题的能力，分析、判断、比较的能力，批判思维和创新能力；"情感"指对他人他物的关怀、积极的情绪、健康的心理状态；"身体"则"不仅指健康、营养、体格健壮，也指能够意识到身体不可能完全承受感情的压力和创伤"，"而且身体可以表达某些无法用口头和数学语言来表达的缄默知识"，它超越一般意义上健康的内涵；"社会"指社会发展层面，"全人"应该是道德的；"审美"是指对美的热爱、对美的想象、审美的意识和审美的能力；"精神"是人能被激活的、无限的创造力和发展潜能。小原国芳则从价值角度诠释了"全人"所具有的"真、善、美、圣、健、富"六种特征。小原国芳认为"教育的理想在于创造真、善、美、圣、健、富六项价值，也就是使受教育者在学问、道德、艺术、宗教、身体、生活六个方面得到均衡、和谐的发展"[③]，只有这样，才能培育出具有多重价值的"全人"。国外对"全人"和"全人"教育的这些研究与实践，为世界一流中学的"全人"培养提供了借鉴。

　　不仅国外在不断探索"全人"培养问题，我国的有识之士也在不断探索"全人"

---

①　张斌贤，王蓝慧．"完整儿童"观念在美国的早期演变 [J]．比较教育研究，2020（11）：35—43.

②　裴斯泰洛齐．裴斯泰洛齐教育论著选 [M]．夏之莲，译．北京：人民教育出版社，1992：412.

③　秦珊珊．全人教育视野下初中生青春期教育研究 [D]．扬州：扬州大学，2017.

素质及其培养问题。我国的"全人"概念和"全人"教育最早可追溯至春秋战国时期的老子和孔子。道家把人视作法天地自然生成的小宇宙，这个小宇宙就是一个完整的世界，这个完整的世界就构成了"全人"。孔子倡导的君子人格，"若臧武仲之知，公绰之不欲，卞庄子之勇，冉求之艺，文之以礼乐，亦可以为成人矣。"（《论语·宪问》），这样的君子不仅是完整的人，而且是"完人"。孔子认为，"完人应当富有智慧、克制、勇敢、多才多艺，并用礼乐加以修饰。他还认为，有完善人格的人，应当做到见到财利时想到义的要求，遇见危险不怕献出生命，处于贫困却不忘平日的诺言，这样做就符合于义"①，这就开启了中国传统文化中对理想"全人"的追求。到了现代，王国维、蔡元培等明确提出了培养"全人"的主张。蔡元培主张普通教育要培养孩子"健全的人格"和"共和的精神"，强调学校要体育、智育、德育、美育"四育并举"。他认为："健全之精神，必宿于健全之身体，衣食足而后知荣辱，生理之影响于心理也有然；科学知识、美术思想为发达工艺之要素，利用厚生之事业，非有合群之道德心，常不足以举之，心理之影响于生理，不亦有然乎！"②他主张"以公民道德为中坚，盖世界观及美育皆所以完成道德，而军国民教育及实利主义，则必以道德为根本"③，并提出了"为群伦不为小己""为将来不为现在""为精神愉快非体魄享受"等观点，都体现了他对"全人"培养的追求。陶行知的"生活力"教育也体现了"全人"教育思想。"'生活力'不仅指独立生存的技能、主动学习和健康生活的习惯、与人和谐相处合作的情商，更包括善于解决问题的实践能力、勇于探索的创新能力和追求生命价值的发展能力。"④

中华人民共和国成立后，我国一直在探索"全人"培养路径。2010 年 5 月，中国语言文化中心、全人教育办公室等单位共同主办的"百年中国教育历程：回顾与展望"暨第五届国情国学教学研讨会认为："全人教育是当代教育发展的一种新的趋势，它旨在培养博雅通达、全面发展的'完整的人'，即所谓的'全人'。"会议认为："全人教育主要关注的是'完整的人'，崇尚人的身体、心灵、精神、灵魂的整合；情意、灵性、灵感、直觉的激发；想象力、创造力、多元综合智能的开发；人与自然、人与人、人与社会的和谐发展。"⑤ 近年来，不少人对全人的思考视角已经超越了个体本身，把

① 童宏保，高涵，谈丰铭. 从"全人教育"到"人的全面发展"辨析 [J]. 中小学德育，2018（12）：8—13.

② 蔡元培. 一九〇〇年以来教育之进步 [C]. 高平叔. 蔡元培教育论著选. 北京：人民教育出版社，1991：48.

③ 高平叔. 蔡元培教育论著选 [M]. 北京：人民教育出版社，2011：16.

④ 李国平. 生活力：学生充分发展的核心力 [J]. 江苏第二师范学院学报，2018，34（1）：79—85.

⑤ 杨亚辉. 全人教育：培养全面发展的人的一种视角——"中国百年教育历程：回顾与展望研讨会"综述 [J]. 中国高等教育，2010（12）：62.

人放在了自然这个大系统中来考虑①，甚至，袁广林认为应该把人的发展放到宇宙中来考虑，"将人与自然、人与社会、人与自己联系起来，把人放在人类社会、地球生态系统、宇宙生态系统等多个背景之下来确定人的存在位置与生存意义，从更广阔的视角将整个地球乃至整个宇宙都联系起来，因此全人教育不仅仅是一种人的各项素质'全面发展'的理论，也不仅局限于'全球视野'，而是一种'全宇视野'的教育理论，'全宇视野'是一个很大的概念，有着非常丰富的内涵，它包含了强调人的整体发展的整体视野、人与自然和谐相处的生态视野以及把人培养成世界公民的全球视野"② 等。这些研究与实践成果都为世界一流中学的"全人"培养拓展了思路。

二、新时代"全人"的内涵与素质构成

世界一流中学把"全人"培养作为学校的育人定位，既是其质量特性与所秉持的质量思想决定的，也是中外育人理想的继承与弘扬，既具有"中国属性"，也承担了世界一流中学的教育使命，同时还是中学教育高质量发展和新时代育人的根本诉求。中学高质量教育的重要体现是培养了越来越多的具有可持续发展能力的"全人"。我国中学"为党育人，为国育才"，能够承担起中华民族伟大复兴重任的学生应是具有整全人格和可持续发展能力的学生。因此，新时代的中学教育，"不能再限于那种必须吸收的固定内容，而应被视为一种人类的进程，在这一进程中人通过各种经验学会如何表现他自己，如何和别人进行交流，如何探索世界，而且学会如何继续不断地——自始至终地——完善自己"③，只有具备了这样的意识与能力，才能成为具有可持续发展能力的社会主义建设者和接班人。所以，世界一流中学把培养新时代的"全人"作为学校的育人定位，是多种因素综合作用的结果。

世界一流中学培养的"全人"，不但是具有整全人格的"完整的人"，而且是能够不断完善自我的人，是能够在不断完善中形成整全人格的人，不仅致力完善自身的整全人格，而且能够兼顾个体与群体、现在与未来、本土与全球的和谐发展与可持续发展。新时代的"全人"，是能够满足中国式现代化建设需要的德才兼备、全面发展的时代新人。新时代"全人"具有整全人格和完整素质，其完整素质主要包括德智体美劳全面发展的本我素质、参与群体生活与群体共同发展的社会素质、与自然和谐相处实

---

① 李帆，等. 核心素养与课堂整体转型［M］. 北京：知识产权出版社，2022：77.

② 袁广林，周巧玲. 大学全人教育与通识教育论析［J］. 现代大学教育，2008（5）：6—10.

③ 联合国教科文组织国际教育发展委员会. 学会生存：教育世界的今天和明天［M］. 华东师范大学比较教育研究所，译. 北京：教育科学出版社，1996：180.

现共生发展的生态素质。这三个方面的素质相互作用，共同支撑学生整全人格的发展。只有具备了这样的整全人格，学生和社会的发展才具有可持续性。因此，世界一流中学把促进学生的本我素质、社会素质和生态素质的完整发展作为改革的起点与归宿。其中，本我素质是基础，社会素质是核心，生态素质是最高追求。如图 3.1 所示。

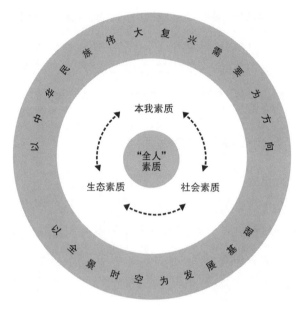

图 3.1　世界一流中学所培养的新时代"全人"素质构成及其关系

　　首先，发展本我素质，为学生成为新时代"全人"打好基础。本我，即封闭的"小我"，是走入社会之前的"自我"。本我素质，是"小我"意识、态度、价值与能力综合发展的结果。从全面质量和可持续发展质量的思想看，世界一流中学着力发展的学生本我素质应主要体现在两个方面。

　　一方面是本我素质的完整发展或德智体美劳等素质的整全发展。本我素质是自我内在素质的完整发展。正如联合国教科文组织所指出的，"如果人类心里有什么固定特征的话，那么最突出的特点也许就是：人要排除令人苦恼的矛盾；他不能容忍过度的紧张；他努力追求理智上的融贯性；他所寻求的快乐不是机械地满足欲望，而是具体地实现他的潜能和认为他自己和他的命运是协调一致的想法——总之，把自己视为一个完善的人"[①]。这种完善的人，就是自我身心、智识、情感、行为等的完整发展与和谐发展。世界一流中学强调学生本我素质的整全发展，首先是把学生作为一个正常人

---

　　① 联合国教科文组织国际教育发展委员会. 学会生存：教育世界的今天和明天 [M]. 华东师范大学比较教育研究所，译. 北京：教育科学出版社，1996：193.

来培养，而且"把培养正常的人当作一种成就"①。世界一流中学在建构全景时空和促进学生可持续发展时，首先"把学习者视为完整的人"②，把他们"在体力、智力、情绪、伦理各方面的因素综合起来"③ 加以培养。世界一流中学在制订和实施学校的质量战略时，多采用《富尔报告》（即《学会生存：教育世界的今天与明天》）所倡导的那样，把学生作为一个复合体，"这个复合体是由生物的、生理的、地理的、社会的、经济的、文化的和职业的因素所组成的"④，对学生的教育，最为重要的是培养其"复合态度"，"复合态度是使人的各组成部分保持平衡发展所不可缺少的因素。因此，我们必须鼓励这种复合态度并在一个人的教育过程中养成这种态度"⑤。联合国教科文组织所倡导的这种复合体与复合态度，实际上就是我国一直要求的"德智体美劳全面发展"。

　　另一方面是本我意识的觉醒与自我发展能力的不断提升。本我的完整发展，除了自身内在素质的完整发展，还包括过去、现在和未来的完整发展亦即全过程的完整发展，这就需要培养学生的主体意识与自主发展的能力。"所谓'全人格'的教育，从根本上讲，就是构建完整的主体。帮助学生发展成为一个完整的主体是当代教育的终极目的。全人格教育的要义就是：教育通过知识培养人的认识能力，然后转识成智，开发人的思维能力，形成创造性，最后化智成德，养成德性，使受教育者成为具有全人格的人。"⑥ 世界一流中学培养本我的完整素质，就应遵循"全人格"的这种发展逻辑，增强学生主动迎接和创造美好明天的主体意识与能力，使之不断完善适应未来的本我素质。要达到这一目的，需要不断提高学生的自主发展能力。"教育的任务是毫无例外地使所有人的创造才能和创造潜力都能结出丰硕的果实，这就要求每个人都有自我负责和实现个人计划的能力"⑦，而中学生是"依靠征服知识而获得教育的"，只有这样，学生才能成为"他所获得的知识的最高主人，而不是消极的知识接受者"，学生

　　① 联合国教科文组织国际教育发展委员会. 学会生存：教育世界的今天和明天［M］. 华东师范大学比较教育研究所，译. 北京：教育科学出版社，1996：199.
　　② 联合国教科文组织国际教育发展委员会. 一起重新构想我们的未来：为教育打造新的社会契约［M］. 北京：教育科学出版社，2022：70.
　　③ 联合国教科文组织国际教育发展委员会. 学会生存：教育世界的今天和明天［M］. 华东师范大学比较教育研究所，译. 北京：教育科学出版社，1996：195.
　　④ 联合国教科文组织国际教育发展委员会. 学会生存：教育世界的今天和明天［M］. 华东师范大学比较教育研究所，译. 北京：教育科学出版社，1996：196.
　　⑤ 联合国教科文组织国际教育发展委员会. 学会生存：教育世界的今天和明天［M］. 华东师范大学比较教育研究所，译. 北京：教育科学出版社，1996：194.
　　⑥ 郅庭瑾. 为思维而教［M］. 北京：教育科学出版社，2007：序.
　　⑦ 联合国教科文组织. 教育：财富蕴藏其中［M］. 联合国教科文组织总部中文科，译. 北京：教育科学出版社，2014：序.

的本我素质才会不断获得发展。① 因此，世界一流中学"必须把教育的对象变成自己教育自己的主体。受教育的人必须成为教育他自己的人，别人的教育必须成为他这个人自己的教育"②，只有这样才能培养学生"将知识转化为行动的能力"③，为迎接和创造美好的明日世界而主动成为德智体美劳全面发展的完整的人。

其次，发展社会素质，培养学生适应和拓展全景时空的能力。新时代的"全人"是逐步从本我或"小我"走向"大我"的人，实现这一转变的第一步，是融入社会，与人协作，促进彼此共同发展，这就需要从本我素质的提升阶段走向本我素质与社会素质共同提升的阶段。"整全"除了指自我的整全生命，还指人与社会是一个和而不同的整体。"人是成就自己、成就他人、成就社会一体的整体存在，人在群体价值的实现与人伦关系的完善中成长为自己"，"'整全教育'的结果是人自身的和谐以及与社会的和谐"，"让人的自身与人的群体秩序井然又生机勃勃"。④ 因此，只有本我素质而无社会素质，就难以成为完整发展的时代新人。能够承担起中华民族伟大复兴使命的时代新人，是能够"感到自己和别人之间融洽无间"⑤ 的社会主义建设者和接班人。世界一流中学要在人和人的协作关系中培养学生融入社会、拓宽个人成长的全景时空，并在社会活动的参与中提高与人相处的社会素质。

最后，发展生态素质，培养学生在全景时空和全息系统的建构中提高可持续发展能力。生态素质是以生态理念促进自我、他人、社会、国家和全球可持续发展的意识、态度、价值观与能力。生态素质的核心是可持续发展素质，是在全景时空和全息系统中增强可持续发展意识与能力的素质。世界一流中学培养出的新时代"全人"，不仅应具有完整的本我素质和社会素质，而且应具有较高的生态素质，既能关注自我发展生态，也能关注伙伴、社会与人类的发展生态，而且具备优化人类与自然等整体生态的意识、态度与价值观，他们"懂得个人的行为具有全球性的后果，能够考虑事物的轻重缓急，并能够承担人类命运的共同职责中自己的一份责任"⑥。世界一流中学培养的

① 联合国教科文组织国际教育发展委员会. 学会生存：教育世界的今天和明天 [M]. 华东师范大学比较教育研究所，译. 北京：教育科学出版社，1996：200.

② 联合国教科文组织国际教育发展委员会. 学会生存：教育世界的今天和明天 [M]. 华东师范大学比较教育研究所，译. 北京：教育科学出版社，1996：200.

③ 联合国教科文组织国际教育发展委员会. 一起重新构想我们的未来：为教育打造新的社会契约 [M]. 北京：教育科学出版社，2022：52.

④ 上官剑. 有序之道：论人的"整全"及其教育 [J]. 高等教育研究，2020 (12)：16—21.

⑤ 联合国教科文组织国际教育发展委员会. 学会生存：教育世界的今天和明天 [M]. 华东师范大学比较教育研究所，译. 北京：教育科学出版社，1996：21.

⑥ 联合国教科文组织国际教育发展委员会. 学会生存：教育世界的今天和明天 [M]. 华东师范大学比较教育研究所，译. 北京：教育科学出版社，1996：7—8.

新时代"全人"，应能"以一种敬畏和虔诚的态度，承认人类生命中有一特别的目的、方向和意义，是超越个人自我、肉体和文化状态"，"以深奥的方式和生命与宇宙继起的演进互相联系"①，并能为促进人类社会与自然宇宙的可持续发展而努力学习。

新时代的"全人"是本我素质、社会素质和生态素质整全发展的人，能够将"自我的问题、社群的问题、自然的问题，以及天的（最终的）问题"② 等融合成自我成长的全景时空，并据此建构起自我成长的全息系统。"'整全教育'既是一种教育思潮，也是现代社会对人之本性回归的渴求"③，其目的是使学生在认识到自己力量的基础上，走向社会、人类和自然，成为人类生态和自然生态的积极建设者。但人是未完成的动物，需要通过不断的学习来完善自己。世界一流中学在全景时空和全息系统中培育新时代的"全人"时，应是"引导性、方向性的，关注的是动态的生命与内在的自我成长，而不是平面化的各种素养的平等罗列和堆积"④。只有这样，才能促使学生不断提高自身的整全程度，并为成为新时代的优秀"全人"而努力奋斗。以这一育人定位确立的改革起点，才能真正聚焦可持续育人质量这一任务推进学校的一体化改革，从而在提高学校可持续育人水平的过程中培育出具有可持续素养的新时代"全人"。

第三节　改革路径："世界一流中学的中国化"和"中国一流中学的世界化"

世界一流中学要聚焦可持续育人质量，培育具有可持续素养的新时代"全人"，需要探索出整合"中国特色"和"世界一流"等相关育人资源的有效路径，才能建构兼具"中国特色"和"世界一流"特征的全景育人场域和全息育人系统，为推进学校的一体化改革创造条件。要有效整合"中国特色"和"世界一流"两大元素，可以探索和细化"世界一流中学的中国化"和"中国一流中学的世界化"两条改革路径。其中，"世界一流中学的中国化"以"中国"为落脚点，其重点是强化"中国特色"这一元

---

① 联合国教科文组织国际教育发展委员会. 学会生存：教育世界的今天和明天 ［M］. 华东师范大学比较教育研究所，译. 北京：教育科学出版社，1996：84.

② 杜维明. 精神人文主义：一个正在喷薄而出的全球论域 ［J］. 船山学刊，2021（1）：24.

③ 上官剑. 有序之道：论人的"整全"及其教育 ［J］. 高等教育研究，2020（12）：16—21.

④ 上官剑. 有序之道：论人的"整全"及其教育 ［J］. 高等教育研究，2020（12）：16—21.

素；"中国一流中学的世界化"以"世界"为落脚点，其重点是凸显"世界一流"这一元素，两者相互作用、彼此融合，共同促进"中国特色"和"世界一流"两大元素的有机统一，以全面提升学校的可持续育人质量。

一、世界一流中学的中国化

世界一流中学的中国化，是把世界一流中学的办学理想、核心观念、实践经验与教育资源等转化为我国中学的发展资源，并据此突破育人瓶颈，改进"育分"与"育人"之间不和谐的育人样态与结果，进而全面提高可持续育人质量的过程。世界一流中学中国化的重要成果，是站在世界一流中学的办学高度上，整合利用中外文明成果与教育资源，形成推进中国式教育现代化的中学发展样本与中学教育改革的典型参照。这包括以下两个方面的内容：

一方面，以世界一流中学的办学理想为可持续育人质量发展的新高度，提升学校发展的中国品位，以中国品位的学校育人体系培育具有可持续发展能力的"全人"。世界一流中学的中国化，首先是把世界一流中学的办学理想转变为"为党育人，为国育才"的学校育人新愿景，以学校育人新愿景整合中国历史、现实与未来发展需要，建设具有"中国品位"的学校育人新体系，以"中国品位"的育人新体系培育可持续发展的"全人"。"中国品位"是指学校在办学实践中反映出的中国认同、中国自觉、中国立场、中国视角、中国方法和中国梦想等整体倾向与实现能力。以"中国品位"为指导的学校育人体系培育"全人"，是把"以中国式现代化全面推进中华民族伟大复兴"的战略任务作为学校育人体系建设的参照系和坐标轴，把世界先进教育资源融入中国式教育现代化建设的整体框架中，形成培育"全人"的价值观、质量观、育人思想、认知方式和实践架构，建设既能满足中国需要又能体现世界先进教育水平的中学育人体系，以帮助学生形成为国尽力、为民服务的初衷，并据此培育出故土情愫和对中华民族复兴的使命感、责任感与贡献能力。只有以这样的"中国品位"培育"全人"，世界一流中学才能实现真正的中国化。

另一方面，以世界一流中学的优质资源撬动我国中学教育的本土化改革。世界一流中学作为全球中学教育的改革先行者与优质教育示范者，在办学思想、办学实践与办学成效等方面积累了丰富的优质资源。世界一流中学的中国化，就是要在建设中国品位的育人体系的基础上，将这些优质资源作为我国中学教育改革的撬动点，推动中学进行本土化改革。一是把世界一流中学的改革经验转化为符合中国式教育现代化建设要求的中学改革方案。在借鉴和转化世界一流中学的改革经验时，要立足我国丰富的育人资源和本土的办学力量，创建适应性高的育人改革方案，形成的改革方案要有利于盘活中华民族的历史文化基因和中国式现代化建设的巨大社会空间，不能照抄照搬国外一流中学的改革经验，否则会因水土不服引发诸多办学问题。二是以世界一流中学的全球视域反思和改进可持续发展的育人质量。世界一流中学常常把"世界"作为思考框架和思维平台，将自身发展置于全球范围来考虑，以世界的未来发展需求思考自身必须做什么、能够做什么、应该做什么等，以此保持全球领先优势。世界一流中学的中国化，就是要把我国的中学教育置于世界一流中学和全球社会经济发展的框架中去审视，以此发现其优势与不足，然后采用"不忘本来、吸收外来、面向未来"的开放思路创新"三全"育人的实践样态，并力求全面达成可持续发展的育人结果。只有这样，才能以全球视阈推动我国中学教育的本土化改革，提高世界一流中学的中国化水平。

二、中国一流中学的世界化

中国一流中学的世界化，是把我国一流中学建设的经验贡献给世界，为世界一流中学建设增添中国元素，提供中国智慧和中国方案，促进世界一流中学建设形成新动力、新样态与新格局，这是世界一流中学的主要特征对其建设路向的基本要求。这包括以下两个方面的内容：

一方面，把我国一流中学建设的个性化经验转化为具有世界意义的普遍性经验，提高我国中学教育的国际认同度和世界引领力。要想为世界一流中学建设贡献中国智慧，提供中国经验，需要把基于特殊国情的办学经验转化为具有建设人类命运共同体和文明新形态等基础性价值的普遍性办学经验。其基本路径是以人类命运共同体和文明新形态建设的需要，确立共同关注的国际话题和世界性的育人难题，在国际话题的深入探讨和世界性育人难题的应对中提炼具有世界共性的中国办学经验。"人类命运共同体是当代全球化的建设性逻辑"[①]，人类命运共同体所倡导的文明新形态，是"由一种抗衡、对立、冲突的消极性逻辑转换为一种共同发展、和谐发展、和平发展、全面发展的积极建设性逻辑"[②]。人类命运共同体和文明新形态对世界的美好期待和积极的建设逻辑，"是在中国式现代化新道路基础上创造和内生出来的"[③]，既是中国的也是

① 丁立群，黄佳彤. 人类命运共同体、共同价值与人类文明新形态［J］. 理论探讨，2022（3）：87.
② 丁立群，黄佳彤. 人类命运共同体、共同价值与人类文明新形态［J］. 理论探讨，2022（3）：87.
③ 韩庆祥. 深刻把握"中国式现代化新道路"丰富内涵［N］. 学习时报，2021-08-30（1）.

世界的，能够较好地克服"逆全球化"、单边主义、霸权主义等带来的世界危机。我国的一流中学如果围绕人类命运共同体和文明新形态建设的共性问题探索育人之道，就能直面世界一流中学共同面临的育人困境和短板，以此建构体系化的建设与改革方案，"就能让中国特色本身具有世界胸怀、国际视野与长远目光，成为世界认同的优质特色"①，提高世界影响力与引领力。

另一方面，中国一流中学的世界化可拓宽我国中学在全球教育改革中的参与机会，从"取经"到"传经"、从消费国际教育产品到为世界提供公共教育产品。中国一流中学的世界化，需要把不在舞台中心的中国一流中学推向世界中学教育舞台的中心地带，拓宽参与世界教育特别是中学教育的渠道，增加参与世界教育改革与全球中学教育项目的机会，在国际基础教育事务中发挥越来越充分的作用。从国家教育的宏观政策看，我国"将加强同世界各国的教育交流，扩大教育对外开放"②，"通过更加密切互动的交流，促进对人类各种知识和文化的认知，对各民族现实奋斗和未来愿景的体认，以促进各国学生增进相互了解、树立世界眼光、激发创新灵感，确立为人类和平与发展贡献智慧和力量的远大志向"③，这一教育政策走向为中学教育更好地走向世界创造了条件。我国的一流中学要抓住这一机遇，在跨民族、跨国家、跨地区、跨文化等人类文明的社会共生圈和世界人民永续发展的生态共生圈建设等方面，探索出世界一流中学应该创建的学校育人新体系、新样态与结果的新变化，据此形成可持续育人质量提升的新理论与实践新方案，由此开发出更多适用于全世界的教育公共产品，才能把以"取经"和"消费"为主转变为"传经"和为世界提供公共教育产品。唯其如此，我国的一流中学才能真正提高世界化水平。

"世界一流中学的中国化"和"中国一流中学的世界化"，作为世界一流中学的两条改革路径，不是彼此分离，而是相互作用、相伴共生的。它们都以培育具有可持续素养的新时代"全人"为改革起点，以提高可持续育人质量为核心任务，探索具体改革方案，只有将二者融合起来创新学校育人的实践体系，才能在推进学校一体化改革的过程中培育出具有可持续发展素养的新时代"全人"。

---

① 李政涛. 走向世界的中国教育学：目标、挑战与展望 [J]. 教育研究，2018 (9)：45—51.
② 习近平. 习近平谈治国理政 [M]. 北京：外文出版社，2014：191.
③ 赵婀娜. 清华大学苏世民学者项目启动仪式在京举行 [N]. 人民日报，2013—04—12 (14).

第四节　改革策略：建构支撑可持续育人质量的"三全"育人体系

整合上述两条改革路径的基本策略，是以"全景"视域和"全息"思维方式培养具有可持续发展素养的新时代"全人"，这就需要建构和创新学校的"三全"育人体系。世界一流中学的"三全"育人体系，是以培养具有可持续素养的新时代"全人"为目的，以"全息课程"和"全息课堂"优化育人过程，以"全景德育"优化育人条件、过程和结果的学校育人体系与学校实践系统。（见图 3.2）

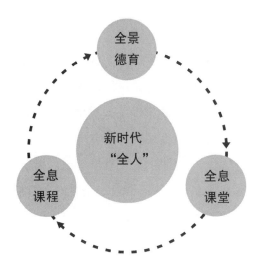

以培育新时代"全人"为育人目标
以"全景德育""全息课程"和"全息课堂"为实践支撑与改革落点

图 3.2　世界一流中学的"三全"育人体系

创新"三全"育人体系，是指世界一流中学整合"中国特色"和"世界一流"两大元素，改善学校的办学条件、创新学校的育人过程和优化学校的办学结果等。把新时代"全人"的培养作为"三全"育人体系的核心，既是因为世界一流中学把培育新时代"全人"作为基本的育人定位，也是因为新时代"全人"的发展是学校可持续育人质量的集中表征。世界一流中学把新时代"全人"作为"三全"育人体系的圆心，其目的是以新时代"全人"的本我素质、社会素质和生态素质的完整发展作为学校的育人目标，以此为依据建构全景德育、全息课程和全息课堂的建设目标，以全景德育、全息课程和全息课堂的建设不断优化和创新学校的办学条件、育人过程和育人结果，最后达成世界一流中学的建设目标。

一、全景德育

全景德育是以促进"全人发展"为基本目的建构的学校现代德育生态，是为了突破"学校德育"的"象牙塔"困境，正视学校德育的现实性、复杂性与艰巨性，以"超大视角"建构学校的大德育体系，在大德育体系中优化学校的现代德育生态，提高学校德育的真实性、整体感和立体感，在生动鲜活的情境中提高学生道德素养的德育形态。"三全"育人体系中的"全景德育"，是世界一流中学"全景时空"这一要素对学生整全人格养成提出的要求，因为只有全景时空才能培育出学生的整全人格。"全景时空"是兼容中国与世界、过去与未来的时空，"全景德育"意味着时时处处都是学生整全人格养成的机会与资源，只有重视时时处处的点滴之功，才能涵养出符合中国式现代化建设要求的新时代"全人"。

世界一流中学所建构的全景德育，是以人的全景发展为基本宗旨的，全景德育的产生，必定与人的全景发展理念相关。有研究从人类总体发展和个体发展两个视角考察人的全景发展[①]。这些研究者认为，人类总体发展历来都是全景性的。这种全景是不断变化的，对人类的发展都有提升的作用，其总趋势是推动了人类发展。同时，对人类总体发展全景性的认识是逐渐形成的，有一个逐渐变明确、变清晰、变丰富的过程，由此产生了一批思想家、心理学家、教育家。马克思的人类发展学说，揭示了人类发展的规律，其规律反映了人类发展的普遍性、整体性和全景性。洛克的"白板说"把人的发展与整体性、环境性联系了起来。这些理论在本质上反映了思想家与理论家对人类全景发展的追求。

马克思提出的人的自由和全面发展，就是要解放个体和个性。他在《共产党宣言》中提出，要建立一个"自由人的联合体"。人的自由发展和个性发展必须建立在全景发展的基础上，否则就谈不上真正的自由。埃里克森的人格终身发展理论认为，人在每一个发展阶段都很重要，任何年龄段的教育失误都会给一个人的终身发展造成障碍，隐喻教育必须全学段观照，这就是一种全景德育理念。陶行知提出的"教学做合一"，说明人的发展不是孤立的，必须整合多种视角和多种方法才能促进人得到真正的发展。这些思想家对人的发展的认识，就是对个人全景发展的认识，是用全面发展、个性发展、终身

---

① 丁念金. 论全景教育的理念 [J]. 河北师范大学学报（教育科学版），2008，53（5）：16—20.

发展解读个人的全景发展特性。因此，要反映出人的全景发展，就要包含人整体、全面、终身发展等要素，人的全景发展是人整体发展、全面发展、终身发展的整合。

所以，全景德育是从育人的立场提出来的。全景德育对人的发展有着本质的理解，它是以人的全景发展为基本宗旨的全视野、全思路的教育。全景德育在价值意义上，为实现人的全面、完整、持续、终身发展提供条件；为德育的迭代升级、实现德育为人类发展服务的使命创造可能；为德育理论提供新的视角，为德育实践提供新的范式。全景德育在教育方法上，是整合人类教育思想与行为的历史经验，利用人类在历史实践中创造和积聚的各种条件，其目的就是要把昨天的教育与今天的教育整合起来，把今天的教育与明天的教育整合起来，把国家的教育要求与本地的教育整合起来，把中国的教育与世界的教育整合起来，把人的生命与自然、社会、世界整合起来，把人的长远发展或终身发展纳入当下教育的视野，形成一个完整的、系统的教育图景。

世界一流中学的全景德育，首先要以"全景时空"为范围和对象开展育人活动。世界一流中学的"全景时空"，为学生本我素质、社会素质和生态素质的发展提供了全主体、全视域、全过程的基本架构。"全主体"要求人人都是德育工作者；"全视域"要求把校内外一切资源特别是社会、国家、全球和自然等作为学生德育的背景和养分；"全过程"把学生的德行成长视作一个持续不断的过程，世界一流中学的德育需要具有全过程的思想、思维和思路，将过去、现在和未来整合起来涵养学生整全人格。但这还不够，"全景"还包括了学校的办学条件、育人过程和育人结果等不同板块，全景德育既指将德育贯穿于办学条件、育人过程和育人结果等全面全程的育人活动中，也指学校的办学条件、育人过程和育人结果等都是学生整全人格形成的宝贵资源。只有以这样的"全景"思想、思维和思路培育学生的整全人格，学生才能逐步成长为新时代的合格"全人"与卓越"全人"。同时，这种全景德育的建设思路，还要求学校从多角度、多层面或全方位分析学校的育人质量及其达到的可持续发展程度，既要分析其实现全体可持续发展的程度；也要分析其实现全面可持续发展的情况，即学生的全面发展、社会的和谐发展、人类的和平发展、人与自然的共生发展等都要有所体现；还要分析其实现全程可持续发展的情况，因为只有这样的发展才是"全景"视角下的可持续发展。因此，世界一流中学"三全"育人体系中的全景德育，不但贯穿于学校育人的全过程，而且决定着办学结果的可持续发展质量。

其次，要在生命全景与社会全景的交相呼应中推进"五育"并举。德育是国之大计、党之大计，培养什么人是教育的根本问题。培养社会主义建设者和接班人，一方面必须牢牢把握社会主义办学方向，在坚持办学方向上铭记初心；另一方面必须切实聚焦立德树人的根本任务，构建德智体美劳全面发展的教育体系，培养更多的社会主义建设者和接班人。但长期以来，受传统"应试教育"思想的禁锢，不少学校片面追求升学率，只重智育，忽视学生其他素质的发展。新时代落实立德树人根本任务，要求各学校在"五育"并举教育方针的指引下，在学生生命全景与社会全景的交相辉映中建构现代德育生态，建设具有学校特色的全景德育，突出德育实效，引领学生全面发展。

再次，要在学校全景与世界全景的相辅相成中提高育人质量。《关于深化教育教学改革全面提高义务教育质量的意见》指出，义务教育质量事关亿万少年儿童健康成长，事关国家发展，事关民族未来。改革开放以来，特别是党的十八大以来，我国义务教育取得了举世瞩目的成就，整体水平已经跃居世界中上行列。进入新时代，我国义务教育正由基本均衡向优质均衡迈进，人民群众的教育需求正由"有学上"向"上好学"转变。进一步深化教育教学改革，在学校全景和世界全景的相辅相成中提高育人质量，已成为新时代教育的应有之义，这既是新时代的育人要求，也是优质育人的"全景"旨趣。

最后，要突破单向度德育的困境。单向度德育是指在德育观念、内容、形式、载体、评价等方面，缺乏大视角与全景致的德育思维，不能站在个人全景、学校全景、社会全景和世界全景等多维全景中落实"五育"并举、优质育人的时代要求。主要表现在四个方面：一是观念单维，难以接受新的育人理念，认为学生就应该听从老师的，接受老师的批评，缺乏立体多维的德育视角；二是内容单向，不能从多方面多层次建构德育内容，引导学生提高追求和辨别真、善、美的能力；三是载体单薄，缺少现实生活的新鲜气息与丰富变化，学校德育失去了更加丰富的德育场景与更加多样化的德育手段和策略；四是评价手段单一，不能引导学生全面成长，削弱了德育评价的育人引导功能。"三全"育人体系中的全景德育，必须逐步扩大德育的视角和范围，丰富德育的手段和样态，在全景致、全场域的建设中突破单向度德育困境，提高培育新时代"全人"的质量。

二、全息课程

全息课程是遵循全息基本原理，以培育新时代"全人"的可持续发展能力为价值追求，促进学校持续发展，引领学生持续成长，发展教师可持续育人素养的综合型课程。"三全"育人体系中的全息课程，是以"全息"原理展开的学校育人样态，这是世界一流中学"全息系统"这一要素对学校育人过程提出的要求。以"全息"原理建构全息课程，既要求学校把学生看成一个完整的有机体，"将每个孩子看作是一个有感觉、有强烈愿望、想追寻意义的"① 完整系统，促进其完整发展，也要求学校把校园内的教育生活看成一个浓缩了的社会生活系统，把育人过程变为"统整人并消除分裂的力量，让人的自身与人的群体秩序井然又生机勃勃"，以促进"人自身的和谐以及与社会的和谐"② 发展，把学生、学校和社会的整体发展有机统一起来，还要求学校"在一个更广阔的脉络中看到个人的完整性和整体性，这个更广阔的脉络是社区、文化、生态系统和灵性层面"③ 的大系统，帮助"学生以整体的方式认识这个世界"④，在"天、地、万物与我为一体"的全息系统中实现可持续发展目标。以"全息"原理建设课程，以此展开的学校育人样态，是在引导学生解决自我、社群、自然等问题的过程中，形成有助于学生个体的全面发展、群体的互助发展、人与自然的和谐发展、人类命运与共的持续发展等连续性育人活动。以"全息"原理展开的每一个育人活动，都是一个独立的系统，都能在某一网格上促进学生的整全发展及其与他人、社会的和谐发展，因而有利于培养出合格乃至卓越的新时代"全人"。在"三全"育人体系中建设全息课程，需要着力强化如下方面：

其一，突显全息课程的育人价值。全息课程的育人价值是指全息课程对学生发展的价值期望。学生在学校的发展，不仅仅指学校教授了学生知识、技能、思想、政治、道德等内容，其核心指向是学生生命的成长，给学生学习、生活和人生赋予了价值和意义。全息课程所承载的育人价值体系，是学科育人、生态育人、多元文化育人和多种能力培养价值等的集合体。在全息课程育人价值的话语体系里，课程育人就是用知识涵养学生的头脑，提升学生学科素养，为学生未来奠基；生态育人就是用和谐与协同的生态思想润养学生的心灵，提升学生对生命价值和意义的认识，培养学生生态人格；多元文化育人就是引导学生学会用世界的视角看世界和中国，用中国的视角看世界和中国，具备国际理解能力，提升学生的民族自信心；学生的多种能力培养的价值旨趣就是要培养学生的综合能力。

要做到这一点，需要促进全息课程与学校育人价值深度融合。全息课程是育人的载体和路径，育人是全息课程的价值和目标。当全息课程与学校育人价值体系融合之后，才能形成学校课程育人体系。从目前情况看，不少中学缺乏系统的育人价值体系，所谈的课程育人或是一个空洞的概念，或泛指知识、技能、思想、政治、道德教育，并没触及课程育人的本质。有研究者对课程育人进行了深度的解剖，认为课程育人在

① RON MILER. 学校为何存在？［M］. 张淑美，蔡淑敏，译. 台北：心理出版社，2007：119.
② 上官剑. 有序之道：论人的"整全"及其教育［J］. 高等教育研究，2020（12）：16—21.
③ RON MILER. 学校为何存在？［M］. 张淑美，蔡淑敏，译. 台北：心理出版社，2007：123.
④ RON MILER. 学校为何存在？［M］. 张淑美，蔡淑敏，译. 台北：心理出版社，2007：115.

不同语境中有不同的内涵：课程育人是三维目标和学科核心素养的应然价值追求，是回归教育本质和初心的基本行动路径，是新时代落实立德树人根本任务的教育实践方略，是教育哲学世纪转向中的实践价值关怀，等等。[①] 这是对课程育人外围的解读。在一般学校的语境中，"课程"指课程标准中规定的一切科目；"育"指知识、技能、思想、政治、道德教育；"人"指学校的学生。但在学校育人价值语境中的"课程"指学校的一切文化和活动（包括学科课程）；"育"指人生命的"发育"，有内外两种形式，外在形式主要指教师的教育，内在形式主要指人的自育，即人通过文化浸润与活动等形式进行自我教育；"人"包括教师和学生。在家校合育的情境中，"人"也包括家长。即使把课程局限于学科课程，课程开发的主体包括教师和学生，也是在活动中进行的、在动态中生成的、在实施中实现育人价值的，这就需要以全景视域将学校课程和育人活动结合起来，整体实现学校的育人价值。

全息课程与学校育人价值深度融合形成的课程育人体系，回答了"如何通过课程育人""通过课程育什么样的人"等问题。落实党和国家"五育"并举的教育方针，必须"培养中国特色社会主义事业建设者和接班人，而不是培养旁观者和反对派"。优秀的社会主义事业建设者和接班人，是能为国家解决发展不平衡不充分与美好生活需要日益增长之间的矛盾的时代新人，这样的"时代新人"必然具有"健全的生命"，必须是"完整的人"。所以，全息课程育人价值的追求是培育"整全"的时代新人。

基于此，建构全息课程的建设愿景和战略目标是以"连接世界，引领未来"为发展格局，建设具有"中国风骨、世界眼光，当下意义、未来价值"的学校全息课程体系；以"在发现世界中发展自己"的学生成长价值观，建设具有"整合资源、引领发现、活化基础、锻造韧性"的学生成长型课程体系；以"修身乐群，敬业精艺"的教师专业发展理念，建设具有"专业提升、风格养成、改革活力、研究意义"的开放型课程体系。在体系化的学校课程建设中提高课程发展力，在具有发展力的课程建设与实施中，让每一门课程都能提高每位师生的发展力。

其二，促进新时代"全人"的可持续发展。世界一流中学对新时代"全人"的培养最终要落实到具体的人的全面成长上，全息课程对人的培养最重要的是发展关键能力、必备品格和价值观。其中最重要的是对人的思维方式的培养，只有好的思维方式才能引领人的持续成长。全息课程以"培养成长型思维"为基本任务，建设促进学生有效成长的全息课程体系。学生的有效成长主要体现在"整合资源、引领发现、活化基础、锻造韧性"四个方面。"整合资源"是指学生筛选和调动有利于解决课程问题的

---

① 杨修平. 论"课程育人"的本质 [J]. 大学教育科学，2021（1）：60—70.

课程资源，高质量完成课程学习任务；"引领发现"是指课程设计与实施能有效激发学生探究的兴趣，能增强学生的发现体验，能运用、拓展和提升学生的发现成果，树立学生的发现意识，提高学生在发现世界中发展自己的能力；"活化基础"是指学校的课程设置和改革有利于学生活化知识，创造性地运用自己学到的知识解决具有一定挑战性的综合性问题；"锻造韧性"是指充分运用课程内容及其实施方式，培养学生坚毅的品格，帮助学生"在坚持中改变，在改变中坚持"，在日积月累的坚持与改变中突破自己的发展极限。培养学生的成长型思维，促进学生持续有效成长，是全息课程建设的核心任务。因此，全息课程是成长型课程的一种形态，是学校建设成长型课程的一种思路或策略。

因此，全息课程要充分发挥促进新时代"全人"素质整全发展的功能，为学生的成长创造有意义的成长经历。全息课程建设的核心任务就是为师生创造有意义的成长经历，一门课程的实施就是师生共同创造的一次有意义的特殊经历，这是建设全息课程生态应坚持的基本主张。创造有意义的成长经历，是把课程开发与学习和自身成长结合起来，实现课程发展与自身成长的良性互动。在学习过程中获得知识，在学习过程中提高解决问题的能力，在学习过程中发展协作能力，在学习过程中遇到困难然后克服困难，在学习过程中获得新方法、发展新思想，在学习过程中锻造韧性，在学习过程中塑造精神品格、形成价值观，学会处理人与人、人与社会、人与自然的关系都是成长。总之，学生通过课程学习来认识世界，从而获得全面成长。比如，木艺课程既可以让学生获得使用基本工具的基础能力，又可以培养学生的创造力，还可以培养孩子的艺术欣赏力。比如，要制作一个有价值的木艺作品，首先要看这个东西有没有创意，有没有实用性，有没有情感的寄托（如为爷爷做一个洗脚凳）等。当给予每一门课程更多的教育期待后，课程的教育功能才会发挥得更加充分。

全息课程要为学生的可持续发展创造有意义的成长经历，就要强化成长型思维的培养。成长型思维在本质上体现了一种正视现实、直面困难、勇于挑战、乐于改变的人生态度、价值取向、处世行为与思考方式。优化学生的成长型思维，需要在课程设计、实施与评价中，强调自我评估、目标指向、探索热情、坚持改变4个关键点。"自我评估"是引导师生正确评估自己的发展基础与优势，准确定位自己的发展起点，理性选择自己的学习层次、速度和课程，走好"属于自己的路"；"目标指向"是明确每门课程、每一层次课程或每一形态课程的目标和实现指标，让学生知道学习目标和实现目标的途径，并能始终专注于自己确立的目标，避免走弯路；"探索热情"是激发学生自主探索的内生力，帮助学生保持持续探索的热情，即使面临众多挑战和失败，也能拥有实现既定目标的坚强意志和动力，也具有坚定不移、积极向上的乐观态度；"坚持改变"要求在课程的设计、实施与评价中，引导学生关注如何提高和改善自我，把课程实施的过程，变为不断整合资源积极应对挑战和改变自我的过程，即使获得很高成就或遇到较大挫折，也能坚持不断地改变和超越自己。这四个关键点既是成长型思维的体现，也是学生养成坚毅品质的重要途径。

其三，提高教师的可持续育人素养。世界一流中学的全息课程以形成教师的教学风格和培养专家型教师为主要任务，建设有利于教师专业水平不断提升的学校全息课程体系。该课程体系一般具有能够"激发改革活力、体现研究意义、促进专业提升、助力风格养成"的特征与价值。"激发改革活力"是指课程设置打破了原有框架和惯常做法，具有实践探索与不断超越的改革活力；"体现研究意义"是指课程建设具有引领学习、促进研究的意义，在实施过程中具有一定的学术含量，是"有思想的实践"，并在实践中产生了思想；"促进专业提升"是指学校的课程建设能帮助教师突破专业瓶颈，走出专业发展高原期，促进专业水平的持续发展；"助力风格养成"是指教师通过有计划的、系列化的课程开设，形成自己的优势领域和教育教学风格，为成为专家型教师创造条件。要建设高水平的有利于教师专业成长的学校全息课程，需要做到以下要求：第一，开放。在"全息"中"开放"，在"开放"中进一步体现"全息"发展的水平。第二，合作。倡导教师间的合作与交流，打破教师各自为战的局面。第三，创新。鼓励教师根据教育教学实际情况进行创新性的教学探索。第四，反思。引导教师进行反思与总结，不断优化教学方法与策略。第五，多样性。尊重教师的个性差异，鼓励多样化的教学风格与风格养成。第六，可持续发展。关注教师的专业发展需求，为教师的可持续发展提供支持与保障。

要做到以上要求，需要在全息课程建设中努力提高教师创造高质量培育鲜活生命的成长事件的能力。因为"全人"发展，是在课程建设中把学生看成一个活生生的具有多种需求的鲜活生命。学生的发展是完整的鲜活生命的发展，而不仅是分数的增长或某一方面的发展。"全人"发展是整体生命的发展，鲜活生命的整体发展需要经历一连串的具有成长意义的具体事件。因此，全息课程建设的关键，是在课程建设中创造高质量的培育鲜活生命的一连串成长事件。把学生在不同时段选修的不同课程变为学生成长历程中的一连串有意义的事件，让学生在有意义的课程事件中潜移默化地收获有意义的成长体验，才能促进"全人"的高质量发展。要创造高质量的培育鲜活生命的成长事件，需要教师在"生命意识""问题解决""综合体验""学习获得"四个方面狠下功夫。"生命意识"是把生命的鲜活发展作为课程设计的起点，把为生命的成长服务作为课程实施的宗旨，把是否促进师生生命的真实、丰富、有效与持续成长作为课程评价的内核，变"学校课程""教师课程""专家课程""悬置课程"为"学生生命发展的课程"，使课程沿着学生生命发展的真实轨迹行走，让课程为生命服务，让生命在课程实施的过程中不断超越生命，增加生命的价值；"问题解决"是指课程设计与实施始终围绕发现、探究和解决与现实生活密切相关的问题展开，能帮助学生发现、认识和分析问题，并调动多学科知识、学生经验和不同资源解决问题，在发现和解决问题的过程中感受生命的丰富，提高生命的承受力与发展力；"综合体验"既指分层级、多领域、立体化、全方位的课程设计与实施带给学生不同的生命成长体验，也指某一门具体课程具有综合推进并给学生带来多种体验的特征，其目的是强化课程设计与实施的综合性，以及由此带给学生的体验的丰富性；"学习获得"是指课程设计与实施能给学生成长带来有价值的收获，这种收获既包括现实成功，如分数、作品等，也包括为学生的未来发展奠定基础，只有在课程建设中提高了师生的获得感，才能更好地激发学习内生力和自主学习力，才能进一步彰显课程事件的成长价值。

其四，提高学校的可持续发展能力。世界一流中学以"全息课程"的建设思路，立体化地设计具有"中国风骨、世界眼光、当下意义、未来价值"的融合性全息课程。"中国风骨"是指学校发展具有中国文化根基和民族发展意识，师生具有中国人的风范与气度；"世界眼光"是指学校课程体现世界一流中学的要求，师生胸怀世界，具有全球意识和探究全球性问题的能力，为将来提高全球胜任力奠定基础；"当下意义"是指设置的课程既能促进学校在短时间内获得成功，也能让学生感受到当下的自信与成功，能激活学生目前的学习内生力、自主学习力、资源整合力与成果表达力；"未来价值"是指学校的课程内容、设置方式等能促进学生不断向前发展，能为学生的未来成长奠定良好的基础。"中国""世界""现实""未来"四个要素相互交织，共同构成学校的全息课程体系。这种兼顾中外古今的课程建设思路，为学校的可持续发展提供了课程保障。

从育人角度看，学校持续发展的核心内容是全息课程的建设与发展。"全息育人"是全息课程的本质，而这种本质特征通过学校课程发展力得以彰显。课程发展力是指学校课程在促进学校发展和师生成长等方面所具备的良好条件。学校课程的发展力主要体现在四个方面：一是学校文化的发展力。学校课程体系具有涵养、沉淀和生长学校文化的能力，能把学校文化转化为课程，能在课程建设中深化和发展学校文化，即学校课程具有学校文化的"内生力"。二是优势（特色）发展力。课程内容具有引领、促进师生成长和培育自我优势的能力，能帮助师生始终保持自主成长与自我超越的状态，能指导学生在课程学习中发现和发展自己的优势领域，形成自己的发展特色。三是学习发展力。课程实施方式能促进某一具体课程持续发展和不断拓展，课程实施过程中开展的活动能激发学生持续参与的热情，能帮助学生调动多种知识解决具体问题，能培养学生整合多种资源完成探究性任务和有创意地表达自己的学习成果的能力。四是课程更新力。学校课程具有自我更新与不断发展的能力，能整合多种社会资源，能根据学生需求不断发展和更新课程内容与实施方式，即学校课程具有自我超越的能力①。"三全"育人体系中的全息课程建设，就应致力提高世界一流中学的发展力，为建设世界一流中学提供高质量的课程支撑。

三、全息课堂

全息课堂是以全息原理为依据建构的课堂。"三全"育人体系中的全息课堂建设，是运用全息原理将校内外的全景时空转化为课堂教学内容、方式与技术等，使小课堂反映出世界的大格局，据此提高课堂培育新时代"全人"的功能。为了实现这样的课堂育人功能，全息课堂建设应重点关注如下方面：

首先，更新知识观和知识价值观，把小课堂变为生活大世界的全息缩影。全息课堂首先要改变的是"只见知识，不见生活价值或者弱视生活价值"的现状。对于教师来说，教授知识是长期的习惯和相对简单的任务，他们往往对知识的纵横联系、知识与生活的联系，以及知识的产生背景和未来价值重视不够。不可否认，知识是重要的，但只教知识是远远不够的。即使对于仅教授知识这件事，我们也应该深入思考：哪些知识是无须教授的，哪些知识需要重点教授，哪些知识是核心且无法回避的。长期忽视挖掘知识背后价值目标的教学，会导致学习变得枯燥，学生的厌学情绪由此滋生并不断增长。更为严重的是，这可能会使部分青少年丧失学习的兴趣，进而削弱或丧失学习的可持续性。我们应该尊重学生的实际学情，允许不同学生有不同的学习进度和内容。然而，在班级授课制的背景下，这一点似乎难以实现。

我国的教育管理者已经注意到这些问题的严重性，于是出台了"双减"政策，收到了一定效果。但现状显示，国家最迫切的变革在于人才选拔机制的改革以及课堂的革命。在任何时候，有价值的、整体性的课堂变革都是势在必行的。通过对学生的调查发现，有80%的学生表示"希望挑战复杂的、难度大的问题"，这说明吸引学生学习的核心仍然是知识本身的魅力。我们应该深刻认识到，知识本身以及知识背后的方

① 杨斌，走向远方：成都金苹果锦城第一中学战略规划［M］. 成都：四川教育出版社，2018：200—204.

法和思想魅力，才是激发学生学习的真正动力。然而，不少学生、学校和家长过度关注分数，导致学生的学习行为既缺乏现实生活质量，也缺乏未来生活质量。因此，在全息课堂建设的过程中，我们需要更新知识观和知识价值观，运用全息原理将小课堂转变为生活大世界的全息缩影，从而帮助学生在课堂上成长为能够适应生活、参与生活世界建设的新时代"全人"。

其次，全息课堂建设要有利于建构课堂育人的理想样态，促进"育人"与"育分"的有效整合。对于什么是课堂的理想样态，不同的人可能有不同的理解。但在培养"整全的人"的"全人"视野下的理想课堂，一定是有魅力、有思想深度、有力量的课堂。在这样的课堂中，师生之间、生生之间、师生与资源、环境之间一定会和谐共生，师生的生命将得到充分的张扬和发展。世界一流中学以培养新时代"全人"为宗旨。从"全人"教育的本质来看，"全人"教育是通过教育促进人性的健康发展、全面发展、整体发展。同时，我国的教育已走向了"五育"并举的时代，"五育"具有整体性。德育、智育、体育、美育、劳育既有各自的独特性，又具有融通与整体性，是一个相辅相成、互为渗透与补充的有机体。"五育"之中，德育指向人的思想道德和价值观领域，教人为善；智育指向人的认知和思维及智慧建构领域，教人求真；体育指向人的身体素质和健康领域，教人健体；美育指向人的审美感受、审美能力及审美表现领域，教人臻美；劳育指向人的劳动态度和观点及技能领域，教人勤劳。因此，全息课堂从本质上看是"五育"并举的课堂。"五育"并举的全息课堂需要整体性建构，才能培育出新时代"全人"的"优质学习生命体"。建设全息课堂，必须从整体上思考和改变我们的课堂。基于整体理论的教学改革，并不会只考虑教学如何改，还要考虑到若干整体，以及整体下各要素的影响。教学是一个由学生、教师、教材、教学方法与手段四大要素构成的整体。因此，教学改革绝不会孤立地去看待教学，还要考虑与教学相关的各要素。教学整体改革是在系统科学的整体理论指导下的改革，全息课堂理念为此提供了强大的理念力量。基于全息理念的课堂整体变革，就是要推进整合性变革，促进学科内、学科间、知识与生活、知识与生命成长的整合，提高课堂的综合性，帮助学生在全息课堂的学习中发现、认识和探索世界。

最后，全息课堂建设要有利于重构适应人类命运共同体倡议的课堂文化，融合"中国特色"和"世界一流"元素建构全球学习格局。人类命运共同体理念作为习近平新时代中国特色社会主义思想的重要组成部分，是极具世界视野、时代意蕴和人类情怀的崇高理念，彰显着我们党领导中国人民为改变中国命运、世界命运、全人类命运而不懈奋斗的伟大精神。从推动构建人类命运共同体的价值追求看，其致力实现由

"小家"到"大家"、由"自我"到"共赢"的递进，其范围囊括政治、安全、经济、文化、生态等多个领域。构建人类命运共同体需要构建新型的课堂文化，在这种新的课堂中我们要学会用多元文化的视角来探索和理解世界，在课堂中促进不同文化的融合。在这种新型课堂里推进教与学的变革中，学生学习其他文化的相关内容，丰富学以致用的体验。教师通过与学生互动，为学生学习提供支持，在这种新型课堂里推进人与知识、人与人、人与自然、人与生命的互动融合、和谐共生。文化是课堂的引擎，要在课堂教学中培育面向未来的"全人"的课堂文化，就要建构多维立体的课堂教学内容与方式，这种教学内容与方式必须体现全息特征，只有"全息"才能支撑"全人"，只有以"全息"思路推进课堂改革，才能建构有利于"全人"生动发展的课堂，切实解决"全人"的完整发展、生动发展和主动发展等问题，融合"中国特色"和"世界一流"育人资源建构全球学习格局。

世界一流中学"三全"育人体系中的"全景"与"全息"各有侧重。"全景"强调的是全方位、全时空和无死角的立体化培养；"全息"强调的是把社会、国家和全球的资源及其育人需求引进课堂和课程，将其浓缩为具有可持续发展意义的一次次育人活动和一门门与世界同步的课程。"全景"保障学校育人时空的大格局，"全息"保障大格局的育人时空在教室和学校有效落地。"全景"重点指向德育，"全息"重点指向课程和课堂。

"世界一流中学的中国化""中国一流中学的世界化"和践行"三全"育人体系，都需要引导学生立足本土走向全球。根据中学生的实际，可以借鉴"在地国际化"的建设思路建构核心策略。"在地国际化"是尼尔森于1999年提出的国际化建设思路，其目的是解决学生在本地学习时间相对固定而国际流动学习相对困难的问题，主张"在国内学习环境下有意识地将国际性和跨文化维度整合进面向所有学生的正式和非正式课程"[①]，以提高学校的国际化教育水平和学生的国际化素养。借鉴尼尔森和相关的"在地国际化"实践经验，世界一流中学所采用的"在地全球化"，是在我国的学习环境下，在中国的中学教室里和具有中国特色的校园生活中，根据"世界一流中学的中国化"和"中国一流中学的世界化"建构"三全"育人实施策略的过程。在建构和实施"在地全球化"这一核心策略时，可以突出"在地化""全球化"和"体系化共生"三个重点。

其一，以"在地化"为重点创新"三全"育人的实施策略。"在地化"即植根中国大地和现有中学教育的现实场景，在凸显中国特色的过程中落实立德树人根本任务。一是以培养具有整全人格的社会主义时代新人为核心，建构学校的"全人"培养目标

① 房欲飞."在地国际化"研究的国际视野及最新进展[J].比较教育研究，2022（8）：28—36.

体系、实践体系与保障体系，优化"全人"培育样态，全面达成"全人"培养目标。二是以坚持中国共产党领导和中国特色社会主义为前提，优化学校"全人"教育的条件和管理体系，使学校的物质条件、组织条件和人力条件等更有利于促进"全人"发展。三是以中华传统优秀文化、革命文化和社会主义先进文化为育人资源，以中国式现代化建设需要为依据，建设学校的"全景德育""全息课程""全息课堂"等育人内容与方法体系。四是以全景视角分析中学生为了中华民族伟大复兴应该具备的可持续发展基础，以此建构"三全"育人质量评价标准。

其二，以"全息""全景"思维丰富学校的全球化教育内容与形式，增强学生"在地化"的全球体验。一是在"三全"育人体系中融入全球化的教育内容，以尊重和理解多元文化、世界面临的可持续发展问题和人类应该追求的共同利益、生态正义等为内容主线，丰富和完善学校的课程体系，提高学校课程的"全息"水平。二是以人工智能技术为支撑，建设全球虚拟教室或世界文化的沉浸式体验室，帮助学生在虚拟世界中获得全球文化的真实体验，使学生"不再对世界产生'陌生感'和'丛林感'，而是真正具有'家园感'，真正感受到'人类生活在同一个地球村里'"[1]，为学生形成人类命运共同体和文明新形态建设的意识与能力创造条件。三是以全球教育资源为内容设计校园软硬件，让学生在有形与无形的全球文化中与世界产生连接，养成全球视野与格局。

其三，以人类的共同价值为引领促进"在地化"与全球化的有效共生。世界一流中学建设的核心策略，是不断提高"在地化"与全球化有效融合程度的策略，以人类的共同价值为引领创新学校的"三全"育人体系的实施策略。世界一流中学在细化这些策略时，"必须根据公平、可行、可持续的人类和社会发展新观念来重新审视教育的目的，这一可持续的愿景必须考虑到人类发展的社会、环境和经济层面，以及所有这些因素与教育的相互影响"[2]，才能在全球学习格局中提高"三全"育人体系的实施质量。

---

①　丁立群，黄佳彤. 人类命运共同体、共同价值与人类文明新形态［J］. 理论探讨，2022（3）：44.
②　联合国教科文组织. 反思教育：向"全球共同利益"的理念转变？［M］. 联合国教科文组织总部中文科，译. 北京：教育科学出版社，2017：24.

第五节　改革保障：做强教师和评价两根支柱

世界一流中学要一体化推进上述改革，需要做强教师和评价两根支柱。其中，教师支柱是根本，评价支柱的作用是引领和护航，只有将两者结合起来共同推进，世界一流中学的一体化改革才会有坚实支撑和有力保障。

一、完善和升级素质结构，做强教师支撑

教师是学校发展的支柱，一所学校教师群体的思想高度、境界、格局和智慧，决定了这所学校的发展速度、力度、程度与可持续发展品质。要建设世界一流中学，必须首先拥有世界一流的教师队伍。世界一流中学的教师队伍，不仅是团结协作、共同攻坚、集体研究、彼此完善的智慧型改革团队，更需要拥有尊重和促进"全人"发展的高尚师魂和改革智慧，具有广阔的视野和"连接世界、引领未来"的格局，不仅有"为天地立心，为生民立命，为往圣继绝学，为万世开太平"的理想与豪情，更能以团队的杰出表现和可持续发展能力支撑起世界一流中学的建设。世界一流中学的教师要呈现出这样的特征，需要不断完善和升级自身的素质结构。

世界一流中学教师的素质，主要是指世界一流中学的教师承担新时代"全人"培养任务应具备的能够适应职业发展和终身发展所需要的必备知识技能、必备品格和关键能力，是世界一流中学教师所应具备的核心素养，其落实需要从整体上推动各教育环节的变革，引领和促进教师的专业发展，最终形成以教师职业发展为核心的完整发展体系。

世界一流中学的教师不仅要具有高尚的师德师风、扎实的专业功底、敬业奉献精神和持续改革的能力，还要具有在实践中研究、在研究中实践的精神，既是有思想的实践者，也是能实践的思想者，研究、思考和实践互动共生，构成鲜活生动、不断超越自我的专业体验经历，在成就学生的同时成就自己的专业人生和幸福生活。世界一流中学的教师要平等对待每一名学生，给予学生尊重和爱，要始终秉持"全人培养"观念，充分挖掘每名学生自身的潜能和特长，放眼学生一生的发展，让每名学生成为最优秀的自己。

（一）更新价值观念

教育是培育英才的事业，是面向未来的崇高伟业。世界一流中学的教师应该注重立德树人，在教书育人的过程中凸显教育者的追求，努力提升自身的综合素养，砥砺前行，促进每一个学生健康、全面成长，实现生命的更高价值。为此，要在以下方面不断更新自己的价值观念。

一是政治思想。世界一流中学教师应当具备良好政治素质、道德品质和科学思想方法，在学科教学中起着价值引领作用，在面对现实问题时表现出正确的情感态度和价值观。世界一流中学教师应当具备的正确政治立场、态度和基本观念，包含理想信念、爱国主义情怀、以人民为中心的思想和法治意识等方面的基本要求，要形成对中国特色社会主义的思想认同、政治认同、理论认同和情感认同，能够在教书育人实践中自觉践行社会主义核心价值观。要认同中华人民共和国，认同中华民族，厚植爱国主义情怀，自觉维护民族团结和国家统一，维护国家尊严与利益。要认同中华文化，弘扬中华优秀传统文化，继承革命文化，发展社会主义先进文化，树立为人民服务的思想，立志扎根人民、奉献祖国。要树立共产主义远大理想和中国特色社会主义共同理想，增强中国特色社会主义道路自信、理论自信、制度自信、文化自信，立志肩负起实现中华民族伟大复兴中国梦的时代重任。要树立宪法法律至上、法律面前人人平等的法治理念。要具有依法执教意识，遵守各项法律法规，在教育实践中履行应尽义务，自觉维护学生与自身的合法权益，维护公平正义，做中国特色社会主义法治的忠实崇尚者、自觉遵守者、坚定捍卫者。

二是职业道德。世界一流中学的教师应当具备高尚的师德师风、社会主义道德情操、意志品质和精神情怀，这是对教师品德修养、奋斗精神、责任担当、健康情感和劳动精神等方面的基本要求。世界一流中学的教师要树立职业理想，立志成为有理想信念、有道德情操、有扎实学识、有仁爱之心的好老师。要理性面对当代社会经济、文化、科技、环境等方面的伦理问题与伦理冲突，自尊自信、意志坚强，遵守社会公德和职业道德，崇尚家庭美德。要树立高远志向，认同奋斗成就幸福、奋斗者最幸福的观念，培育和践行社会主义核心价值观。要具有勇于奋斗的精神状态、乐观向上的人生态度，讲求大爱大德大情怀，历练不懈奋斗的精神，做到刚健有为、自强不息。世界一流中学的教师还应当具有社会责任感，做到爱岗敬业、师德高尚。爱岗敬业包括忠诚于人民教育事业，勤恳敬业，甘为人梯，乐于奉献，对工作高度负责，认真备课上课、批改作业、辅导学生，对教育事业具有强烈的责任感和深厚的感情。师德高尚包括坚守高尚情操，尊重同事、尊重家长，知荣明耻、作风正派，严于律己、廉洁奉公，以身作则、以身立教，关心爱护全体学生，关心学生健康，保护学生安全，尊重学生人格，平等公正地对待学生，做学生的良师益友，在各个方面率先垂范，做学生的榜样，以自己的人格魅力和学识魅力影响教育学生。同时，教师职业的神圣性、示范性还要求教师成为守法的楷模，这是教师做好本职工作的支撑点，是教师的基本职业道德之一。世界一流中学的教师要坚决贯彻国家教育方针，培养爱国情操，激发爱国主义热情，遵守国家法律，依法履行教师职责，不断强化自己的法律意识，进而对受教育者的爱国和守法行为产生潜移默化的影响。

三是责任使命。教书育人是教师的天职，世界一流中学的教师应该心中始终有促进学生全面发展、保障学生平等权益、营造和谐育人环境、整体提高教育质量的全面育人质量观。要充分理解立德树人的内涵，以国家利益和集体利益为先，积极承担社会责任、履行义务，积极维护公共利益，依据德智体美劳全面发展的教育方针开展教育教学。要形成立德树人的理念，掌握立德树人途径与方法，关注并参与人类命运共同体的构建，培育发展学生的核心素养，将学生培养成为拥护中国共产党领导、立志为中国特色社会主义事业奋斗终身的建设者和接班人。要崇尚科学精神，树立终身学习理念，拓宽知识视野，潜心钻研业务，勇于探索创新，不断提高专业素养和教育教学水平。要在教育实践中注重增强体质、健全人格、锤炼意志，珍爱生命，热爱生活，实施素质教育。要循循善诱，诲人不倦，遵循教育规律，因材施教，培养学生良好品行，激发学生创新精神，促进学生全面发展。要具有高雅的审美情趣和良好的审美意识，崇尚劳动、尊重劳动，认同劳动最光荣、劳动最崇高、劳动最伟大、劳动最美丽的观念，在生活中能够感受美、鉴赏美、创造美，愿意为国家富强、社会进步和人民幸福而辛勤工作。

（二）重塑专业品格

世界一流中学的教师应以立德树人为指引，以全面发展为目标，以通达天下的情怀、博雅气质和社会责任为核心专业品格，能创新地思考问题，具有专业的学科理论、教学方法、教育科学素养与能力，能以发展的眼光解决问题，能更加充分和全面地彰显教育的本性，体现教育的人文性和科学性，是有理想信念、有道德情操、有扎实学识、有仁爱之心的新时代教师。教师专业品格主要体现在学科理论与教学方法、创新思维与发展意识和教育科研素养与能力三个方面。

其一是学科理论与教学方法。学科理论与教学方法是学科思维的品质、方式和能力的综合，是教师通过教育教学活动指导学生个体高质量地解决生活实践或学习探索情境中的各种问题的基础，是认知加工的关键，是教师在信息时代所必须具备的核心认知品质，是教师在"全息课堂"中，面对学生进行学科知识学习或引导探索问题情境时，引导学生进行独立思考和探索创新的内在认知基础。从科学思维的角度来讲，世界一流中学教师应当采用严谨求真的、实证性的逻辑思维方式应对各种问题，能够根据对问题情境的分析，运用实证数据分析事物的内部结构和问题的内在联系，以抽象的概念来反映客观事物的本质特征和内在联系，运用抽象与联想、归纳与概括、推演与计算模型及建模等思维方法来组织、调动相关的知识与能力，引导学生解决生活实践或学习探索情境中的各种问题。从人文思维的角度来讲，世界一流中学教师还应当运用历史的、辩证的、审美的、系统的思维方式应对各种问题，根据对问题情境的分析，从多元性、情境性、关联性、层次结构性、动态平衡性、开放性和时序性等方面把握问题与事物的本质，综合运用联想、类比、引申等思维方法，组织、调动相关的知识与能力，引导学生解决生活实践或学习探索情境中的各种问题。

其二是创新思维与发展意识。教育的本质是培育未来社会发展需要的高素质之人。我们面对的学生不仅属于现在，更属于未来。他们不仅属于家庭，属于学校，更属于社会，属于整个人类世界。创新思维与发展意识是指教师在面对教育教学实践或探索问题情境时，综合运用直觉的、顿悟的、灵感的、形象的、逻辑的方法，提出新视角、新观点、新方法、新设想，创新性地解决生活实践或学习探索情境中的各种问题。它是教师在秉持科学态度，运用严谨的理性思维和丰富的感性思维，发现新问题、运用新方法、解决新问题、获得新结论的过程中表现出来的思维能力，是培养和激发学生好奇心、想象力，促使学生塑造创新人格所必须具备的基础能力，主要包括形象思维能力、抽象思维能力、归纳概括能力、演绎推理能力、批判性思维能力、辩证思维能力等。世界一流中学的教师应当运用开放性、创新性思维方式应对问题情境，注重独立性、批判性、发散性思考，能够从多个视角观察、思考同一个问题，能够灵活地、创造性地运用不同方法，引导学生通过敏锐的洞察能力，发散地、逆向地解决问题，在发现复杂、新颖情境中的关键事实特征和有价值的新问题过程中，培养学生将所学知识迁移到新情境中去解决新问题、得出新结论并科学地反思和验证自己的新结论的能力，以确保培养能符合建设中国特色社会主义需要的新时代创新人才。

其三是教育科研素养与能力。教育科研素养与能力是教师在面对生活实践或学习探索问题情境时，组织整合相应的知识与能力、运用不同的技术方法进行各种教学科研、教改实践活动的综合品质，是完成认知实践探索和行动实践探索的关键环节。世界一流中学教师根据应对新的问题情境的需要，合理地组织、调动各种相关知识与能力，实施调研、探究或实验活动，分析结果，提出新观点或发现新问题，寻求有效的问题解决方法，运用各种教学科研方法，探究在新时代标准要求下教师在教研教学工作中需要面对和解决的各种问题，同时综合各种技术方法进行组合创新，将创意或方案转化为操作性强的教育教学研究成果，或对已有教学方式进行改进与优化，创新性地解决现实教育教学中的一系列问题。

（三）升级学科专业能力

学科专业能力是世界一流中学教师在面对知识传授、教育教学教改实践或探索时，在正确的思想价值观念指导下，合理运用科学的思维方法，有效整合学科相关知识，运用学科专业知识进行教育教学活动的相关能力，是教师能高质量地引导、启发学生认识问题、分析问题、解决问题的综合品质。世界一流中学的教师不仅要有良好的师德、渊博的学科知识、持续的学习能力、过硬的教育教学业务能力，还应在文化修养上达到较高的水平，具有探索研究掌握现代教育理念，不断发现新问题，研究新问题，探索新规律，把握教育教学规律，按照教育教学规律进行教育教学改革的各种能力。

其一是知识储备与更新的能力。教师教育教学的专业成长既需要学科教学的专业化发展，也需要不断储备和更新知识。知识储备包括跨学科知识、关于学习科学的知识、社会生活知识、生产实践知识等方面，知识的更新不仅包括将由学科的基本事实、基本概念、基本技术与基本原理组成的基本知识体系进行与时代同步的更新，还包括将自身专业领域的新知识和最新的教育教学理论、方法进行融合和更新。知识储备与更新的能力是教师学习和掌握最新教育体系变化的能力，是教师在面对教育教学实践或探索问题情境时，高质量地认识问题、分析问题、解决问题所必须具备的基本能力。世界一流中学的教师在组织教育教学活动的过程中要有充足的知识储备，比如人文社科的基本问题、基本原理与基本思想，尤其是人文思想的正确立场、观点与方法，再如基本的科学知识与技术、科学精神与思维方法等；在面对与学科相关的生活实践或学习探索问题情境时，必须熟悉当下最新内容，能够不断提升自己的专业知识，创造更优秀的教育经验；能够客观全面地从情境中提取相关信息；能够准确概括和描述学科所涉及基本现象的特征及其相互关系并从中发现问题；能够透过现象看到本质，发现隐含的规律或原理；能够对学科基本知识进行结构化理解，形成学科知识网络，将新领域的知识不断充实到教师的专业知识体系中，不断拓展自己的综合知识面，在更新知识、拓宽专业知识过程中提高专业能力，促进专业更好发展，进而适应教育教学改革需要的知识更新过程。

其二是课程观与教材观。教材为教师提供了自由度巨大的空间。世界一流中学的教师应创造性地使用教材、超越教材。在课程设计上，要加强课程内容与学生生活以及现代社会和科技发展的联系，加强跨学科整合。要关注学习的兴趣和经验，激发学生的学习积极性。要关注学生个体差异，满足不同学生的学习需要。要关注学生的主体性，注重培养学生的独立性和自主性。在课程实施上，要精选终身学习必备的基础知识和技能，创设能引导学生主动参与的教育情境，倡导学生主动参与、乐于探究、勤于动手，引导学生质疑、调查、探究，让学生主动探索知识的发生与发展过程，促进学生主动地、富有个性地学习，培养学生搜集信息的能力、获取新知识的能力、分析和解决问题的能力以及交流与合作的能力，培养学生掌握和运用知识的态度和能力，使每个学生都能得到充分发展。

其三是教学设计与实施能力。教学设计与实施能力是教师在教育教学活动中为达成具体教学目标而进行的有针对性的教学环节设计和实施的能力，是教学从理论到实践所必须具备的能力基础，主要包括课堂活动设计能力、数据处理能力、信息转化能力、动手实践能力、应用写作能力、语言表达能力等。世界一流中学的教师在进行"全息课堂""全景德育"的教育教学活动时，要能整合设计教学活动，激发学生学习兴趣，引导学生在原有知识的基础上理解新信息，根据已接收的新信息与解决问题的需要，将其纳入学科的基本知识结构中，完成各种新知识系统建构，成为学习"全人"。世界一流中学的教师应当能够设计和实施合理的教学活动，提供与"全人发展"培育配套的教学设计方案、实验方案，进行高效的课堂教学实施和正确的实验操作；能够引导学生根据行为目标和面临的客观条件设计或选择解决问题的最佳方案；能够对问题解决方案的合理性、可行性进行基于事实和逻辑的论证；能够根据方案的实践结果不断修正和改进教学设计；能够运用口头语言和书面语言进行沟通交流，准确表达自己的看法，通过合作解决问题。

其四是多元评价能力。每个学生都有自己的优势，学生的能力是多方面的，学生在学习活动中表现出来的能力不是单一维度的数值反映，而是对多维度、综合能力的体现，这就要求教师坚持"多一把尺子，多一批人才"的人才培养观，对学生学习评价采用多元化方式，促进学生全面发展，充分发挥多元评价的作用，使评价结果更为客观，更能激发学生的学习积极性。多元评价主要分为主体多元化、内容多维化和方法多样化。主体多元化即评价主体足够多元，包括所有按照一定的标准对评价客体进行价值判断的个人或团队；内容多维化即依据评价内容不同采用量化评价和质性评价等方式进行评价；方法多样化即依据评价主体不同采用自我评价和他人评价的方式进行评价。

其五是现代教育技术应用能力。在信息时代，新知识、新方法、新技术不断涌现，学生必须能够适应社会信息化趋势，通过各种方式与渠道获取信息，根据应对问题情境的需要，合理地组织、调动各种相关知识与能力，完成信息获取活动。教师需要恰当地运用现代教育技术，调动各种教育教学资源，创设有针对性的教学活动情境，引导学生系统化、多层面、多角度地对新信息进行加工处理，融会贯通地把握新信息的实质，把握新旧信息的联系，形成对新信息的准确判断、分析与评价，引导学生对获得的学科知识和相关信息进行概括整合，通过对方法的理解与掌握将新获得的知识纳入已有知识结构或知识体系，形成与生活实践或学习探索问题情境对应的方法系统。

其六是学生发展指导能力。学生发展指导能力是教师进行教育教学工作时，为了促进学生全面而有个性地发展，为学生在理想、心理、学业、生涯、生活等方面进行一系列指导的能力。学生发展指导能力是指导学生在面对与学科相关的生活实践或进行探索问题情境教学活动时，高质量地认识问题、分析问题、解决问题的基础，是培育核心价值、发展学科素养所必须具备的能力基础，是培育高水平人才素质的重要能力，是世界一流中学教师适应时代要求并支撑其终身发展的关键能力。

世界一流中学的教师只有根据新时代"全人"的培育要求和提高可持续育人质量的难点完善和升级上述素质，不断将这些素质结构化，并在聚焦可持续育人质量的一体化改革实践中将其内化为自身的核心素养，才能成为世界一流中学建设的坚实支撑。

二、聚焦可持续育人，做实评价保障

评价是识别和判定价值的活动。对世界一流中学进行评价，是对学校在办学条件、育人过程和办学结果中建构的全景时空和全息系统所蕴含的可持续发展价值进行识别和判断。评价是学校发展的航标和护栏，既能引领师生朝着评价指标指引的方向不断前进，也能通过评价体系的建设规范办学行为，使之不断逼近学校追求的办学价值，提高学校的办学质量。世界一流中学以提高可持续育人质量为切入点来解决"育人"与"育分"有效整合的难题，以可持续发展、全景时空和全息系统为基本要素来凸显学校的主要特征，以全面质量思想和新时代"全人"培养为育人定位，融合"中国特色"和"世界一流"两大元素创新"三全"育人体系，整合"世界一流中学的中国化"和"中国一流中学的世界化"两种路径提升办学质量，其内涵、要素、特征、质量追求和育人体系的特殊性，对评价的价值取向提出了要求，只有在评价内容与指标中体现出这种价值取向，才能为世界一流中学的建设与质量改进提供指引和保障。

评价的价值取向，主要是指评价活动的意义追求，其核心是明确"为了什么而评价"。评价者只有明确了评价的意义和为了什么而评价这一根本性问题，才能避免评价内容、指标和方式的随意性。学校评价的价值取向与办学的目的有关，学校办学的目的在较大程度上决定了评价的意义追求。世界一流中学是以可持续发展思想为引领提高可持续育人质量的中学，其育人追求是在全面质量思想的引导下培育新时代"全人"。因此，世界一流中学的评价是以新时代"全人"的可持续发展为价值取向的。新时代"全人"的可持续发展是遴选评价指标的基本价值标准，只有能够促进新时代"全人"可持续发展的指标才能成为世界一流中学的评价标准。世界一流中学培养的新时代"全人"，是以全面质量思想为指引的，全面质量思想中的"全主体""全视域"和"全时间流"对新时代"全人"的价值指向和素质指向，构成了世界一流中学评价的核心价值指向。由于新时代"全人"的素质主要由本我素质、社会素质和生态素质构成，世界一流中学的评价就应强化如下四个方面的价值取向：

一是本我素质的可持续发展价值。学生的本我素质，是学生促进"小我"发展的意识与能力，主要包括德智体美劳的全面发展、个体潜能唤醒与个性化发展、主体性与自主发展的意识与能力等，这些意识与能力综合作用，才能促进学生本我素质的可持续发展。评价世界一流中学的办学条件、育人过程和办学结果时，应重点分析和判断学校的外部环境与内部物质条件、组织条件和文化条件，育人过程中的转化与进步，办学结果中的学生质量、学校质量形象、学校综合贡献等，对于学生德智体美劳等素质全面发展、个体潜能的充分发展、主体性和自主发展意识与能力培养的价值，只有当学校的办学条件、育人过程和育人结果具有发展这些本我素质的价值时，学生的本我素质才具有可持续性，新时代"全人"的可持续发展才具有必备的基础。

二是社会素质的可持续发展价值。新时代"全人"的社会素质，主要是其参与社会建设并能为人类社会的可持续发展做出积极贡献的素质。这一素质主要表现在四个层面上：首先是与人相处、关爱他人、帮助他人、与他人一起共同发展的素质，其核心是乐群素质；其次是关注社会发展、参与社会实践和团队活动，能够为参与未来社会建设积极准备的素质，其核心是乐业素质；再次是热爱祖国，具有站稳中国立场、发展中国自觉和努力为国奉献的素质，其核心是"为国奉献能力"；最后是具有全球视野，关注全球发展，主动思考全球问题并能涵养行走全球的智慧等素质，其核心是"全球意识"。评价世界一流中学的办学条件、育人过程和办学结果时，要判断相关要素对学生乐群素质、乐业素质、为国奉献能力和全球意识发展的价值。只有当学校的各种办学要素对学生的这些素质能够产生积极作用时，学生的社会素质才会持续发展，新时代"全人"的可持续发展才能在关键素质上获得突破。

三是生态素质的可持续发展价值。新时代"全人"的生态素质也体现在四个方面：首先是维护学习生态的素质，主要是尊重所有学习者的学习机会、公平对待每位学习者的意识与能力；其次是维护社会生态的素质，主要是尊重社会差异、维护社会公平、坚守社会正义、促进社会和谐发展的意识与能力；再次是维护人类生态的素质，主要是理解和尊重不同种族或国家的不同文化与社会制度、坚持国家平等和民族平等、期待全球和平发展与多元发展等的意识与能力；最后是维护自然生态的素质，主要是关爱自然、关注和解决全球生态危机、促进人类与自然和谐相处的意识与能力。评价世界一流中学时，要分析和判断各种办学要素对学生发展这四方面素质的价值，以引导学校促进学生生态素质的可持续发展。

四是对学生本我素质、社会素质和生态素质整体可持续发展的价值。新时代的"全人"素质是本我素质、社会素质和生态素质融合发展与完整发展的结果。融合发展是指本我素质、社会素质与生态素质不是分开发展的，学校的任何一项育人活动都不是机械地发展某一素质，而是在侧重发展某一素质的同时促进其他素质的发展。完整发展是指新时代"全人"不是只发展其中一种或两种素质，而是同时发展这三种素质。融合发展与完整发展兼具了全主体、全视域和全时间流的价值指向与素质指向，体现了全面质量思想的要求，评价世界一流中学时，既要分析和判断办学要素对其中某一项素质的发展价值，也要分析其对三种素质融合发展与完整发展的价值，才能体现全面质量思想对新时代"全人"的培养要求。

教育是民族的脊梁，有怎样的教育格局，就会有怎样的民族发展骨架。要实现中华民族的伟大复兴，首先需要实现教育的全面复兴。教育复兴不是教育复古，而是立足国家放眼全球形成的教育发展大格局。世界一流中学聚焦可持续育人质量推进一体化改革，既是在追寻自身的建设规律与改革规律，也是在建设中学教育的大格局。因为世界一流中学肩负着引领我国中学教育成为民族复兴战略性支撑的重要任务，既要形成适合于中国式现代化的教育核心发展力，也要扩大国际影响力，提升国际地位，并在全球教育治理中发挥更大作用，以"发挥中国作为一个大国的引领性和创造力"[1]。世界一流中学要完成这一任务，需要以可持续育人质量为核心确定自身的改革战略，建构一体化改革框架，才能朝着世界一流中学的理想目标不断迈进。

---

① 王帆. 中国特色大国外交：协调、变革与完善［J］. 探索与争鸣，2022（1）：12—15.

第四章

全景德育：世界一流中学的德育改革

实施新时代立德树人工程，坚持思政课建设与党的创新理论武装同步推进，加快构建以习近平新时代中国特色社会主义思想为核心内容的课程教材体系，把学校思想政治教育贯穿各学科体系、教学体系、教材体系、管理体系，融入思想道德、文化知识、社会实践教育，确保广大学生始终忠于党、忠于国家、忠于人民、忠于社会主义，坚定马克思主义信仰、中国特色社会主义信念、中华民族伟大复兴信心。

——中共中央 国务院《教育强国建设规划纲要（2024—2035 年）》

　　世界一流中学德育改革的重要路径之一，是依托全景育人时空建设全景德育，在全景德育建设中为新时代"全人"立德立品、立身立心，并为其可持续发展打下思想道德与心理素质的底子。全景德育，是世界一流中学"三全"育人体系中的重要内容。世界一流中学要聚焦可持续育人质量推进一体化改革，需要以促进"全人"发展为基本目的，以"中国"和"世界"为全景时空建设学校的全景德育生态。从世界一流中学的改革框架看，世界一流中学推进的全景德育改革，应是在全景时空中为提高可持续育人质量而建立起来的德育实践体系，是以全景视角推进的学校育人目的、目标、内容和方式等的整体改革。只有以这样的思路建构和优化学校的德育体系，才能为新时代"全人"的高质量成长创造条件，据此开展的德育活动，才能趋近世界一流中学的育人要求。

第一节　全景德育建设的原则与思路

　　全景德育改革的难点在"全景"。世界一流中学在开展德育活动时，要始终关注"中国特色"和"世界一流"两大元素对学校德育和新时代"全人"的发展要求，要求增加了学校德育要素、结构、功能、实施价值与目标的复杂性，复杂性导致了全景德育改革的实践困境。从事实上看，影响世界一流中学全景德育建设的因素有很多，有学校内部的，也有学校外部的；有心理学方面的，也有社会学方面的；有本体论问题，也有认识论问题，还有方法论问题；有全景德育价值功能问题，也有人的发展问题；有全景德育实施的方法路径问题，也有全景德育的针对性和实效性问题。每一个问题都显得很复杂，对每一个问题的突破都是一项成果，解决这些问题所形成的一系列方法就是全景德育的建设策略。但这些问题在不同境遇中可能产生不同的现象，呈现出不同的形态，关联着不同的要素，从而形成不同的话语体系，因而很难判定哪一种建设策略是最优策略。所以，在推进全景德育改革时，不能就策略谈策略，而应根据世界一流中学的内涵、本质和建设原点确定德育改革原则和思路，以这些原则和思路为指导丰富德育策略，才能创造性推进全景德育改革。

一、遵循四条原则

全景德育改革的最终目的，是以校本化的方式有效整合"中国特色"和"世界一流"的育人资源，在"中国"和"世界"的全景时空中建构校本化的全景德育体系，以此培育新时代"全人"，提高学校的可持续育人质量。要根据世界一流中学的改革框架推进全景德育改革，首先需要遵循四项原则，建构全景德育的校本化体系。

一是"五育融合，全人发展"原则。建构世界一流中学全景德育的实践体系，首先要树立和落实培育整全生命亦即全人生命的目标。在马克思主义关于人的全面发展的思想中，人的全面发展既表现为人的劳动能力、人的体力和智力的全面发展，又表现为人的个性才能和志趣的全面发展，而且是广泛、充分、自由的发展。在中国文化中，"全人"首先是指完整的人，即身心健全的人，其次是德智体美劳全面发展的人，以及懂得和遵守天地规律、为人处世符合人心向背的人。在西方文化中，"全人"多指个体价值与社会价值完美结合的人，也指全面发展与和谐发展的人。立德树人，"五育"并举，培养德智体美劳全面发展的社会主义建设者和接班人的任务成为全体教育人的共同目标。新时代的"全人"，是指身心、智识、品格、思想、境界等和谐发展与完整发展的人。世界一流中学的全景德育改革，需要遵循培育整全生命的基本原则，建构校本德育体系。

二是"依据阶段，有序建构"原则。新时代的"全人"有三个发展层级：一是身心健全发展的"合格全人"，二是迎难而上、不断超越的"优秀全人"，三是知行合一、成果丰硕的"卓越全人"。三个层级的发展标准不能截然分开，而是彼此渗透的。世界一流中学应根据"合格全人""优秀全人""卓越全人"的层级要求，在各学段有序建构德育内容，明确各阶段水平要求，引导学生以现有基础为起点，选择适合自己的发展层级，一步一个脚印前行，既不操之过急、拔苗助长，也不无所作为、进步缓慢，而是以适合学生发展的速度，促进学生向"卓越全人"迈进。世界一流中学在推进全景德育改革时，要坚持循序渐进的原则，逐步形成主题阶梯目标与内容。通过整体规划中学的德育目标，在充分了解学生素质发展状况的基础上，形成梯度发展内容，引导学生在阶梯式的德育内容中一步一个脚印，把每一个脚印变为全人素质发展的一个节点，将这些节点串起来形成生命的发展轨迹。在学校的整体规划下逐步形成学生发展指导序列、班会课序列、德育活动序列、学科德育序列、项目研究序列等，不同系列相互呼应、逐层深化、螺旋发展，实现德育内容的序列化，建构校本德育体系的纵向全景，促进德育内容的纵向整合。

三是"全景整合，拓宽视野"原则。课堂、课程、活动、生活、作息等，是学生道德成长的基本阵地和主要渠道，是学校落实德育内容，推进德育工作的基本方式。实施这些德育方式的关键，是在学生成长的各种渠道上建构德育策略，把德育策略和德育内容统一在学生的成长事件与成长路径中，以此建构覆盖学生各种成长方式和途径的策略全景场域。要提高德育实效，需要以学生成长面临的真实问题和生存困境为德育情境，以学生在不同时空中的成长事件为德育素材，从学生成长的不同维度选取有代表性的德育难题和具有一定冲突的德育事件，以学生不同角度和不同层次的成长事件建构德育内容的全景场域，以"超大视角"发现、筛选和组织学生的成长事件，建构学校的德育内容体系，引导学生在系统化地解决现实的、未来的及生活场景或虚拟场景中的问题的过程中，持续提高道德认知能力和解决道德问题的实际能力，以此提高道德品质与人格水平。世界一流中学推进的全景德育改革要贴近生活，不断丰富和完善德育素材资源。全景德育是为了学生能够过上更加美好的生活，反过来，美好的生活也能更好地促进学生的德行养成。当从生活的视角去找寻德育的素材时，全景德育才会贴近生活实际，德育素材资源才能更加鲜活和立体，让人可亲、可感。全景德育要从教室走到校外，从书本走进广阔的社会，整合和利用各类场馆资源，如博物馆、科技馆、图书馆、展览馆等资源，并对其进行深度开发和利用；整合社会各行各业的资源，引入社会精英担任学生成长导师；整合家长资源。通过不同层次和不同方面的资源整合，形成学校的全景德育资源，促进"中国特色"和"世界一流"等育人资源的有效利用。

四是"系统布局，全景育人"原则。立德树人要在坚定理想信念、厚植爱国主义情怀、加强品德修养、增长知识见识、培养奋斗精神、增强综合素质上下功夫。（简称"六个下功夫"）"六个下功夫"对培养新时代的"全人"提出了新要求，也为学校系统布局德育内容指明了方向。新时代的"全人"成长在多维度、多场景的复杂体验中。要在一个个成长事件中凸显学生自我成长的价值，需要不同德育路径相互呼应、彼此补充。在课堂中，要把德育课程、学科必修课程、学科选修课程、跨学科课程等整合起来，形成整合性的德育课程阵地，以提高课程多方面的发展力；在活动中，要将活动系列化、主题化、结构化，充分发挥每一个活动的育人功能，实现活动全面育人功能的整合；在家校合作中，要通过系列化的课程学习、实践指导、学生实际发展状况反馈等，提高家长的德育水平，逐步加大学校德育与家庭德育的整合力度，提高家校整合育人水平；在学生评价中，要关注学生行为方式的培养、学生思维方式的优化、学生的精神发育以及学生的学习境界；在社会资源利用中，要发掘来自各行各业的家长、社区、社会资源等，通过不同层次和不同方面的资源整合，形成全景德育资源。基于"五育"融合、阶段要求、全景整合、系统建构的全景德育内容体系就是要培养这样的人：一是培养具备民族灵魂的现代中国人；二是培养具有世界担当的现代世界人；三是培养葆有卓越追求情怀的现代人。只有以这样的德育任务建构校本化德育体系，才能逐步增大德育的"全景"范围，提高全景德育的可持续育人水平。

二、把握三个视点

世界一流中学在"中国"和"世界"的全景时空中立德树人，就是要把国家全景和时代全景转化为学校的德育全景，其核心是把新时代的宏观教育要求转化为学校的德育体系。要实现这一转化，需要把握好三个新视点，以这些新视点为改革支点，探索将时代全景转化为学校德育全景的基本策略。

第一个视点是德育愿景的新高度。新时代"五育"并举的教育方针，要求学校德育体系建设要以培养健全、完整且能创造幸福的"全人"为根本目标。第二个新视点是德育主题的新变化。根据新时代社会主要矛盾的新变化，新时代学校的德育主题应集中在如何帮助学生解决发展"不平衡不充分"与"美好生活需要"之间的矛盾上来，要首先引导学生解决自身发展不平衡不完整的问题，以此为基础，把握正确认识、判别和分析社会主要矛盾的科学思想方法，形成正确对待和处理这些矛盾的态度、原则、价值取向和发展智慧，打好创造自我幸福和美好社会的意识与能力基础等。第三个新视点是德育任务的新调整。要落实新时代学校德育的新愿景和新主题，需要以富强、民主、文明、和谐、美好为总纲，引导学生坚定理想信念、扛起责任大旗，践行社会主义核心价值观，培育中国精神和全球胜任力，成为新时代中国特色社会主义事业的建设者和接班人。

根据这三个新视点的要求，世界一流中学在将宏观教育要求转化为学校德育体系时，可以通过挖掘传统文化资源、追踪时事热点、筛选网络素材、优化研学项目、拓展学生志愿者项目、开发学生科技创新项目等方式，建构全景式的校本化德育内容与实施体系。

上述路径可以不断细化和丰富，如在改革开放 50 年、中华人民共和国成立 80 年、建党 110 周年三个历史重要时刻，学校可以跟踪时事热点，不断更新德育素材，利用开学典礼、寒暑假实践活动、"全人讲堂"等形式，整合家长资源、课程资源等，分年级分主题有侧重地让学生关注时事，培养学生的家国情怀等。关注时事热点，聚焦时代主题，与时俱进更新德育素材和内容，才能确保全景德育内容体系的鲜活感与现实性。

三、注重适切性与层次性

全景德育中的"全景"，不是越"全"越"大"就越好，而是根据提高可持续育人质量的要求确定"全景"范围和层次，在提高德育适切性的过程中提高全景德育的可持续育人质量。提高全景德育可持续育人质量的实质，是强化全景德育的高质量建设，这既是全景德育本身的要求，也是明确全景德育是否具有中国特色和世界一流中学特征的要求。首先，全景德育的高质量发展，是建设世界一流中学的举措，是确保世界一流中学高质量建成的基石。其次，全景德育的高质量发展，可以为学生思想品德的高质量发展助力。教育不仅是文化的传播，也是精神的传播，更是涵养高品质学生的重要渠道。全景德育的重要功能，就是要塑造"全人"的品质，锤炼"全人"的行为，充盈"全人"的精神，把学生培养成社会文明的参与者、锻造者和推动者。再次，全景德育的高质量发展，可以助力教育的高质量发展。教育高质量发展是一个庞大的体系，它具有整体性和全方位性。全景德育的高质量发展，在教育高质量发展体系中居于优先地位，是影响高质量教育体系成效的关键因素，既是教育高质量发展的刚性支撑，也是世界一流中学建设的有力保障。

全景德育体系建设质量的高低，取决于全景德育目标、内容、实施方式、评价模式的适切性与层次性。适切性是指建构的德育体系要符合学生发展特点、新时代育人要求、社会发展实际、学校特色资源等；层次性是指全景德育具有循序渐进的特点，符合学生成长历程。只有建构具备适切性与层次性的德育体系，全景德育才谈得上高质量，才能在全景时空中提高可持续育人质量。

为了在学生习惯养成方面体现德育的层次性，我们以三种"修习课程"的构建为主线设计了全景德育活动阶梯。首先是"行为文明之未来修习"课程。我们的发展目标是提升"全面质量"，培育"卓越全人"；追求的是既要有令人称羡的好分数，又要有人的高质量发展。"卓越全人"的目标，首先要求学生成为一个文明、和谐、健全、饱满的生命个体，要求学生从行为习惯、文明礼仪、待人处世、身心修养等方面去追求文明、追求高尚卓越的品行。根据学校的育人定位，这一课程主要强调培养学生的规则意识，要求他们严格遵守校纪班规，以维护学校的正常秩序。课程从细节入手，如要求学生不迟到、课间不打闹、教学区不打球、排队等候、上下楼道靠右行走等，旨在培养学生良好的行为习惯。同时，课程也强调语言文明和举止优雅的重要性，以及培养尊重、真诚、友善、礼让等人际交往品质。此外，课程还注重爱护公共环境卫生和个人空间自觉整理的教育。在行为习惯的养成上，我们针对不同年级、不同时期学生的不同特点，进行了有层次的渗透式设计。既有针对单个学生的主体教育，也将优秀行为习惯培养等主题融入班会、"道德午餐"等课程中，从进校到毕业，进行长期的教育和养成。例如，为培养新生"自觉遵守纪律"的意识，我们开展了"系好中学的第一颗纽扣""国防军事教育""新生入学教育""入学典礼"以及"中学生一日常规知识竞赛"等活动。同时，为适应中学学习生活，我们还举办了"学长成功经验分享会""时间规划大师""晚自习安排指南""高中生课堂笔记展示"以及"高中生试卷书写大赛"等活动。为了充分考虑德育的适切性和层次性，我们探索了将德育素材转化为德育内容的全链条融通策略。这一策略首先根据德育目标定位德育主题，然后根据德育主题筛选德育素材，并将筛选后的德育素材转化为德育内容。接下来，通过多种形式的德育实践来实施这些德育内容。最后，根据实践效果评估德育目标的达成情况，并据此调整德育目标、主题、素材和内容，从而较好地落实了适切性与层次性的要求。

第二节　全景德育的建设目标

根据世界一流中学的内涵、建设原点与本质、一体化改革框架等综合要求，全景德育改革可以在德育生态和"全人"发展两方面确立工作目标与质量目标。

一、在"中国"和"世界"的全景时空中优化学校德育生态

世界一流中学推进全景德育改革的首要目标，是整合"中国"和"世界"的育人资源培育优质的学校德育生态，只有在"中国"与"世界"的全景时空中优化了学校德育生态，形成了"全人"培养合力，学校德育才能落实上述原则和思路，真正提高可持续育人质量。

　　全景德育视域中的学校德育生态，首先是一种实践生态，需要聚焦德育实践改革确立学校德育建设的整体愿景。根据世界一流中学的育人要求和可持续育人质量观，全景德育应以学校文化建设为引领，以"文化底蕴、未来意识、时代强音、立体发展"四个关键词为核心，建设新时代的学校德育实践生态，并以此细化德育改革目标。学校文化是学校全体成员在教育教学和管理实践中逐渐积累和共同创造生成的价值观念、思维模式、行为方式及其活动结果，具有导向、引领、启迪、陶冶、熏染与浸润的作用。新时代的学校全景德育，应以学校文化为引领，在学校文化建设的整体框架中确立德育愿景和主体内容。培养"文化底蕴"，是通过知识学习、习惯培养、能力提升、文化熏陶等方式，培育有知识素质和文化修养的现代人；培养"未来意识"，是根据学生在未来世界中可能面临的道德问题，思考今天应该做什么、我们能够做什么，以此确定德育的重要内容与方式，培育具有未来适应性的现代人；配合"时代强音"，是打破学校围墙，走进现实生活，把握时代脉搏，以时代所需人才品质的最强音确定德育内容和方式，培育了解时代、理解时代和改变时代的现代人；实现"立体发展"，是以"全人发展"的思路，系统考虑影响学生精神品质与人格发展的各个要素，从不同角度以不同方式形成德育合力，促进学生和谐发展和全面发展，培育生动鲜活、具有立体感的现代人。在这四个关键词中，"文化底蕴"是基础，学生的精神品格与人格风范是用文化滋养出来的，新时代的学校德育是用文化护航的德育；"未来意识"是方向，学生应具有面对未来、创造未来的品格，新时代的学校德育是面向未来的德育；"时代强音"是载体，学生具有直面现实和超越现实的精神，新时代的德育是以时代生活为载体的德育；"立体发展"是保障和结果，学校的德育活动，是在德育目的的统摄下，以学生身体动作、思维运转与心灵感受三位一体为显著特征的学校活动的综合体，其关键特征是学生全人参与、德行全面生成与环境的深度介入，因此要以"立体推进"的思路设计和实施德育活动，促进学生的立体发展，为建设优质的学校德育生态奠定基础。

　　全景德育视域中的学校德育实践生态建设，还要走向世界全景，培育学生关心人类命运共同体的精神品质和人格风范，并据此丰富德育生态的建设目标。根据"一个中国梦"和"两个百年"的新时代战略任务，以"中国脊梁、世界担当、坚韧自强、卓越发展"四个关键词为核心，建构学校德育的内容、方法、课程和评价等体系，以此形成走向世界的学校德育全景。"中国脊梁"以传承民族文化为切入点，涵育民族精神，铸炼中国风骨，为成为杰出的中国人奠基；"世界担当"以"培养行走全球的品格"为切入点，胸怀世界、了解世界、走向世界、奉献世界，为成为具有全球胜任力的世界人奠基；"坚韧自强"以"自立自强，求知求变""兼容并包，革故鼎新"为切入点，学会自立，应对挑战，持之以恒，自强不息，为成为坚韧奋进、不断超越的优秀学习者奠基；"卓越发展"以"在发现世界中发展自己"为切入点，志存高远、追求卓越，在艰苦而幸福的学习与生活中走向卓越，为成为世界级的优秀人才奠基。

　　除了走向世界全景，全景德育生态建设还要关注新时代的社会主要矛盾，确立为每位学生的卓越发展与幸福人生奠基的德育生态建设目标。直面"日益增长的美好生活需要与发展不平衡不充分"的新时代社会主要矛盾，以"契合成长阶段，体验成长快乐"为关键要素，既为每位学生的卓越发展与幸福人生奠基，也为学生增强解决社会主要矛盾的意识与能力创造条件。"契合成长阶段"是根据学生在中小学阶段的认知、思维与德行发展等特征，选择和确定德育内容与方式，建构适合学生身心发展规律的现代德育生态；"体验成长快乐"是以推进体验式德育为重点，丰富德育活动形态、载体和途径，拓展学生的德行体验空间，引导学生在不同的道德情境中体验成长的快乐，收获成长的幸福。

　　要确立和细化上述目标，可以根据世界一流中学全景德育的建设要求、新的学校德育愿景和个人全景、学校全景、社会全景、世界全景等多维全景的建设任务，确立新的德育目标参照系，在新的参照系中推进学校德育创新。为了整合"中国"和"世界"的育人资源建构育人的全景时空，可以用培育"四为"精神的大视角定位学生的成长航标。

　　"四为"，即"为天地立心，为生民立命，为往圣继绝学，为万世开太平"。"立心""立命""继绝学""开太平"的多维全景，要求新时代的学校德育以"四为"精神为学生的成长航标，培育学生的整全生命。一是以"人的全景发展"定位学生的成长航标。根据学生发展的健全性、完整性、充分性、差异性、终身性等要求，勾画学生的成长蓝图，确立学生的成长方向，以此建构学生的评价指标和全景式综合素质评价系统。二是以"四为"精神引领学生的"全景发展"。将"为天地立心，为生民立命，为往圣继绝学，为万世开太平"的精神追求落实到德育的各领域、各环节，把天地、万民、圣贤、万世、开太平等隐含的德育要素，渗透到学生成长事件和学校德育事件中，把是否具备"四为"精神作为衡量学生健全性、完整性、充分性、差异性、终身性的标准，引导学生在更高的平台上，涵养天地正气，培育现代品性；心系百姓福祉，成就优质生命；光大圣贤学统，修炼生命智慧；奠定万代基业，共创和平世界。三是站在人类总体发展的高度上优化成长航标。以"连接世界，引领未来"的格局，把握和预测人类的全景发展特征与要求，站在人类发展的广度、高度和总体走向上，优化和细化全人发展航标与目标。

要明确、细化、改进和完善上述生态建设目标，更好地体现全景时空对生态建设的要求，还要面向未来拓宽时空视域，确立生态建设的过程实施目标。即以"创造未来""行走世界"的全景致开拓学生成长路径。"未来"牵动时间全景，"世界"牵动空间全景，只有时间和空间立体交织，才能形成学生发展的"全景致"。在"全景致"中开拓和丰富德育路径，才能形成学生发展的立体网络，才能为优化学校的德育生态创造良好条件。在"全景致"中开拓学生的成长路径，需要重点关注三个方面。新时代学校德育的"全景致"就是全体学生构成的美好景致，把学校每位学生都当成潜力无尽的宝库，把每位学生都培育成看不尽、说不完的美好景致，是世界一流中学全景德育坚守的理念。

其一，确立学校师生共创精美景致的德育生态建设目标。"各美其美、美人之美、美美与共"，在新时代的校园里没有配角，每个人都是校园的主人，从我做起，志存高远、追求卓越。学会与人合作，在交流、分享和创造中涵养成功人生的智慧、养成行走全球的品格，在每一位师生的共同努力中，创造出新时代学校的美好景致。在每一条道路上留下最美的成长风景。世界一流中学建设全景德育的任务之一，就是引导学生在不同的成长路径上积累"创造未来"的智慧，养成行走世界的品质，以磨砺自己的品性，滋养自己的灵魂，丰盈自己的生命，建构自己发展的全景图。以"在发现世界中发展自己"的大思路丰富学生成长经历，世界一流中学推进全景德育的过程，就是引领学生不断发现，在发现中不断增加体验深度，绘制大景致的道德地图，获得大视域的真实发展的过程。

其二，确立在"发现"中建构德育场域的目标。发现和利用社会上的德育资源，既把"往圣"的"绝学"变为德育资源，也把社会事件转化为德育资源；既立足中国寻找德育资源，也放眼世界优化德育资源；既立足现实生成德育主题，也着眼未来丰富德育内容，在中外古今的德育沃土上发现有利于培养时代新人的德育因素，以建构更大视角的有利于"在发现中发展学生"的德育场域。教师在"发现"中生成德育智慧。一是发现学生的优点和潜力，生成利用学生优点和潜力进行德育的智慧。二是发现德育资源，在学科教学、选修课程、课外活动、社团活动等不同领域中发现德育资源，生成有效利用这些德育资源的智慧。最后是在班级事件中发现德育契机，生成及时发现和利用班级事件进行德育的智慧。

其三，确立学生在"发现"中滋养美好德行的目标。首先引导学生发现自己的优点和潜力，帮助学生有效利用自己的优点和潜力发展自己。其次是引导学生发现自己的不足，探究改进不足的方法，在发现和改进不足的过程中发展自己。再次是引导学生发现同学、师长、朋友的闪光点，探究将别人的闪光点变为自我成长养料的方法，在发现和利用别人优点的过程中发展自己。这三个方面的"发现"，不是彼此割裂的，而是相互关联的，共同构成新时代学校全景德育的"大思路"和"大景致"，以此优化学校的德育生态。

二、在全景德育生态的优化中促进"全人"发展

世界一流中学以培育新时代"全人"为改革起点，全景德育生态建设的重要目的是为了更好地培育新时代"全人"。从世界范围看，"全人"发展是以"全人教育"理论作支撑的。全景教育不仅指整全人的教育，也指教育应有的"全景"场域和"全景"方式。全人教育主要关注的是"完整的人"，崇尚人的身体、心灵、精神、灵魂的整合，情意、灵性、灵感、直觉的激发，想象力、创造力、多元综合智能的开发，人与自然、人与人、人与社会的和谐发展①，其内涵更多指向人的发展目标，是培养"整全人"的一种视角。"全人"教育与全景教育有着许多交叉点，都主张培育"整全的人"。世界一流中学建设全景德育，就应综合"全人"教育和全景教育的多项要求，促进"全人"发展，并以此为目的推进德育改革。

要围绕这一目的建设全景德育，必须回到"全人"发展是什么这一核心问题上来。有研究者发现，美国基础教育重提培育"整全人"的目标，是从促进儿童的社会、情感和学业协调发展的角度出发的，这亦是当前美国基础教育培育"整全人"内涵的时代诠释②。它从价值的角度讨论了全人发展，认为全人教育要重视生命教育，发展健全的人格教育正确理解生命意义，使受教育者更好地发展社会生活，获得身、心、灵的全面发展③。有研究者提出，要建构智商、情商、动商三商一体的全人发展理论体系④。这一主张实际上是对"五育"融合的转换与现实表述。它探讨了"全人"发展的方法论问题。

那么，全人发展内涵、价值、目标、内容等与全景德育是什么关系呢？首先，人

---

① 杨亚辉. 全人教育：培养全面发展的人的一种视角——"中国百年教育历程：回顾与展望研讨会"综述 [J]. 中国高等教育，2010，441 (12)：62.

② 李政云，孙明星. 培育"整全人"：美国基础教育发展新导向——基于《从处于危险中的国家到充满希望的国家》解读 [J]. 教师教育学报，2020，7 (5)：96—103.

③ 吴立保，谢安邦. 全人教育理念下的大学教学改革 [J]. 现代大学教育，2008，109 (1)：69—74，112.

④ 张新萍，王宗平. 建构智商、情商、动商三商一体的全人发展理论体系 [J]. 南京理工大学学报（社会科学版），2015，28 (5)：26—31.

的思想品德的发展是全人发展的内容，从某一角度来说它是全人发展的根本。有研究者探讨了终身教育与全人教育之间的关系，指出"'终身教育'是一个关于'人生'时空全覆盖的教育概念"，"'终身教育'的深意在于使教育成为个体一生和社会发展不可分割的、内在必需的构成，它需化入人生、社会活动的各个领域"①。这说明全人教育的内容体系中必须包含育德的内容。其次，在育人的价值主张上提倡育德为先。虽然在人发展的过程中，没有德智体美劳谁先得到发展谁后得到发展的问题，但在价值主张上有立德为先的考量。中国教育从古至今都是如此。孔子教学以"六艺"为内容，但始终是以"仁"和"礼"为主导，提倡修身养性，把人培养成贤者、君子②。我国自孔孟以来的儒家思想"止于至善"，体现了以全人发展为教育核心的理念。康德也提出"教育的使命在完成人之所以为人"，也道出了个人完整发展的重要教育任务③。今天的教育特别强调立德树人，也是把德育放在首位来考虑。也就是说，德育是"全人"发展的基础，德育的高质量发展有助于"全人"发展，这也是在全景德育中促进"全人"发展的内在逻辑所在。

全景德育要实现全人发展目的，需要强化大视角全景致特征。"大视角"包括时、空两个方面：一是在时间上既兼顾学生的过去、现在与将来，也融汇国家、民族和人类的发展历史、现实与未来，德育内容的建构既对学生的过去和社会历史负责，也对学生和社会的今天负责，更对学生和社会的未来负责，确保时间上的大视角；二是在空间上兼顾个体、家庭、学校、社群、社会、国家、全球等地域和范围，凡是学生可能涉足的地方，都是德育内容不可忽视的地方，确保空间上的大视角。综合时空两个大视角，全景德育以系统化的思维，深度挖掘影响德育效果的不同要素，充分发挥不同要素的不同功能，以全要素、多层次推进德育活动，确保德育内容与形式的大视角。全景致，是以学生生命的优质成长为圆心或主线，以360°的全方位观察视角，呵护、观察、发现、引导、修正生命，促进生命的整全发展。大视角和全景致相辅相成，大视角强调德育视野的"宽"与"远"，全景致强调生命培育的立体化、无死角，没有"宽"与"远"，就难以立体化和无死角；没有立体化和无死角，"宽"与"远"就失去了意义。因为只有全景致和"宽"与"远"，才能促进"全人"发展。

世界一流中学要培养的"全人"，是身心、智识、品格、思想、境界等和谐发展与

① 叶澜. 终身教育视界的深刻意蕴：全时空性的全人发展——保尔·朗格朗带给我们的启示和价值 [J]. 人民教育，2017，758（1）：13—18.
② 唐少清. 全人教育模式的中外比较 [J]. 社会科学家，2014，212（12）：110—118.
③ 游学民. "全人教育"思想及其当代价值探析 [J]. 价值工程，2011，30（14）：243—244.

完整发展的时代新人，是具有坚定理想信念，能弘扬中国精神、扛起责任大旗、践行社会主义核心价值观，具备全球胜任力的人。具有中国特色的世界一流中学应当紧紧围绕"为谁培养人""培养什么样的人"两个核心问题，确立德育建设的目标与任务。

世界一流中学全景德育以"为党育人、为国育才"为育德目的，以坚定理想信念、扛起责任大旗、践行社会主义核心价值观为育德目标，把培养身心健全发展的合格"全人"、迎难而上不断超越的优秀"全人"、知行合一成果丰硕的卓越"全人"作为育德目标，见表 4.1。

表 4.1　世界一流中学全景德育的目标

目标阶梯	具体目标
合格"全人"	身心健全；习惯良好；学习认真；有责任心；课程选修符合要求；了解"四为"精神等学校文化；能当好学校主人翁
优秀"全人"	身心和谐；积极向上；能理解他人、帮助他人；敢于应对挑战，能迎难而上，抗挫折能力强；能以自己的好习惯影响别人；具有很强的责任心；校内校外都具有积极向上的形象；能合理选择自己的学习层次与班级类型；能合理选择适合自己的课程，积极主动地参与课程学习，收获较大；能积极主动地发展学习内生力、自主学习力、资源整合力和成果表达力；学习有方法、有策略；能在日常行动中体现"四为"精神，能借力发展；能为学校的发展出谋划策；自己的成长令自己满意
卓越"全人"	积极阳光，充满朝气；富有爱心和奉献精神；知情意行合一；必修课程学习成绩优异；选修课程成果丰硕，质量高；积极策划和参与学校活动，活动质量高；中国文化根基深厚，具有世界视野；自己的作品或参与的活动在国内外获得奖励，产生了较好影响；为学校或他人的发展做出较大贡献

第三节　全景德育的内容框架

把"全景"概念引入学校德育实践，其主要目的是基于学生成长的规律和学校德育应具有的真实性、整体性与交互性，以"超大视角"建构学校的大德育内容体系，在大德育体系中优化学校的现代德育生态。根据全景德育的上述目标，可以确立和细化如图 4.1 所示的内容框架。

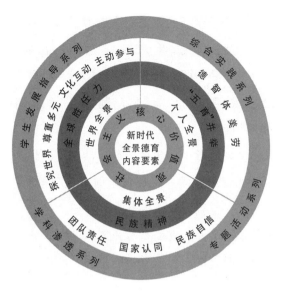

图 4.1 世界一流中学新时代全景德育内容要素

一、一个核心：社会主义核心价值观

世界一流中学全景德育内容必须以社会主义核心价值观为核心深化和延展。党的十八大以来，我们党在价值理念和价值实践上达到了一个新高度。党的十九大报告明确提出，"社会主义核心价值观是当代中国精神的集中体现，凝结着全体人民共同的价值追求"，强调要"培育和践行社会主义核心价值观"，"发挥社会主义核心价值观对国民教育的引领作用"。这一思想，把培养什么样的人与社会主义核心价值观更加紧密地结合起来了。习近平总书记强调："要注意把社会主义核心价值观日常化、具体化、形象化、生活化，使每个人都能感知它、领悟它，内化为精神追求，外化为实际行动，做到明大德、守公德、严私德。"习近平总书记"明大德、守公德、严私德"的思想，与社会主义核心价值观紧密相连，把涉及国家、社会、公民的价值要求融为一体，使立德有了明确的目标和"抓手"，既是马克思主义道德观的创新发展，又是新时代立德树人根本任务的本质要求，也是世界一流中学育人的根本要求，因而是全景德育内容体系的核心。

二、三大领域：个人全景、集体全景、世界全景

以社会主义核心价值观为核心，在个人、集体和世界三大全景中建构学校的全景时空，在全景时空中细化德育内容，细化德育内容的基本思路与方式是建立德育与生

活的联系。道德源于生活，基于生活的需要。生活是个体生命的动态生成，是人的生命历程的全景展现，人在生活和实践中生成道德，过什么样的生活，就有什么样的道德。好的德育应将学生成长生活中面临的真实问题、困难与自我成长的经历作为德育内容，引导学生系统化地解决现实的、未来的问题与经验，从而提高学生的道德认知能力和解决道德问题的实际能力。

世界一流中学全景德育观照学生一生的道德生活与发展，个人与集体、与世界紧密相连，由此提出了全景德育内容的三大领域，即个人全景、集体全景和世界全景。个人全景就是立足个人的发展全貌，全面提升个人素质，坚持"五育"并举，这是全景德育的基石；集体全景是指个人的成长离不开集体，集体的发展离不开个人。集体价值在于涵养团队责任、国家认同、民族精神，培养具有中国风骨的现代人；世界全景是指随着全球化的不断深化，人类命运联系越来越密切，同命运、共呼吸的价值取向已经广为认可，现今世界坚持和平与发展是时代的主题。所以，培养符合世界发展要求的人才，必须遵循"全球胜任力"的价值取向，其核心价值在于主动参与、尊重多元、探索世界、文化互助。

三、三个模块："五育"并举、民族精神和全球胜任力

根据"一个核心"和"三大领域"，可以不断形成全景德育的三大内容板块。第一个板块是立足个体全面发展的"五育"并举，第二个板块是立足国家的民族精神培育，第三个板块是放眼世界的全球胜任力，分别对应个人全景、集体全景和世界全景。

第一个板块是坚持"五育"并举，培养全面发展的人。"五育"是指德育、智育、体育、美育、劳动教育。《中共中央 国务院关于深化教育教学改革全面提高义务教育质量的意见》指出，突出德育实效，强化学生良好行为习惯和法治意识养成；提升智育水平，坚决防止学生学业负担过重；强化体育锻炼，让每位学生掌握1~2项运动技能；增强美育熏陶，结合地方文化设立艺术特色课程；加强劳动教育，加强学生生活实践、劳动技术和职业体验教育。

第二个板块是涵养民族精神，培养有"中国心"的人。中华民族精神是中华民族在漫长的社会历史发展过程中逐步形成的，它是中华各族人民社会生活的反映，是中华文化最本质、最集中的体现，是各民族生活方式、理想信仰、价值观念的文化浓缩，是中华民族赖以生存和发展的精神纽带、支撑和动力，是创新社会主义先进文化的民族灵魂。在中华民族精神中，爱国主义是中华民族精神的内核，勤劳、勇敢、热爱和

平、不屈不挠、自强不息等都是中华民族精神具体的表现。立德树人的教育方针时刻提醒我们要对"为谁培养人""培养什么人""如何培养人"三个教育核心问题保持清醒，所以全景德育必须始终坚持有意识地培养学生的团队责任感、国家认同感和民族自信。

第三个板块是关注全球胜任力，培养胸怀世界的人。全球胜任力是从知识、价值观、技能、态度四个维度出发的。第一，它包括对地区、全球和跨文化议题的分析能力，学生可以利用并且结合学科知识和在学校里学到的思维模式，提出问题，分析复杂的数据和论点，解释他们观察到的现象，形成自己的立场。第二，它包括对他人的看法和世界观的理解和欣赏能力，从多视角思考全球问题和他人观点与行为的意愿及能力。第三，它包括与不同文化背景的人进行开放、得体和有效的互动的能力，对文化规范、交互风格、跨文化情景的了解，能灵活调整自己的行为和用语，以适应不同的互动情景，尊重他人，主动了解对方，并且努力关注边缘群体的能力。第四，它包括为集体福祉和可持续发展采取行动的能力，对地区、全球、跨文化议题做出回应的准备程度，具备该能力的学生能够采取明智的反思性的行动，愿意参与改善自己的社区和社区以外的其他地区人们的生活条件。

综上所述，世界一流中学的全景德育内容体系，是以社会主义核心价值观为核心，关照学生发展的全景领域，即个人全景、集体全景和世界全景，形成三大内容，即"五育"并举、民族精神、全球胜任力。"五育"并举指德智体美劳全面发展；民族精神包含团队责任、国家认同、民族自信；全球胜任力包括探究世界、尊重多元、文化互动、主动参与。三大内容共十二个要点，通过学校学生发展指导系列、综合实践系列、专题活动系列、学科渗透系列、四大系列课程实施。

第四节　全景德育的实践样态

实践样态的本质是对某领域或类型对象实践所应呈现的发展形态的深度及准确描绘。全景德育是以全景为关键特征的具有全面育人、全方位育人、全程育人特征的德育。要运用上述内容实现上述目标，需要不断呈现出如下样态。

一、在个人全景、集体全景、世界全景的整合性框架中开展德育活动

全景德育的实践样态需要在"个人全景、集体全景、世界全景"的生态建设与"全人"发展的目标框架中展开。德育目标，是指通过德育活动在受教育者品德形成、发展上所要达到的总体规格要求，是德育活动所要达到的预期目的或结果的质量标准。德育目标是德育工作的出发点，它不仅决定了德育的内容、形式和方法，而且制约着德育工作的基本过程。全景德育目标必然要指向学生的个人全景、集体全景和世界全景三个维度。个人全景主要指向学生的德智体美劳的全面发展，不可取其一而舍其余。集体全景指向学生的团队责任感、国家认同感和民族自信，发展学生的社会适应能力，培养学生的爱国主义精神。国家若要赢得未来，学校须培养当代学生，使之具备全球胜任力。世界全景指向学生全球胜任力的培养，包括探究世界、尊重多元性、文化互动、主动参与等素养，旨在提升学生全球就业能力，在多元文化社会中的合作生活能力，以及实现联合国可持续发展目标所必需的领导力等。"个人全景、集体全景、世界全景"三维度交互作用，既形成了动态目标体系，也为全景德育的有效实践提供了运行框架。

当今世界正处于广泛交流合作，信息资源全球化、多元化和网络化的大发展阶段。为了拓宽学生的视野，为他们提供更丰富的获取专业知识的平台，稳固及升华各方面综合素质能力，实现个人全景、集体全景、世界全景的交互发展，一些学校开办了极具特色的"全人讲堂"，推动全景德育目标现实化和操作化。如清华大学人文学院历史系思想文化研究所教授、博士生导师彭林在"全人讲堂"作长达两小时的讲座，同学们聚精会神，收获满满。电子科技大学信息与通信工程学院教授、博士生导师龚耀寰教授从雷达出现的历史讲起，引经据典，从美国的通信测试受到飞机干扰，讲到第二次世界大战英国利用雷达对抗德国飞机和潜艇进攻，在精彩的案例分析中，既梳理了雷达发展历程，又凸显了雷达在国防安全领域的重要地位。

锦城一中强调"个人全景、集体全景、世界全景"，建设"全人讲堂"，实现内联外引，多方位整合社会教育资源，全面构建"多样化、有层次、多选择"的德育体系，科学与人文并重，以"丰富的教学模式"为手段，推动学生多元成才、个性发展。

二、强化全人发展、全体协同、全球共进的整合育人功能

德育功能是指德育对整个社会系统的维持和发展所产生的作用和影响。一般说来，

它包括政治、经济、文化、社会性、自然性、自我享用六大功能。同样，全景德育能对整个社会系统的维持和发展产生积极作用和影响，它也包含六大功能。世界一流中学所凝炼的"全人发展"是全景德育中最重要的一个要素，是全景德育的核心宗旨。"全体共进"是全景德育中的第二个要素，是实现"全人发展"的方法策略，是"全人发展"在系统中运动产生价值的动力。"全人发展"和"全体共进"实现德育的社会性、自然性和自我享用功能。"全球共进"是全景德育中的第三个要素，是全景德育系统与外界互动的产物，是"全人发展""全体共进"在运动中与外界交互的结果。"全球共进"实现全景德育的政治、经济、文化功能，但其功能的运行与推动不是绝对的，"全球共进"在实现政治、经济、文化功能时也会关照全景德育的社会性、自然性和自我享用功能的实现。同时，"全人发展""全体共进"在实现社会性、自然性和自我享用功能时，也会关照全景德育政治、经济、文化功能的实现。所有要素的运动都不是孤立的，"全人发展、全体协同、全球共进"三者交互形成的机制，保障全景德育功能的实现，也推动全景德育正常运行。

同时，"全人发展、全体协同、全球共进"也是对全景德育"育什么人、如何育人"的回应。学生的有效发展和有价值的发展，应是"全人"式的发展。同时学生的发展也不是孤立的发展，任何人都生活在群体中，只有融入了团队，在全体协同中才能更好地学会共处，主动承担团队责任，生成强烈的国家认同和民族自豪感。新时代的中国更加关注人类命运共同体的建设，人的发展必须放眼全球，全景德育要关注全球胜任力的培养，只有学生致力于全球共进，人类才能共享和平，享受发展给全世界人民带来的福祉。

为了实现全景德育中全人发展、全体协同、全球共进的功能目标，我们建设并完善了模拟联合国课程，并积极组织学生参与国内外顶尖的模拟联合国会议，以全面培养学生的综合素养。我们开设的模拟联合国课程（简称模联，MUN 课程），是模仿联合国及相关的国际机构依据运作方式和议事原则，围绕国际上的热点问题开展的活动。该课程基于理解、友谊、合作、学习的宗旨，旨在为学生提供一拥有个广阔国际视野的锻炼平台。为了让学生充分参与国内外模拟联合国会议，我们采取了最专业的培训要求并实施培训课程，并建成了属于自己的专业中学生模联教室，以大力支持模联活动。我们力争率先将"锦一模联"建设成为国内中学模联的标杆，以更好地实现学生全人发展、全体协同、全球共进这三个功能目标。

三、推进全场域整合、全主体共生、全过程融通的整合实践

世界一流中学德育的全景场域，是以建构有利于促进学生整全生命成长的立体空间和超大视角为主要任务，不断优化形成的具有学校特色和文化底蕴的师生道德品质与人格风范的发展场域。世界一流中学的学校德育场域，是影响学生道德品质与人格发展的各要素构成的关系网络及其存在的影响力。德育场域就是德育空间，这个空间内存在着有形无形的道德与人格影响力。在学校的全景场域中，人人都是参与者，学生、教师、家长等共同构成了一个关系网络，他们既影响别人，同时也会受到别人的影响，全景德育追求的是一个全主体共生的和谐的德育关系网络。德育不是一个孤立的过程，而是渗透在学生全部生活的时间、空间和过程，因此全景德育的第三个要求是必须做到全过程融通，在全过程中实现德育的润物无声。

如我们开展的为期一个月的艺术节活动，借助个人层面、班级层面的各项比赛和展示，通过现场表演、网络直播、自媒体宣传、多群体参与式评价等方式，让参赛学生和非参赛学生互动起来、让班级与家长配合起来、让校园与社区结合起来，从场域和参与主体上形成一个有机的网络，把各方面的资源和力量整合为一个全息的育人环境。在这一过程中，不仅有班级海选更有全校比赛，不仅有才艺展示，更有诸多学生团队对活动的全程组织、管理。这里有每个参与主体的创造力的体现：在活动开展过程中，对学生德智体美劳的教育、领导力的培养，创造力的激发，自主成长意识的成长等自然地融合在一起，无声、无痕地浸润学生的成长过程。

四、完善全景交互、复杂关联、深度体验的实施路径

"全景交互"指的是在德育过程中信息的发送、接受、理解和加工机制。"全景交互"不仅仅是教师对学生的单向度的、线性的影响，而是师生间、生生间双向的知、情、意、行交互作用的非线性过程。世界一流中学的全景德育，是以建构有利于促进学生全人成长的立体空间为主要任务，不断优化形成的具有学校特色和文化底蕴的师生道德品质与人格风范的发展场域。世界一流中学的全景德育，是以建构德育的"交互场域"为重要手段，形成的全方位、全过程、全覆盖、全渗透的德育体系，做到人人参与、个个担当、处处渗透、德润无声，帮助学生一路成长、一路欢歌、一路收获。

"复杂关联"是以"全人发展"为核心，以全景场域建设为主要思路，在德育时空、内容、策略、评价、资源等方面形成的和谐关系网络运行机制。在这一和谐关系

网络中，要重点处理好以下四对关系：一是要处理好学生与环境的关系。既要引导学生适应环境，又要鼓励学生改造环境，让学生在协调自己与真实或虚拟环境关系的过程中，学会做人、处事、求知、创新，并在此过程中提升道德素质和人格品质，以形成学生与环境互动共生的发展生态。二是要处理好共性与个性的关系。既要强调社会对所有人的道德素质要求，又要鼓励学生保持自己的创造力，在社会规范允许的范围内形成自己的个性，构建百花齐放的学生发展生态。三是协调好平衡与不平衡的辩证关系。既要让学生在一定时间内保持心理、道德认知、人格发展水平的平衡，又要通过新的生活情境，引发学生的道德认知冲突与道德能力的不胜任感，促进学生调整和发展自己的道德认知，提升道德素质与人格品质，形成动态发展的德育生态。四是要处理好竞争与共生的关系。在德育过程中，既要建立一定的竞争机制，引导学生在道德情感、道德认知、道德表现等方面积极发展，力争上游，也要强化团队意识，引导学生互帮互助，共同进步，形成积极互动的德育生态。

"深度体验"是让发展主体以建构者、参与者、实践者的身份进入德育场域，亲身体验德育知识的建构过程、德育知识与社会的关联、人的品德与社会的关系等，形成真实感受，并同步发现问题、设身处地解决自己或他人思想问题的过程。这一体验过程是从历史的、文化的、生活的、社会的、艺术的多方面，感受思想品德对个人、对他人、对社会的影响。它探索的是一条学生主动参与甚至发起学习的德育路径。如我们开展的职业研学活动就是一种积极有效的探索。我们认为，人有所长，业有所精，学生带着学习的智慧，根据学生发展指导课程指导学生对未来进行初步规划，在迈入更广袤的世界中，更深入地认识自我、发现自我、发展自我，让志趣变为志向，用智慧引领未来。

五、在真实情境和立体考察中整体建构评价准则

全景德育也需要评价。全景德育评价是对德育事实进行价值判断的活动[①]，主要采用第四代评价理论建构评价体系。从评价理论体系看，第四代评价理论是我国德育评价的最新理念。第四代评价理论是以建构主义为基础的，它关注多元价值，以融通不同利益相关者的利益为着力点，通过协商将不同环境下形成的意见、价值进行统筹、融合，进而达成共识。这种评价以"回应"为评价的出发点，回应评价利益相关者，

[①]　雷月荣，赵雪. 第四代评价理论视角下我国德育评价的现实困境与突围之策［J］. 教育理论与实践，2023，43（1）：28—32.

回应利益相关者的具体要求；在评价的本质上是共同建构，是一个协商、对话的过程；最终在平等的基础上达成评价结论的一致性，因此需要在真实情境和立体考察中整体建构评价指标与准则。

首先是整体建构评价准则。整体建构表现在确立"学校的全景德育整体规划，以学校文化引领学生的发展"上。世界一流中学的文化，主要从坚守"四为"精神的道德信仰、"创造未来"的道德信仰和"行走全球"的道德信仰三个方面形成基本框架（见图4.2），并根据这一框架逐步细化，形成全景德育中的道德信仰教育总纲，这是全景德育的灵魂和德育内容、策略、评价、资源的建设依据。评价准则整体建构的过程，就是将评价指标可观察化、可操作化的过程。如我们建构的学校德育文化框架，能从整体上涵盖全景德育的评价指标体系。

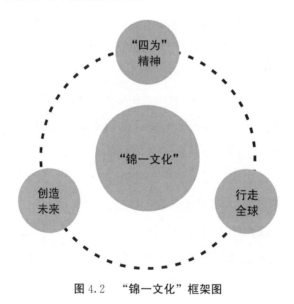

图 4.2 "锦一文化"框架图

其次是把评价放到真实情境中实施。真实情景中的一切经历，不仅能成为人生财富，把学生的成长风景串连起来，还能构成学生道德品质与人格发展的"全景致"。这个"全景致"是评价学生发展状态最好的素材或资源。如学生住校生活的独立体验、对课堂学习的积极思考、选修课上的兴趣拓展、社团活动的集体攻关……都是滋养学生德行的肥沃土壤与甘泉玉露，能帮助学生绽放优良品德的花朵，结出优良人格的硕果。但不少学校对学生的考察评价往往忽略这些最真实的、最有价值的素材。在真实情境中学生的表现是最真实的，真实情景中的"境"，也是全景德育中"景"的一部分。离开真实情境的德育评价，是脱离现实的评价。在真实情境中进行评价，可以把学生的认知、体验和行为结合起来，这个过程就是学生思想品德建构的过程，也是学生发展的过程。

第三是对学生进行全面、全方位、全程考察即立体考察。立体考察需要建构"在全景中发展全人"的学生综合素质评价体系，促使学生做到"知行合一"。我们以"立品立德""立学立业""立身立心""立艺立美"为核心要素，以"思想品德""学业成就""身心健康""艺术修养""社会实践"等为主要板块，细化德育评价标准，形成"全人发展"的综合素质评价体系，优化全景德育的内容体系，引导学生在过程中滋养德行、提升素质，用综合素质评价记录自己的发展轨迹，用发展轨迹感受自己生命的发展历程。

在具体的实施过程中，要以"聚焦成长事件，立足过程进步，展示最佳成果，及时记录反馈"为原则，建构综合素质评价的策略体系。德育策略要为促进"全人"发展的德育内容服务，要以道德意志为核心建构"全人"发展内容体系，形成与之匹配的"全景德育"策略体系。"聚焦成长事件"，即在综合素质评价中，筛选最能体现学生综合素质发展的事件进行记录，引导学生关注自己的成长点，从中获取进一步成长的智慧；"立足过程进步"，主要指观察学生在学习、生活过程中体现出的点滴进步，引导学生体会自己的进步，并把自己的点滴进步记录在综合素质系统中，以此树立发展自信；"展示最佳成果"，是指引导学生在综合素质评价系统中上传自己在必修课、选修课、课外实践或其他领域内形成的具有自己个性的最好的作品，以不同形式上传至自己的综合素质评价系统中，展示最好的自己，以进一步激活发展的内生力；"及时记录反馈"，指通过学生和老师的及时记录、反馈，引导学生及时调整，发挥综合素质评价的调整、发展功能，进一步体现发展性评价理念。以"边建边用，边用边改"的思路建设和优化综合素质评价平台，利用最先进的技术建构和完善全景德育评价系统。

如我们从新时代"全人"的发展现状和成长需要出发，设计了"红色路·三农情·中国梦"研究学习活动。这一活动的教育过程，除了看书学习，更多的是行走长征路，看长征路上的历史痕迹和变化过程，体验沿途的风土人情、农耕劳作，在真实情境中去理解中国梦的真正内涵。而要实现这一目标，需要我们对各方面的关系和资源进行整合，如当地政府的支持、友好学校的联系、家长资源的收集分类、家长志愿者的选拔、研学路线的整合、重走长征路的安全保障等，让各方力量集结，保障教育活动顺利开展。除此之外，还要对活动的开展顺序、教育目的的实现途径、每个点位与我们研学的关联、前期准备的学生参与、过程的活动组织、研学后的总结汇报、成果体现及物化等作整体的建构，让我们的教育意图真正落实，让学习和成长真实发生。而对活动的评价，更是要有机、多元、立体。评价既包括对这一研究学习过程的常规评价、资料准备评价、团队协作评价、结果展示评价，也包括集中奖励评价、物化成果评价，上传照片或视频到综合评价系统，还包括融入三年的成长评价体系，准备研学摄影作品展、研学论文集，向相关部门提交学生的发展方案，对友好学校长期支教和交换学习机会等，全方位、立体地呈现活动对学生成长的影响和积极作用。

第五节　全景德育的实践攻坚

在学校日常工作中落实全景德育建构的上述目标、内容与实践样态，还存在许多具体难点。学校需要根据实际情况确立实践攻坚点，通过多种方式逐步突破全景德育建设的障碍，才能提高新时代"全人"的培养质量。

一、全景德育视域下班会课的难点与攻坚

班会课是落实全景德育的重要渠道。全景德育视域下的班会课与一般的班会课有何差异？如何将传统班会课转化为全景德育视域中的班会课，是全景德育建设的重要攻坚点。要突破这一攻坚点，可以重点从以下几个方面着力探索。

（一）重点破解，把握全景德育中班会课的特质

全景德育视域下的班会课与一般的班会课有着本质的差别。这种差别不仅表现为两种班会课的价值目标不相同，还表现在内容和方法体系的差异上。

全景德育视域下的班会课承载着更加宏大的育人目标和任务。第一，它需要完成一般班会课的目标任务。班会课具有培养社会主义建设者和时代新人的功能。社会主义建设者和时代新人要形成理解、遵守社会契约的意识与能力，需要走进社会、适应社会，明确新时代对人才的基本需求。第二，要重视和关注未来职业形态的变化，要从未来产业形态的新变化中，尤其是从信息技术的发展中发现人所需要的新的德育素养。第三，要与世界连接，把提高全球胜任力作为德育的重要任务。全景德育强调，要赢得未来，必须培养具备全球胜任力和全球素养的人，其不仅要具备深厚的国际文化背景，还必须具备解决跨国性问题的能力。第四，要通过全景德育班会课的实施树立人的宇宙生态观，把学生培育成自然人、生态人。

全景德育视域下的班会课要呈现出生命发展的特征。班会课承担着涵养德智体美

劳、和谐持续发展整全生命的任务。第一，和谐发展是根本。德智体美劳"五育"并举的发展，不是强调突出某一方面的独立发展，而是帮助学生实现整全发展，不仅讲求"五育"的发展，更要突出"五育"的和谐平衡。第二，持续发展是关键。全景德育旨在培养立体发展、整合发展、可持续发展的鲜活的人。第三，发展整全生命是方向。适应未来的整全生命的德育路径，符合时代发展需要和学生成长需要，要立足当下，展望未来。

全景德育视域下的班会课要不断创生新的育人功能。全景德育指导下的班会课，要传承民族传统文化，但不是让学生复古，而是让民族传统文化具有今天和未来的发展意义，促进民族传统文化焕发出时代之光。班会课的新功能既在于传承民族传统文化，又在于挖掘民族传统文化对今天和未来的意义。因此，新的班会课，要在传承民族传统文化的同时，让学生走向未来，借助我们辉煌的过去走向更加辉煌的未来，借助民族传统文化的精华走向日新月异的明天。

（二）理念创新，探索适合全景德育的班会课新形态

世界一流中学的全景德育，是以建构有利于促进全人成长的立体空间和超大视角为主要任务，不断优化形成的具有学校特色和文化底蕴的师生道德品质与人格风范的发展场域。根据全景德育的这一要求，学校要不断探索出全景德育视域下班会课的新形态。

第一，班会课的空间形态。班会课建构的视角体系，要形成空间上和时间上的"全景"。从空间上看，学校全景德育既关注学生自身的"五育"发展和社会的形态转变，也关注自然和宇宙生态的变化。从时间上看，学校全景德育传承过去的民族传统文化，展现现在的时代之光，关注未来的职业形态。因此，全景德育班会课从时空上要建构广视角的内容体系。

第二，班会课的整体设计。为建设全景德育的实践生态，把全体学生培养成具有世界一流精神品质与人格风范的学生，班会课要注重整体设计。首先，要契合学生成长阶段，根据学生在中学阶段的认知、思维与德行发展等特征，设计和确定中学阶段全时段一体化的德育班会课体系，选择和建构适合中学生的现代德育班会课。其次，班会课的内容与学校活动、社团、学科德育、社会生活等结合设计，旨在将学生培养成立体发展、整合发展的鲜活的人，这是以全人发展为德育宗旨的应有之义。最后，班会课的材料来源应是学生、家庭、社会等，以此覆盖学生各种成长环境，才建构出班会课上的全景发展体系。

第三，班会课与时代的对接。根据整全生命的发展要求以及适应新时代的发展要

求，班会课内容要适应现实世界的话题，紧扣时代和未来，紧跟科技发展，避免陈旧说教。这就要求关注现在学生关心的话题，从学生感兴趣的话题出发，从而多方面建构全景德育策略体系，引导学生不断发展进行探索。

第四，班会课的有机生成。新时代班会课是促进每一位学生有序发展、整合发展和创生发展的德育载体。班会课要注重即时性，引导学生在预设的班会课内容中生成新的观点、思想，建构新的行为表现，把班会课的主旨精神变成点点滴滴的行为建构。

第五，班会课的立体形态。新时代的全景德育班会课，内容上，由于网络技术的运用，素材变得丰富多样；形式上，不再局限于班主任一言堂，学生能更多地参与策划和活动；空间上，由固定教室的德育班会场所，拓展到更大的空间，追求德育场域的立体感。班会课要紧扣全方位、全时空、全过程要求，才能符合全景德育的要求。

（三）系列建构，探索和确定全景德育的班会课主题

要落实上述要求，实现新时代"全人"发展培养目标，必须着眼于学生成长的起点，建构班会课序列。我们在建构初中班会课主题时采用了三步走的方式。第一步，从全景德育中建构"个人全景、集体全景、世界全景"三个维度，拟制了六大班会主题序列，指向全人发展所需的身心、智识、品格、思想、境界等和谐发展与完整发展。在六大序列的基础之上，将每一个序列分别提炼出十个主题，这十个主题都指向全人发展的品质维度，具体见表4.2。

表 4.2　基于新时代"全人"发展的班会主题序列关键词

六大班会主题序列	十个主题
谦谦君子，知书达理	礼仪、仪表、锻炼、整理、有序、安静、干净、阅读、表达、遵纪
学会学习，涵养底蕴	榜样、目标、计划、自律、方法、专注、反思、细致、探究、合作
追求卓越，立己达人	自知、自信、自强、坚韧、勇敢、慎独、尊重、明辨、坦诚、奉献
善待他人，悦纳自己	挫折、沟通、态度、赞美、交友、接纳、青春、坚持、情绪、生命
心念国家，使命担当	爱家、爱国、传承、报效、博爱、责任、担当、创造、积极、笃定
放眼全球，理解世界	科创、文化、格局、领导、技术、规划、向学、创新、视野、理想

第二步，将班会主题转化为班会内容。建立好班会主题序列的框架后，如何将序列主题转化为具体的班会内容，是攻坚的第二步。要促进班会主题向班会内容转化，需要进一步诠释主题，细化每一主题的教育目标，明确教育内容。例如，"谦谦君子，知书达礼"序列中的"整理"主题，我们将其诠释为"善于整理，类别分明"，做到主题之下，目标分明。在此基础上，我们将这一目标分解为两个实现指标：一是通过分

类操作掌握分类的技巧，初步养成有条理地整理物品、思考问题的习惯；二是将分门别类的意识应用到生活中，在有限的时间内追求更大的效益。班主任团队拿到这样的主题和内容就能进一步细化。在培养学生"谦谦君子、知书达礼"的过程中，有一项能力素养指向"整理"，那"整理"有何要求呢？这个要求就是让学生做到"善于整理，类别分明"，怎样才算"善于整理，类别分明"呢？这就需要班主任细化相关内容，细致地培养和训练学生达到这两个指标，即学会分类的技巧并将其运用到生活中，在有限的时间内追求更大的效益。主题的诠释和内容的分解，有效地帮助教师团队将抽象的培养目标，转化为教师伸手可触的内容，为目标的落地奠定了坚实基础。

（四）难点突围，高质量设计班会课

有研究者提出了班会课设计的五个原则：发展性原则、参与性原则、针对性原则、系统性原则和愿景性原则。班会课就是要促进班级和学生发展，要让学生全员参与、深度参与；班会课要根据不同年级、不同班级、不同学生来设计，要促进学生解决自己的实际问题；要对班会课进行系统设计，充分考虑班会课的要素、结构、功能和运行机制，进行整体的、系统的设计；班会课的设计要面向未来，让学生通过班会课得到成长。

有人提出了设计班会课的两种方式：第一种"以小见大"，是在课堂中通过小题材、小事件来解释主题、反映深广内容的主线设计方式；第二种"层层递进"，是一种循序渐进、由浅入深的班会课设计方式，使学生的认识从表及里，从现象到本质。班会课的设计要充分考虑学生的认知、体验和行动规律；要发挥班会课的育人价值与功能，要通过班会课培育班级文化，通过班级文化影响学生的成长；要考虑班会课本身的内涵和特点，对班会课的完整性、班会课的形式、班会课表达的方式、班会课在运行过程中隐含的教育意蕴、学生在活动中主体性和自主性的培育与实现、班会课的情景创设等都要进行设计。

班会课在实施的过程中要注意主体的多元性，要突出学生的活动，重视学生在活动中得到深度体验。教师尽可能退到后台，让学生成为班会课实施的主体。要寓教于乐，游戏、朗诵、讨论、竞赛、演讲、唱歌等都是主题班会常见的形式。活动主题的针对性、活动内容的多元性、活动形式的多样性有利于增强学生的参与性。

二、学生发展指导中全景德育建设的难点与攻坚

在全景"立德"的育人体系中，合理建构学生发展指导课程及其内容体系，发挥

发展指导工作的价值和功能，是教育改革的趋势，也是实践难题。

近年来，我国的中小学已开展了与学生发展指导相关的理论与实践探究，但由于认识或理解存在误区，体系和功能定位不明，学生发展指导工作在实践中面临一些问题。一是学生发展指导课程目标不明，定位不准，功能不显著。学生发展指导课与班会课、道德与法治课等交叉过多，导致该课程看似面面俱到，实则效果较弱。二是课程设置具有较大随意性，内容碎片化和零散性较为突出。学生发展指导在内容上涵盖了心理健康教育、生涯规划、职业指导等学生发展的多个方面，日常的德育、班主任工作、职业教育、学科教学等方面也能体现学生发展指导工作。这就导致学科课程的设置缺乏体系，缺少整体设计和规划，彼此间缺乏联系和整合。三是课程内容无序，实施不到位。到目前为止，学生发展指导课程还没有国家统一的教材和课程标准，各学校多按照自己的思路开展教学，内容不统一，教学时间易被挤占，导致学科内容落实不到位，教学效果参差不齐。把三个问题集中起来思考，不难看出，学生发展指导中最底层的问题是"全景"育人方式的融合。

围绕"全人"发展，全景德育育人方式的探索有三大难点：第一，从学生现实成长需要出发，有效建构有结构、板块清晰、呈阶段式螺旋上升的学生发展指导课程体系；第二，整合多方资源，积极拓展学生发展指导课程内容；第三，开展家校联合。要突破这三大难点，需要系统建构学生发展指导课程。

系统建构是一个内涵丰富的概念，很多学校的课程建设涵盖了"课程规划""课程开发""课程管理""课程实施""课程评价"等多种课程行为，突破了以往仅限于"课程管理"和"课程实施"的框架[①]。比较普遍的是，一些学校以文化为载体系统建构课程。学校课程文化系统建构的逻辑结构，是以学校教师内含于心的课程观为核心，以外显于行的课程设置和课程实施等行为与符号为表象的统一整体[②]。本研究中的课程建构是从顶层设计出发，整体谋划和建构学生发展指导课程结构体系，包括整合校内外资源拓展课程内容，开展家校共育，夯实学生发展指导工作效果。

世界一流中学的学生发展指导课程，应以全景德育为指导思想，以学生的"全人"发展为目标，整体谋划搭建贯穿中学六年的课程结构体系。在学校"三全"教育理念指导下，学生发展指导课程体系的建构应从学生的特点出发，聚焦学生"全人"发展，将"做人指导、生活指导、心理指导、学业指导和生涯指导"作为学生发展指导的核心内容，对学生发展指导的功能、内容、对象进行整体建构，形成学生发展指导的顶

① 杨九俊，彭钢，万伟. 学校课程能力的实践创新与模型建构［J］. 教育研究，2017，38（2）：104—111.
② 杨志成. 做好新时代中国特色学校课程文化建设［J］. 中国教育学刊，2018，304（8）：72—76.

层框架。（见图 4.5）

图 4.5 基于新时代"全人"发展的学生发展指导顶层框架

这一顶层框架需要不断细化实施流程，并努力推进方法创新。全景德育中的学生发展指导强调的是"全时空"和"全息"的内容建构。因此，对外要连接社会力量，开展跨项目合作课程；对内要挖掘校内资源，开发跨学科整合课程。其主要目的是突破学校德育的"象牙塔"困境，提高德育的真实性、整体感和立体感，做到"整合校外资源，合力开发课程"，积极联系校外优质教育资源为发展指导课程注入新的活力。例如，生涯指导课可以充分利用家长不同职业特性和社区力量，协助学生开展职业体验活动，增强职业认知和感受。

在"家校共育·职掌未来"高中生模拟招聘会活动中，学生发展指导中心充分整合家委会、企业、社区等多方力量，在学校统一组织下，通过活动促进学生对职业情景和价值的认知，培养一定的职业素质和实践能力，逐步实现"全人"发展目标。学校也可以与当地企业、机构和组织等建立合作伙伴关系，利用优质学科资源助力学生的发展成长。同时，学生发展指导还要与班会、德育活动、政治、生物、美术学科，戏剧等进行多元整合，共同开发跨学科课程。

三、家校合作指导中全景德育建设的难点与攻坚

基于全景德育的家校共育，不只是家长参与学校工作，也不只是学校对家长进行家庭教育指导，而是学校、家庭共同承担学生教育责任，促进学生成长。为形成家校

合力，共同促进学生发展，学校在激发动力方面可以强化如下工作。

首先是探寻影响共育动力的因素。作为教育主体的学校和家长，其对于教育的重视是毋庸置疑的，但为何难以实现共育呢？通过调查访谈、查阅资料和进行数据分析，我们发现其主要原因在于：一是家长对共育重视不够，家长对家校合作共育的价值和意义、重要性、必要性的认识不到位，受到惯性思维的影响，习惯站在自己的立场上思考问题；二是家校双方对共育缺乏必要的共识，双方对于各自的职责和共育的目的、内容、方式方法等基本问题缺乏清晰的共识；三是家校双方缺乏共育的成功体验，多数家长认为孩子进入青春期以后，独立意识增强，不喜欢家长干预他们的事，尤其讨厌家长干涉他们的学习。诸如此类问题，不仅影响了家长对教育的满意度，更影响了家校共育的进一步开展。

其次是激发家长参与共育的动力。一是提高家长对家校共育的认识，与学校达成基本共识。为形成家校共育的基本共识，学校要组织教师和家长学习国家、地方关于家校共育的政策和文件，学习学校"全人"育人理念和"全景"德育策略。让家长和教师都认识到，家校共育是党和政府对教育的基本要求。家校共育的总目标是落实立德树人根本任务，培养德智体美劳全面发展的社会主义建设者和接班人。二是建构起一个以学生为中心，学校与家庭共生合作的教育行动共同体，家长和教师需要分工合作，双方都要做到不缺位、不越位，更不能错位。三是开辟多种途径，探索家校共育的成功经验。为激活家长参与共育的动力，学校以家长可以参与的大型集体活动为突破口和试验点，采取以下措施探索共育的成功经验：成立家长学校，把家长作为学校课程开发的"合作伙伴"，在课程建设中实现"盘活家长资源""在做事中成长"的目标；成立三级家庭教育委员会（简称"家委会"），让家长参与活动的全过程，利用家委会这一平台，让家长和学校听到彼此的声音，在交流中促进了解，在了解中实现相互理解和达成共识；开放学校集体活动，让家长参与孩子的成果汇报，见证孩子的成长，以孩子的成就激发家长的成就感，诱发家长再参与的愿望。

在激活了家校共育的动力后，应着力解决共育内容单一的问题。共育内容单一的主要表现是：教师与家长交流的内容主要是学习成绩，忽视学生习惯、品德等方面的培养；家校合作育人的对象往往是个别"问题学生"，而且是在学生出现问题后，才以"请家长"的方式一起合作；家校共育活动比较少，学校开放度不够，家长仅参与学校工作的个别领域，对学校工作了解不全面。要解决这些问题，需要从目标出发，确定共育方向。近几年来，各项调查表明，学生抑郁指数快速上升，有"厌学"情绪的学生越来越多。要解决这一问题，需要家校协同努力。因此，作为教育主体之一的学校，要发挥共育中的主导作用，在家校共育的核心问题"培养什么人、怎样培养人、为谁培养人"上与家长达成共识。明确教育的目标是落实立德树人根本任务，培养德智体美劳全面发展的社会主义建设者和接班人。无论是家长还是学校，在共育的全过程中都要始终牢记这一目标，坚持把学生培养成为"全人"。

在此基础上结合实际需求，丰富共育内容。在前期的"家校共育现状调查"中发现，对于家校共育内容，家长表示经常从学校接收到的沟通信息多数集中在"学习成绩""作业完成情况""学校政策""安全通知""亲子沟通"几个方面；在"社会责任培养"方面，68.6％的家长偶尔或者从没有收到过学校关于这方面的信息；在"亲子阅读指导""心理辅导咨询"等方面，表示经常获得信息、参加活动的家长比例均低于40％；关于"学生习惯培养""规则意识建立""青春期学生特点与沟通方法"等方面，70％的家长认为迫切需要对学生进行指导。结合家校共育现状与学生发展需求，学校应将家校共育纳入全景德育工作规划，系统开展家庭教育指导服务，拟订每学期的家校共育计划，明确指定担负此项职责的部门和人员，督促开展各项服务，同时改革教育评价方式、指导各年级、班级和教师开展家校共育实践探索。为此，我们从教师抓起，做了"家校共育协同育人、教师如何指导家长做好家庭教育"系列培训，要求教师率先革新观念，积极行动，开展丰富多元的家校共育活动，将"家庭教育理念和方法、儿童青少年发展特点及应对策略、家庭文化与家风家规建设、阅读与手机管理、亲密关系指导、学习习惯与方法、理想与责任、个性化家庭辅导"等内容纳入家校共育的服务体系。随着全方位多渠道家校共育工作的开展与实施，家校共育内容的丰富与扩展，家长们纷纷表示"发展方向清晰了，莫名的焦虑感减少了""非常认同学校的理念，孩子综合发展和健康成长比成绩更重要""在锦一，孩子一人上学，家庭共同受益"等。

然而，最难以解决的，还是家校合作中共育双方共育能力不足的问题，主要表现为：家庭文化氛围参差不齐，家长教育能力差异显著；家长参与家校共育的能力不足，缺乏科学系统的方法；教师进行家校共育的专业化程度不够，胜任力不足；教师与家长之间缺乏理解、信任；家庭教育指导服务与家长的需求差距较大。为突破这一难题，我们利用自身专业和组织优势，将家校共育工作纳入学校发展规划，保障共育机制。学校将家校协同育人作为学校工作的一项重要内容，纳入学校发展总体规划，并将具体方案写进《走向远方战略规划》，从顶层设计、组织建设、内容建构等方面，保障、指导家校共育的有效落实。

我们还将家校共育纳入师资培训计划，提升学校共育胜任力。学校将家校共育作为教师培训的主要内容，对行政老师、班主任、学科教师、生活教师等，进行分层培训和专业指导，增强全体教职员工的共育意识和工作胜任力。为此，学校针对全体教师进行家校共育的理念引导，统一认识和观念；通过研讨交流、经验交流、案例分享和反思等多种形式，明确家校共育中家长、学校、教师各自的责任和边界，指导教师减少和规避家校共育中的缺位、越位和错位问题；成立校级、年级学习小组，在协同育人的实践中进行互助学习和经验交流；定时检查和考核教师落实情况，对暂时落后的教师进行个别指导和帮扶。

与此同时，我们强化了整合资源、搭建平台的相关工作，协同提升家长的共育能力。为更好地实现全景育人目标，充分凝聚各界力量，学校牵头，通过建构家校育人共同体，整合各方资源，搭建共育平台；通过加强对话等方式汇集合作力量，提升家长的共育意识和能力。

我们成立了家长学校，组建了"德育工作领导小组—校级家委会—年级家委会—班级家委会"四级组织管理体系，在家校共育、家校沟通、亲子教育、协助学习、志愿服务、参与决策等方面开展合作行动。讨论制订了家长学校各项管理制度；编写了《陪孩子一起成长——锦城一中家长指导手册》，初步形成了家庭教育指导课程框架；设立家庭教育指导中心、家庭辅导室和家长接待室，定期对家长开放；建立健全学校、家长、学生三级联动机制，形成既各司其职、各尽其能，又统筹协作、密切配合的家校共育机制。积极推进"线下＋线上"全方位家访平台建设，推广"四必访"模式：新生必访、困难家庭必访、特殊学生必访、突发事件必访；搭建家校共育沟通平台，建立健全班级微信群、心理咨询平台、学校微信公众号、家长学校，分阶段、分层次、多渠道、多维度定期开展家庭教育研讨会、智慧父母课堂讲座、父母成长训练营、家庭教育分享会、读书交流会、成就孩子家长线上学习班、家校共建活动和家庭个性化辅导等家校共育活动。这些措施的实施和活动的开展，增进了家长与学校之间的了解、理解和支持，提高了家长走进学校参与教育的意识和能力，有力地推动了家校共育的进程，一个观念一致、有力量、有方法的家校合作共同体正在逐渐形成。

为发挥学生的主体性，引导学生关注家庭、关注生活，走进社会，理解个人与社会、家庭与国家的关系，学校设计了寒暑假实践活动序列，如"厚德传家育风骨""传承红色基因·争做时代新人""追寻改革的足迹""我和我的祖国"等。

【案例】"厚德传家育风骨"寒假实践活动

1. 活动一：家风悠悠继世长

请你选择家族内一位德才兼备并在自己的工作岗位上做出优异成绩的长

辈，与他（她）进行一次深入的交流，让他（她）讲述自己的成长与成功的经历，并合影留念，记录下对你影响最深的金句箴言。请你寻访家族内你认同的或取得优异成绩的兄长、姐姐，和他们聊一聊学习经历与自己的困惑，请他们为自己解疑解惑，写成一篇采访感言，与家人分享。

2. 活动二：家训不忘记于心

从先秦到明清，中国古代流传下来的家训可谓汗牛充栋，有些堪为经典，家喻户晓。请阅读语文组老师给同学们推荐的十则著名家训，让同学们与父母交流读后感受。你家也有家训吗？如果有，请你摘抄下来，并阐释其蕴意；如果没有，请你和长辈们一起拟写一则家训，工整地写下来，并说说它的内涵。

四、社团活动中全景德育建设的难点与攻坚

世界一流中学的社团活动，主要是由学生积极主动创建的，需要学生更广泛、更全面、更深入地参与。这也是全景德育面向全体学生、关注学生全面发展的需要。在社团活动的创建过程中，需要坚持开放的思路，鼓励学生、教师、家长、社会参与社团活动的建设。积极鼓励学生自主申请，根据自己的兴趣爱好，组建自己的原始创业团队，并拟订大概的发展思路。同时，要根据学生发展需要和学校的培养理念有目的地创建一些社团活动，用以引导和满足更多学生更多方面的成长需求。形成多维的创建模式，让社团既是学生兴趣所致，也是未来人才的培养平台，才能落实全景德育理念，满足"全人"发展需要。

因此，全景德育中的社团活动，需要不断激发学生的内在动力和自主发展的愿望，同时以国家的培养目标和"五育"并举的理念为指导，以丰富的形式为载体，从思想追求、能力发展、品质塑造等方面，引导、帮助学生成长。如我们引导学生自己设计社团的团徽和团旗，以形成学生的社团共识。

为了提高社团的建设质量，我们强化了社团文化建设，以增强学生对团队的认同感。为了在社团建设中强化"全景"要求，我们不仅关注活动本身的开展，更注重把"个人全景""集体全景"和"世界全景"融合起来，引导学生在"中国"和"世界"的全景时空中提升社团活动的成长价值。

社团活动是全景德育的重要实现平台和学生"五育"并举自主成长的重要空间。在活动组织的过程中，对学生"个人全景""集体全景""世界全景"意识的培养是有

机整合的，社团活动的设计、实施、展示、评价等，都是为了落实全景德育和培养优秀"全人"。

五、学科教学中全景德育建设的难点与攻坚

推进"双新"（即"新课程""新教材"）以来，国家在教学评的一体化改革中进一步强化了学科育人功能，加大了对社会主义核心价值观的考查力度，积极引导学生树立正确价值观；强化了对思维品质的考查，促使学生在思考的基础上将对价值观的认知内化；增加反映我国经济、政治、文化、社会、生态文明、科学技术等领域发展进步的内容，促使学生增强"四个自信"。教学评内容的调整，为世界一流中学的建设注入了正能量，为全景德育建设提供了更加广阔的空间。

如张宇老师在《函数的应用》教学设计中就强化了育人价值。该课程研究的是北京市汽车保有量的问题，课程的一个突出特点是体现多元评价，重视从学科教学向学科教育的转变。教师通过教材提供的阅读材料，设置真实合理的情景，充分解决问题，有效使用图形计算器。解决问题时，学生通过联系实际，不断反思和改进数学模型（即选择不同的函数进行拟合），最终得到符合实际规律的结果。这种反思贯穿数学建模的全过程，使得学生在数学学习中逐渐形成发展数学应用意识的价值观念、行为方式，并用所学知识去发现并解决生活中的实际问题。这有利于学生养成用数学的眼光观察现实世界的习惯，有利于学生发展用数学的思维分析实际问题的能力，有利于学生形成用数学的语言表达实际问题的能力，突显了中学数学的特殊育人价值。

从学科教学到学科教育的转变，不能仅是写在教案上的德育目标。德育目标不是教师通过直接说教灌输给学生的，而是学生在亲身经历整个学习活动的过程中自己感受和体会出来的。如梁滔老师在《对话阅读》教学设计中就落实了这些要求。

【案例】《对话阅读》教学设计

本堂对话阅读课的主要情景是几个朋友约定去给另一个朋友加油，因为那位朋友要去参加由社区举办的慈善马拉松跑。但是，大家却记错了时间，等到大家到达比赛地点时，比赛早已经结束。所以，在课堂上我提出了问题：Why is it important to be on time? 在小组热烈讨论后，同学们纷纷用英语给出了不同的答案，主要有：①守时是规则；②守时不会错过精彩的内容；③守时是对他人的尊重。当同学们回答后，我顺势抛出问题：As middle school students, do we need to be on time? Why? 因为有前面讨论的铺垫，学生能够很快且认真地回答：①守时是学校的规则，每个同学都应该服从和遵守；②守时不会错过重要的课程；③守时是良好的习惯。因为有部分同学并未听明白，所以，我用中文给大家再次重申要点，同时也告诉同学们守时的重要性。

学校的规则对于初一新生来说都是新的，学生需要时间来接纳、消化，然后形成自我约束。其中，守时是每一个中学生都应该拥有的良好习惯。正因为在英语课程里利用学科特点进行了德育，加上我平时对于"守时"的强化，在接下来的学习过程中，我悄悄观察到几乎所有同学在早自习、午睡过后都能快速进入教室准备学习。这种在学习上守时的良好习惯也正迁移到其他方面，比如周一的升旗仪式或其他学校活动，我们班几乎都能准时出席。

由于中学政治课教学与学校全景育人的德育目标具有一致性，所以在具体的教育过程中可以进行整合。首先是教学资源的整合。学科教师可以充分利用教材资源、学科资源，也可以借助学校的"四为精神"教育内容，借助家长的优势和优点开发学校德育资源，通过学校搭建的平台发现和利用社会上的德育资源，以学生现阶段和未来需求为聚焦点，进行教学资源整合，从而为学生学科核心素养的落地和全人教育的实现提供现实基础。其次是学生活动的整合。顾明远先生说，教育在细微处，学生成长在活动中。无论是培育学生学科核心素养，还是学校德育，都需要避免简单灌输、空洞说教，需要让学生在探究、活动、体验的过程中将其内化，从而外化于行。因此，中学政治课教学可以结合学科实践活动、学校德育活动，比如开展宪法宣传周、制作中学政治小报或者开展情景剧表演活动等，帮助学生树立正确的中学政治观念，落实育人理念。

为落实"在发现中发展自己"的学生成长价值观，学校在学科教学中渗透德育，以项目式学习为抓手，以综合探究实践活动课程为辅助，将项目探究式学习模式渗透到学校所有的学科教学中去，从全局视角出发，根植于学生的成长需求，并在不断的德育浸润中，着力发展学生的学习内生力、自主学习力、资源整合力和学习表达力，让学生逐渐向成熟的阶段生长、发展，最终成长为能够面向未来、走向世界的"全人"。

项目式学习在不同学科的教学中都能够得到实践运用。我们的艺术类课程长期坚持以项目式学习方式为主，整合学校特色课程建设，帮助学生在教师的引导下自主参与、大胆体验、富有创意地进行成果表达，提升和展示自己的优势，达到在项目式学习中培育学生的"全人"成长能力的目的。

"在进行项目式学习的同时,我们将音乐与信息、舞蹈课程融合,并利用音频剪辑软件有效整合课程。学生运用软件剪辑视频、录制音频、组建乐队,更能为自己制作的舞蹈影片进行配乐,在提升音乐感受与鉴赏能力的基础上,创作能力也得到了快速的发展。"我们的音乐教师如是说。

可以说,项目式学习可以在任何一门学科中得到发展,它扎根于学科课堂,却又将育人的阵地从课堂延伸出来,贯穿学生成长的整个岁月。在项目探究中所获得的道德方面的成长,让学生能够适应终身发展和社会发展需要的必备品格和关键能力。在这样的德育体系下成长起来的学生,在面对错综复杂的社会时,才能全面认识、理性分析、积极解决所遇到的生活问题,成为生活的主人。

我们生活在一个连通的世界里①,尽管世界各国的教育各有特征,但却显示出了许多共同的变革倾向。这种倾向就是力求打破一时一地的限制,扩大育人视野、拓展育人格局,在全景时空中培育具有可持续素养的"全人"。我们只有在"中国"和"世界"的全景时空中创新立德树人的内容与方式,才能切实提高与中国式现代化建设相匹配的育人质量,培育出适应未来社会发展要求的新时代"全人"。

---

① 联合国教科文组织. 反思教育:向"全球共同利益"的理念转变?[M]. 联合国教科文组织总部中文科,译. 北京:教育科学出版社,2017:18.

第五章

全息课程：世界一流中学的课程建设

教育的复杂性源于这样一个事实，即它与世界的方方面面，包括社会、经济、环境、物质和精神层面，都密不可分。[①]

——联合国教科文组织国际教育发展委员会

---

① 联合国教科文组织国际教育发展委员会. 一起重新构想我们的未来：为教育打造新的社会契约 [M]. 北京：教育科学出版社，2022：127.

　　课程是对未来做出的选择，"我们今天集体做出的选择，将决定我们共同的未来。我们是生存还是毁灭，是生活在和平之中还是生活在暴力之中，是以可持续的方式对待地球还是反其道而行之，这些问题将由我们今天做出的选择和实现共同目标的能力来影响和决定"①。世界一流中学的课程建设，应以全息思维将"中国"和"世界"等全景时空中的育人资源有效融入学校课程中，据此建设全息课程，才能引导学生在立足中国、放眼世界中全面发展，成为具有可持续发展意识与能力的新时代"全人"。全息课程，既是我们对新时代"全人"培养做出的选择，也是其全息系统要素和全球学习格局等特征对学校课程形态、运行机制和实践方式等提出的要求，还是将世界一流中学的内涵、要素、特征、质量战略等有效落地的重要载体。

　　世界一流中学的全息课程建设与学校全景时空、全景德育的建设密切相关，全息课程的建设是以学校建构的全景时空为母系统的，是在学校小时空内建设全球学习大格局的一种方式。从这一视角看，世界一流中学建设全息课程的重要追求，是将学校课程变为世界缩影，以落实"中国特色"和"世界一流"的整合性要求。只有把世界浓缩在课程中，才能将全景时空、全景德育和全息课程整合起来建构"三全"育人体系，并把世界一流中学的课程和一般中学的课程区分开来，提高整合"育人"与"育分"的有效性，为走出"分"与"人"之间不和谐的可持续育人困境提供课程方案。

第一节　全息课程的理想样态

　　世界一流中学的全息课程要把学校课程转变为世界的缩影，需要在"中国"和"世界"的全景时空中运用全息原理，将全球的自然与社会生活引进学校课程，在课程

---

　　① 联合国教科文组织国际教育发展委员会. 一起重新构想我们的未来：为教育打造新的社会契约［M］. 北京：教育科学出版社，2022：10.

整合实施的过程中让学生体验社会场景，认识和解决复杂多变的现实问题或生态问题，才能有效培养学生的本我素质、社会素质和生态素质，进而提升可持续素养。要实现这一目标，全息课程建设要力求呈现出如下理想样态：

一、以全息原理浓缩"中国"和"世界"

世界一流中学的全息课程建设在全息原理的系统运用上，主要表现为全息课程结构、全息课程发展、全息课程重演原理的平衡运用。世界一流中学的课程承担着落实立德树人的课程使命，学生经历全息课程的培育，要成长为全面发展和可持续发展的人。因此，全息课程建设需要有强大的课程理论作支撑，理论要在课程目标、课程内容、课程组织与实施、课程评价等课程的各要素和环节中都起到指导作用。

全息理论提出了三个核心原理。第一，全息结构原理，揭示整体与单元的全息关系。自然界和人类社会各个系统都具有整体和组成单元的内在关系。全息理论认为，单元包含了系统整体的信息，这个单元即为整体的全息元。全息整体与单元的这种逻辑关系可以称为全息结构原理。第二，全息发展原理，反映单元与整体的发展关系。全息理论认为，全息单元因为具有了整体的全部信息，因此具有发展为整体的条件。全息单元与整体的这种发展关系被称为全息发展原理。第三，全息重演原理，阐释了个体发育（发展）重演整体的系统过程。全息（个体）单元在发育为整体的过程中，重演了整体系统的历史进化过程。这种重演现象被称为全息重演原理（重演律）。

以上三个基本原理是全息理论的核心，是全息理论的基础原理。以全息理论的三个基本原理为基础，世界一流中学可以总结出全息课程的三个原理。一是全息课程结构原理。全息课程是学生学习学科核心知识、发展人的核心素养的载体，是一条条学生成长的跑道，是学生成长的资源。无论学生选择什么样的课程（跑道），都应成长为"全人"，因为每一门课程都承载着学校的全息育人目标。二是全息课程发展原理。人的可持续素养发展在世界一流中学中具体体现在一门门的课程中，每一门课程的学习都要对标人的全面和可持续发展，每一门课程都是知识、素养、智慧、情感、核心素养的全息单元。三是全息课程重演原理。全息课程的实施在一定程度上重演了人类知识的认知过程。新课程的学习应遵循知识本身的产生和发展的过程和规律，因此，课程实施的过程是让学生深度体验、参与、探索和发现的过程。在本质上，课程的学习已经超越了知识本位，走向了素养本位。全息课程的三个基本原理，是我们对全息理论的创新，是全息理论三个基本原理在课程建设中的具体化。同时，它为世界一流中学的课程建设奠定了理论基础，决定了全息课程在课程思想、课程生态、课程质量三个维度上所具有的本质特征。在成果上，它是高品质课程建设的全新样态。

全息课程的三大原理对于学生的学习具有重要价值和作用。它们分别关注了三个具体方面：学什么、如何学、学得如何。首先，全息课程的结构原理决定了学生应该学什么。全息课程的目标是在课程学习中实现核心素养的发展，每一门课程都是核心素养发展的全息单元。因此，每一门课程都不是孤立的，而是在学校统一育人目标框架下的一个子单元。全息课程的结构原理强调了课程之间的联系和交互，以及每一门课程对于学生核心素养发展的贡献。其次，全息课程的发展原理决定了学生应该如何衡量自己的学习效果。一方面，课程发展的方向应该对标新时代的国家育人目标，即培养德智体美劳全面发展的社会主义事业建设者和接班人。另一方面，在全面育人的课程中，学生应该能够不断地丰富和完善自己的知识和技能。全息课程的发展原理强调了评价体系的建立和不断完善，以及学生在学习过程中自我评价的重要性。最后，全息课程的重演原理决定了学生应该如何学习。全息课程必须树立"无经历和体验不学习"的观念，学生的课程学习必须经历"探索""发现"的过程。全息课程通过让学生深度体验，落实深度学习，从而实现知识的内化和能力的提升。因此，全息课程的建设需要实现全息课程结构、全息课程发展、全息课程重演的动态平衡。只有在这三个方面都得到充分考虑和实现，才能将学校课程转变为世界缩影，有效地促进学生的核心素养发展，提高可持续育人质量。

二、"中国"和"世界"的动态平衡

世界一流中学强调"中国"和"世界"动态平衡的课程思想。课程思想，是学校课程建设的理性知识、课程设计的逻辑工具、课程整体架构的思想体系。育人目标与育人方式是课程思想的核心内涵，宏观和面向未来是学校课程思想的本质特征。当学校缺失课程思想时，就会以中观层面的学校文化和微观层面的课程标准为基础推动课程建设，课程研发因局限于学校时空和政策文本而缺乏开放性、前瞻性、全局性和持久性。世界一流中学却是在把握党的教育方针的基础上，厘定和理顺国家人才战略与党的教育方针的关系、国家人才战略和世界人才需求对学校育人目标的影响，长期深耕学校育人文化，不断提升学校课程环境，日积月累沉淀出课程思想。所以，世界一流中学的课程思想既有一般课程思想的品质，又有人才战略思维的特质，它从战略高度思考、分析和研究人才培养问题，是具有战略性、对策性的优质思想。

国家人才战略思想的高度决定了学校课程思想的宽度。学校育人是国家人才培养大局中的小局，学校育人战略必须契合国家人才发展战略。国家人才战略指国家为推动政治、经济和文化发展，对人才发展政策、目标和机制做出的长远的、全局的、宏观的、重大的构想和规划。国家人才战略是国情、国家远景目标与人发展价值目标的融合体。国情与国家远景目标是人发展的外部要素，是人全面发展和充分发展的条件。同时，人的发展又对中国国情和国家远景目标产生反助力。一些研究或政策表明：在新时代强国战略中，要造就一大批科技人才[①]；在国家可持续发展战略中，创新型人才是战略资本[②]；在国家文化战略中，要树立学生的文化自信[③]；在国民经济和社会发展战略中，要建构终身教育体系，激发人才创新活力[④]。这些论述显性于人与社会的关系中，其底层却指向人的多元发展，意旨在人的价值取向、生存模式、思维模式和行为模式，体现人发展的本质，是人发展的深层结构。

世界人才的需求宽度决定学校课程思想的长度。从全球发展现实来看，世界人才战略具有普遍性、抽象性和无限性的特点，像世界公民教育、和平教育、人类与世界融合等观点关注人类发展大格局，因而其生命力强；从世界育人价值看，人的核心素养发展、终身学习、国际理解教育，更加凸显人未来发展的核心要义。无论从社会发展的角度还是从人发展的角度来看，国际社会所提出的人才战略思想，都凸显了人与自然、人与社会的网络关系，更加关注人的长线发展，推动着人才培育与自然、社会、未来的高度拟合。我们对世界人才战略思想和世界人才需求不能视而不见，学校课程思想必须体现世界育人要素、世界人才需求，以维持学校育人与世界人才发展和未来人才价值的相对平衡。

党的教育方针决定学校课程思想的高度。国家人才战略与世界人才需求不是两个独立的变量，两者产生相互作用是课程思想形成的基础。但两者能否协同推进课程思想的生成与进化需要有第三个核心变量来统整，这个变量就是党的教育方针。无论从党的教育方针的内涵结构还是从政策能量来看，党的教育方针都能有效整合与平衡国家人才战略和世界人才需求的关系。国家人才战略和世界人才需求容易随着社会的发展而发生变化，这决定了学校课程思想的动态性。所以，党的教育方针统领下的国家

① 孙贤雷. 新时代强国战略：主要内容、基本特征和实现路径——以党的十九大报告中的"强国"论述为中心 [J]. 南昌大学学报（人文社会科学版），2019，50（4）：13—21.

② 朱晓宏. 基于国家战略视角考量学制与义务教育年限 [J]. 教育科学研究，2018（3）：42—47.

③ 方中雄. 从国家文化战略格局出发思考中华优秀传统文化教育 [J]. 中小学管理，2017（8）：31—34.

④ 赵紫芮. 我国终身教育体系构建政策的成就、问题与建议——基于《国家中长期教育改革和发展规划纲要（2010—2020年）》实施十年的思考 [J]. 成人教育，2021，41（1）：8—13.

人才战略和世界人才需求的相互作用是课程思想形成的机制，而党的教育方针、国家人才战略和世界人才需求的作用决定课程思想的平衡性和动态性，它们与党的教育方针、世界人才需求、国家人才战略组成课程思想的内在结构。世界一流中学的课程思想是开放的，其包容度足够容纳世界格局。同时，世界一流中学有足够的战略分析力，且能把这种战略现实转化为课程，并建立相应的机制支持和运行课程。

世界一流中学全息课程思想的形成机制与内在特征如图5.1所示。

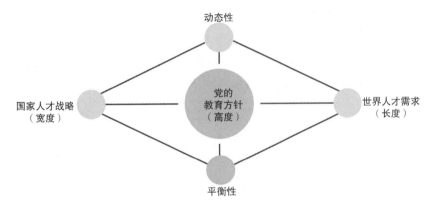

图5.1 世界一流中学全息课程思想的形成机制与内在特征

三、社会生态与课程生态的有机融合

从育人的角度看，可以从三个维度理解课程生态：生态育人思想、生态育人环境和生态育人质量。生态育人思想是人在全面、充分、深刻认识生态系统要素与结构、生态运行机制和生态发展机理，认同人与人、人与自然、人与社会和谐共生、协同进化价值观基础上所形成的课程思想。生态育人思想的核心是要建立以回归自然为出发点的培养生态人和生态人格的课程。生态育人环境是指课程建设和实施的物质环境和生态文化环境。不能把生态物质环境当成一成不变的资源，其本质是动态发展的资源，是一种硬环境；生态文化环境是社会组织依靠一定的文化理念，在生态思想指导下，为建设一流生态及激活人的精神、智慧和创造力而营造的氛围与环境，是一种软环境。生态物质环境与生态文化环境是生态育人课程建设的内容，也是生态育人运行机制的构件。对于生态育人质量，目前尚未见到准确的定义。本书认为，生态育人质量是指生态育人思想、生态环境、生态质量、生态建设过程、生态建设结果，及这些要素与课程育人目标的拟合程度。拟合程度越高，生态育人质量越好。生态育人思想是育人的内在要素，生态环境和生态质量是育人的外在要素。育人目标与生态育人思想、生态环境和生态质量相互作用,实现生态价值。生态育人包括生态环境育人和生态质量育人。

生态育人的内涵必须与国家生态政策相一致才能实现其价值。国家提出了"创新、协调、绿色、开放、共享"的社会发展新理念,其中蕴含深刻的人文哲理,体现了以人民为中心的思想[①]和以人民为中心的发展旨归,并以人的发展为基础创新社会结构。创新是人生存、思维、实践等多种模式的融合,它已成为人发展的基本模式;协调与绿色发展隐喻人与自然相处的模式,是人的绿色价值观、思维方式和行为方式的概念化;开放与共享发展隐喻人与社会相处的心智模式,是人与社会互动过程中形成的最高心理境界。因此,"创新、协调、绿色、开放、共享"是生态育人的要素。

必须厘清生态育人与课程育人的关系。生态育人体现育人的价值,凸显育人特征,是育人的内涵式表述;课程育人反映育人的方式,是育人的载体式表达。所以,课程育人与生态育人并不是两种不同的育人方式,而是考察育人方式的两个不同角度。生态育人如果没有课程育人这一载体,就难以实现生态、高效育人,生态育人的价值也难以真正实现。课程育人如果缺失生态育人的价值内涵,就会变得空洞而没有使命感。只有当生态育人与课程育人整合,两者变成一个整体,实现生态的课程化、课程的生态化,建构特色课程生态,才能提升课程品质。

四、教师课程视域与学生课程视域的有效共生

党的十九大报告提出建设高质量教育体系,推动教育从高速度发展向高质量发展转型,从量变到质变迭代。党的二十大报告从教育着力点上,首次将以人为本、教育质量、素质教育、教育公平放在一个体系中,即坚持以人民为中心发展教育,加快建设高质量教育体系,发展素质教育,促进教育公平。[②] 高质量教育体系有着丰富的内涵,可以从发展目标、发展方式、发展动力等不同角度去考察。[③] 从育人方式的角度看,高质量课程是高质量教育体系的核心。什么是高质量课程?难以直接下定义,但从不同的角度可以认识什么是高质量课程。从课程价值看,高质量课程更加关注人的全面发展、创新发展和生态人格的形成;从育人方式看,高质量课程强调在与自然、社会融合的过程中育人;从评价方式看,高质量课程倡导自我反思性评价、发展性评价;从课程发展机制看,高质量课程通过激发人的内在活力提升课程发展动力。由此

---

① 王增杰. 深刻理解坚持以人民为中心的发展思想 [J]. 人民论坛,2016 (11):31—33.
② 薛二勇,李健. 建设基础教育强国:解读二十大报告新部署 [J]. 中小学管理,2022,385 (12):9—12.
③ 辛涛,李刚. 高质量基础教育体系的新时代内涵 [J]. 人民教育,2021 (1):17—20.

可见，促进人的高质量发展是高质量课程的内在本质，体现人创造课程来发展自己的内在逻辑：在生命的量的维度上，生命得到了充分发展和全面发展；在生命的质的维度上，塑造出生态人格，人得到持续发展。由此，课程不断迭代向高质量发展，外在拟合国家发展战略。世界一流中学倡导用高质量课程提升师生的生命质量。

全息课程充分体现以人为本，以师生发展为中心，因此是由师生共同创生的。世界一流中学的课程开发是教师与学生双主体的。学生是课程开发与运行的主体，课程开发与运行必须以学生为中心。[1] 课程开发是学生生命成长极为重要的实现路径，让学生参与到课程开发中，可促进学生的主动发展。[2] 教育民主、学生的主体地位以及课程决策主体的多元化趋势为学生成为校本课程决策主体提供了理论支持和实践依据。[3] 缺少学生参与的课程开发，难以实现教师、学生与课程的同频共振，也不能实现教师、学生生命的真正交互。在课程创生的过程中，教师的生命与学生的生命实现了交往，课程是生命交往的载体。师生对课程价值目标的共构和共识、对课程内容的共同选择、在课程实施中共同创生、共同参与课程评价等课程开发与实施的全息过程，就是师生生命交互的过程。教师与学生通过生命交互创生课程，也通过课程创生自己新的生命。

高质量课程的核心是师生视域的融合。什么是视域融合？就是在课程创生的过程中，师生的智慧相互碰撞，情感深度交流，在思想上同频共振。在课程创生中，教师的课程视域与学生的课程视域有三种关系：分离、包容和交叉。（见图5.2）在分离关系中，教师与学生的课程视域完全处于异质状态，师生在课程认知、经验形成、情境体验、问题解决上难以达成共识。这种状况在现实的课程实施中出现的概率偏小。在包容关系里，教师的课程视域比学生的课程视域要大，学生对学习对象的认知、问题的解决等都没有离开教师的视域，都在教师的预设之中。学生的视域与教师的视域具有同质性，传统的课堂教学就是这种状况，学生的创新思维难以发展，教师可以实现课程创生，学生却不能。

① 王娜. 学生本位的校本课程开发与运用 [J]. 教学与管理，2020 (12)：72—74.
② 黄翠华. 课程开发中的学生生命成长追求 [J]. 教育理论与实践，2018, 38 (14)：43—45.
③ 刘雪梅，祝成林. 学生：不可或缺的校本课程决策主体 [J]. 教育探索，2010 (1)：97—99.

图5.2　世界一流中学教师课程视域与学生课程视域的关系

在交叉关系里，教师的课程视域与学生的课程视域有部分交叉，即师生对课程的认知、问题的解决有部分同质。但因师生经验、认知方式、情境体验、价值追求的差异，师生课程视域出现异质性，教师允许学生有不同的声音，允许学生有创新性发展。在这种关系里，师生都有各自的课程创生部分，也有共同的课程创生部分，师生的课程视域处于交叉融合状态。要特别指出的是，课程视域的异质性，并非一定指知识层面的异质性，它更有可能是指知识形成过程及知识建构方法、场景体验的异质性。因此，对师生课程视域的异质化追求，是想让学生形成不同的认知方式、体验方式以及学习方式，同时产生深度交融，促进师生双方生命的发展，这是世界一流中学建设全息课程的重要目的。

五、课程内容与实施模块的全面协同

全息课程的内容框架是在新时代育人背景下设置的，一方面是全面落实"为党育人、为国育才"的总目标，落实国家立德树人根本任务；另一方面是在新一轮课程改革的背景下，落实新的课程目标，贯彻新的教育理念。

国家课程目标全面落实与学校自主性课程开发要保持动态平衡。世界一流中学的课程首先应全面落实好国家课程目标，国家课程目标全面落实的核心任务就是国家课程的校本化实施。国家课程是国家规定必须执行的课程，国家课程的校本化实施，是学校课程建设的主体工程。以能完成国家所规定的教育教学任务为基准确定课程资源，是课程资源建设的外在标准；以能实现课程最大的育人价值，促进人持续发展、生命质量提升为标线，即以学校育人价值为标线确定课程资源，是课程资源创生的内在标准。所以，世界一流中学确立课程资源的内在逻辑是：根据学校育人价值体系和课程思想研制课程目标，以课程目标为杠杆解构国家课程标准或重构学校课程文化，并进一步选择和确定课程资源，把课程思想、课程目标、课程资源构成不断修正和动态发展的闭环。这个闭环就是课程资源建设的逻辑关联。当然，这里的课程资源不仅指完成国家教学任务的"教的资源"，也指促进学生全面发展的学生"学的资源"。

首先要理顺国家课程校本化的逻辑。国家课程的普适性和抽象性特点，决定了国家课程的三种转换逻辑。第一，宏观的国家课程政策向校本政策纲要的转换。国家没有专门的课程政策文本，国家颁布的课程标准及文件中蕴含课程政策的内容。世界一流中学应该抽取和归纳国家课程政策，解构国家课程政策，建构校本课程政策纲要。在纲要实施的过程中，回望观照国家课程政策的动态变化并进一步修订完善学校课程政策纲要。第二，宏观的课程标准向校本课程教学纲要的转换。学校课程研制的逻辑，就是把以标准形式呈现的课程内容转换为可以操作的课程教学纲要，把国家课程内容具体化为学生学习的目标、内容框架。在具体实施过程中，与国家课程标准回望交互，以便动态调整学校课程教学纲要。第三，国家课程对象中的"抽象的人"向学校课程实施对象中"现实的人"的转换。国家课程对象中的"人"是大样本、概括性、假设的学生群体，而不是具体的学生或某些学校的学生群体。[①] 所以，课程标准中所针对的学生不是具体的学生而是抽象的学生。学校在进行国家课程政策和课程标准转换时，针对的课程实施对象不再是假设的抽象的学生，而是本校具体的学生。学校应该充分调研本校学生的学习实际和学习需求，建设切合本校学生实际的课程。第三种转换逻辑不是独立的，它被嵌入第一种和第二种逻辑转换之中。国家课程通过三种逻辑转换演化出两种文本：学校课程政策纲要和学校课程教学纲要。世界一流中学全息课程内容转换成行星结构模式如图 5.3 所示。

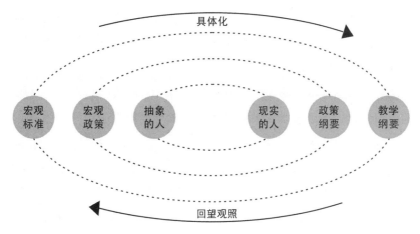

图 5.3 世界一流中学全息课程内容转换成行星结构模式

① 蔺红春，徐继存. 论学校课程建设的性质 [J]. 教育科学，2016，32（6）：19—24.

其次要处理好国家课程目标全面落实与学校自主性课程开发的关系。为了兼顾国家人才战略和世界人才需求，强化国家课程和国家人才培育战略，可以在学校课程思想和学校课程政策指导下，依据学校育人价值体系及演化而成的学校课程育人目标体系自主开发校本课程。本书中的校本课程包括国家（地方）课程校本化和学校自主性课程两个维度。学校育人价值课程化至少有两条路径：国家课程校本化实施和学校自主性课程开发。国家课程校本化实施是校本课程建设的主体，不能用学校自主性课程替代国家课程。但学校自主性课程是学校育人价值的进一步深化，是学校育人价值体系的全面实现，是国家课程资源的补充，可以对国家课程进行拓展。但如果不能把握国家课程政策，学校自主性课程开发有一定的风险。所以，学校必须在国家大政方针、育人方略、课程政策的基础上，建立育人价值体系，形成课程思想，在这个过程中，两者要有机融合，即实现平衡，学校课程才能健康发展。

在此基础上，以新时代"全人"素质的完整发展为内核设计世界一流中学的课程内容框架。世界一流中学以"全人"定位人的发展，用"全人"给学生画像："全人"是全面、全程、持续发展的人。全息课程以"全人"发展为内核建构学校课程内容框架。"全人"发展与课程建设中的诸要素交互，并进一步建构学校课程内容框架。以学校育人价值体系为核心，把课程目标划分为四个维度：必备学养、多元认同、生态人格和综合能力。必备学养是从人持续发展的角度提出来的，课程思想所倡导的学科素养、跨学科能力、学会学习等是人持续发展所必需的学养；多元认同基于人的身份认同，它是国家与民族认知、民族脊梁、国际理解教育思想的进一步聚焦；全面发展、和谐发展、可持续发展思想是从人的生态性角度提出来的，其内核就是要培养"全人"的生态人格；协同合作、问题解决、创新能力、全球胜任力是从"全人"发展综合能力的角度提出来的。"全人"发展目标与课程思想和学校育人价值体系贯通之后，需要通过具体的课程内容来实施，必须进一步建构课程内容框架。国家标准课程、研学旅行课程既是课程的形态，也是课程内容子框架。国家标准课程是实现"全人"课程目标最基本的课程内容，是培养学生学科素养、跨学科能力、国家与民族认知、复杂问题解决能力、创新能力等的重要内容；艺体修养课程、劳动技能课程是培养学生综合学科素养的必备内容；等等。为此，为实现"全人"发展目标，在国家标准课程之外，还可以开发研学旅行课程、生态素养课程、英才奠基课程等子课程内容。在课程开设方式上，分别以必修课程、必选课程和任选课程的方式实施。通过课程的实施，学生拥有基础学养、国家与民族认同、生态人格、综合能力，达到"全人"发展应具有的效果。

世界一流中学课程内容框架（见图 5.4）的形成，实现了学校课程建设底层逻辑向学校课程框架的转化。

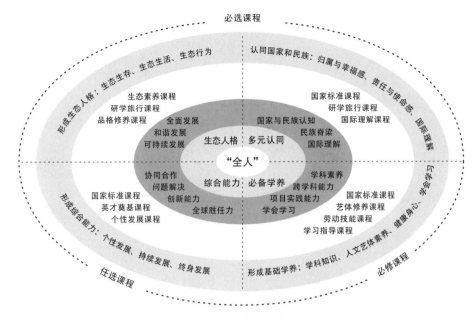

图 5.4　世界一流中学课程内容框架

　　世界一流中学课程内容框架以"全人"发展为内核，具有高站位、深挖掘、大视角、全景致的特征。该框架站在国家人才发展战略和世界人才需求的高度审视课程。国际社会倡导培养生态人、世界公民，培养学生的全球胜任力，课程框架隐含"连接世界，引领未来"的"全人"发展格局。课程框架站在国家育人战略的角度深挖教育的本质、人发展的本质，与国家倡导的民族认知、国际理解、民族脊梁、"五育"融合、创新能力深度拟合。课程框架提出的生态人性、创新能力、学会学习契合社会发展大战略，是课程育人与社会发展战略结合的大视角。课程框架描述了课程育人的全面、充分、优质的全景，涵盖"全人"发展的基础素养、生态人格和民族性，凸显课程育人的景致。这是世界一流中学课程框架与一般课程框架的重大区别。

　　依据上面的课程内容框架，在课程实践中，以生态人格、多元认同、综合能力和必备学养为课程模块的主体框架，不断细化和充实每一模块的课程内容，共同建构具有师生发展力的课程实施内容模块。（见图 5.5）每一个模块向下细分成一门门的课程，因课程内容具有整合性，每一门课程的育人功能不仅仅局限于对应的模块，其育人功能本身具有综合性。同时，四个模块的课程向下细分对应的课程具有生长性和开放性，随着办学条件的不断发展、资源的不断丰富，课程则不断地更新和发展。因此，世界一流中学的课程体系具有动态、发展、创新的显著特征。

图 5.5 世界一流中学全息课程内容模块

第二节 全息课程建设的理念与思路

世界一流中学的全息课程要呈现出如上的理想样态，在建设过程中需要采用如下理念和思路。

一、核心理念

世界一流中学肩负"沉甸甸的责任与必须担当的使命"，有着"心系民族的情怀和包容世界的胸怀"，但和其他学校一样，"同样面临需要破解的实践性难题"。[①] 面对并无二致的学习时间、无差别的学生来源，我们必须尊重生命，恪守教育公平的原则，坚守"全人"发展的理念，以"一期四学程"的课程转变与"四力共生课堂"的教学改革，以及立足"关注点滴进步，促进自我反思"的多元评价模型和"无止境地提升团队专业品质"等保障体系，以所处的时代、发展中的世界为学生发展的大背景，以培育"整全"的时代新人为学生的发展目标，以教师、学生为开发主体，以立德树人为导向、国家课程为核心、学科育人为基础，以"整合"为路径，坚持全息课程的可持续建设，为学生打下有价值的基础。要实现这些目标，在全息课程建设时需要坚守如下理念：

第一，强化课程的综合育人功能。学校发展围绕课程建设展开，课程育人的机制

① 杨斌. 走向远方：成都金苹果锦城第一中学战略规划［M］. 成都：四川教育出版社，2018：1—11.

和方式随着社会的进步和时代的发展而演变，课程育人的内涵与学校教育的根本旨趣密切相关。人的本质并不是单个人所固有的抽象物，在其现实性上，它是一切社会关系的总和。人与社会的辩证统一关系决定了所有社会活动必然体现出人的意志和相应的诉求。学校教育是社会活动的具体领域，学校教育的核心诉求是育人。课程育人是在学校教育情境中，基于学生的全面发展而以各种课程形式为媒介开展育人活动的教育行为，是回归教育的本真与内核，从而回答学校教育问题的观念、途径与手段。课程育人是在学校教育情境中发生的、规范的教育行为，它的宗旨在于促进学生的全面发展，体现为以人为中心开展各种教育活动。全息课程的开发与实施始终体现着"全人"发展的价值文化，观照生命过程，直面生存困境，激发师生活力，既体现传统文化也有当代价值，既观照现实发展更响应未来需求，既彰显中国特色更放眼全球利益，因而必须体现综合育人功能。

其二，坚持立德树人。为推动我国教育的高质量发展、实现 2035 年奋斗目标，教育的重点任务之一就是实施新时代立德树人工程。为落实立德树人根本任务，全息课程必须回答"培养什么人"等一系列深刻的问题。人的正确价值观、必备品格和思想道德就成为社会主义课程体系必须关注的核心。因此，课程思政的概念立足这样的育人蓝图，通过深化课程改革，实现政治认同、国家意识、文化自信、人格养成等思想政治教育与各类课程的有机融合。全息课程坚持立德树人，聚焦学生的全面发展，通过道德的提升和"全人"的培育而提升学生的综合素质。具有高尚的道德情操和扎实的科学文化素质，既有中华文化底蕴又具有国际视野的新时代国家栋梁这一学生群体画像，体现了鲜明的民族性和时代感。课程思政坚持为国育良才是全息课程的明亮底色。

其三，以整合为抓手。课程实施的主渠道在课堂，课程育人不局限于课堂教学，它通过完善学校课程建设，回应教育改革的重大诉求，体现时代对学校教育的期待。教育造就人才，人才反作用于教育。信息化、互联网、大数据管理与分析、人工智能等新时代重大技术的突破，在很大程度上正在且必将更加深刻地改变社会的生产和生活。学校对创新型人才的培育是对智能化时代的回应。新一轮基础教育课程着力培养学生核心素养也是对这一需求的回应。课程育人的知识逻辑反映了人类在认识世界的过程中对知识的态度以及不同类型的知识对人类自身发展的影响。现代社会的知识分化出现了综合化和跨学科的特征，深刻影响了学校课程的设置。整合课程强调融合和关联，通过把相关学科的内容和知识有机整合在一起，为学生提供整体性认识事物的途径，由此培养学生灵活运用知识并在经验情境中综合解决现实问题的能力。这是全息课程以整合为抓手的逻辑起点。在全息课程开发过程中，我们始终应观照的原则是：

实现国家教育目标的具象化，彰显学校育人理念，落实学科育人目标，整合推进课程实施，促进师生的持续性成长。下面以我校体育课程建设为例来阐述学校学科课程建设的具体过程。

【案例】体育课程的开发与实施

1. 明确学校体育学科课程建设的逻辑起点

促进人的全面成长。为了促进人的全面成长，落实培养有理想、有本领、有担当的时代新人的要求，锦一体育与健康课程始终坚持"健康第一"的教育理念，以建设具有"中国风骨、世界眼光、当下意义、未来价值"的全息课程为导向；聚焦核心素养，建构具有新时代特征和高质量育人效果的课程体系，培养学生适应未来发展的正确价值观、必备品格、关键能力；遵循学生身心发展规律和运动技能形成规律，从基本运动技能、体能、专项运动技能、健康知识、跨学科主题学习出发，深入推进常规体育课、优势增值课、水上体育课、整合体育课等课程，充分发挥课程育人功能，促进学生身心健康、体魄强健、全面发展。

2. 确立学校体育学科课程建设的基本理念

以人为本，建设师生共同发展的课程体系。基于此，锦一体育与健康课程体系建设由师生共建共享，聚焦核心素养，激发学生持续成长的内在动力。

（1）立足教师专业成长，建设创新发展的教师团队。建立具有教育使命的团队，培养改革创新的教师，是实现学科价值、提升育人高度的基础。教师要实现创新发展目标，要具有"以人为本、以体育人、德高艺精、大课程观"的格局与眼光。坚持"以人为本"的教育理念，是站在人的全面成长的视角审视整个教育过程；让学生依照人体运动发展规律，科学有效地实施锻炼，促进身心健康，提升社会适应能力。强化"以体育人"观念，要让学生通过较长时间的身体锻炼和知识学习，提升运动能力，培育健康行为，促进良好品德养成；在体育锻炼过程中积极体验、深挖潜能、感悟成长，不断促进精神成长，提升综合实践能力。修炼"德高艺精"的品格，要求教师在实践中加强德行修炼，磨炼品性，提高认识水平；在教学中不断精进专业技能，拓展专业领域，提升教育眼界。树立"大课程观"，要求教师拓宽教育视野，以体育运动为基础，不断融合其他学科知识，吸收先进经验，丰富课程内容，促进学生全面成长。建设教师创新发展的课程体系，既需要兼顾与包容，也需要开放与革新；既要从发展中求创新，也要从创新中再发展。

（2）依照学生全面发展需要，呈现富有活力、健康向上的发展样态，要从身心健康、情感发展、精神品质、社会适应等方面建构具有持续发展力的课程体系。主要体现为让学生在成长中能够"目标坚定、心态积极、勤于实践、勇于探索"。

"目标坚定"是指学生能认识深刻体育与健康课程的功能与价值，明白珍视生命与促进健康的重要意义，能将体育运动融入学习生活中。

"心态积极"是指学生能通过体育锻炼提高综合能力，以丰富的情感和积极的态度面对挫折，能在成长中发现自己、发展自己。

"勤于实践"是指学生能根据自己的兴趣爱好和能力水平，将知识与技能在实践中转化为促进健康的手段和适应社会的经验。

"勇于探索"是指学生能以饱满的热情和积极的心态面对生活，在体育锻炼和人际交往中形成奋发向上、顽强拼搏的意志品质，培养出集体主义精神和爱国主义情怀。

聚焦核心素养，促进全面成长，是学生持续发展的动力源泉，也是锦一学生学习内生力、自主学习力、资源整合力、学习表达力的重要体现。

3. 建构学校体育学科课程建设的内容框架

系统建设彰显学科育人价值的课程体系。在学校"全息课程"理念引领下，体育与健康课程体系建设，要明确学科定位，明晰学科育人功能，以发展核心素养为导向，以立体化推进为手段，充分考虑学生的兴趣爱好、水平差异、身心发展和综合需求，从"知识导向"向"素养导向"转变，从"单一学科"向"学科融合"转变，从"碎片化教学"向"结构化教学"转变。锦一实施五大类体育课程，涵盖20多个集中学习项目，建构了一个具有基础性、多样性、实践性、发展性和系统性的课程体系，帮助学生从多角度认识和理解体育，实现全面育人的目标。

从课程顶层设计开始，做好学科内整合与跨学科融合，从而形成学科教育的合力，进一步指导学习目标设定、课程内容选择、实施策略确立、教学评价反馈全过程。解决碎片化教学问题、健康知识与运动技能割裂问题、评价死板单一问题，不断将传统体育教学模式转向新时代体育教学模式。

4. 打造高质量体育课堂

整合推进课程实施，促进学生全面发展。高质量体育课堂要始终坚持

"健康第一"的理念，牢记全息课堂建设目标，坚定"整合教学"路线，以《体育与健康课程标准》为指导，建设"全体优秀、活态优质、立体优化"的高质量课堂，使学生具备良好的健康状态、丰富的情感世界、积极的生活态度和坚强的精神品质。具体方法如下：

（1）开展高质量整合教学。充分认识学生身心发展的阶段特征，准确把握学生的能力水平，按照知识与技能形成的规律整合设计教学。整个计划从课前设计、课堂教学、课后反思及评价三个方面入手。课前设计时，根据学生不同学段、年级、年龄特点和能力差异，制订水平、学年、学期、单元和课时计划。在此过程中，牢固把握各计划之间的递进关系，整合学科内的知识技能与方法，融合其他学科内容与先进经验，形成组合式教学内容。设计真实的运动情境，将健康知识、运动理论、技术方法和品德教育等内容有机融入学习情境中，让学生形成良好的学习体验，提升运动能力。课堂教学中，按照学习目标和内容特点，对知识、技能、问题、难度、负荷、组织、评价等多个维度进行考量，根据不同情景，运用对应的策略。在内容设置上，以组合式形式呈现，避免内容割裂，保证学习的完整性。在练习手段上，主要采用"学练赛评"一体化方式，推进分层练习，提高学生综合实践能力。在项目学习中，设置民族传统体育和新兴体育项目，提升综合育人水平。在课后反思与评价阶段，采用"教学评一体化"评价方式（见图5.6），充分发挥评价的反馈、导向、激励和改进功能。其中，教学评价与学习过程评价不仅仅局限于课堂内，学习结果评价也不仅仅局限于校园中。其目的在于整合校内外运动资源，引导学生拓宽锻炼空间，帮助学生提升自主锻炼效果，鼓励学生积极参与社会实践活动，不断将"单一评价"转向"综合评价"。

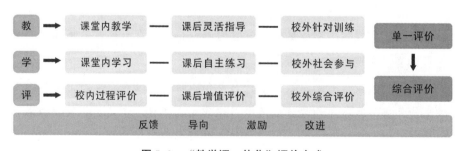

图5.6 "教学评一体化"评价方式

（2）以整合体育活动为载体，促进生命的可持续优质成长。基于整合的活动设计是提升课堂质量的必要手段，也是学习内容的重要载体。在教学过程中，活动是连接教、练、赛的桥梁，是促进学生核心素养生成的加速器。整合式活动能够营造真实情境，帮助学生提升将知识技能转化为实践能力的速度，同时也能够融合多学科知识与经验，激发学生学习兴趣，呈现丰富多样的教学形态。锦一体育与健康课程的整合式活动分为学科内整合活动和跨学科整合活动。

（3）体育学科内的整合活动，主要以提高学生学习兴趣、增强学习体验、提升运动魅力和提高课堂质量为目标。

曹永伟老师和他的团队认为，学科课程是"全息育人"的重要载体，学科课程内容是实现学科教育价值的重要途径；高质量课程体系建设包含师生成长的精神意志和学科发展的根本逻辑。其中，师生能力提升与精神成长，是实现学科价值的主要动力，更是高质量课程开发与实施的重要保障。他们立足体育课程，丰富教学内容，促进结构化学习，避免单调的学习方法，以提升学习的综合体验，激活学生的发散性思维与创新意识。

学生运动会也是特殊形式的跨学科课程。运动会是集中展示校园文化、班级风采，提振师生精气神的大型活动。我校体育组一直将运动会当成课程中的重要板块，成体系开发，历届运动会都反映了时代主题，倡导主题价值，为班级提供了展示学生青春活力的舞台。

整合性课堂教学已成为体育与健康课程高效实施的重要手段，这些跨学科整合课程，既符合人的健康成长需求，也顺应学科发展的规律。在实践过程中，整合式教学不仅传授知识与技能，更是多元化知识融合、结构化方法搭建、多样化学习体验、立体化学科推进的有机整体。从"全景""全息"视角审视整合式教学，其让学生学习效率高、参与面积广、成长体验丰富、整体发展质量高；从教学效果看，整合式教学培养了学生多方面的能力，激发了师生共同成长的热情，达到了学科育人的目的，实现了全息课程的建设目标。

体育与健康课程的开发与实施是高质量育人的基础，体现了世界一流中学在"全息育人"理念引领下对人的生命优质成长的基本要求，是新时代师生全面成长的重要保障。在这里，我们用了一定的篇幅讲述了体育学科课程的建设，其目的是想全面说明我们是怎样落实全息课程建设理念的，即在学校育人理念、学校课程顶层设计和每一门课程理念的融合中落实全息课程建设理念。世界一流中学的每一门课程都是精心设计的，指向"全人"成长。课程开发与实施的过程，凝结着师生共同的智慧与精神，承载着学科育人的使命，拓宽了设计团队的胸怀与眼界，让师生感受到了生命成长的美好。

二、基本思路

全息课程建设要落实上述理念，完成培育新时代"全人"的任务，需要遵循如下建设思路：

第一，把"人"放在首位，建立促进教师与学生主体发展的机制。全息课程以培养师生的成长型思维为核心任务，以课程建设为载体，优化师生成长型思维的发展历程。全息课程要引导师生养成直面现实、正视困难、勇于挑战、乐于改变的人生态度、价值取向、处世行为与思考方式；要引导师生精准地评价自己，清楚和正视自己的优势与劣势，学会在现有基础上整合各种有利资源发展自己，不断学习新知识，应对新环境，在应对各种新挑战的过程中保持持久的学习兴趣和热情。要优化师生的成长型思维，全息课程在设计、实施与评价的"全程优化"中，就要强调自我评估、目标指向、探索热情、坚持改变四个关键。建设全息课程，必须拥有一流的教师队伍，他们具有尊重和促进"全人"发展的高尚师魂和改革智慧，具有广阔的视野和"连接世界、引领未来"的格局，更有"为天地立心，为生民立命，为往圣继绝学，为万世开太平"的理想与豪情；他们专业扎实、团结协作，集体攻坚、彼此完善，在实践中研究，在研究中实践，是不断超越的智慧型改革团队。在课堂上与活动中培养学生的学习内生力、自主学习力、资源整合力、学习表达力这"四力"则是课程实施的重中之重。

第二，以建构学科组生长型"课程图谱"为抓手，推进全息课程建设。全息课程以学科组为开发主阵地，勠力同心，以是否有利于发展学习内生力、自主学习力、资源整合力和学习表达力为重要指向，在学校课程模块的主体框架下，将国家课程内容合理安排。同时，根据学科组现有师资情况、学生特点，结合教育背景，筛选以及创造课程内容，从始至终保持对每一个模块的课程内容的不断优化以及整个课程图谱的全局完善，在整合中建构出各个学科组极具特色的全息课程体系。学科组课程图谱均应整合建构具有发展力的学校课程内容体系：一是必修课程在基础素养课（核心素养课）、综合素养课（差异发展课）和优势增值课三种形态的课堂上整合，建构具有特色的国家课程校本化实施体系；二是学校特色课程、必修课程、每天下午的优势增值课和一学期两次的短学程课程整合，建构地方课程校本化和校本特色课程内容体系；三是学科特色课程与社团、德育等活动整合，建构学校特色活动内容体系。三条整合路径相辅相成，共同建构具有师生发展力的课程内容体系。

第三，以学科内整合、跨学科整合为突破口，通过全息课堂的高质量实施落实全息课程的育人功能。核心素养的发展需要学校全息课堂的持续变革。世界一流中学的课堂教学改革要秉持"全息"观念，使每个单位时段都体现学校育人目标的全部信息，体现所在学科的核心素养和整体学科逻辑，从而让关乎学生成长的每一节课、每一项活动都能如课程总体目标一样发展学生的学科思维、学科情感和认知水平，助力学生终身发展，从而实现"全人"教育目标。基于学科特点，按目标、内容、主题、方法等维度，或纵向或横向地重组、创造，大胆实现学科内整合以及寻求学生成长过程中的关键事件，结合各学科优势寻求跨学科整合，是全息课堂改革的有效途径。

第四，以教研模式的改进和优化为保障，让学生实现高质量成长。全息课程的实施，离不开高质量的教师团队和优秀的教研方式，要让师生在课程建设中找得到位置和看得见发展。在学校发展的历程中，各学科团队求实创新、奋楫争先，践行全息课程建设理念和思路，才能实现学校的课程建设和教师专业成长的共赢格局。

教研，是钻研者之间成果的传播、整合与提升，包括总结教学经验、发现教学问题、研究教学方法，既包含知识技能的"教"（jiāo），也包含育人的"教"（jiào），它本身是追求教师和学生共同发展的一种方式。但在传统教研模式下，普遍存在着内容随意、形式单一、结构碎片、效果各异、无法延续等问题。这样的教研组、备课组建设不利于课程的有效实施。为此，我们强化了新的教研模式的建构，如外语组李静雯老师依据准确把握教育大背景、教育政策形势以及学校英语教研组的理念，整体建构了新的教研模式，如图5.7所示。

图 5.7 外语组的教研新模式

在立德树人、"五育"并举的总体育人理念指引下，随着减轻学生校外培训负担和减轻学生过重学业负担的"双减"政策的颁布，教育工作者们要在目标总量不变但负担减轻、时间减少的情况下，做到低负高质。需从教研的各个维度来实现低负高质，最终达成目标。这一要求对于传统教研模式来说是比较困难的，但全息课程的教研模式将有助于达成目标。为有效改变传统教研模式的弊端，同时达到低负高质的效果，外语组从建校以来，也就是远在"双减"之前，就立足教研结构体系化、教研目标精准化进行建设。经过近几年的建设与发展，外语组现在已基本达到了教研总体结构体系化、分支内容体系化，围绕核心问题设置单元、课时教学目标，目标着力精准、深化学生能力培养，由碎片化目标转向整体化目标等要求。

外语组的教研结构框架包括课程设置、课堂教学、学生活动和教师发展四大板块。（如图 5.8 所示）课程设置最重要的是整合使用教材，我们在统编教材外自编了校本音标教材。音标教材包括课本和练习册，其编排以学生为主，围绕核心目标培养学生见字能读、听音能写的能力。通过学生主导、小组合作的形式，让学生在情境中利用丰富的教学资源夯实语音基础。该教材以锦一校园场景为主线，让学生在尽可能真实的语境中进行发音训练，在发现世界的过程中发展自己。在活动设计中，让学生通过分解任务，逐步达成见字能读、听音能写的目标。在教学过程中，引导学生通过个人、双人、小组的努力，将所学知识运用到实践中。我们的阅读课程以三年为期进行系统规划，从单篇深度阅读到群文阅读，从报纸阅读到整书阅读，整合各个话题、不同学科的内容，采用自主阅读积累、小组合作分享、班级戏剧表演等多种方式，力求培养学生的综合阅读能力。

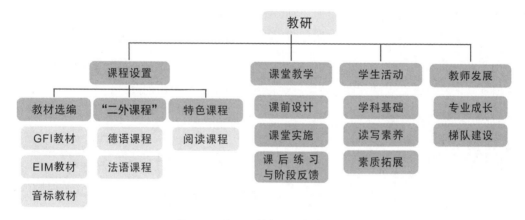

图 5.8　外语组的教研结构框架图

阅读课程教研主要采用四步流程：解读课标，确定篇目；教师共读，解构语篇；确定目标，设计任务；课堂实施，展示成果。下面以群文阅读教研为例说明教研模式是如何保障课程建设的。

【案例】群文阅读的教研流程

第一步，依据课程标准，针对某一阶段的内容确定主题，结合学生学段以及课标中的学生能力分级来确定语篇难度。再综合考虑单元主题、子话题、目标等维度，选择符合学生学情的语篇或书目。例如，在八年级上册第八单元 "Food" 这一主题中，我们进行了分析、挖掘与拓展，最终将主题确定为 "Food Culture"，即饮食文化，并寻找了大量符合要求的语篇备选。

第二步，所有教师共读所选篇目，选、编、改后，多维解读语篇。在备选的所有语篇中，我们通过共读确定了三个语篇：第一篇文章 "The Secrets Behind the Food"，讲述了不同地域拥有不同的饮食文化，以及形成这些差异的自然原因与人文原因；第二篇文章 "The Changes of Our Eating"，节选自《21世纪报》初三版，进行了删改，主要从时间维度讲述了现代人饮食习惯的变化及其原因；第三篇文章 "Grandma's Love is the Real Flavor"，选自《21世纪报》初二版，用一个故事讲述了食物中所承载的家庭关系与亲情。这三篇文章的选择既考虑了地域横向、时间纵向、感情升华三个维度，也特别引入了学科间的整合以及各种资源的整合，让教师可以从人与自然、人与社会、人与自我这三个大的主题下进行解读。

第三步，对标单元或阶段目标，精准确定课时目标，并设计课堂任务。我们将饮食文化根据三个语篇分为三个部分，并设计对应的课堂任务：首先是了解各地饮食的特点及形成原因，并在课堂上根据所学分析四川的饮食特点及成因；其次，了解古今饮食习惯的变化及其原因，"穿越古今"进行对话练习，并尝试预测未来饮食习惯的发展方向；最后，了解食物背后的故事，并联系自身，回归家庭和亲情，讲述自己的家庭食谱和其背后的故事。

在教学中，除了设置课堂任务让学生展示，我们也会要求学生进行过程性积累，并多元化设置课后任务。针对学生不同阶段的能力层次，确定不同的阅读积累方式，从简单的单句积累到大意归纳，再到针对不同体裁的故事性思维导图（mind-map）归纳和说明类的 KWL 学习单，定期请学生相互交流分享和展示。

外语组的阅读课程实施流程如图 5.9 所示。

图 5.9　外语组的阅读课程实施流程

在阅读课程中不管是单篇阅读还是群文阅读或是整书阅读，教研流程都基本以图
5.9 所示流程为基准，从课标开始，到语篇解构，再到目标与任务，最后是实施和展
示。在展示部分，单篇阅读和群文阅读成果展示主要集中在课堂和课后，而整书阅读
的成果展示会更加多元，包括整书综合性小报、结构化的思维导图、整合资源的戏剧
表演，能让学生的能力一步步得到提升，也在小组的相互分享、学习和展示中解决实
际问题。我们希望阅读课程可以为语言而学，为内容而读，为思维而教；通过对话建
构意义，通过舞台展示树立信心、提升兴趣，让阅读真正地发生。而我们整书阅读结
束后的戏剧表演也起到了很好的推动作用，让同学们得到了更多更加综合的锻炼。

第三节　全息课程建设的运行机制

世界一流中学的课程建设机制有着丰富的内涵，在本质上有以下特征：第一，课
程开发是全过程的，课程开发需要经历从课程思想到课程形态形成的全过程；第二，
课程开发是多主体的，师生、家长、社区人员、专家都可以是课程开发人员；第三，
课程开发资源是多元的，国家课程、地方课程、学校文化、师生经验都是课程开发的
资源；第四，课程开发环境是生态的，学校为师生提供充分的自由，这种自由是课程
开发的必要条件；第五，课程开发过程是动态生成的，课程开发涉及很多的要素，这

些要素通过不同层面上的交互动态生成课程开发机制。

在这些特征中，核心的过程要素首先是课程思想的生成。在课程开发的逻辑里，课程思想是学校课程开发的起点。一般学校只是课程的执行者而非开发者，执行国家课程与地方课程，缺少课程开发者角色。即使有课程开发行为，也仅在浅层面上实践，对课程价值、开发逻辑、实施机制、发展水平、目标效果不会有系统思考，因而难以形成真正的课程思想。课程思想是诠释学校育人价值的土壤。

学校育人价值体系是课程目标生长的逻辑。世界一流中学的育人价值体系是开放的，创生出的课程目标体系也是开放的。目标体系开放，才能包容世界要素，承接社会发展动态，覆盖生命发展轨迹，触及人类的未来，才不会把知识作为课程目标的唯一选择。课程资源是课程内容选择的逻辑。世界一流中学课程资源建设一定是以国家课程资源（包括课程标准和教材）为核心，以世界、社会、自然资源为重点，以社区、家庭资源为补充，以学校及师生资源为基础，建立学生课程内容逆向选择观，给予学生课程资源的选择权，拓展课程内容宽度，提升课程资源利用效度；建立课程内容迭代共生观，把师生的生活、经历、认知、经验、智慧、问题、情感等作为课程资源，与器材、教材、社会发展对人的要求等外在课程资源融合，创生课程内容。据此建设全息课程运行机制，才能提高全息课程建设质量。

课程运行机制，揭示课程运行过程各要素及其相互作用的规律。它反映课程运行的持续性和课程运行的有效性。世界一流中学提倡课程创生式运行，需要动力机制、创生机制、生态关联机制、评价机制和保障机制来推动。

一、课程建设的动力机制

世界一流中学可以从三个层面考察课程的运行。在宏观层面上，课程价值转化为人的价值是课程运行的宏观动力。课程最大的价值是育人价值，即把课程价值转化为人发展的价值。课程价值与育人价值有差距。两者的差距越大，课程运行问题域越大，课程的价值越大，课程实施的难度也越大。两者的差距缩小，虽然减小了课程实施难度，但也降低了课程的价值。在中观层面上，课程环境的自由化、生态化是课程运行的中观动力。自由的课程运行环境可以增强课程实施主体的创造力，为课程创生提供条件。课程运行致力发展人的"创新、协调、绿色、开放、共享"的生态人格，同时，课程运行也具备"创新、协调、绿色、开放、共享"的生态特质，课程要高品质运行需要有高质量的运行机制。在微观层面上，教师群体自觉力的形成是课程运行的微观动力。教师群体的自觉力一旦形成，教师群体就能在觉醒状态下自觉地推动课程发展。课程运行的宏观动力和中观动力是外在动力，课程运行的微观动力是内在动力。但无论内在动力还是外在动力都不是孤立的，内外动力相互作用才能推动课程正常运行。世界一流中学重视课程团队建设，把外在的行政组织力转化为群体的自觉力，不断创生课程。

二、课程实施的创生机制

问题与创生关联。在过程性哲学话语体系里，课程不是静态的存在物，课程是创造性生成的，创生是课程的本质，学校、教师、学生在课程创生中得到发展。学科是学校课程运行的基本要素，创生性课程中的学科不完全是知识的载体，也不仅仅是教材等文本形态。创生性课程具有多元价值、多种形态，是动态发展、不断演化的。创生性课程体系是知识体系、价值体系、文化体系、经验体系的集合。

学校课程具有生命力不是因为学校能有序推进学科课程，也不是因为学科知识能在各个课堂充分地展开，而是学校在建设课程时将学科与生命建立了联系，为学科赋予了生命发展的价值，用动态的课程思维塑造出了多样的课程形态。

但学校课程、学科、创生三个要素并不能简单地糅合在一起，需要一个内在的条件才能深度关联，这个内在条件就是问题。在学校层面上，为不同学科赋予生命发展的价值是最核心的问题，这是一个建立在学校课程思想基础上并进一步创生课程的问题。但这个问题的解构不能仅仅放在学校的层面上来思考，学校创造出的生命发展目标仅仅是为学科赋予生命发展价值的上位概念，学校要通过建立价值引领机制才能真正把问题下移到底层。在课堂层面上，以知识问题化、问题结构化、思维显性化、活动综合化的"四化"策略整合并线，实现核心素养发展、促进课堂落地才是课堂创生的逻辑。在这个过程中，学生在知识、情境、生命问题的解构与重构过程中创造新的生命，即形成有生命力的经验。所以，课程、问题、创生及三个要素高度的互动关联是课程运行的内在机制。

三、课程优化的生态关联机制

课程优化的生态有三个维度：文化生态、资源生态和技术生态。从课程的内涵看，文化是课程的本体，也是课程运行的背景，课程在文化环境中运行。课程要创生式运行，需要课程实践主体达成共识，对课程进行主动创生，追求课程创生的精神。课程创生需要开放的资源环境，学校建立共建共享的资源平台和有资源开发潜力的元资源，打破了学科边界，形成了可整合的课程资源库，也形成了资源迭代创生的策略和机制。学校技术环境决定学校课程创生运行的质量。这里所谈的技术并非指信息技术，而是指课程与生命连接的技术、生命价值实现的技术、经验创生的技术等，这些技术可能是人所具备的，是人内在的要素。但往往这些技术和人与人之间的关系，与社会网络和团队之间的关系，形成课程运行的背景式机制。世界一流中学课程运行的文化生态、资源生态和技术生态是高度关联的，它们相互作用，形成课程创生运行的外在机制。

四、课程运行的评价机制

在课程运行层面上，课程评价改革的目标是实现评价与课程发展的融合，但其核心目标是通过课程评价促进人的全面发展。所以，课程评价是一项高技术、高策略的系统工程。其高技术性体现在，课程运行评价的显性逻辑是对课程要素、课程运行规律、课程思想在学校层面和课堂内外的现实化、数据化、操作化，以便于评价者通过观察予以描述。但课程运行评价的隐性逻辑是对人发展的要素、人发展的要素可能的表现形态有深度的认知，并把人发展的要素、人的行为表现、课程联系起来形成闭环，以实现人的发展、课程价值与评价的深度关联，并把关联后的数据操作化以便于评价者通过观察予以描述。世界一流中学的课程评价，总是落脚在人的发展上。

从"全息"视角看，对课程建设理念的评价要与国家课程要求、学校课程思想保持一致，以促进政策与发展在价值上的统一；对课程内涵的评价要与学校发展目标保持一致，以促进课程与学校文化的统一；对课程建设水平的评价要与教师提升水平保持一致，以促进课程发展与智力提升的统一；对课程运行水平的评价要与课程建设生态保持一致，以促进课程与环境的协调统一。对人的多元评价要与人的发展现实保持一致，以促进评价与发展的内外平衡；对人的动态评价要与人的阶段发展保持一致，以促进人持续发展的平衡；对人的全息评价要与人的全面、充分发展保持一致，以促进评价与发展的整体统一；对人的发展目标评价要与课程生成目标保持一致，以促进课程功能的充分实现；课程评价指标、人的行为表现和人的发展轨迹要保持一致，以促进课程与人发展的高度拟合。世界一流中学对课程运行的评价，在评价主体上是多元的，教师、学生、家长、社区都可能是评价的主体，教师与学生可以互评以实现评价的主体间性；在评价的价值上倾向于人的发展，包括师生的共同发展，评价的结果能促进人全面、充分、持续发展；评价的对象可能是课程本身、课程运行环境、课程运行机制，也可能是人发展的要素、人的行为表现、人发展的历史；评价内容是多维的，学业成绩、生态人格、思维视野、综合能力都是评价的内容，单次评价可能是碎片的，但在一个周期内一定有对学生的整体画像；在评价方式上，一定会把过程性评价与终结性评价、阶段性评价与发展性评价进行整合，以实现人对自己发展现状、过程、趋势的全面认识。

五、课程推进的保障机制

课程推进的保障机制是课程运行组织机制持续作用的基础性系统。世界一流中学有专业的团队进行课程建设，而不是把课程建设的功能都附着在教务处或教科室。我校由课程与教学部牵头、各学科组组长参与，组建了课程研究与开发的核心团队（课程研发中心），负责学校课程政策的制定、课程信息的搜集、课程思想和文化的研发、课程资源的开发、课程质量的评估与监测等工作。核心团队对跨学科和跨学段的课程建设、校外课程专家的聘用等起协同作用。核心团队以课程创新为目标引领建立专业学科团队，核心团队成员对课程开发领域有深度的了解，具有深厚的课程基础理论和创新能力，同时，以建设学习型和研究型学科团队为己任。

课程实施过程管理机制的建设。课程建设虽然归属课程研发中心，但课程实施归口于课程与教学部，教师培养归口于教师发展部，同时，最不能忽视的是教育的对象及课程开发主体之一———学生，所以，必须研究和建立课程运行管理机制，形成课程与教学部、课程研发中心、教师发展部、学生工作部协同推进课程的逻辑思路以及运行机制。首先，必须厘定课程管理的归属、分工和协同问题，对课程与教学部、课程研发中心、教师发展部、学生工作部在课程管理中的功能、地位和作用辨析清楚，具体确定以研发中心牵头和课程与教学部、教师发展部、学生工作部相互协同的方式，制定多部门协同的指导思想、组织原则、具体目标、任务和实施策略，才能推动课程正常运行。世界一流中学把课程运行管理机制的建立作为课程高效运行的前提条件来实施。

课程资源建设保障机制。资源保障是指保障课程有效开发和实施的一切资源，即课程开发和实施过程中可利用的人力、物力和自然资源的总和。资源成为课程资源的前提条件是其本身具有潜在的育人价值，能被开发为课程的要素。资源保障的本质不是有可以直接利用的资源，而是有可被开发利用的资源，课程资源总是以一定的载体形式进入课程。研究者吴廷熙曾对课程资源做了非常有意义的划分，他从人与资源的关系出发，把课程资源划分为生命载体资源和非生命载体资源①。他认为生命载体资源主要指教师，非生命载体资源一般指物质资源。课程计划、课程标准、教材、教学参考用书等是非生命载体资源。非生命载体资源是研发和实施课程的基础条件，属于条件性课程资源，是外在课程资源。从课程的本质来看，课程是生命影响生命的活动，人成为课程的核心要素，生命载体资源是课程的内在资源，它的价值应高于非生命载体资源。一般学校的课程建设重视非生命载体资源的开发应用而忽视生命载体课程资源的开发应用。世界一流中学特别重视生命载体课程资源的开发应用，不仅把学生当成学习的主体，也当成课程开发的主体，把学生的生活经历、知识、经验作为重要的课程资源来开发应用。学生学习的过程亦即课程创生的过程。虽然学生难以直接参与学校的顶层课程建设，但学校总会自觉地提供一个学生视角去研发和推动课程。

世界一流中学的课程建设并非把国家课程校本化和把学校文化课程化那么简单，而是在研究国家人才培育战略、世界人才需求、生态育人战略和课程育人战略的基础上研发学校课程思想，以课程思想为逻辑起点研制学校课程，同时，通过学校育人价值体系与学校课程体系的深度融合建立学校课程目标体系，基于全面落实国家课程与开发学校自主性课程的动态平衡开发学校课程资源。世界一流中学就是要以人的全面发展、充分发展、持续发展为内核建立课程框架，在校本化国家标准课程的基础上，相应创生艺体修养、学习指导、个性发展、生态素养、研学旅行等课程，以培育学生的学科知识、健康身心、生态行为、国家和民族认同等素养。这些课程具体用必修课程、必选课程、任选课程来实施。

第四节 全息课程的实施策略

世界一流中学的全息课程主要采用整体建构、学科深化和跨学科整合三大策略推进。不同策略相互配合，共同构成了全息课程的实施体系。

一、整体建构

世界一流中学的全息课程建设，可以根据"在发现世界中发展自己"的学生成长

---

① 吴廷熙. 教育资源建设之思考 [J]. 教学与管理，1999（12）：3—5.

价值观，以"体验·探究·发现·发展"为关键词，建构各类课程的实施策略体系，让学生在此过程中发现"中国"和"世界"，以此激活学习内生力，发展自主学习力、资源整合力和学习表达力。世界一流中学的全息课程的整体建构框架如图 5.10 所示。

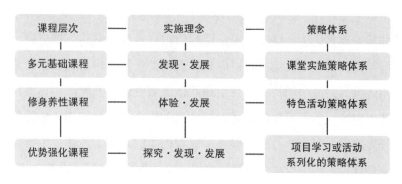

图 5.10 **全息课程的整体建构框架**

全息课程中的所有课程都目标明确，均遵循学生身心特点，尊重教育教学规律，按"立体设计、整合推进、分类实施、项目探究"的思路实施。同时，根据世界一流中学课程的特质，我们重点攻坚了课程的"全息"转化策略、优势增值课的潜能孵化策略以及修身养性课程的深度体验等策略。在课程开发与实施的各环节紧扣"全人""中国""世界"三个要素展开，从多个维度极具智慧地引导学生成为"全人"，厚植中华文化，拓宽学生的全球视野以及培养学生的全球胜任力。

二、学科深化

根据学校全息课程的整体建构框架，各学科团队根据本学科特点细化和深化课程实施策略。在课程的开发与实施中，各学科团队积累了大量的实践智慧，使得各学科各具特色。

例如，语文学科团队的余灵老师和她的团队在开发和实施"锦口玉言，思辨青春"的课程时就采用了如下策略：

一是面向全体学生，着力促成全员、全程、全面发展。无论辩论知识、技巧的习得，班级/年级预赛、决赛辩题的拟写与民主投票，还是辩词的拟写，辩手的海选与确定，主席、学生评委、活动助力员的推选等，均为全员全程参与。每一个学生都在习得、实践中，用如火的热情、闪光的智慧与思辨呈现了绝佳的视听盛宴，体现了学生的个人风采和青春魅力，展现了语言艺术和团队精神。这是锦一全息课程建设的成果展示，以学生发展的未来素养为聚焦点，落实了"在发现世界中发展自己"的学生成长价值观。

二是课程活动化，活动系列化。本课程是在初一阅读课程、初二演讲课程之后开展的，贯穿初三整个学年。前两门课程为本课程打下坚实基础。辩论课程主要由辩论知识导学、辩论技巧培训、辩论精英专题讲座、辩论现场观摩、辩论实战演练、班级辩论赛、年级辩论赛等一系列专题活动子课程组成，形成学习任务群，具有情境性、实践性、综合性，更好地指向学生核心素养的发展。

三是多维度整合。从课程内容看，将教材九年级上册第二、第五单元，九年级下册第四单元等的议论性文章与八年级下册演讲活动探究单元相联系，以及与《庄子与惠子游于濠梁之上》《曹刿论战》《邹忌讽齐王纳谏》等文言文相融合，创设以"辩论"为核心的跨单元、跨学年的大单元整合教学。从学科视野看，真实情境下的辩论能促使学生关注时事政治、了解历史文化、搜集古今中外实证、锤炼语言表达能力、增进团队协作等，引领学生在实践中活化基础、拓宽视野，学会整合资源、锻造韧性，提升未来的社会适应力和全球胜任力，即实现语文、历史、政治、地理、哲学、经济、科技、艺术、全景德育等跨学科整合、多学科融合。从实践时空看，本课程贯穿整个学年，有梯度地推进，过程中邀请专家、班主任、其他学科教师参与线上、线下活动，即实现突破时空的资源整合。

四是激发团队改革活力，促进教师智慧发展。在课程创设与实施过程中，备课组教师全员参与，群策群力，立足"未来需求"活化"过去形成的书本知识"，立足"未来趋势"整合现有教学内容，力求教学内容具有鲜活性，教学形式具有灵活性，教学手段具有未来性，使教学过程具有"对接未来"的改革活力，教学结果具有"走向未来"的价值。在专家的指导下，在发展学生的同时，教师也得到多方面的发展。

一位语文资深专家用"五美"高度评价了本课程中的学生表现：深刻之美，美在对辩题、真理理解的深刻；逻辑之美，美在探索论据与论点的关系，思考论证结构的严密性；表达之美，美在语言表达的多样性，或是闲庭信步、从容谈来，或是慷慨激昂、幽默风趣；合作之美，美在一群人的团体协作，赛前认真准备，赛时积极配合，赛后反思复盘；尊重之美，美在对真理、对思维的尊重，美在对队友、对对手的尊重。

观摩了此课程的另外一些课程专家认为，课程对同学们人文素质和思辨能力的培养意义非凡。专家们鼓励同学们进一步思考辩题的意义，保持青年理想，承担社会责任。

通过上述案例，我们可以以管窥豹，洞察全息课程开发与实施的主要策略。学校的每一个学科都是按照学校的全息育人理念和全息课程建设的顶层设计的指导，遵循全息原理开发与实施全息课程，同时每个学科又有其独有的特点。我们发现学校的课程主要是基于学科的本质，基于学校实际（育人目标、理念、教师和资源）以及基于学生成长来设计建构的。在具体实施中，我们采用分类培育的原则，对学科课程采用以学科团队为主体、学校统筹的原则；对学校每天下午开设的部分综合性优势增值课，我们主要采用项目学习的方式推进，比如木艺工坊、人工智能课程、戏剧课程等，这些课程由我们聘请当地大专院校和科研院所的教师参与建设；还有一部分课程主要以学校组建校队的模式推进，比如击剑、游泳、戏剧等课程，这些团队充分利用各级各类比赛和平时的沉浸式训练，激发同学们的学习热情，这些课程聘请专业的团队进校实施。学校课程为学生成长铺就了多条走向可持续发展的成长之路，这是新的时代背景下学校课程建设的学校应答。

三、跨学科整合

跨学科整合是全息课程建设的重要方式，各学科团队开发与实践的优秀案例层出不穷，下面仅以地理学科课程建设为例剖析跨学科整合策略。

【案例】地理课程建设策略

1. 始终坚守基于"全人"培养的学科育人使命

地理课程贴近生活，关注自然与社会，体现地理学特点并具有很强的实践性，对培育学生的人地协调观、家国情怀、全球视野，以及批判性思维、创新精神和实践能力具有重要价值。一个优质的学习生命体以"涵养创造未来的智慧，沉淀行走全球的品格"为成长目标。其中，"拓展区域认知的眼界""培养进行全局思考的综合思维"等是地理独有的学科使命。在有限的时空中，要拓展培养"优质生命体"的宽度和广度，实现多元发展，整合是重要的路径。基于学科思想方法对学科教学目标、教学内容、教学资源、教学方式等进行多元整合，是建构具有"全体、立体、活态"特征的学科全息课堂的基本样态，也是初中地理整合课程开发与实施的攻坚点。

地理学科团队在我校"创建'全息育人课堂'，打造优质学习生命体"的品牌建设战略规划的引领下，着眼于学生学科核心素养的培养，深入推进课堂教学的改革。在地理学科方法走向融合的时代，我们以整合突破有限的学习时空，以整合建设"轻负高质""活态优质"的地理课堂，以整合实现"开放与智慧"的课堂教学形态，努力建构"全体、立体、活态"的地理整合课程，引领全体学生持续成长。

2. 始终将整合策略运用于课程建设中

初中地理整合课程是指与地理学科相关的内容，通过学科内、学科间、课型间、资源间、时空间等多维度的优化整合，呈现出"开放与智慧，轻负与高质，活态与优质，师生智慧共生"等特点的成长型地理课程体系，主要包括学科内课程校本化、跨学科的项目式课程整合（含优势增值课开发）、跨场域的隐性课程整合等方面。地理学科团队梳理出了关于地理全息整合课程的建设规划及整合路径。总体思路为：以学科思想方法梳理为起点，以整合点的确立为关键环节，以校本课程开发为实施路径，以多元的教学策略为保障。

地理学科因为其具有区域性和综合性，学科思想方法呈现多样性特征，且随着研究对象的发展和变化，学科方法也在不断发展和变化，现阶段进入了学科方法走向融合的时代。地理学科团队将把提升学生核心素养和关键能力相关的思想方法作为整合点，其基于学科思想方法的整合如图5.11所示。

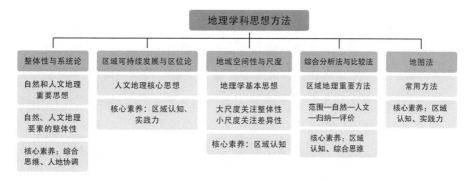

图5.11　初中地理基于学科思想方法的整合

"地域空间性与尺度"是地理学的基本思想，也就是我们所说的从空间角度看待一切。尺度的大小体现出区域的整体性和差异性，对标的核心素养主要是区域认知。"综合分析法与比较法"是认识一个区域和多个区域的方法，先确定范围，再认识自然和人文特点，最后可以归纳该区域的开发利用价值并进行评价，对标的核心素养是区域认知和综合思维。"整体性与系统论""区域可持续发展与区位论"则是自然和人文地理的重要核心思想。通过梳理学科思想方法—确定整合点—课堂实践—反思修正—方法提炼—迁移运用，从而形成了研究的闭环。

3. 始终依据学科大概念确定课程整合点

如何从地理学科的方法出发，依据学科大概念找出一节课的整合点？下面我们谈谈地理学科团队刘欢老师在设计"人口与人口政策"一课中的整合策略。

初中阶段的学习紧密围绕世界地理、中国地理展开，我们希望课堂的设计能使学生达成"以世界之眼欣赏中国，以中国发展感知世界"的境界和格局。因此，在建构地理整合课程的阶段任务中，我们专门选取了人文地理作为研究点，以"地理学科的整体性与系统论"为依托整合本课。由于人口学无论是以世界的尺度还是中国的尺度，在整体上都具有内在的知识共性和逻辑联系，关乎人口学入门知识和正确的人口观，因此这样整合是有理有据且可行的。从课堂效果来看，"通过中国看世界"与"在世界中看中国"，比之前的教法更饱满，更具有整体性、系统性。本节课以人口政策的调整和制定为主线，探究人口的增长与社会经济、资源环境的关系，从而帮助学生形成人地协调观这一核心素养。中国是人口大国，是世界控制人口的典范，其人口的增长经历了从缓慢到快速再到趋缓的过程，中国的人口政策也随之进行了调整。学生身处家庭三代人口结构正是多子女阶段、独生子女阶段及二孩新政阶段人口政策调整的反映，有许多真切的感受。因此，本节课围绕"从家庭看中国，再从中国看世界"的思路，通过"家庭人口小调查""绘制中国和世界人口增长变化曲线""为人口负增长的国家意大利出谋划策"三个探究活动有效达成目标。

中国为世界人口的控制做出了巨大的贡献，其经验可供世界各国借鉴。中国人口政策的方针政策及调整都体现了大国风范与人类命运共同体的责任担当。希望学生通过本课程不仅学习到人口的相关知识，提升地理学科核心素养，还能感受到中国是一个践行人地和谐思想观念、具有人地协调之美的国家。通过中国看世界，再在世界中看中国，学生更能够体会到强大的祖国给我们每个公民带来的安全感和自豪感，从而真正形成中国风骨、世界眼光，认识到一个民族和国家对于世界应该承担的责任和担当。

地理七年级备课组组长李海燕老师在以"基于资源整合的初中地理课程设计与实施"为题的专题交流中阐述了大概念整合的策略。大概念整合的主题能改变学生学习中存在的"散、低、浅"的现状，转变教学格局，实现新课改教学设计与素养目标的有效对接。在前期沉淀的基础上，锦一继续探索新的课程模式——"馆校合作"灾害系列教育活动。活动将"灾害"这一大概念整合为两个部分：第一个部分重在认识灾害，第二个部分重在感知灾害，实践灾害防御及灾害中自救的方法，渗透生命教育的主题。学生通过学习我国防灾减灾工作取得的成就，树立家国情怀和民族自豪感。这样整合后，用两个课时的时间，整合了三条课标，提出了五个核心问题，对标四大地理核心素养发展，将学生的体验与探究及成果表达合为一体，践行"感知—认识—实践—情感升华"路线，符合初中学生的心理特点和认知规律。

4. 始终坚持基于学习主题进行跨学科整合

第一，跨学科整合课程具有互补效应。以李海燕老师的历史与地理融合课程"青藏地区的探索"为例。本课程用青藏地区的"前世今生"历程来解决课程的逻辑性问题，以青藏地区的历史发展时序作为课程资源整合的主线，构建"前世—今生"的线索，展现青藏地区在不同时期、不同方面的美，从而使课程资源饱满、主线清晰。在历史资源的介入下，利用时空优势，提高学生所学知识的真实性与可感性。例如，通过让学生学习青藏地区如何种植粮食作物等，增强学生对知识的活化能力。

第二，融合课程落实环境保护教育，在区域认知的方法下用地理视角观察世界。赵晶老师执教的"极地地区"课程，从地理教学与美术教学相融合的角度进行了创新，在地理课堂中融入生态文明教育，帮助中学生树立科学的人地观、资源观和社会观，为保护生态环境的有序传播奠定了科学基础。美术老师指导学生尝试提取经典作品中的构图、元素、表现形式，结合极地保护知识进行创意表达，让经典艺术的影响力为极地保护代言；地理老师指导学生用经典艺术正确表达三个主题：科学考察、环境问题——滥捕滥杀、环境问题——全球变暖，宣传极地保护理念。在不同学科思想的碰撞和融合中，课堂教学效果提升了，促进了学生资源整合力的提升。

5. 始终做好"大思政"格局下的跨学科整合教学

地理研究离不开历史演变，历史演变常常依托广阔而深刻的地理背景。由历史老师梁晓洁和地理老师赵晶执教的"高山天堑架飞虹"一课，主要有以下特点：

第一，跨学科主题学习。该课整合了综合型地方课程"可爱的四川"中的"自然之美"和"红色之美"两个主题，聚焦红军长征过程中出现的诸多问题，从地理环境的角度分析红军长征中强渡大渡河与翻越夹金山的"不可能"，再从真实历史中深刻感悟红军之"能"。该课尝试寻找历史课程与地理课程在内容、主题、能力等维度的深度关联，逐步建构跨学科学习的立体化网络，形成在时段上贯通、领域上连通的整合意识，进而更好地提升学科核心素养，涵养学生的家国情怀。

第二，弘扬与传承红军长征精神。本课通过问题聚焦、活动探究、材料研读等方式，将抽象的精神形象化。学生在学习过程中潜移默化地感受到了坚持不懈和顽强拼搏的长征精神。两位教师在备课过程中参观博物馆、设计小实验，用实际行动践行着新时代的长征精神。

第三，发挥"综合思维"和"地理实践力"的育人价值。学生通过综合分析四川的地形地势、山川河流、地质地貌等多种地理要素的相互联系、时空变化等，培育综合思维，形成系统、动态、辩证地看待问题的思维方式，树立求真务实、开拓创新的科学精神。另外，本课还引导学生通过地理小实验，研究大渡河峡谷的形成原因、流速与坡度的关系、河流携带颗粒物的沉积与所在河段的关系，帮助学生通过地理实践活动，观察和认识大渡河的地理环境，体验和感悟人地关系，并在活动中做到知行合一、乐学善学、不畏困难。

6. 始终坚持做好课程资源的多元整合

为增强成都地区中小学生对家乡的热爱与认同，成都地理相关内容也将纳入成都市中小学的各类考试中。如何用综合的思维、地理的眼光去认知家乡的自然和人文，理解蜀人与蜀地始终保持和谐发展的理念？为解答这一问题，地理学科团队以"整合"为核心，不断探索地理课堂的创新与突破。地理学科团队整合多学科资源，在区域地理、乡土地理的背景下开发了校本融合系列课程"我和我的城——成都"，以"成都聚落的形成和发展""解码神秘古蜀，品味和谐天府""传承天府文化，共绘锦绣蓝图""以水脉传承文脉，以和谐融创未来"四个课时串起了成都的"前世今生"，每个课时又以情境创设和问题链的方式层层深化。地理学科团队在实施该系列课程的过程中，以集体备课、精心准备、高效实施、丰富形式、多元评价为抓手，促进整合系列课程的高质量落地。

第一，馆校合作，实地教研。地理学科团队全体教师利用周末和教研时间到广汉三星堆考古现场和三星堆博物馆、金沙遗址博物馆、都江堰水利工程等探寻古蜀文明；还集体到成都规划馆、广汉段家大院子探究川西民居和现代成都建设规划和理念。

第二，整合资源创设情境，注重情感体验。地理学科团队突破性地采用同一班级连堂体验的形式，带给学生亲临三星堆、再进规划馆的体验，将本地的场馆资源"请进来"，让学生体验从"前世"到"今生"的课堂穿越感。地理学科团队整合了多种资源，包括三星堆文物的青铜模型、精选的成都老照片和明信片、熊猫文创小奖品以及三足炊具模型，其中，三足炊具模型是陶艺课王老师带领同学们在课堂上亲手制作的。为了达成教学目标、增强学生的情感体验，课堂环境的布置力求精益求精。

第三，整合材料，编写学案及课程实施方案。第一课时，连晋老师讲授"成都聚落的形成和发展"，在七年级"我和我的城市"研学之后，以成都为例，整合教材中"聚落"一课，让同学们通过对古语"一年成聚，二年成邑，三年成都"的解读，理解了一个城市的发展和变化历程是在一定历史条件下、一定地域内多种地理因素综合作用的结果。第二课时，陶睿老师讲授"解码神秘古蜀，品味和谐天府"，以"沉睡数千年，一醒惊天下"的三星堆为例，把三星堆带进课堂，通过对祭祀场景的材料解读进行地理要素分析。第三课时，吴海梦老师讲授"传承天府文化，共绘锦绣蓝图"，在"印象成都""时光成都""蓝图成都"三个主题中将成都现在的发展情况和未来的发展蓝图用图片、数据等形式展现出来。同学们通过材料和图表分析，提取其中的地理信息并用地理的语言描述，结合生活经验，感知现代成都的变化，规划未来成都的发展。第四课时，李海燕老师讲授"以水脉传承文脉，以和谐融创未来"。以多学科融合建构立体空间，融入历史时间概念，以成都的城市发展史为主线贯穿全程，利用地理实验等实践探究方式，以都江堰工程中的"鱼嘴四六分水"为案例，培养学生综合地理实践能力，促进学生综合思维的发展。

本课程是校本融合课程的一次高质量落地，生动地体现了学科整合。学生在探究思辨中探索知识，提升能力，发展学科素养。课程在全景德育观指引下，整合研学课程，激发了学生热爱家乡的情感，培养了学生的爱国情怀，充分发挥了学科育人的作用。在全息课程建设中，教师们改革创新，整合资源，提升课堂效益，各学科团队也在不断摸索中前行。教师们基于对学科本质及全人教育的深刻领悟，不仅大刀阔斧地进行学科内整合，更突破学科壁垒，不断开发跨学科整合的主题课，加上对课型、资源、时空等多维度整合的尝试，使课堂呈现出了"开放智慧，轻负高效，活态优质，师生智慧共生"的特点，可持续育人质量也因此不断提高。

第五节　全息课程建设的关键环节、难点与突破口

当我们对全息课程建设的基本原理及机制有了全面的认识之后，我们要来谈谈全息课程建设中的一些关键、难点问题。对这些问题的认识和突破反映了学校坚定的育人意志和培养"整全"的时代新人的决心。

一、如何整合"全人""中国""世界"等要素建构课程内容

世界一流中学的课程内容需要整合"全人""中国""世界"三大要素。整合这三大要素建构课程内容的难点主要集中在如下几个方面。

（一）如何将理想中的"全人"样态转化为现实中的课程内容

课程内容是指各学科中特定的事实、观点、原理和问题以及处理方式，是一定的知识、技能、思想、观点、信念、言语、行为、习惯的总和。长期以来，学科分类导致学科融合内容脱节。新课标明确了以核心素养为目的的育人方向。核心素养是学生通过课程学习逐步形成的正确价值观、必备品格和关键能力，是课程育人价值的集中体现。

以核心素养为目标的"全人"育人要求，体现学科整合思想的学科课程对校本教材的编制提出了更高要求。教、学、评一体化也要求对测评方式、测评内容进行改革。现行大多以学科分科笔试、区（市）统考为测评方式，一定程度上割裂了"学"和"评"的内在关联。在一些地方，应试教育观念根深蒂固，学生为应试机械地学习、记忆、训练的现象还比较普遍，导致学生会做题却不会解决真实问题；学生所学的内容与未来职业生活的关联性不强，学习的是一些脱离情境的和碎片化的事实、概念和割裂的技能，难以迁移和应用；分科教学让学科之间相互割裂，无法让学生形成全面、整体的认识。

与此同时，PISA（国际学生评估项目）测试深受各国重视，该测试以测试15岁

学生能否掌握参与社会所需要的知识与技能为目的。从 2012 年开始，PISA 试题的设计转向测试学生能否使用知识进行批判性思考、解决问题和交流理解，这些能力被认为是学生为未来的高等教育、工作和生活做准备所必需的。面对挑战，我国教育的应答是：培养具备中国学生发展核心素养的创新人才。这样的人应该具备创新能力、协作交流能力、批判性思考和解决真实问题的能力、社会责任感和家国情怀等品格与关键能力。

如何建构有效的测评机制，并成为不局限于校内的过程性评价，而是辐射全区域的良性机制，是本研究的一个难点。我们知道，如果测评和选拔方式还是维持原状，一个学校要推行改革便举步维艰。只有把基于素养的评价、表现性评价、基于项目的评价综合起来，强调对真实问题解决和项目学习任务完成情况进行评价，多元主体参与标准制定与评价，将过程性评价与终结性评价结合起来，才能真正实现理想的"全人"教育。如何建立这一完整的课程学习与考评反馈的良性体系，是目前研究的难点之一。

世界一流中学的课程内容需要整合"全人""中国""世界"三大要素。进行课程内容整合，需要各门学科培养学生在"自律"基础上拥有"自由"和"自主"。目前，学生课程多、任务重、时间紧、空间碎的问题日益凸显，在"双减"背景下，让教育回归教育本身，把学习的自觉性和丰富的教育选项交给每一个"人"，实行好弹性学习制度，支持学生自由选择学习内容、方式和目标，探索自己的兴趣和禀赋所在，并在学习共同体中实现自主发展，才能真正踩中当下新高考改革和新课标改革前行的鼓点。

弹性学习制度包括弹性课堂、弹性作业和弹性学分制度。比如：学生如果在某门学科上表现优异，是否可以申请不参加该学科的日常基础性教学，自主拓展更高一级内容？在完成教师布置的必做作业之外，学生是否可以根据自己的学习需求选择完成选做作业？学有余力的学生，是否可以根据自己的兴趣特长，提前申请修某些模块的学分？自习课上，学生是否有灵活的时间整理所学知识，探索新知，不被机械捆绑在进度整齐划一的课堂内？

只有通盘设计好符合不同层次学生的基础性课程和提升性课程，并通过线下授课、讲座、线上教学等多种方式，融合各门课程，教会学生学习的策略和方法，才能为学生形成自主学习的能力和习惯打下基础。

（二）如何打通校园与社区以及校园与社会的关联

要办好一所好学校，真正整合好"全人""中国""世界"三大要素，绝不仅仅是一所学校自身的事情，尤其离不开地方政府的正确领导和科学支持。政府、学校、家庭、社会，是风雨同舟的"教育共同体"。

从目前的情况看，校园仍然是一个相对封闭和独立的教学体系。我们开展了诸如"全人讲堂""科学家进校园""校园义卖""艺术节"等活动，也以德育小长假作业、长假作业的形式，倡导学生走出校园进行职业体验。但是，我们应该认识到课程内容不是杂乱的事实的堆积，而应该根据一定的目的加以组织，在组织过程中，连续性和顺序性是非常重要的两个原则。在日常教学中，除了个别学科偶尔有馆校结合的教学活动，学生的学习基本还是被固定在校园内、教室内的小环境中。学校和社区内的博物馆、图书馆、商业区等仍然缺乏有目标、有计划的长期合作模式。学生从初一到初三甚至到高中，其综合性学习课程应该进入哪些范畴进行学习实践、开展项目研究活动，形成哪些学习报告、研究成果，依然没有得到具体而确切的解决。社会实践等学习活动并未真正纳入学生发展性评价体系。当评价和活动脱节，学生和教师对参与这类活动的热情和积极性自然不会太高。只有通过和家庭、社区、社会的深度融合，每个学生才能根据自身实际和个人意愿寻找到属于自己的方向。一方面，尊重社会的人才需求；另一方面，尊重学生自我的兴趣和禀赋，肯定学生的多元价值追求。关注好学生的素养养成，把眼光放长远，才是"全人""中国""世界"三大要素整合的真正目标。

我们应该看到，开发丰富的课程，不能仅仅把担子压到一线教师或者个别骨干教师身上，学校需要进一步和家庭、社区联动，整合各方资源，配备可以自主选择的校本课程和社团活动，尤其是拓展性课程和职业技术性课程，并提供多样化的竞赛和实践机会。通过活泼丰富的学习形式，学生能够锻炼各方面的技能，整合所学知识，促进学习迁移，形成独一无二的学习经验。学生接触社会生活的各个方面，才能从中寻觅到自己的定位和价值。

（三）如何有效铺设学生认识世界的多元路径

新课标反复提到"情境"，情境的核心是对自我与环境的关系的认识。在教学实践中，问题起到的是动力源作用，它能引发学生产生探究兴趣；情境则可以帮助学生养成在现实生活中发现问题、提出问题和解决问题的习惯，并实现所学知识与技能的迁移。当下，学生获得世界信息的途径较为单一，往往只能通过电视、网络等渠道获得。网络信息呈碎片化状态涌现，学校教育缺乏整体性的梳理和探讨，导致网络上一些片面、极端的思想影响了学生的正确判断和批判性思维的发展。

只有走出校门，置身于"中国"和"世界"真实而复杂的现实之中，学生才能发掘个人价值，才能找到当下和未来的发展方向。学生如何真正以社会公民的身份，参与社区生活的调查、研究和改造？鼓励学生从自己身边的日常生活出发，或根据自己关心的议题，发掘社会生活中存在的问题，通过调查问题现状、学习相关理论、与相关部门沟通协调等方式，提出自己的想法并形成提案，深度参与积极自主的实践锻炼。

整合"全人""中国""世界"也需要让学生置身于科技发展的前沿，通过高等学校的支持，学生走进新课题，在节能环保、交通工程、生物科技、机械工程、光电材料等新兴科技领域真正感受科技发展的脉搏。

整合"全人""中国""世界"还需要调动学生的积极性，让每一位学有余力的学生参与课程的设计开发与实施管理，成为校园选修课的"小老师"，将"学子讲堂"融入"全人讲堂"的课程体系中来。

二、如何有效融通校内外的学习时空

全息课程把校内外时空看成非常重要的课程资源与课程实施的重要阵地。有效融通校内外的学习时空，能让学生在教师的引导和帮助下，学习具有挑战性的人类已有认识成果。在这个过程中，学生的知觉、思维、情感、意志、价值观全面参与、全身心投入。这样才能指向具体的、社会的人的全面发展。目前学校以学科教研组、备课组为单位，已经在这方面做出了有益的尝试。下面我们以语文学科的"新闻活动探究"综合实践活动案例来阐述如何实现校内外学习时空的融通。

【案例】"新闻活动探究"综合实践活动案例

统编教材的"活动·探究"单元以三大任务为驱动，将阅读、聆听、书写和口头表达四个方面的内容融合于尽可能贴近生活而创设的真实、有意味、有挑战性的情境中，更好地调动学生参与的激情，在实践中提升学生的综合能力。我们以任务二中的新闻采访为例，讲述如何把握学情，调查先行，紧扣新闻采访的兴趣和难点，有效实现校内外学习时空的融通。

1. 为了准确把握学情，开展问卷调查

新闻采访是部编版教材八年级上册第一单元的第二个任务，也是活动性最强的任务。新闻是报道事实的，而采访则是发现和全面了解事实的过程，在新闻采访过程中占有重要地位。采访获得的新闻事实的质量，在很大程度上决定了新闻作品的质量。

采访有一套常见的流程与做法，也有相关的要求，然而我们的教材对此只做了简单的提示和示例。此外，在采访活动中，不同学习小组面对的问题和困难可能各不相同，有的可能是缺少某些技能，有的可能是分工不太合理，有的可能是目标过于宏大，有的可能是计划有较多漏洞……学生的新闻采访学习活动一般缺少实质性内容，甚至流于形式。如何在新闻采访教学中更有针对性地引导学生各显其能，在活动中摸索最适合自己的采访方式，则需要教师准确把握学情。

为全面了解我校初二年级学生目前的新闻采访学习现状，探究中学生在新闻采访学习过程中真实存在的问题，掌握教科研的第一手材料，我们开展了三次简短的问卷调查。调查对象为我校八年级学生，调查时间为 2021 年 10 月。问卷题目为选择题和问答题，共 8 个问题。问卷按三个维度来设计，即学习兴趣、对新闻采访基本知识和方法的掌握情况，以及对新闻采访的认识。

调查结果显示，在学习兴趣方面，23％的学生在学习新闻单元之前，最期待新闻阅读的学习；14％的学生在学习新闻单元之前，最期待新闻写作的学习；而52％的学生在学习新闻单元之前，最期待新闻采访的学习。在新闻采访学习过程中，有41％的学生不清楚如何拟写采访提纲，27％的学生不清楚如何捕捉采访素材，14％的学生不清楚如何明确采访任务。在街头采访的过程中，同学们普遍认为新闻采访的难点在于"提问的方式"，如"问答没有抓住要害""问题不具体""连续提问或问题过长会导致采访者反应不过来"等。

从调查结果可以看出，绝大多数同学在学习新闻单元之前，就对新闻采访有很浓厚的兴趣，大多数同学学习了新闻单元后，在日常生活中能越来越关注新闻采访。在被问到"上完新闻单元，你是如何理解新闻采访的？"时，大多数同学能意识到除了采访的技能，新闻采访还要依托两种能力：新闻敏感与"成果预判"。新闻采访的具体情况存在较多不可预知的因素，加之小组内部需要合作分工，使得新闻采访成为单元任务群中操作难度最大的任务。

2. 依据问卷调查优化教学策略

通过此次调查，语文教师们提出了如下几点教学建议：

（1）要让学生明确"新闻采访"包括哪些发现、搜集新闻事实的方式，理解采访的意义和价值。学生一般容易将新闻采访等同于现场访谈，这样的认识体现了现场访谈作为最主要的采访方式的地位，但采访还包括观察、调查、材料收集、笔录、摄影、摄像、录音等方式。教师还要让学生认识到，采访是获取第一手资料的重要手段，也是记者的基本功。同时，采访的多种方式，可以使新闻事实形成不同的层次。

（2）采访过程和技能是采访前集中指导的重点。采访过程属于学生容易理解的陈述性知识，而采访技能比较复杂，与采访者的个性、经验等息息相关，涉及许多"非语文"或"语文边缘"的内容。因此，教师可以将课堂指导的重点放在"现场访谈如何提问题"上。教学中，可以让学生仔细阅读教材的相关内容，获得基础知识；可以预设一个学生都熟悉的事件，要求各小组拟出现场访谈的问题并说明理由，然后在全班交流，再修改完善；还可进行现场的模拟采访。这样可以让学生在实际采访之前有具体的经验准备，还可以与学生具体分析一些真实的访谈案例，总结其得失，这样既给学生提供了模仿的对象，也可以使其对现场访谈有理性的认识。

3. 德育、智育、美育融合提高校内外融通育人价值

本次新闻采访活动是"双减"后学生的第一个国庆长假的语文作业，这让不少家长和学生感叹：作业少了，辅导班停了，孩子们有了更多时间走出家门，在实践中成长，度过了收获满满、乐趣横生的国庆长假。"双减"成功的关键，在于优化作业管理，强力推进高质量作业改革。学生家庭作业的质量和总量是"双减"成败的瓶颈，科学、合理、指向学生素养提升和全面发展的家庭作业是全面提升学校教学质量的重要抓手，教师需致力培养学生的核心素养。为了提高校内外融通育人价值，我们在这次活动中特别强化了德育、智育、美育的综合融入功能。

德育的融入。本次新闻采访主题"为国庆献礼，树当代偶像"，从学生的兴趣点往深处探索，激发学生主动学习、主动比较的愿望，也就是激发学生的学习内生力。同时，学生通过本次活动，深入挖掘采访素材中的德育元素，分享先进人物的事迹，从而感受优秀思想道德的力量，在实践中不断提升自己的道德修养，这也是落实立德树人根本任务的体现。

智育的融入。新闻采访在本单元的任务群中活动性、综合性最强，活动的具体情况存在较多不可预知的因素，因此操作难度是最大的。新闻写作将任务一的"知"和任务二的"行"结合起来，学生整理材料、去粗取精的过程，实际上也是敏锐捕捉新闻元素的过程，这是学生采访、写作活动的自我检测方式，且这种检测是柔性的、自省式的、内嵌于活动过程中的。学生对

采访目的、采访方式、采访问题进行规划，并在采访过程中不断反思、调整和超越，从而提升自我评估、自主选择、自主规划与自我调控的自主学习力，这也是对学生智育的多角度培养。

美育作为一种特殊的教育手段，是通过生活中具体可感的美的形象来体现的。在采访的过程中，角度的选取、构图的设计等视频拍摄细节，小报的文字填充与设计制作，无一不考验着学生的审美鉴赏能力。完成一次采访，实际上也是完成一件电子或纸质的美术作品。按照法国启蒙思想家狄德罗的说法，鉴赏能力就是抓住、珍视美好的东西，并且迅速而强烈地为之所感动。一件优秀的作品不仅体现了艺术家广博的修养和高超的美术技能，同时也洋溢着艺术家强烈的情感体验。

培养语文学科的核心素养，其本质就是培养学生解决复杂问题的能力，可以致力开展立足情境的过程性学习和凸显主题的学习性活动，为学生未来发展奠基。本次活动打通单元壁垒，力求激发学生能力，在实践中完善对新闻知识的学习，在采访中深化对当代偶像的理解，从而成为对社会发展有益的人才。

三、如何高质量整合不同模块的多门课程，促进课程协同育人

我国学生发展核心素养以培养全面发展的人为核心，分为文化基础、自主发展、社会参与三个方面，包括人文底蕴、科学精神、学会学习、健康生活、责任担当、实践创新六大素养。新时代"全人"养成核心素养，最终要通过课程来实现。STEAM（科学、技术、工程、艺术、数学融合）教育作为一种超越传统的教育模式，采用跨学科的方法在现实问题情境中教授科学、技术、工程、艺术和数学等方面的知识，引导学生适应不断更新的专业知识和快速变化的社会生活，提升学生未来社会竞争力。这种综合性课程体系能够促进学科走向融合，使得课程内容的综合性得到大幅度提升，与发展学生核心素养有着较高的契合度，为核心素养的发展提供了现实可行的路径。STEAM教育的独特价值，在于通过为学生提供逼近真实、富有现实意义的学习情境，促进学生投入高阶思维与积极情感，解决复杂问题，从而全面提升学生知识、能力与情感方面的核心素养。所以，以整合为核心，通过项目设计和创设真实问题情境来发展学生的探究能力，在合作中发展学生移情共情的社会素养，开阔跨学科视野，提升学生核心素养，是整合全息课程各板块内容的重要路径。

与此同时，提高学生的迁移应用能力，也是促进各课程板块有效整合、提高课程协同育人质量的重要方式。"迁移与应用"解决的是学生将知识转化为个体经验的问题，即将所学知识转化为学生综合实践能力的问题。"迁移与应用"需要学生具有综合能力、创新意识，这就需要整合不同板块的课程内容。同时，"迁移与应用"也是有目的地培养学生综合能力、创新意识的活动，有利于深化课程协同育人的价值。这是学生在教学活动中对未来将要从事的社会实践的初步尝试，也是教学具有教育性的重要体现。而这个过程能帮助学生自觉形成正确的价值观，自觉发展核心素养，自觉有根据地评判所遭遇的人、事与活动。

在美术和语文课程的整合案例中，我们推进不同课程板块深度融合，从版画艺术的角度探讨鲁迅文学作品中的美学特质，提高了课程的协同育人质量。

【案例】鲁迅作品阅读

篇章一：铭先生之风骨 记时代之印痕

在鲁迅先生的一生中，"文学"与"美术"有着密不可分的关系。着眼于这种关联，从版画艺术的角度探讨鲁迅文学作品中的美学特质，是美术学科以跨学科视角进行美育的一次有益尝试。开展"纪念鲁迅先生诞辰 140 周年"主题版画创作活动，追溯鲁迅先生的新兴版画沿革之路，既是向鲁迅先生对中国新兴版画做出的贡献致敬，也是向新兴版画镌刻出的时代印痕和铸造的民族精神致敬。

篇章二：纸上珍珠——藏书票

藏书票是贴在书的首页或扉页上，带有藏书者姓名的小版画。这枚小小的艺术品，既是以艺术的方式标明藏书所属，也是书籍的美化装饰，因而被誉为"版画珍珠""纸上宝石"。通过开展制作藏书票的课程，我们一起感受藏书票独特的艺术魅力，体验藏书之乐，养成读书、爱书的好习惯。

篇章三：木刻 记录美好生活

黑白木刻是一门具有悠久历史的艺术，四大发明之一的印刷术就是在木刻的基础上产生的。直到今天，木刻版画仍然蕴藏着强大的生命力。同学们以刀为笔、以木为纸，将黑白、刀味、印痕结合在一起，展示了黑白木刻版画独特的艺术魅力。通过研究黑白木刻版画的形、色、点、线，我们运用黑与白、疏与密、虚与实、刚与柔的关系来表现万事万物的矛盾统一，用木刻的艺术语言记录美好的生活。

《黑白木刻版画作品集》收录了历届锦一学子的部分优秀作品，呈现了我校"黑白木刻版画"项目课程教学的阶段性成果。课程整合了教材中关于版画的内容，并积极与其他学科开展跨学科课程设计，让学生们在制版、起稿、刻板、印制的过程中发现美、创作美、感受美。

通过以上案例不难看出，提高全息课程体系中不同模块内容有效整合的关键有三个：一是以某门学科为主，聚焦于该学科的核心知识整合课程；二是解决学习或生活中的真实问题，以问题解决为线索整合课程；三是丰富学习方式，以学习方式统整课程。无论采用哪种方式整合课程，其重要任务都是将学校课程转化为世界的缩影，在具有"中国特色"和"世界一流"的全息课程中培育新时代的"全人"，提高可持续育人的质量。

第六章

全息课堂：世界一流中学的课堂攻坚

当今世界的教育格局正在发生剧变，其中涉及学习方法、学习内容和学习空间，中小学教育和高等教育的情况都是如此。①

——联合国教科文组织

---

　　①　联合国教科文组织. 反思教育：向"全球共同利益"的理念转变？［M］. 联合国教科文组织总部中文科，译. 北京：教育科学出版，2017：39.

　　课堂是育人的主阵地，世界一流中学建设的重要任务是提高课堂上的可持续育人质量。世界一流中学要在课堂上提高可持续育人质量，需要在全息课堂的建设上突破实践难点，让每节课都能成为全景时空的缩影，帮助学生在课堂上看见外面的世界，积累社会所需要的知识与能力。全息课堂是承全息课程而来的。全息课堂是全息课程实施的主渠道，本应包含在全息课程的建设体系中，但鉴于全息课堂在全息课程中的重要地位，所以将其单独列出作专章探讨。建设全息课堂的主要目的，是以全息思维架起学生通向世界的桥梁。世界一流中学的课堂是发展新时代"全人"的课堂，这样的课堂从理念、目标、实践策略上都需要改变以往课堂的积弊，以一种全新的课堂形态推进"全人"培养。全息课堂正是世界一流中学力求建设的理想课堂。随着中国学生核心素养框架的发布以及核心素养导向下中小学课程标准的颁布，全息课堂既在我国推进的教育改革中获得了生命力，也为全息课程的有效实施与新时代"全人"培养提供了坚实支撑。

第一节　全息课堂的内涵与特征

　　全息课堂，是根据全息原理和"全人"培养理念建构的课堂形态。世界一流中学建构的全息课堂，内涵和特征如下。

一、基本内涵

　　世界一流中学所追求的全息课堂的理想样态，是在"全人"文化引领下，以全息原理建构课堂，其目的是以全息学习的视野提高新时代"全人"的发展品质。这种追求决定了全息课堂的基本内涵。

"每一个局部都包含了被摄物体的整体信息"[①]，即整体中的任何一部分都能体现整体的全部信息。以全息原理建构的课堂，是把课堂、儿童发展和人类社会当成一个整体来对待：课堂是儿童发展的局部，儿童发展是人类社会生活的局部，每一节课都应体现"完整儿童"的发展特征，每一个儿童的发展都应符合人类社会的整体要求。因此，以全息原理建构的每一节课，都不能"肢解"儿童，都应以"完整儿童"的发展作为教学目标、内容与方式确定的依据；都不能无视鲜活的社会生活，而要把社会生活引入每一节课，实现知识、生活、学生与社会的融合式发展。以全息学习的视野提高新时代"全人"的发展品质，就是以古今中外的大社会作为学习的大情境，在大视野、宽视角的社会资源的引进与利用中发展学生的可持续素养。以"全人"教育理念、全息理念支撑的课堂，以"完整的生活"培育"完整的人"，其内涵主要体现在如下三个方面：

第一，全息课堂是学习生活与人类社会高度匹配的整体性课堂。从前面的分析可以看出，将全息重演原理运用于课堂，可以得出如下结论，课堂教学是关于人的认识与成长活动的教学，人是人类的一部分，人的认识与成长活动是人类社会及其发展过程的重演，以人的认识与成长活动为核心的全息课堂，是对人类社会及其发展过程的重演。课堂对人类社会的重演主要体现在三个方面。一是对人类社会生活的重演。课堂上的学习生活应该重演人类社会生活，课堂环境、氛围、活动方式应该体现人类社会生活所具备的特征，并将人类社会的真实生活引入课堂。课堂学习与人类社会对接，增加"人间的烟火气"，才能破除学生从"课堂生活"过渡到"社会生活"的障碍。二是课堂上学生发展的素养目标是对人类社会构成要素及其结构的重演。人类社会的构成要素及其支撑性能力必须投射到课堂目标中。课堂教学发展的学生素质结构是社会发展对人的需求结构的重演，这就为"课堂中的人"和"社会中的人"搭建了互通桥梁，有利于促进核心素养的全面发展。三是课堂学习特征是人类发展特征的重演。人类社会发展具有传承与创新、适应与超越、平衡与不平衡、封闭与开放等相结合的特征，课堂学习也应重演这样的特征，才能提高学生的社会适应性与发展力。全息重演原理对课堂生活、课堂目标和课堂特征的要求，为建立课堂与社会的多元通道创造了条件，有利于在核心素养和"完整儿童"的发展之间搭建课堂改革的立交桥，促进可持续素养的生长。

第二，全息课堂是以"基础""发现""发展"为演进主线的课堂。立足现有基础，

---

① 弗利纳. 课程动态学 [M]. 吕联芳，邵华，译. 北京：教育科学出版社，2013：27.

在探索中不断发现，在发现中不断发展，从人类社会的整体发展看，基础、发现、发展是纵向结构的基本要素。全息结构原理认为，每一节课都是可持续素养发展的"全息单元"课。全息课堂的动态结构也应以"在发现中发展"为主线重构课堂的发展样态，才能在统整课堂发展和人类社会发展的过程中促进核心素养的全面发展。在课堂实践中，把学科、学生和社会融合起来，不仅要关注学科、学生，更应关注人类社会及其发展对学生和学科的要求，把"全人"成长和课堂高度整合。一是把学科知识的抽象演绎和"全人"在社会情境中的要求相结合。联合国教科文组织于 2015 年对"知识"进行了重新定义，把知识理解为个人和社会解读经验的方法。每门学科都是前人在生存与发展中积累起来的某一领域的系统化经验。在学科学习中，认识和理解已有经验不是最终目的，最终目的是在学会认识和理解这些经验的过程中，利用这些经验探究社会现象，从中发现和发展新知识，以新知识为杠杆撬动人类社会发展。这种知识观，要求学生在趋近真实的社会情境中获得发展，而不是只在书本中或试卷上进行抽象演绎。二是学科教学的组织方式与人类推动社会发展的方式相结合。在前人积累的经验基础上主动发现，在发现中不断发展，是人类推进社会发展的基本方式。这一方式有三个关键点：基础、发现、发展。认识和把握现有基础，明确"巨人的肩膀"在哪里，是推动社会发展的起点；在发现中探究，在探究中发现，是推动人类社会发展的动力与过程；发展是发现和探究的结果。全息课堂致力将这三个关键点整合起来。

第三，全息课堂是以"整合"为质量评价纲领的课堂。整体缩影的全息原理，要求课堂质量评价着眼于人类社会和人的整体发展，以"整合"为纲领重构课堂评价框架。建构跨越学校围墙的全息课堂质量评价框架是建设全息课堂的关键环节，全息课堂的质量评价框架应以整合的思路来建构。首先是课堂生活与人类社会生活的整合性评价，促进课堂生活成为人类社会生活的缩影。其次是课堂展开方式与人类发展方式的整合性评价，促进课堂展开方式成为人类发展方式的缩影。再次是学生的学习成效与利用知识解决社会问题成效的整合性评价，促进学生的学习成效成为解决社会问题成效的缩影。在这一评价的指导下，学校将课堂从教室引向社会，建构和实施跨越学校围墙的全息课堂。

全息课堂的本质，是在发展学生可持续素养的过程中培育"整全的人"的课堂，是把对可持续素养的培育回归到全面发展的人身上来，以全面发展的人为课堂学习的起点和归宿。全面发展的人，是在复杂多变的未来社会中具有较强适应力、创造力和发展力的人，在培育"整全的人"上，全息课堂至少应起到以下三个方面的作用：一是与人类社会需要的整体素质相似度高，具有全面发展的素质结构。人类社会需要怎样的人，这样的人需要具备怎样的素质结构，课堂教学就应回答和解决这些问题，帮助学生涵养出与人类社会需求相一致的全面发展的素质结构，才能让学生顺利地融入社会，提高社会素质。二是其学习过程与人类社会的发展过程高度一致，具有全面发展的经验结构。全面发展的人是善于学习的人。善于学习首先表现为善于汲取和转化人类最新最权威的认识成果，形成自己的认知经验，让自己站在"巨人肩膀"上开创新的学习旅程。其次是善于学习人类社会的学习经验，使自己的学习过程与人类发现和创造知识的过程相一致，形成自己的学习经验、认知经验和学习经验，共同构成自己的经验结构。学生只有具备了与人类认识成果和认识过程相一致的经验结构，才能提高自己在未来社会中的创造力。三是学习成果具有完善自我与发展社会的双重价值，能为推动自我和社会的全面发展奠定坚实的基础。要在课堂改革中达到培养全面发展的人的理论与思想高度，需要做强文化基础、自主发展和社会参与三大支撑，这三大支撑是中国学生发展核心素养框架中的三个方面。基于核心素养的全息课堂，就是要引导学生跨上文化基础、自主发展、社会参与的桥梁，到达全面发展的彼岸，成为真正意义上的完整儿童。

二、主要特征

全息课堂是在全体、立体、活体的课堂建设中，创建"适宜每位师生，聚焦未来素养，盘活学习时空"的最优课堂。全体、立体、活体是全息课堂的主要特征。

1. 整体育人：持续立体优化育人生态

全息课堂的最大优势是立体优化了育人生态。全息课堂建设要在学校"全景养德、全息树人"的育人策略整体推进中不断优化育人生态。全景德育为学生成长奠定品格、德行、习惯之根基，全息课程拓宽了学生的视野，有效连接学生、知识、世界，为学生提供了发现、探索世界的良好营养，全息课堂则为学生的全面成长提供了强有力的保障。一是通过盘活学习时空，为课堂的立体优化奠定基础。合理规划学生学习时间，优化学校每一个空间，确保学校每个时空都成为学校实现优质育人的保障。二是建立和谐而有活力的课堂。引导师生在课堂教与学的过程中处理好自己与环境、自己与知识的关系，在学习书本知识的过程中，感受环境、理解环境、适应环境和能动地改造环境。感受、理解、适应、改造环境的过程，既是理解和运用知识的过程，也是丰富教学形式、拓展教学场域的过程，更是不断融合书本知识与生活世界的过程。三是在知识学习上，既要接收和传承已有知识，也要在新情境中创造性地运用、丰富、创造和发展知识；在能力培养上，既要运用已有能力解决新问题，更要在解决新问题的过程中促进能力结构与品质的发展；在学习方法上，既要沿用已有的行之有效的经验，也要根据学习内容与情境的变化，更新学习方法；在情感态度价值观的形成上，既要尊重和珍惜原有的情感态度价值观，也要不断提高自己的是非判断能力。四是建立新旧知识、能力、方法与习惯等方面的联系，以旧立新，以新带旧，新旧融合，这是建构优质生态的重要思路。全息课堂还强调团队学习，强调在团队中适当引入竞争机制，在"团队共生"与"个体竞争"的关系协调中，保持师生的发展活力。

2. "活态"优质：让课堂彰显育人力量

全息课堂是"活态"课堂，是引领学生在鲜活的现实状态下走向有活力的未来，致力提高课堂发展力、学生发展力和教师发展力的课堂，在"三力"发展中把课堂打造成优质学习生命体。

课堂发展力体现在课堂上的"活态"特征上。课堂上的"活态"主要有四个方面的特征：一是师生积极投入，情绪、思维处于活跃状态；二是课堂情境鲜活，书本知识与生活世界高度融合，知识活化程度高；三是学习过程具有创生性，富有发展活力；四是学习成果有一定创意，具有一定的灵活性。要在这四个方面保持课堂的"活态"特征，需要提高课堂的发展力。课堂发展力，是指课堂活动对师生的持续影响与正向发展的促进能力，主要体现在四个方面：一是课堂促进学生个体与团队发展的力度；二是课堂变革促进教师与教研发展的力度；三是课堂自身的持续变革与不断超越的力度；四是优质课堂带动精品课程建设的力度。

学生发展力就是课堂发展力。学生发展力是指学生自我发展的能力，主要包含现实成就感与未来发展力两个方面。现实成就感是指学生在学习过程中形成了好的学习状态，有明显收获和进步；未来发展力主要包括未来学习的适应力、未来社会的生存力与持续发展的创造力。全息课堂要提高学生在课堂上良好的现实成就感，有效提高未来发展力，形成有价值的课堂发展力。

以教师发展力保障学生发展力。教师发展力包括自身发展与团队贡献能力，主要包括自我更新、团队共生、品牌塑造三种能力。自我更新能力是指自觉主动地改变自身知识结构和能力结构等所具备的条件，其核心是克服惯性、惰性等对教育教学改革带来的不利影响；团队共生能力是指以团队为单位研究和改进现有教育教学工作，突破教育教学改革难题所具备的条件，其核心是克服封闭、单一的工作状态；品牌塑造能力，是指塑造自我品牌的能力和对教研组、学校品牌建设的贡献能力等。没有全体教师的这三种发展能力，就难以提高学生的发展力。教师发展力还体现在教师个人与全息课堂理念的融合、与所在学习共同体的协作上。持续建设三种发展力，打造优质学习生命体，是提高全息课堂可持续育人质量的基本任务。全息课堂建设要在课堂改革中同时提高教师发展力、学生发展力和课堂发展力，把学校打造成优质学习生命体。打造优质学习生命体主要体现在四个方面：一是把学生培育成优质学习生命体，使学生具备终身学习的能力；二是把教师打造成优质学习生命体，使教师具备持续改革的能力；三是把课堂建设成优质生命体，使课堂具有促进师生发展的功能；四是把学校建设成优质生命体，使学校具有催人奋进的青春气息。全息课堂要在提高三种发展力的过程中建设优质学习生命体，确保课堂学习的"活态"优质，提升全息课堂的效益。

3. 轻负高质：致力全体优秀的课堂结构性变革

全息课堂建设要把轻负高质的要求落到实处，改变只抓分数、死抓分数和抓死分数的状况，推进"以整合促效益，以效益换时间，以时间活结构，以结构育素养"的课堂结构性变革，实现"全体优秀"的目标。

以整合促效益。在学习目标、教材内容、三级课程、学习资源、教师资源的整合中提高教与学效益，改变单点教学、散点教学的现状，突破单元教学、专题教学、项目式教学的难点，整体规划和布局三年教学目标；根据三年教学目标的整体布局，整合教材内容与课程资源，减少重复和没有价值的目标与内容，在整合中提高每一节课的效益。这种整合性变革是具有极大的价值的，在后面我们会多次提到。特别要说明的是，整合性变革与当前国家开展的新课程改革不谋而合，也是提高课改质量的必经之路。

以效益换时间。在提高每一节课效益的基础上，把无效的、低效的课时空出来，开设学校规划的气质涵养课程、个性发展课程和英才奠基课程。用提高必修、必选课程效益的方式，赢得时间开设任选课程，实现"有价值的分数"和"有意义的生命"的同步发展。我校周日晚上开设社团课程，星期一到星期五的每天下午各有50分钟用于开设优势增值课，就是因为全息课堂提高了必学课程的效益，为学生赢得了学习更多选择性课程及优势增值课的时间。

以时间活结构。在有限的时间内，通过必修、必选和任选课程的时间搭配，灵活设置课程结构和课堂结构，盘活与优化课堂形态。

以结构育素养。在灵活的课堂形态结构中，让学生的核心素养得到全面发展，从多方面促进学生的发展，实现轻负高质的课堂建设目标。

第二节　全息课堂的建设任务与改革重点

根据全息课堂的上述内涵与特征，世界一流中学在建设全息课堂时，要在完成相关任务的过程中突破重点。

一、建设任务

全息课堂建设的任务是：在全体、立体、活体的课堂建设中，创建"适宜每位师生，聚焦未来素养，盘活学习时空"的最优课堂。（见图6.1）全息课堂，就是要做到全面、全程关注和促进每一位师生发展。全体、立体、活体是全息课堂育人的三大追求，其中，"全体优秀"是育人的基础，"活态优质"是育人的关键，"立体优化"是育人的保障。

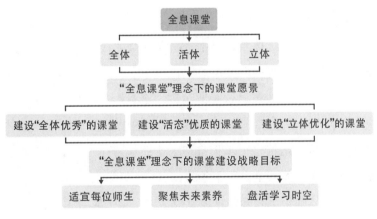

图 6.1　世界一流中学的全息课堂建设任务

其一，适宜每位师生，建设"全体优秀"的课堂。一是建设适宜每位学生的课堂，确保学生"全体优秀"。尊重每位学生的学习兴趣、速度、潜能与未来发展的理想，通过课堂时间、课堂形态、分类学习等方式，建构具有极强针对性的全息育人课堂，建设"学生全体优秀"的课堂，帮助每位学生走向属于自己的最大成功。二是建设适宜每位教师的课堂，确保教师"全体优秀"。通过"集体攻关、个体创生，必修优质、选修育长"等方式，既创建具有全息特质的课堂，也逐步形成展现教师个体风格与特长的优质课堂，以学校规定的优质必修课"立业"，以构筑自身精神园地的选修课"立心"，帮助所有教师在课堂改革和课程建设中实现"全体优秀"的目标。

其二，聚焦未来素养，建设"活态"优质的课堂。根据世界一流中学关于"连接世界、引领未来"的办学定位，以学生发展的未来素养为聚焦点，建设课堂改革的实践体系，确保课堂教学内容、方式和手段等与时俱进，使课堂教学内容具有鲜活性，教学形式具有灵活性，教学手段具有未来性。立足"未来需求"活化"过去形成的书本知识"，立足"未来趋势"整合现有教学内容，使教学过程具有"对接未来"的改革活力，教学结果具有"走向未来"的价值。

其三，盘活学习时空，建设"立体优化"的课堂。盘活校内学习时空，让每一个学习时段都产生效益，让每一块教育场地都发挥作用；整合校内与校外的学习时空，把校外的世界引入课堂，把学生的学习足迹延伸至校外，让校内外有价值的时空都为学生的成长服务，以此建设"立体优化"的课堂。

二、改革重点

全息课堂建设要完成上述任务，需要在改革中突破四个重点。

（一）重构课堂教学的价值目标体系

重构课堂教学的价值目标体系，对推进全息课堂建设具有引领作用。首先，世界一流中学建设是在我国新时代教育改革的大背景下提出的，是落实国家建设高质量教育体系要求所推进的务实性改革，这一改革以"全息""全人"为理论基石，以培养"整全的人"为改革的价值追求。其次，全息课堂建设是在学校育人整体框架中进行的，学校总体的改革目标是将整个学校打造为优质学习生命体，"全景养德，全息塑能"的育人路径都是为培养"全人"服务的。

同时，学校的全体师生都要知晓这一价值追求。学生应当为自己成为"合格全人""优秀全人""卓越全人"而努力学习，并锻造发展的关键能力，即发展学习内生力、自主学习力、资源整合力和学习表达力；教师应将这一使命付诸实践，将自己的行为变成育人载体，努力"让每一堂课都精彩"，使得每一堂课及课堂的每个细节都为"全人"培养服务。

世界一流中学的整体育人框架如图 6.2 所示。

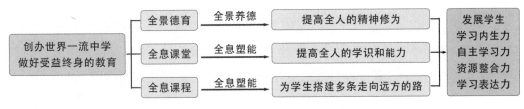

图 6.2　世界一流中学的整体育人框架

（二）系统建构学科目标体系

为落实全息课堂培养新时代"全人"的育人总目标，需要参照以下三个原则对各学科的目标体系进行系统性建构。

一是观照师生生命状态。人的生命是自然界中最独特的生命，人与其他生命体的不同之处在于，人有意识、心灵、思想、灵魂，以及由此形成了的理性、情感。学生是课堂发展的主体，是持续生长的鲜活生命体。人发展的本质是生命的发展，是人自由健康地成长。课堂上的生命体需要自由健康成长。全息课堂要求把每一位学生当成鲜活的生命来培养，应切实顺应鲜活生命的发展特征与诉求。全息课堂之所以受到世界一流中学的关注，不是因为它的技术有多现代化，而是在这样的课堂中人人被关注、人人有适合自己层次的发展。要实现这样的课堂目标，可能有若干要素需要考虑，但从教学角度看，在目标的设置上就需要考虑到不同发展类型和不同发展层次学生的发展需求，这就是全息课堂对生命的基本观照。

二是促进"全人发展"。"全人"生命是在动态中成长，在成长中发展和完善的优质生命。"全人"生命是自然中的生命，是社会中的生命，人的生命与自然、与社会是和谐平等的；"全人"生命就是要实现"全人"的整体发展，实现人与自然、与社会的和谐统一，人的自由发展和主体地位真正实现。"全人"生命强调人的发展的高阶需求，人的价值得到充分体现，人的思维得到充分发展，解决复杂问题的能力、处理人类共同面对的全球性问题的能力不断增长。"全人"生命需要匹配"全人"教育，全息课堂的学习目标设计要体现"全人"发展的理念，每一节课都是培育"全人"的缩影，都要为"全人发展"做贡献。基于此，各学科组要看重学习目标的功能，要站在人的培养角度，深挖学习内容的育人功能，以此制订学习目标。要思考学生和教师按照这样的目标学与教，能否促进师生的生命优质成长，能否促进师生的可持续发展。

三是发展可持续素养。全息课堂要实现发展学生可持续素养的时代使命，就必须站在发展核心素养的高度上，整合学科课程目标和学习内容，根据学生发展的实际情况，重新确定学习目标。要实现这一功能，需要深刻挖掘知识背后的育人价值，以及与此知识相互关联的知识和生活情境等，这是全息课堂改革的关键所在。

（三）建构基于整合的教学策略体系

推动学科内、跨学科、跨领域的整合，以整合的方式优化课程结构，让学生学有价值的知识。一是以整合换时间。通过优化课程、课堂结构，帮助学生赢回在低价值、低效率中浪费掉的时间，引导学生把更多的时间用于有价值的发展。二是以整合促深度（学习）。通过整合学习内容、相关学科，增加问题的综合度和复杂度，让学生经历真实问题的解决过程，发展学生思维，促进深度学习的发生。三是以整合提质量。通过整合变革，带来课堂的结构性变革，为学生赢得发展的时间，促进深度学习的真实发生，不断优化课堂育人生态，提升学生的学习质量。

（四）研制提高学校整体育人质量的课堂评价体系

全息课堂的评价应该基于"全息""全人"两个基本要素，以"整合"的思路来建构。评价的关注点应该抓住全息课堂的核心要素、目标、过程与结果等，多维度激发评价活力，充分发挥评价导向学校整体育人的功能。首先是课堂生活与人类社会生活的整合性评价，促进课堂生活成为人类社会生活的缩影。其次是课堂展开方式与人类发展方式的整合性评价，促进课堂展开方式成为人类发展方式的缩影。最后是学生的学习成效与利用知识解决社会问题成效的整合性评价，促进学生的学习成效成为解决社会问题成效的缩影。

第三节　全息课堂的实践模型

全息课堂的实践模型，是运用全息原理统整教学目标、内容、方式与技术，形成具体课堂活动并促进其有效实施的操作系统。由于世界一流中学的内涵、要素、特征、质量、战略等存在差异，其全息课堂的实践模型也就呈现出差异特征。

世界一流中学建构的全息课堂实践模型，应以"全息整合"为核心，以理解、应用、创新、综合为全息课堂学习的关键环节，以学科内、跨学科、跨领域、跨媒介、跨时空为整合范畴，以知识融通、全景生活、多元思维、生命成长为整合路径，不断提高全体教师在课堂整合方面的目标定位、内容重组、过程活化与反思调节等能力，着力引导学生在价值发现、价值创生、价值迭代与价值统整中提高融入新时代和创造

新时代的能力，为核心素养的有效发展奠定优质基础。（见图 6.3）

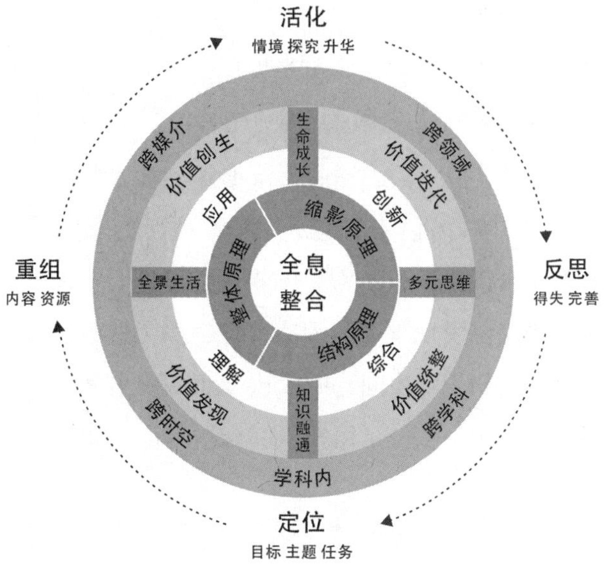

图 6.3 世界一流中学的全息课堂实践模型

一、对标"全人" 建构整合路径

新时代的"全人"有三个方面的显著特征：一是核心素养的全面发展，即在价值取向、必备品格和关键能力等方面均获得了良好而协调的发展。二是生命成长的自觉性与力量感全面提升。生命成长的自觉性，是主动反思自我发展、积极寻找改进办法、坚持不懈优化自我生命、独立自主获得更好发展的意识、信念与行为。三是主体价值的整体联动。主体价值是课堂教学对学生发展的影响与作用。要在课堂教学中培育生命成长的自觉性与力量感，需要促进"三层价值"的整体联动。三层价值的整体联动，是指学生的感官价值、生命价值和精神价值三个层级相互影响、共同发展。[①] 基于此，建构全息课堂的整合路径，首先需要学生做好知识间的整合，这是发展的基础；其次是做好知识与全景生活的整合，在解决真实的生活问题中成长，这是成长的环境；再次是做好多元思维方式的整合（思维方式即理解世界的方式）；最后是做好与人的生命成长的整合，对标"全人"的三个成长阶梯，最终实现人生价值。

---

① 李帆，张新民，周密. 核心素养培育与课堂整体转型 ［M］. 北京：知识产权出版社，2022：30－33.

二、落实"全息" 优化核心环节

依据全息重演原理，课堂学习特征是人类发展的重演。人类社会发展具有传承与创新、适应与超越、平衡与不平衡、封闭与开放等特征，课堂学习也应重演这些特征，才能提高学生的社会适应性与发展力。同时，依据深度学习理论，能迁移的学科能力才是深度学习的重要标志。基于此，我们以"发现"作为全息课堂的主线，以理解、应用、创新、综合作为全息课堂学习的关键环节（见图 6.4），即学生在学习中深化理解学科知识，在理解中进一步发现学习的困惑；在解决生活中的真实问题的场景中应用学科知识；在创造性运用知识解决问题中发现知识的价值和力量；在对类问题、类知识、类方法的概括和归纳中，整合运用知识综合性解决问题，才能将知识转换为自身成长的力量，促进素养形成。

图 6.4 全息课堂学习的关键环节

三、聚焦"未来" 明确整合重点

2019 年，联合国教科文组织国际教育局提出了一个期望作为全球参考框架的未来素养框架，其中包含三个层面。第一个层面描述了素养的七个构成要素：信息、数据、技术、知识、技能、态度和价值观，它们被认为是具有互动性的。在第二个层面，这些构成要素相互作用，产生了七个宏观素养要素，它们可以使课程在变革中保持稳定，是课程的"宏大图景"和"整体缘由"的组成部分。在第三个层面，该框架列举了拥有以上素养可以表现出的个人、集体和公众层面的好处或者是具有这些素养会产生的影响。比如，在个人层面可以表现出觉察能力、适应能力、适应速度等；在集体层面可以表现出生产力、可持续性、效率等；在公众层面可以表现出社会凝聚力、公民意识等。[①] 在这个框架中各构成要素相互作用和交织，能表现出多重意义的公众好处，这里的"相互作用和交织""融合"就是全息课堂整合的具体含义。因此，全息课堂以学科内、跨学科、跨领域、跨媒介、跨时空为整合范畴，以此为载体生成整合的构成

---

① 冯翠典. 联合国教科文组织指向未来的课程、素养及其实现的"三部曲"[J]. 全球教育展望，2021，50（4）：3—15.

要素和宏观要素。

世界一流中学在"全息整合"的课堂中，要对标卓越"全人"的培养要求整合学习目标、内容、资源与方式，要基于学科和真实问题的解决，以高质量的整合性学习促进学生的全面发展。要实现这一目标，可以建构如图 6.5 所示的综合实践整合框架。

图 6.5　综合实践整合框架

四、面向"全景"　深化价值逻辑

全息课堂学习只有上升到价值层面，并且进一步帮助学生运用价值完善自身的发展，让生活变得更加美好，才有可持续发展的价值和意义。世界一流中学的课堂学习，首先应学习中国人的文化之魂，也就是学习和践行"四为"精神；同时，每一个学生要在学习中实现身份认同，也就是要将自己塑造为"社会主义合格的建设者和接班人"；然后，每一个学生要在学习中锤炼品格，铸炼韧性，朝着成为"中国脊梁"发展。世界一流中学的课堂使命是"涵养创造未来的智慧，沉淀行走全球的品格"。将"中国""世界"两个要素整合起来，在学习中重视知识本身的生成、发展、运用的价值，并运用这样的价值观完善自己，发现世界，发展自己，才是全息课堂学习的发展逻辑。学生在学习知识时首先要实现价值的挖掘和发现；其次，在应用知识的过程中要实现价值的自然创生；再次，在综合运用知识解决问题的过程中要实现价值迭代，发现价值的力量；最后，要在多元价值的统整中提高融入新时代和创造新时代的能力。这就是全息课堂学习价值的发展逻辑。

五、聚焦关键　提高过程指导能力

全息课堂建设要提高教师在课堂上的指导质量。提高课堂指导质量的关键是发展教师素养。在实际研究中，我们发现以下四大能力特别关键，即定位能力、重组能力、活化能力、反思能力。我们将这四大能力的发展融入全息课堂的建设中。只有教师发展了核心素养，才能推动学生的核心素养发展。

定位能力。定位能力是全息课堂的首要能力。科学的、适合的、可执行的学习目标是让每一堂课都精彩的关键；在确定目标后要进一步依据目标确定学习主题，再根据目标和主题确定全息课堂的学习任务。定位能力是团队和教师个人共融和共享的能力，因为很多时候学习目标的定位是团队共同研究确定的。

重组能力。"学什么"是全息课堂的核心问题，"整合"是全息课堂的重要策略。在学习目标的指引下整合内容、方法、思想，重组学习资源，为精彩课堂所用，这是全息课堂建设非常重要的一步，它决定了怎样才能做到学有价值的内容。

活化能力。知识往往是静态的，要将静态的知识活化为可以生长素养的知识，要以知识为载体，在真实的问题解决中，探究解决问题的方法，最后升华思想和精神。

反思能力。反思能力是全息课堂中学习者应具备的非常重要的能力。教师首先要锤炼自身的得失反思与自我完善的能力，然后引导学生发展学生的反思与完善自我的能力。在发现世界中发展自己是全息课堂的根本目的，学生在发现中不断反思、不断完善，才能逐步发展为"完整的人"。如我校物理学科中"地球上的水循环"课堂的教学设计与实施，就体现了教师的这些核心素养：

一是定位。教师可以用一句话告诉学生，"成都市是一个水资源缺乏的城市"，但这样的学习毫无意义。所以，本节课在物理组教师的共同讨论下，定位成这样一个主题：重新建构一个地球上更加完备的水循环体系。

二是重组。建构更加完备的水循环系统，仅仅利用物理知识是不够的，还需要整合地理、生物等相关学科知识，跨学科解决问题。

三是活化。物理学科的物理实验能起到非常重要的活化课堂的作用。在课堂中，师生运用VR（虚拟现实）技术，模拟真实情境，激发了学生的探究动力，充分激活了课堂。在活化知识的过程中，"保护水资源、注重生态"的核心价值目标自然达成。

四是反思。在课堂学习中经过反思，学生发现解决问题需要综合运用相关知识，因为只有发展了综合能力，才能够更好地适应未来。

第四节　全息课堂的实施策略

全息课堂以"轻负高质"为基本追求，以"全息整合"为基本方式，促进课堂学习的全程优质和所有学生的全体优秀。全息课堂的改革阶梯，是在全息课堂实践框架指引下建构的一体化行动策略。

一、目标设计与使用

全息课堂的学习目标制订是全息课堂建设最重要的基础性工作，决定着课堂的育人价值以及"学什么""学得怎样"等根本性问题。关于全息课堂的学习目标的设计，需要思考和回答如下问题：一是绕不开的"知识是什么"，即运用大概念思考课堂的核心知识；二是"知识的产生及发展"，即在大单元教学视角下思考知识间的关联；三是"发展什么样的核心素养"，即在课堂上发展哪些关键能力和必备品格；四是"能解决什么样的问题"，即尝试解决生活中真实的问题，发展可迁移的学科思维能力。

如我校美术组王强强老师设计的学习目标及实现指标（见表 6.1），让学生清楚地知道了本节课"平行透视的概念以及其特点"是核心知识，"运用平行透视的规律及特点进行校园写生"是要发展的关键能力，"善于观察、乐于发现生活中的美"是需要发展的核心素养等。

表 6.1　美术学科"城市中的美学"课程学习目标及实现指标

子单元主题		是什么欺骗了我们的眼睛——平行透视		关注的要素
	目标类型	学习目标	实现指标	
单元目标	规定性目标	了解平行透视的概念及其特点（审美感知）	理解什么是平行透视并掌握平行透视的规律特点	核心知识
		运用平行透视的规律及特点进行校园写生（艺术表现、创意实践）	掌握平行透视场景绘制的一般步骤并尝试运用其特点进行校园观察和写生表现	要发展的关键能力
		逐步发展善于观察、乐于发现生活中的美的美术学科思维（审美感知）	在学习过程中能有意识地运用美术思维去解决遇到的美术现象和问题	为什么学习；核心素养发展；发展可迁移的学科思维能力

学习目标在全息课堂中具有统领作用，它决定了学习资源的整合、课堂活动的组织、课堂评价策略的制订。

二、整合重构学习资源

全息课堂整合重构学习资源的基本策略是系统设计学生使用的"提升学习单""优化学习单"，以及教师使用的"辅学单"，它们承担着不同的课堂功能。提升学习单对接基础、探索、发现的基础素养课，落实学、议、创、省四个核心要素，以理解、应用、综合、创新作为全息课堂学习的关键性环节。

优化学习单落实国家"双减"政策，设计出指向必备知识、关键能力和正确价值观的科学、精当的作业，让学生知行合一，学会在实践中形成解决复杂问题的能力。优化学习单设计框架如图 6.6 所示。

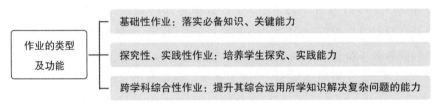

图 6.6　优化学习单设计框架

辅学单要求教师明确以下几个问题：一是学习目标（核心知识、关键能力、必备品格）是什么？二是课堂预设的问题及活动是什么？三是课堂的知识结构或者思维结构是什么？全息课堂都是精心设计的，每一个问题、每一个活动都是一个"全息元"，都承担着全息育人的重要使命。

三、核心概念与核心知识结构化

全息课堂要让每一堂课都精彩，让每一堂课都成为学生"全人"成长路上不可缺少的经历，就要思考什么样的知识是学生最需要的，什么样的知识才是可迁移的。人类文明发展史告诉我们，高度抽象、高度结构化的知识具有高迁移性，我们运用大概念思维和大单元教学的理念将知识结构化，要求教师在常态化的教学设计中思考学生需要发展的核心素养、学科的基本原理、学习的核心概念、学习的主题、学习的核心知识及其关联，备课的首要任务就是将知识结构化。

四、知识问题化

全息课堂着力培养学生学习内生力、自主学习力、资源整合力和学习表达力，仅停留在知识层面是无法建设成"四力共生"的高质量课堂的，需要从知识教学转型为思维教学。课堂问题是实现知识教学转型为思维教学的关键。很多专家认为，我们应该让学生学会像专家一样思考问题，其实就是学习专家的思维方式。全息课堂通过教师的课堂教学问题预设，引导学生提出问题，从知识性学习逐渐转型为思维性学习。

教师预设的课堂问题可以分为三类：概念性问题、事实性问题和激发性问题。概念性问题引导学生理解核心概念和探索概念之间的关联；事实性问题重在引导学生基于核心概念进一步探索，发现核心知识与核心方法；激发性问题的作用则是发展学生的高阶思维（比如分析性思维、创造性思维、综合性思维等）。更高质量的课堂还在于引发学生提出问题。学生的课堂学习问题也可以分为三类：事实性问题、质疑性问题和创造性问题。事实性问题指学生并不知道或理解教师讲的概念或内容，质疑性问题是指在课堂协作学习中对教师和同学的观点的反思性提问，创造性问题则是学生在课堂中发现的新概念、新问题、新方法等。全息课堂主张将知识转化为课堂学习问题，引导学生提出自己的学习问题，在教师与学生的课堂对话互动中实现思维教学。图6.7是从知识教学转型为思维教学的逻辑框架。

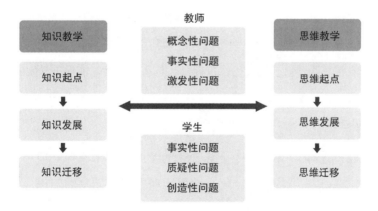

图 6.7 知识教学与思维教学的转化逻辑

全息课堂要用好的问题设计推动学生思维培养。课堂问题设计，要求教师在备课时就要明确三件事：第一，本节课的主要问题和次要问题是什么？第二，每一个问题的类型及其功能是什么？第三，问题设计是否对标学习目标？

五、学习问题情境化

全息课堂要实现学生的"全人"成长，促进学生全面成长的最佳方式是让学生经历有意义的学习，全息课堂力求让学生学习的每一节课都变得有意义。有意义的学习具有三个明显特征：一是学习者清晰地知道学习的意义和价值；二是学习者真正经历分析和解决生活中的真实问题和复杂问题；三是学习者有学习成就预期和实际成长获得。要把课堂学习变为有意义的成长经历，需要不断优化以下策略：

一是实际问题与学科问题的相互转化策略。一方面要求教师致力将学习问题转换为生活化的情境性问题，另一方面也要引领学生从纷繁复杂的实际情境中将问题抽象成促进学生成长的学习主题。

二是学习主题的确立策略。发现有意义的学习主题是全息课堂的难点之一，确定学习主题的原则是：基于学科，跨界融合；基于生活，确保真实；对标成长，经历与体验。要引导学生广泛关注人类共同关注的问题、区域性和全球性问题、成长中的共性和个性问题，这些问题能激发学生的学习兴趣和持续探索的热情。

三是问题解决策略与方法建构策略。问题解决的策略与方法主要凸显"跨学科"和"实践性"。即学生在解决问题的过程中，基于某一个主要学科，同时调用多个学科的知识与方法；强调学生的亲身体验和经历后的学习意义建构。有深度的跨学科学习才具有持续的生命力。

四是真体验与真收获策略。注重学习过程的参与度以及学习过程的实际收获，同时力争让参与的同学真正感受到自己的成长，这种成长具有综合性，能促进学生的全面成长。

六、学习活动综合化

知识和思维的结构化，要靠一个个综合化的学习活动来支撑。活动综合化可从如下三个方面进行：一是学习内容综合化。学习活动中解决问题的知识、方法需要进行跨学科融合。二是学习方式综合化。全息课堂整合多种学习方式，跨学科主题学习、研究性学习、议题式学习、项目式学习、实验学习、实地调研等多种学习方式在课堂上并存。三是能力发展综合化。基于学生的全面成长设计学习活动，不能仅仅停留在知识和思维层面，全息课堂主张基于知识和成长的价值层面，最终要帮助学生走向社会，超越学校的学科学习，发展学生的综合能力。全息课堂的综合化学习活动力求注重学生的参与、体验和真收获。

七、学习评价整合

全息课堂是以培育卓越"全人"为使命的课堂，以培养学生学习内生力、自主学习力、资源整合力、学习表达力为目标，整合过程性评价、形成性评价等多种评价方式，促进课堂成为发展"全人"思维的主阵地。全息课堂的学习评价可从以下几个方面建构评价框架（如图 6.8 所示）：

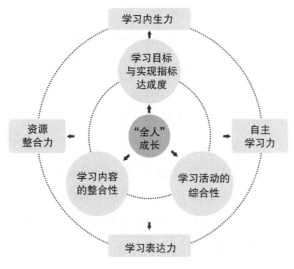

图 6.8　全息课堂的学习评价框架

一是促进学习目标与实现指标的科学设置和高效达成。学习目标是全息课堂的灵魂，全息课堂在新课标的指引下，基于"全人"发展设置科学的学习目标与实现指标。基于学习目标整合学习资源，激活学习知识的价值和意义。全息课堂的功能，就是促进学习目标的达成，只有学习目标实现高达成度的课堂，才符合全息课堂中好课的基本要求。

二是学习内容的整合性提升学习的意义和价值。一方面，内容的整合主要是促进师生在课堂上研究有价值、有意义的问题；另一方面，全息课堂通过跨学科整合，增强课堂与实际生活的联系，让学生能感受到课堂的意义和价值。

三是综合性的学习活动促进思维结构化。学习活动的综合性具体体现在师生实现了知识问题化、学习问题情境化、思维结构化，最终促进课堂既要基于学科又要高于学科，既要基于课堂更要基于生活，实现从知识、思维层面向人的成长层面转化，最终实现"全人"的卓越发展。

四是全息课堂"四力共生"。学生在课堂学习中的学习态度、学习能力、学习水平的发展情况通过"四力"发展的表现性状况显现出来。学习内生力培养侧重激活学生学习动力，促进学生储备基础知识与能力、丰富学习方法、养成良好习惯；自主学习力培养侧重发展学生自我评估能力和自我调控能力；资源整合力培养侧重提升学生学科内、跨学科和超学科的学习能力；学习表达力培养侧重提高学生的学习诉求表达力、学习过程表达力。

八、培育"产生式系统"

全息课堂中的"产生"，是从无到有的过程；"系统"是一种结构化的存在；"产生式系统"，是具有综合多种信息形成新想法、新方案、新产品等功能的知识结构、能力结构和价值结构等的综合体，具有创生和生成等功能。全息育人生态下的学校育人系统具有系统性、整合性、结构化、包容性和生长性。全息课堂既要把自身转变为"产生式系统"，也要有利于培养不同层面的"产生式系统"。

一是培育学生的"产生式系统"。学生在学校的全景德育、全息课程、全息课堂的滋养下，在全程参与学校教育教学活动的过程中，夯实宽厚的发展基础、发展自我认知和不断完善的能力、培养独特的思维方式和正确的价值观，促进核心素养的综合内生。

二是培育教师的"产生式系统"。培育教师的"产生式系统"，可在如下几个方面着力：一是培育知识向素养的转化能力，即通过全息课堂的目标与整合策略，提高教师的教学设计能力，促进知识向素养转化。二是提高全息课堂发展学生思维的能力，即通过知识问题化、知识情境化、活动综合化，促进学生思维结构化。三是塑造培养卓越"全人"的教育情怀。教师不仅要有教学技能、教师学科理解能力、教学设计能力、学习活动组织能力、开展跨学科学习的能力、团队协作能力等，更要"热爱生活、热爱学科、热爱学生、热爱教育"。

三是培育学校的"产生式系统"。学校全息生态的不断优化是学校生长的全过程。一是要致力把学校打造为优质学习生命体。学校要坚持"四为"精神的引领和高远的办学追求，认真落实顾明远先生倡导的"教书育人在细微处"，时时处处具有无限的生机与活力。二是通过卓越的教师发展卓越的学生。不断将骨干教师发展为卓越教师，提升教师全息育人智慧，以卓越教师发展卓越学生。三是全息思维方式对全校师生产生深远影响。全息结构原理、全息发展原理、全息重演原理让师生思维方式发生深刻变化，产生培养新时代"全人"的力量。

基于上面的八步策略，可以看到全息课堂改革阶梯的全貌，其实施策略框架如图6.9所示。

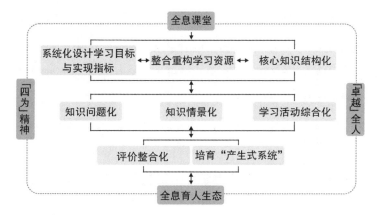

图 6.9 全息课堂的实施策略框架

第五节 全息课堂的学科内整合

全息课堂要架起学生通向世界的桥梁，需要强化学科整合。只有通过学科内和学科间的有效整合，世界才能融入课堂，课堂才能成为学生、学习和世界的有力纽带。

一、基于大情境的整合

生活事件成为学习的真实情境时，整合了学习的多种要素，是结构化的、有挑战性的大情境。整合生活事件，设置具有一定综合性的与较多知识相关联的大情境，能为学生形成科学观念提供材料支持。全息课堂要在单元教学中融入大情境，力求通过每一课时的小问题的解决，促进学生解决单元大情境中的问题。每一课时的进行要符合学生的认知规律，既体现出知识发现的规律，又要剔除不必要的细枝末节。

二、基于大概念的整合

学科大概念是指能够反映学科特质，居于学科中心地位，具有较为广泛的适用性和较强的解释力，具有超越课堂的持久价值和迁移价值的原理、思想和方法。[①]

概念反映了大量的事实及现象中最本质最抽象的特点，这使不少学生觉得概念非

---

① 何彩霞. 化学学科核心素养导向的大概念单元教学探讨［J］. 化学教学 . 2019 (11)：44－48.

常抽象，不易理解。一些学生为达到教师的要求死记硬背概念，在回答概念性问题时，虽然对概念掌握极为熟练，可一旦遇到应用性问题却不会运用，必须有人在旁边"提点"，自己思考时总是找不到方向。如此学习概念，会使学生思想僵化、呆板，既影响学习的长期发展，也扼杀了学生认识自然的好奇心。

要让概念学习变得更容易，需要具备单元教学的观念，挖掘概念之间的内涵联系，促进概念间的融会贯通。例如，对于物理学科教科版八年级下册第十一章"简单机械与功"单元涉及的若干概念，教师可提前梳理分析单元概念层次，明确本章的大概念，梳理出大概念，并在日常教学中贯穿大概念。在设计该章教学时，从"省力必然费距离"的初步渗透，到"功"这个核心概念的建立，让学生在学习建构新知识的同时，深刻体会到"任何机械都不省功"的大概念，从而形成对于力与距离的倍数关系的直观感受。

三、基于学科实践活动的整合

将学科知识渗透进日常教学的最好方式，是适时适当地整合开展学科实践活动。在学科核心素养中，探究能力是基础。学生是在一次次的科学探究中发展思维、培养动手能力的。学生在真实的问题情境中整合多方面的知识来解决问题，更有利于培养思维和能力。下面以物理学科实践活动中的"四两拨千斤"课堂实施为例介绍这一整合方式。

【案例】"四两拨千斤"省力大赛物理学科实践活动

八年级下期物理的学习主题是"力"，基于学以致用、活学活用、动手动脑的教学追求，锦一物理组主办了锦城一中"四两拨千斤"省力大赛。大赛要求学生利用物理组提供的物料，设计一套机械，用尽量小的力将标准重物提升起来。

本次学科实践活动的目标有：让参赛学生体验到动手、动脑、在限制条件下寻找问题最优解的快乐；让观众领略到知识比拼的竞技感和知识在应用中的实用感；活动尽量高效、积极，让全体师生体验、享受有品质的活动。

各班用收到的"标准物料包"为材料自行设计、制作一套机械。展评比赛时，参赛学生在规定的时间内将标准重物和测力计挂在机械上，并用测力计通过机械把标准重物提升到指定的高度。记录整个过程中的拉力的大小，全程出现的拉力最大值为此小组的"有效拉力"，"有效拉力"小的小组获胜。

本次学科实践活动的现场氛围极佳，无论是台上的参赛选手还是台下的观众都展现出了极强的参与感。在比赛过程中，有些小组制作的机械虽然省力倍数很大，但十分费距离，因此无法在指定时间内利用制作的机械将重物提升到指定高度。现场既有为成功者呐喊的声音，也有对失败者的遗憾和惋惜。通过本次实践活动，学生们体验了灵活应用所学知识、动手设计制作的快乐，同时也对"省力必然费距离"这一原理有了更深刻的理解。

2022 年课程标准的修订思路更加注重培养学生的核心素养，核心素养的落地离不开学科整合。锦一在"创建'全息树人课堂'，打造优质学习生命体"的课堂品牌建设战略规划的引领下，以整合突破有限的学习时空，以整合建设"轻负高质""活态优质"的课堂，以整合来实现和不断追求开放与智慧的课堂教学形态，引领全体学生持续成长，建构具有"全体、立体、活态"特征的学科全息树人课堂。

第六节　全息课堂的跨学科整合

就学习特征而言，学生的学习是一个综合性的认知活动，现实中的问题单纯依靠一门学科知识是很难解决的，需要运用多类、多门知识和多种方法，解决问题的过程就是学生自主调动学习资源的过程，也是学生综合素质的具体体现。就学生全面发展的要求而言，学校一定是融合人文与科学，切实培养文理兼顾、素质全面的综合型人才。此外，培养学生的创新思维，鼓励学生多维度、多角度思考和解决问题，是推动学生全面发展的关键。就学生学习的环境而言，"教育即生活"，学生所学习的内容需要与社会联系，与生活连接，在生活中学习，在社会中成长。而生活是复杂、多变的，只有多学科融合与嫁接，才能真正实现真实环境的建构。世界一流中学在全息课堂的建构中进行跨学科整合时，需要强化如下几个方面。

一、对完整世界的认知

现在的中小学课程普遍以分科形式设置，每一学科总会把学科知识进行模块化分割，如：小学科学分成物质科学、生命科学、地球和宇宙科学、技术与工程四个领域；

语文分为字词教学、阅读教学、写作教学；物理分为力学、热学、光学、电学；化学分为无机化学、有机化学等。模块化课程虽然提升了学习效率，但也有一定的副作用。

在设计具体课程内容时，知识也是设计者按照逻辑顺序从易到难进行排列的，如语文教学总是强调先认识掌握生字，这样的教学虽然与教学逻辑相吻合，却未必与实际生活逻辑相吻合。因为在阅读时，学生对于阅读内容的兴趣显然要远远大于对生字的兴趣。这种现象在理科教学中也是非常常见的。如物理学教学力学，我们先讲运动，再讲力的现象，然后讲力与运动状态之间的关系，似乎唯有如此，学生才能学好力学。但社会问题都是综合性的，很少出现具有明显学科特质的问题。可以设想，如果让一个儿童观察家庭的装修过程，他会看到我们一会儿用到电学知识，一会儿用到化学知识，一会儿用到力学知识吗？事实上，儿童看东西是综合性的。所以，分科学习的副作用，就是阻碍了学生对事物本质的整体了解。

从以上分析可得出这样一个结论：课程整合是现实生活和时代发展的需要，其目的是让学生整体认识并理解世界，其主要形式是跨学科整合。以前面的"地球上的水循环"教学设计为例，初中生分别在七年级生物、八年级地理、八年级物理三门学科中学习了水循环的相关知识，但是生物学科偏重植物的蒸腾作用及其原理，地理学科偏重水资源的分布以及气候对水循环的影响，物理学科偏重水的三态以及三态之间的相互转化。只有当它们形成一个有机的整体时，学生才能在脑海中建构出一个完整的水循环系统。

二、促进核心素养提升

新课程标准对标核心素养形成关键能力培养目标体系，也为课程改革指明了方向，死记硬背早已不符合学科特点与教学要求，对学生能力的考核会增加更多的材料和时事热点，强调情境化设计，注重学生的综合能力的灵活运用。整合课程不仅要有高质量的内容链条，更要注重拓宽学生眼界，强调学生探究和分析问题的能力，重视学生综合水平的提升，这是学科学习的要求，也是落实立德树人根本任务的重要途径。

整合式教学的高质量落地，需要高质量的课程内容链条作为支撑。比如在第五章的教学案例中，地理组"我和我的城——成都"系列课程，就以"成都聚落的形成和发展""解码神秘古蜀，品味和谐天府""传承天府文化，共绘锦绣蓝图""以水脉传承文脉，以和谐融创未来"四个课时串起了成都的前世今生，每个课时又以情境创设和问题链的方式层层深化，促进了学生核心素养的发展。

三、指向"全人"成长

从前，书本是学生的世界；现在，世界是学生的书本。学生的学习是一个综合性的认知活动，随着时代发展与社会进步，单一的教育课程资源已经不能满足新时代"全人"成长的需求，需要多门类知识和多种方法参与其中。多元、融合、创新的课程已经成为课程探究的新范式。世界一流中学推进全息课堂改革，力求在全体、立体、活体的课堂建设中，创建"适宜每位师生，聚焦未来素养，盘活学习时空"的"轻负高质"课堂。这就需要以全息原理为理论原点，以整合为核心，开展多元互构的校本课程实践，积极探索课程资源开发的方法，才能从多方面促进新时代"全人"的发展。

第七节　全息课堂的建设难点与实践创新

与全息课程建设一样，世界一流中学在建设全息课堂时，也遇到了难以突破的实践难点，需要学校集中力量攻坚和突破。

一、课堂学习目标如何体现"全息"育人要求

学习目标是课程教学的基本问题之一，是课堂教学的原点，也是课堂教学的归宿。无论哪种形式的课堂，都离不开目标的制订、目标的具体化以及目标达成情况的反馈。学习目标是课程标准的具体化体现，课程标准是其上位概念，是国家教育目的的具体表达。因而，究其本质来讲，学习目标是国家教育目的在课堂教学中的具象化体现。只有明白了学习目标的重要性，教师在制订目标时才能有足够高的站位，才能针对学生核心素养的发展作更加深刻的思考和落地设计。

核心素养时代的教育观呼唤学生在价值取向、必备品格和关键能力等方面获得持续健康发展，其终极目标是培养"整全的人"，这也是全息课堂孜孜不倦的追求。全息课堂的演进是围绕全息学习的视野提高学生核心素养的发展品质，这样的高立意需要以高规格的精准学习目标作为依托。全息课堂的学习目标始终围绕"内容"和"行为"两个方面的表征展开，是课程目标的进一步深化和具体过程的落实，它也是教师在对

社会、学科和学生进行深入研究，充分考虑国家和社会的要求以及学生的个性特点之后制订的。

全息课堂要实现培养核心素养的目标，落实培养新时代"全人"的要求，必须立足人的全面发展。站在这个高度来思考课堂的目标制订，首先需要将目标的主体确定为"学生的学"。以学生为中心的课堂是全息课堂的出发点和立足点，目标的制订始终要围绕学生核心知识的习得、关键能力的发展和必备品格的培育来展开，并直指未来。其次，目标要具有价值引领的功能，"培养什人、怎样培养人、为谁培养人"始终是全息课堂要回答的核心问题。再次，思维的发展是全息课堂的核心要义，目标的制订必然要体现思维发展的层次、水平和目标。全息课堂中的学习目标具有系统化设计、活化核心知识、关注关键能力培养、整合学习内容培育核心素养，体现差异化发展的特点。^① 具体来说，匹配全息课堂的学习目标应当具有以下基本特征：

第一，全息课堂的学习目标是具体的、具有整体性的，指向学习生活与人类社会高度匹配的整体性，有助于帮助学生从课堂走向世界。

总的来说，学习目标是教学过程中师生对能力发展的预期结果，是学习活动过程中主体和客体需要共同完成的任务，是一种主观的愿望与标准，具有指导活动设计、选择教学策略、设计评价方式、引导学生学习等功能。这种特殊的语言表达必须是具体的，而不是抽象的，必须使用学生可理解的语言进行表述，而不是模糊的表达，必须有能引导学生做事的具象行为，而不是抽象的描述。整体性的学习目标将学习的过程视为上下贯通、有机联系的整体，贯通课程目标、单元学习目标和课时学习目标，且将三者有机联系起来。目标的具体性依据的是对教材的精准分析，这是目标制订的起点。在倡导单元整体教学的今天，制订学习目标时首先要分析单元教学内容，依据教学内容确定单元整体目标，然后再将这个整体目标分解到不同课时，形成课时具体目标。单元整体目标和课时具体目标具有相互包含、相互支撑的特点，是目标具体化的可视路径。下面以英语组的人教版《新目标英语》八年级下册第九单元"Have you ever been to a museum"一课的教学设计为例，说明单元目标如何细化为具体的课时目标。

---

① 李帆，张新民，周密，等. 核心素养培育与课堂整体转型［M］，北京：知识产权出版社，2022：61.

【案例】八年级下册第九单元 "Have you ever been to a museum" 一课的教学设计

1. 单元学习内容分析

本单元的话题是 Fun Places，内容是运用现在完成时谈论过去的经历。因此，对应 2022 年英语课程标准，该单元属于"人与社会"主题范畴中"历史、社会与文化"这一主题群，从显性的角度分析，涉及"中外名胜古迹的相关知识和游览体验"，从隐性的角度分析，涉及"身份认同与文化自信"。在单元主题的引领下，本单元可划分为三个子主题，即"周边：乐玩有趣之地""全国：享玩名胜之地""世界：学玩文化之地"。各课时围绕单元主题和子主题展开，课时之间既相互独立，又紧密关联。在本单元的学习过程中，学生逐步理解并加深对 "Fun Places" 这一单元主题的认识，并通过完成 Worldwide Travel Project 这一项目作业，达成本单元的核心素养培养，即"用所学语言谈论周边有趣之地，并阐明理由，加深对周边的了解，培养家国情怀；介绍全国名胜之地，加深世界对中国的了解，坚定文化自信；学习世界主题文化公园、博物馆和旅游国度，对比中外文化，培养新时代跨文化态度"，实现课程育人的价值。

2. 确立单元学习目标

从发展学生核心素养出发，基于单元主题内容，确立本单元学习目标，如表 6.2 所示。

表 6.2　第九单元教学目标

单元教学目标
谈论 Fun Places，根据语音、语调、意群、节奏，感知和理解说话人表达的意义和意图
基于 Fun Places 的主题，运用目标词汇给名胜古迹命名，描述过去的经历，表达与主题相关的主要信息和观点
在与 Fun Places 相关的口语和书面语篇中，理解、体会现在完成时的形式和表意功能
通过上下文、词性等理解生词含义，通过读后笔记来巩固学习，通过信息结构图理解主题，最终提升学习效率，提高交际效果
通过有效询问，获取旅游景点信息，以口头形式恰当表达自己或他人的游览经历，完成交际任务
用简单的书面语篇宣传自己的家乡或曾经去过的某个地方，感受各地风土人情。基于写作，将语篇内容以海报、短视频等多模态形式进行呈现
通过阅读与 Fun Places 主题相关的语篇，对比中外文化差异，发表自己的观点，加深文化理解，促进跨文化交际

3. 分解单元学习目标，形成课时学习目标（见表6.3）

表6.3 第九单元课时安排及课时学习目标

课时	内容版块	教学类型	课时学习目标
第一课时	SA 1a-1c	听说	1. 辨认不同的有趣的地方 2. 听录音，获取信息并在交际中使用恰当的语音语调 3. 运用现在完成时简单谈论自己曾经去过某地的有趣的地方
第二课时	SA 2a-2d	听说	1. 听录音，认识更多有趣的地方，比如电影博物馆 2. 用 report 的形式分享自己的游览经历（使用现在完成时）
第三课时	SA 3a-3c	阅读	1. 阅读文章，了解三个分别位于美国、印度、中国的不同博物馆 2. 分享自己参观博物馆的有趣经历并表达博物馆存在的意义
第四课时	SA 4a-4c	语法	1. 在给定情景中归纳现在完成时的形式、意义和用法 2. 在具体语境中正确使用现在完成时
第五课时	SB 1a-1d	听说	1. 辨认中国主要旅游城市的一些名胜古迹，如兵马俑、长城等 2. 口头分享自己的参观游览经历（含 place, time, food and opinion）
第六课时	SB 2a-2e	读写	1. 阅读文本"Singapore：A Place You Will Never Forget"，理解说明文的一般结构并能按此结构介绍新加坡 2. 学习如何通过做读书笔记来提升信息获取和归纳能力，并提高学习效率
第七课时	SB 3a-3b	写作	运用目标语言写一篇文章宣传自己的家乡或介绍自己曾经游览过的地方

　　李平、陶晓花和余泽良三位教师提供的上述案例，阐释了课时目标的形成过程。在实际操作过程中，制订单元学习目标之前的分析，除了详细解读单元学习内容，还应包括学情分析、资源分析等。

　　第二，全息课堂的学习目标是可操作的，能呼应"基础""发现""发展"的课堂演进主线。

　　全息课堂的动态结构是以"在发现中发展"为主线重构的，这一主线必定会关注到三个关键点：基础、发现、发展。课堂学习目标的设定要聚焦到可操作层面，可操作目标指向的是基础知识与技能的建构，以发现的视角关注学生的活动，同时聚焦学生未来发展所需要的素养。这样的学习目标制订与表述，具有指导课堂教学活动、引导评价标准、引领师生开展深度对话的功能。具体来说，学习目标的可操作性，主要指目标在学习过程中具有具体明确、可观察、可测量的特征，采用精准的语言描述学习过程结束后学生会发生怎样的变化，通常是以能做某事来进行描述，并以特定的活动方式加以说明。

在世界一流中学的全息课堂中，可操作性的学习目标不仅是引导教师教的着力点，也是引导学生学的风向标。基于教师教的可操作性学习目标，在表述上应围绕学科核心概念、核心能力、核心价值观展开，以合乎学科学术表达为基本标准和导向，体现学科教学的先进理念与落地实践的紧密关联。基于学生学的可操作性目标，在表达中则使用学生可理解的语言，围绕学生能做某事为核心展开描述。下面以英语组的人教版《新目标英语》八年级下册第七单元"What's the highest mountain in the world"一课的 Section B 2a-2e 的教学设计为例：

【案例】八年级下册第七单元 "What's the highest mountain in the world" **一课** Section B 2a-2e **教学目标设计**

1. 基于教师教学的视角，制订可操作的学习目标

教师视角下的学习目标，不仅聚焦学习活动的设计，将教学环节进行有效的分解，还要区分活动的能力层级，以专业的视角来解读目标设定的科学性、可操作性，以学科的专业术语来分析并表述目标。（如表 6.4 所示）

表 6.4　第七单元 Section B 2a-2e 基于教师视野的课时学习目标

学习目标	主要能力要素	次要能力要素
通过熊猫快乐的日常生活和饲养员对熊猫的评价，了解一个人与动物和谐共处的成功案例	学习理解	感知与关注 习得与重组 概括与整合
通过扫读了解大熊猫的一些细节信息，总结大熊猫濒临灭绝的原因（大熊猫自身和不当人类活动）	学习理解	习得与重组 概括与整合
运用图形组织器整理文字信息，通过视频观看和文字分析确定保护大熊猫的方法	应用实践	描述与解释 分析与判断
承担保护大熊猫、与自然和谐相处的责任，进行集体分享，展示熊猫基地研学的意义，表明是否愿意向他人推荐此研学	迁移创新	推理与论证 想象与创造

2. 基于学生课堂学习的视角，制订可操作的学习目标

基于学生的学，在课堂教学的第一环节展示的学习目标的表述应当简练、易

懂、指向明确，以达成某项活动为描述对象，能引导学生开展活动。同时可以借助图片、音频、视频、思维导图等多模态的表达手段辅助学生理解学习目标。

从吴秋园老师两种不同的目标陈述方式中，我们不难发现，无论是教师视角的表述还是学生视角的表述，都聚焦了目标的可操作性，聚焦了可实现、可测量等维度，关注了学生的发展。

第三，全息课堂的学习目标是可检测的，为"以终为始""整合评价"的持续评价策略提供依据。

"以终为始"的目标制订原则，为全息课堂的学习目标制订提供了理论依据。"以终为始"是史蒂芬·柯维在《高效人士的七个习惯》一书中提到的第二个习惯。它的意思是所有事物都经过两次创造，先是在脑海里酝酿，其次才是实质的创造。将其迁移到学习目标的制订中来，就是先确定课堂最终要带领学生到哪里，明确了要达成的目标之后，再依据这个目标来设计活动，引导学生如何去向那里。目标的可检测性是全息课堂学习目标的又一重要特征。目标的可检测性要求目标表述的行为主体是学生，并采用行为动词作为主要的描述方式，围绕学生能做什么事来展开，如讲述、解释、说明、归纳、评价、修改等行为动词。这些行为动词的运用为持续的整合评价提供了可行性。

在世界一流中学的全息课堂中，对学习目标的检测还应提供"实现指标"的描述。所谓实现指标，就是用来判断学生是否达成学习目标所规定内容的描述，具有指向清晰的学习路径、精准化地描述学情定位以及可检测的学习要求等特征，其主要表达方式是回扣学习目标的具体表达。

初中数学教研组焦锐老师在"以形释数"这堂新授课中，提出了以下学习目标和实现指标：

【案例】"以形释数"教学设计

1. 学习目标

学生通过拼、折、剪、画等活动，从数与形结合的角度来分析数学问题的过程，在"观察—猜想—关联—操作—论证—归纳"过程中，分析、感悟数形结合的思想方法，提高问题解决的能力；在感悟数形结合的过程中，培养独立思考、合作交流、反思质疑的习惯，感受到问题研究的乐趣，喜欢数学，喜欢思考；获得一些研究问题的方法和经验，加深对知识的理解。

2. 实现指标

学生能通过拼、折、剪、画等活动，找出数与形的一些关系；在感悟数形结合的过程中，能说出自己的想法，能动手去操作有关数学实验；初步实现数与形的一些转化。

从以上案例不难看出，实现指标是学习目标的行为化表达，以能够完成某一活动作为主要描述方式，其目的是实现学习目标的可检测性，其检测可以通过教师的观察和评价实现，也可以通过学生的自我评价实现。

第四，全息课堂的学习目标是可分层的，分别以规定性目标与弹性目标落地。

全息课堂的终极目标是发展"全人"，而"全人"发展要依据人的个性特征、发展现状以及未来人才的必备素养。新时代的"全人"，是指身心、智识、品格、思想、境界等和谐发展与完整发展的人。世界一流中学的"全人"有三级发展阶梯：一级是身心健全发展的合格"全人"，二级是迎难而上、不断超越的优秀"全人"，三级是知行合一、成果丰硕的卓越"全人"。[①] 由此看来，世界一流中学的"全人"发展是有梯度、分层培养的。将这一宏大的目标投射到课堂，一蹴而就、齐步推进的学习目标是不合理的，采用分层的方式对学习目标进行设定是必然的选择。分层的目标设计对教师的教学活动设计提出了更高要求。首先，目标的设定是由班级学情决定的，对不同学习水平的学生应当有不同的目标达成要求。其次，目标的设定要依据学习材料的难度来判断，针对同一材料，对不同能力层级的学生可以做不同的要求，可以采用规定目标和弹性目标来展开分层次的描述。规定目标是全年级学生都应达成的保底目标，属于基础层次的目标；而弹性目标则只是要求部分学生达到的目标，属于较高层次的要求，是针对学科学习中能力较强的学生设定的目标。我校初中音乐舞蹈组杨帆老师在"《筑梦锦一》编曲创作"这堂课中，提出了如表 6.5 所示的规定目标和弹性目标。

表 6.5　"《筑梦锦一》编曲创作"课程的规定目标和弹性目标

	目标类型	学习目标	实现指标
学习目标	规定目标	完成第一段的伴奏编曲创作	1. 掌握歌曲编曲创作的要点：音色搭配、伴奏织体、和弦连接 2. 熟练运用 Garage Band 音乐软件进行创作 3. 享受音乐创作并能有感情地合伴奏演唱
	弹性目标	根据掌握的创作方法，完成一段个性化的伴奏编曲创作	1. 运用已有的音乐素材完成前奏制作 2. 根据软件中音量和效果轨道进行混音处理

① 杨斌. 走向远方：成都金苹果锦城第一中学战略规划［M］. 成都：四川教育出版社，2018：33.

从以上的规定目标和弹性目标可以看出，规定目标以完成第一段的伴奏编曲为主要任务，是基础任务，要求全体同学都能达到，而弹性目标则提出了个性化的要求，以更高的发展标准作为目标，在创作的基础上更是要利用软件进行混音处理。这一做法以分层设定目标的形式为优秀的孩子提出了更高的学习要求，是"全人"发展的典型案例。

二、如何从"全息"视角选用课堂学习情境

学习情境创设对全息课堂的演进具有重要作用。情境是活动的载体，两者密不可分。学生在面对陌生的、复杂程度高的真实问题时，需要进行创造性的分析，较快地形成解决思路并进行决策，这就要求学生具备快速整合资源的能力以及解决问题的可迁移素养。美国著名教育家杜威认为教育即生活，教育即生长，教育即经验的持续不断地改造。他指出学校生活要与学校以外的社会生活相契合，学校生活应该代表社会生活的类型和基本形态，这在某种程度上反映了学校教育需要通过情境的创设来实现与现实生活、与社会的连接。

全息课堂追求的是培养"整全的人"，聚焦师生全面、全程发展的最优课堂，其最为显性的特征就是注重学生核心素养的发展品质。这样的追求必然需要真实、具体、富有价值的问题解决情境作为重要载体，以帮助学生在情境中去建构概念，在不同的问题情境中去探究知识的规律，给"整全的人"的培养提供真实且有价值的表现机会。创设学习情境的一大难点是如何把"知识内容"转化成"学习内容"。课堂学习情境的重要价值，就是形成驱动性任务，引导学生主动思考、主动探索、主动分享，将知识运用在活的情境中，并用活动进行串联，以促进学生的理解、吸收、活化，进而促进学生核心素养发展。[①]

上海基础教育综合改革和深化基础教育课程改革的重点项目"学习基础素养研究"项目组认为，情境让抽象、琐碎的知识对学生更有意义。他们认为学习情境的创设就是三个"放还"，即将知识"放还"到容易引发认知冲突的思维中，以促进学生知识、原理、概念的迁移；将知识"放还"到"需要类似思维"的真实生活情境中，实现元认知、思考问题的策略方式的迁移；将知识"放还"到学生全身心地去"做"的情境中，体会情感、社会性、心态模式的共同作用。这三个"放还"分别应用于日常课堂、学科拓展课和实践性作业、项目化的学习及大型具身性游戏中。三种"放还"的方式

---

① 刘月霞，郭华. 深度学习：走向核心素养（理论普及读本）[M]. 北京：教育科学出版社，2018：100—101.

构成了不断走向复杂、真实的情境阶梯，也产生了不断走向深度的知识理解与创造，使得情境的复杂性和开放性不断提高①，让学习的全过程变得真实而有意义。

全息课堂学习情景的创设要将聚焦点投向"转化"与"放还"这两大核心概念，将知识转化为活的情境是创设学习情境的关键所在，那么哪些知识的学习必须通过创设特定的学习情境去实现呢？总的来说，全息课堂将这类知识界定为必备知识。必备知识是学科学习和发展的核心知识，是在与学科相关的生活实践中或探索问题情境时，有效地认识问题、分析问题、解决问题必须具备的知识，因而创设情境以转化这类知识在学科学习中起着举足轻重的作用。这样的情境必定通过"放还"的方式来贴近学生的学习和生活实际，其总体原则就是关联，学习情境需要关联学生的现实生活，将课堂放置于真实的世界，通过将学生"放还"到生活情境、复杂的真实情境、未来的虚拟情境中，使学生与历史、现在、未来相联系，让学生与世界相连接。

（一）全息课堂需要为学生提供真实的生活情境或与未来相联系的虚拟情境

全息课堂的"整体育人"观要求持续营造优良的育人生态，通过盘活学习时空为课堂的立体优化奠定基础，营造和谐而有活力的课堂运行氛围与状态。就知识学习而言，全息课堂既要接收和传承已有知识，也要在新情境中创造性地运用、丰富、创造和发展知识；在能力培养上，既要运用已有能力解决新问题，更要在解决新问题的过程中促进能力结构与品质的发展。全息课堂的这些追求毫无疑问地要求把学生的课堂学习与真实的生活情境联系起来，以在真实的生活情境或者未来的虚拟情境中去解决问题为目标。我校初中数学组李阳老师在"5G时代，手机资费去向何方"综合实践课教学中，巧妙地将学生放置于现实生活的真实问题情境中。

【案例】"5G时代，手机资费去向何方"综合实践课教学设计

1. 课前准备

（1）调查收集数据，通过调查结果来研究目前4G套餐情况，并比较说明目前各套餐的优劣，选出一种使用人群最多的套餐，运用函数的知识设计一种让消费者觉得更合适的方案。

（2）了解现有5G资费标准。如果某5G运营商聘请你帮忙设计一个手机的资费方案，你会考虑哪些因素？根据你的研究结果和你收集的数据，用函数的知识设计一个你认为合理的资费方案。

（3）根据你的调查结果，请你自主设计一套资费标准，既能满足消费者

---

① 学习基础素养项目组. 素养何以在课堂中生长［M］. 上海：华东师范大学出版社，2017：52—53.

的需求，又能让运营商有合理的利润。

2. 研究小组成员分工

成员分工要明确到个人，建议从收集数据、数据分析、模型建立、模型求解（可用网络画板、几何画板或者相应的软件进行求解）、成果汇报等几个方面进行分工。

3. 调查方式

建议以访问、做问卷等方式进行调查，可将调查过程制作成视频；可寻求网络信息或者请有经验的专家或家长帮忙指导；建议在收集数据的过程中制作纸质材料或者视频材料。

"5G 时代，手机资费去向何方"课堂学习情境创设如表 6.6 所示。

表 6.6　"5G 时代，手机资费去向何方"课堂学习情境创设

主要学习环节	学习内容	设计意图
用函数的眼光观察手机资费	1. 视频回顾研究问题的过程 2. 小组代表汇报"尝试学习"中的调查研究结果	学生通过对现实问题的调查和思考，感受现实问题数学化的过程，体会函数作为一种数学模型在分析、解决实际问题中的重要作用
用函数的方法研究手机资费	1. 思考如何确定手机资费问题中的变量 2. 用函数的方法对比两种手机套餐 3. 归纳建立一次函数模型解决实际问题的步骤	在追问中激发学生思考，建构模型，进一步归纳解决问题的步骤，从问题提出和解决的过程中获得个性化的成功体验
用数学的思维优化手机资费	1. 李老师展示近 6 个月的手机资费，请参照电信资费情况，帮助老师选择一种适合的套餐，并说明理由 2. 请为现场的老师选择合理的 5G 套餐 3. 讨论"5G 时代，手机资费去向何方"	引导学生关注生活，关注未来，并利用函数的知识进一步提出问题、分析问题，在优化模型中内化知识，并主动运用数学的知识、方法为生活服务，让生活变得更加美好

在本案例中，学生在课前的尝试学习中对已有 4G 套餐进行分析研究，设计未来适合不同人群的 5G 套餐，从实际问题中初步抽象出了一次函数模型，并利用几何画板等工具画出了对应的函数图像，直观清晰地展现了不同套餐的优劣。课堂学习中，教师就每一个学习环节展开了情境创设，引导学生基于真实的情境展开小组合作学习，就如何选择乃至设计一种合理的 5G 套餐展开讨论。通过在真实情境中的学习与研究，学生从实际问题中抽象出一次函数，感受到一次函数的广泛应用，增强了应用意识与

创新意识，同时也增强了数学建模意识并发展了建模能力。这个案例彰显了全息课堂关注真实生活、连接未来场景的情境创设理念，成功地将知识学习转化到具体情境中，将课堂学习"放还"到了真实生活中。

（二）全息课堂需要创设与真实世界相连接的课堂学习情境，培养学生具备在复杂的真实情境中解决问题的能力

真实的世界是远比课堂复杂得多的客观存在，它包含了历史、现在与未来，涵盖了中国与世界的方方面面。学者龚亚夫先生曾经指出，中国学生群体普遍处于"三个世界"：内心世界，他们渴望交流思想；知识世界，他们期望跨越学科知识去学习其他知识；未来世界，他们憧憬了解将来可能遇到的情况。[①] 这"三个世界"在一定程度上反映了学生学习过程中的真实世界。呼应连接真实世界的学习情境，全息课堂就需要创设相应的课堂情境，让课堂彰显通向世界的力量。如我校初中物理组方志勇老师在"汽化（一）"一课中创设了与真实世界相连接的课堂学习与实践情境。（见表6.7）

表6.7 "汽化（一）"课堂学习情境创设

环节	学习单	辅学单
引入	观察保鲜袋膨胀实验	设计意图：引起学生的好奇，感受汽化现象 组织要点：引入实验，不多纠缠（注意可能产生热胀冷缩的猜想）
应用	假如你是以下角色：河长、医生、轧钢工人、农民、常出差的人、海盐生产工人、城市规划人员、风扇厂家、超市工作人员，怎样用相关知识服务生活和社会	设计意图：让学生代入社会角色，从理论走向实践。让学生初步体会"生活不易"和"社会责任感" 组织要点：小组不能重复分享，以激励、督促全体。最后总结好"按兴趣选择"，但社会要求"岗位责任" 希望学生能发展兴趣，走向社会时能运用知识承担责任

"汽化"这节课的情境创设重点体现在两个环节：引入环节，观察保鲜袋膨胀实验，将学生引入现实中常见的生活现象中，以达到引起学生好奇、初步感受汽化现象的目的；另一个重要情境创设在课堂教学的后半段，将课堂情境直接与生活实践相关联，把学生代入不同的社会角色中，即运用课堂所学知识，初步体会社会责任感。"汽化"这节课的目标立意原本局限于"沸腾""蒸发"两个知识模块。经过教师思考、团队打磨及专家指导后，将课堂立意聚焦于"全人"发展：①要有思维的深度：只有真正发展学生的思维、能力的课堂才是符合学生优质高效发展的需求的课堂，学生也必然是喜欢的。②要有社会的广度：只有让知识来自生活，学生才会积极参与；只有让

---

① 龚亚夫. 英语教育新论：多元目标英语课程［M］. 北京：高等教育出版社，2015：135—139.

知识应用于社会，学生才会代入角色，认可知识的价值。③要有生命的长度：一节课的达成效果绝不应只体现在当天的作业、几个月内的考试成绩上，而应让学生受益深远，从而拓展生命的宽度。

三、如何从"全息"视角设计和实施课堂学习活动

世界一流中学的全息课堂以"轻负高质"为目标，以全面整合为基本思路，推进课堂和课程改革。为了实现这一目标，需要以整合促效益、以效益换时间、以时间活结构、以结构育素养，因为真正的教学是教人，而不是教书，学科教师不是教学科，而是用学科教人，这也是全息原理一直倡导的。因此，全息课堂学习活动的设计和实施，就必须遵循以下三个教学观。一是立德树人的教学观。德国教育家雅思贝尔斯说，教育是人的灵魂的教育，而非理智知识和认识的堆积，在学习中只有被灵魂接受的东西，才能成为精神的瑰宝……我国学生发展核心素养基于"培养全面发展的人"，了解学生、研究学生是教师的第一专业，传授知识是在育人的基础之上的。二是基于课程视觉和学科本质的教学观。课程视觉就是立足学生面向未来，注重学生的可持续发展，从学生发展的角度来处理教学的内容和要求。学科本质是学科核心素养的内核，基于学科本质的教学是基于学科思维的教学，是走向核心素养的必然要求。三是基于学生学习的教学观。如果从教学角度思考"培养什么人、怎样培养人、为谁培养人"这三个问题，答案是显而易见的。教学的根本目的、出发点和归宿，都要落实于学的状态，教的必要性基于学的必要性，教的现实性取决于学的可能性，教的准备依存于学的准备。同时也就更清晰地认识到，只有将观念和理论转化为实施策略和行动方案，核心素养才能真正落地。因此，全息课堂学习活动的设计与实施，就应该强化以下四个策略：

第一，整体化策略。美国教育心理学家和教育家布鲁纳曾指出，任何学科知识都是具有结构的，反映了事物之间的联系或规律性；任何概念、问题或知识，都可以用一种极其简单的形式来表示，以便使任何一个学习者都可以用某种可以认识的形式来理解它。布鲁纳甚至已经将"结构原则"作为教学原则之一，这为在教学实施过程中提出学科结构的可能性和必要性提供了良好的理论依据。整体化策略正是在上述的理论背景下提出来的，它强调联系（关联）、组织（建构）、整合（统整）。对于整体化策略的实施，通常认为要遵循"整体—个体—整体"的模式，从整体出发，然后通过个体与整体的哲学辩证关系，体现全息原理。在具体实施过程中，整体化策略强调以知识系统为纲、以主题为纲、以核心素养为纲的统整。

第二，情境化策略。现实生活是教学的基础和前提，教学只有联系生活才能使人真正体验和理解知识的内在意义和价值。情境教学依据教育和心理学的基本原理，根据学生年龄和认知特点的不同，通过建立师生间、认知客体与认知主体之间的情感氛围，创设适宜的学习环境，使教学在积极的情感和优化的环境中开展，让学习者的情感活动参与认知活动，以期激活学习者的情境思维，从而在情境思维中获得知识、培养能力、发展素养。情境化策略的实施，就是通过联系生活、实物、图像、动作、语言、新旧知识和观念的关系、背景知识或场景、问题创设情境，让学生主动地、自主地探究学习。在现实问题解决过程中，学生需要选择重组和运用在课程学习中学到的知识技能、思维方法、情感态度和价值观；在这一过程中，知识、方法和价值得到了不断地整合和重构，核心素养就是在这个过程中体现和发展起来的。

第三，深度化策略。从学科角度看，用学科特有的精神和文化去打造学生的学科素养，用学科特有的魅力和美感去激发学生的学习动力，才是课堂教学应有的深度。从知识的角度讲，有深度的教学指的是超越知识表层结构的教学。从教师的角度讲，有深度的教学指的是教师对教材钻得深、研得透的教学。从学生的角度讲，有深度的教学指的是让学生进行深度思维的教学。深度化策略在实施过程中表现为基于自主的学习，内容上表现为基于问题的学习，方式上表现为基于对话的学习。

第四，活动化策略。教学的最终目的指向人，指向人的精神世界的发展。任何教学如果不能引导学生走进意义世界和建构自我意义，这种教学就只能是发生在学生"脖子之上"的"功利之教"，而不是深入学生内心世界的"意义之教"。正因如此，教学就需关注学生的真体验、真参与、真探究。活动探究课是任务驱动教学法的具体体现。任务驱动教学法作为一种教学方法，其核心是"以学习者为中心"和"以人为本"，其哲学和心理学的依据是"建构主义"，具有深厚的理论基础。"任务驱动"要求在教学过程中，以完成一个个具体的任务为线索，把教学内容巧妙地隐含在每个任务之中，让学生自己提出问题，并经过思考和教师的点拨，自己解决问题。活动化策略强调学生作为主体的情感投入和思维投入，要求学生做到思想和行为统一，继而满足学生各方面发展需要。活动化策略在实施过程中要做到学生与活动内容的统一，教学设计要巧妙，互动要有效，教学活动要留有悬念和延伸空间，充分发挥学生主观能动性的同时，培养学生的主动探究、独立思考的能力，促进学生核心素养的发展。

四、如何对全息课堂进行有效评价

华东师范大学的崔永漷教授曾说："每个教师都是质量监测员，不会评价的教师一定是上不好课的。教师理应先学会评价，再学上课。"现代教育理论认为，教育的真正意义在于发展人的价值，发挥人的潜力，发展人的个性。核心素养导向的全息课堂着眼于学生的发展，着眼于学生知识与技能、过程与方法、情感态度和价值观，力求四力共生、多位一体的发展。评价在课堂教学中起着导向、质量监控、检测、修正和完善的重要作用，教师只有采用多样化的评价方法，面向全体学生，才能实现客观真实的反馈教学，达成个性化的学习效果，从而促进学生的全面发展。因此，培育学生的可持续素养要求我们改革对学生的评价方式，建立评价目标多元、评价方法多样的评价体系。科学的课堂评价体系不仅要注重引导学生重视智育评价，还要注重引导学生重视文化艺术、审美教育方面的评价，而且对沟通适应能力、动手实践能力也要起到引导、反馈和考核作用，形成鼓励学生在全面发展的基础上发展个性和创造性的导向作用。为此，要把握好全息课堂评价的四个关键。

（一）聚焦核心要素

可持续素养导向的全息课堂分为三种课堂形态：基础（核心）素养课、综合素养课（差异发展课）和优势增值课。不同的课堂形态在设计和实施上都有较大的差异，不同的课堂形态有着不同的核心要素，承担着不同的课程培养目标。（如表 6.8 所示）因此，全息课堂的学习反馈与评价必须紧扣相应课堂形态的核心要素进行。

表 6.8　三种形态的全息课堂在设计与实施方面的主要差异

课堂形态	主要功能与要求	基本理念	学习活动的关键要素
基础（核心）素养课	基础、自信 全员、全程	理解发现	学、议、创、省
综合素养课 （差异发展课）	综合、类型 深度、广度	综合发现	概括、连接、探究、求变
优势增值课	专题、课程 活动、成果	体验发现	兴趣类：活动、成果 项目类：项目、设计、执行、展示

（二）建构多维框架

评价是促进全息育人课堂落地的关键环节。如何评价才能体现全息育人的特色？我们认为，全息课堂的质量评价框架应以整合的思路来建构。首先是课堂生活与人类社会生活的整合性评价，促进课堂生活成为人类社会生活的缩影。其次是课堂展开方式与人类发展方式的整合性评价，促进课堂展开方式成为人类发展方式的缩影。再次是学生的学习成效与利用知识解决社会问题成效的整合性评价，促进学生的学习成效成为解决社会问题成效的缩影。根据上述思路，学校制订并实践了全息课堂质量观察与评价表①，如图 6.10 所示。

维度	观察和评价项目		达到程度			完善建议
	教师	学生	达到	基本达到	未达到	
课堂生活	1.教学目标体现了人类社会的素养需求 2.问题情境与人类生活相似度高 3.有效组织了独立、合作、探究等学习方式	1.学生明白了学习目标与未来生活的关系 2.能在生活情境中认识、理解、运用和创生知识 3.能运用不同方式积极有效地学习				
课堂展开	4.课堂氛围有利于促进学生的正向发展 5.准确把握学科核心素养的本质与载体 6.能组织有效的发现活动 7.能引导学生在发现中发展	4.具有积极进取的学习与发展状态 5.能在认识、理解、分析、概括学科知识的基础上发展学科核心素养 6.具有在发现中发展的意识 7.积累了在发现中发展的经验				
学习成效	8.引导学生利用学科所学解决现在的问题 9.引导学生利用文化基础提高自主发展和社会参与的能力	8.能利用学科所学解决现实问题 9.能综合运用文化基础解决自主发展和社会参与的难题				

图 6.10　世界一流中学全息课堂质量观察与评价表

在这一评价框架的指导下，我们将课堂从教室引向社会，建构和实施了跨越学校围墙的全息育人课堂。如在研学旅行课程的设计与实施中，充分考虑了社会生活对"全人"的素养发展要求，整合不同学科的育人优势，形成多学科或跨学科育人合力，从此促进"全人"发展。如在"行走丝绸之路、探究大美中国""红色路、三农情、中国梦"的研学旅行活动中，整合了语文、政治、历史、地理、生物、美术、音乐等几乎所有学科，不同学科发挥了不同功能，在广阔的社会大课堂中形成了全息育人的合力，促进了学生的全面发展。

（三）凸显学科特点

全息课堂的学习反馈与评价须紧扣相应课堂形态的核心要素进行，但不同的学科有其自身的特点，因此，全息课堂的有效评价也会因学科不同而有所不同。以数学学科为例，全息数学课堂需聚焦思维的培养，而数学思维方式需要统筹规划，体现在设计过程、实施过程、评价过程中。具体地说，在设计过程中，要让学生在探究问题时产生不同的思维方式，让学生在做中经历、感受、体验数学思维的力量，提升数学思维的质量。在教学过程中，主要是通过问题解决、数学活动来培养和深化学生的数学思维方式。在教学中点点滴滴渗透思维优化意识。在评价过程中，时刻以思维能力的提高作为判断教学效果的主线，在教、学、评中经常反复地思考思维方式提升的幅度、力度，产生的效果。

（四）提升评价的科学性和有效性

评价的科学性，是指对评价客体的控制和管理，它使评价过程成为一种理性化、

---

① 张伟，杨斌，张新民. 聚焦未来素养，建构全息育人课堂［J］. 人民教育，2019（Z1）：115—118.

普适性的程序。评价系统要有始有终，有理有据，不得无果而终。评价标准要建立在明确的教学目标上，使评价更具有针对性和有效性。同时，评价体系应该尽量简明、实用、便于结束，以保证它的可行性。如，在课堂上关注学生是如何参与的，学生在参与活动的时候是不是很自然、很接近他们的真实生活，是否把学到的知识内化为自己的东西等。总之，教师要根据教学内容、活动目的等，采取适合学生持续发展、能帮助学生始终保持积极向上的学习状态的评价，才能切实提升全息课堂学习的有效性。

要提高评价的有效性，还需要遵循教学目标、过程性评价与结果性评价相结合的原则。首先要注意教学目标、过程性评价与结果性评价的有机结合。过程性评价是一种对学生的学习过程进行的及时评价。这种评价采用以过程性的观察为主的质性评价方式，对学生学习过程中的情感、态度、价值观进行考察，以了解动态过程的效果，及时反馈信息，及时调节，使计划、方案不断完善，顺利达到预期的教学目的。结果性评价指的是在教学活动结束后为判断其效果而进行的评价，这种评价模式主要是量化评价方式，对学生的学习成绩进行测验，以了解学生的学习情况，并为进一步学习提供反馈信息。二者既有对立的一面又有统一的一面，多元评价应该是过程性评价与结果性评价的统一。一方面，教师在教学过程中要注重教学过程的评价，采用有效的课堂评价方式不断地激励学生，让他们体验到学习的成功和乐趣。将课堂过程性评价与学习结果性评价综合考虑，才能保证学生持续性地有效学习，才能获得教学相长的成功。另一方面，在过程性评价与结果性评价相结合的过程中，应用多种评价方法，有利于清晰、准确地描述学生发展情况，有助于更好地评价反馈和为后续的学习做好铺垫。

全息课堂以全息原理的强大优势、明确的改革目标、系统化的改革措施，显示出了独特的育人魅力。世界一流中学应通过全校师生的共同努力，让全息课堂成为学生通向世界的桥梁，将全息课堂建设成培育新时代"全人"的高质量课堂，为提高可持续育人质量提供更加优质的育人阵地。

第七章

世界一流中学建设的核心支撑

实施教育家精神铸魂强师行动。推动教育家精神融入教师培养培训全过程，贯穿课堂教学、科学研究、社会实践各环节，构建日常浸润、项目赋能、平台支撑的教师发展良好生态。

——中共中央 国务院《教育强国建设规划纲要（2024—2035 年）》

　　世界一流中学要聚焦可持续育人质量推进一体化改革，提高"三全"育人体系的整体建设质量，还必须推进队伍建设、评价改革和学校诊断等工作，做强教师学术共同体、办学质量评价、诊断与改进三大核心支撑。其中，教师学术共同体是为学校持续推进改革提供有思想的专业支撑；办学质量评价是为世界一流中学建设提供可持续育人的质量参照；诊断与改进是为持续推进学校改革提供过程性指导，以引领发展方向和建设行动。只有三者齐头并进且成为办学的坚实支撑，世界一流中学建设才能持续推进并取得预期成效。

第一节　建设教师学术共同体

　　世界一流中学发展教师的重要方式是建设学术共同体，帮助教师在学术共同体中提高建构、实施和优化全景德育、全息课程和全息课堂的能力。只有建好了学术共同体，才能完成好上述任务、实现好上述目标，为创建世界一流中学提供有思想的专业支撑。

一、教师学术共同体的内涵、特征与功能

　　"共同体"是德国学者斐迪南·滕尼斯最先提出来的，在部分译著里被译成"团体""社群"等。他认为共同体就是基于自然意志，如情感、习惯等，以及基于血缘、地缘关系而形成的一种社会有机体。德国社会学家马克斯·韦伯认为，如果并且只要社会行动——无论是个别情况、一般情况还是纯粹类型——的取向是基于各方同属的主观感情，这种社会关系就可以叫作"共同体"关系。英国现代思想家鲍曼认为，共同体是指社会中存在的、基于主观上或客观上的共同特征而组成的各种层次的团体、组织，既包括有形的共同体，也包括无形的共同体。

　　现代意义上的"学术"概念来源于西方，指系统的、专门的学问。学术活动主要从事的工作是知识的生产、传播与应用，特别强调知识的生产。20世纪，英国哲学家

布朗在题为《科学的自治》一文中，首次使用了学术共同体这个概念。他把全社会从事科学研究的科学家作为一个具有共同信念、共同价值、共同规范的社会群体，以区别于一般的社会群体与社会组织，这样的群体就被称为学术共同体。博耶尔发表了题为《基础学校：学习共同体》的报告，并对学习共同体进行了比较全面和系统的阐述。博耶尔认为，学习共同体是所有人因共同使命、共同愿景而聚集在一起的学习组织，其成员拥有共同的方向、学习兴趣，共同寻找通向知识旅程和理解世界运作的方式。佐藤学所倡导的学习共同体则是：学校成为学生协同学习的场所，教师相互学习并成长为专家，家长和社区共同参与和支持教育，学校通过开放课堂和持续的课例研究成为地区共同体文化的中心。其宗旨是借助学习共同体实现每一个学生的学习权，创建将所有教师培养成为专家的学校。

中学教师学术共同体是指具有相同基础教育价值取向，具有中学教育教学专业技能，为实现共同的办学观、育人观和质量观进行相应的学术研究活动并遵循一定行为规范而构成的教师群体。中学教师学术共同体通常具有如下特征：

一是同一性，即具有相同的基础教育价值取向，有共同的办学观、育人观和质量观。世界一流中学的教师学习共同体，应以"为天地立心，为生民立命，为往圣继绝学，为万世开太平"为精神支柱和价值引领，以具有生命境界为己任，具有"世界的一流中学"而非"一流的世界中学"的办学观、个体的"类本质"与全球化价值链条有机融合的育人观以及人的发展生态与教育的良性生态高品质互动的质量观。

二是专业性，即具有较强的中学教育教学能力。群体内的教师都接受过全日制本科及以上教育，系统学习过教育学、心理学相关内容，具有良好的语言表达能力、与人交往的能力和敏锐的观察力等，能正常从事中学相应学段的教育教学活动。

三是学术性，即具有与中学教育教学相匹配的学术力，如学生体察力、学科把握力、学习转化力、课堂研究力、课堂创新力等。

四是规范性。中学教师学术共同体的规范性较强，他们往往有相应的学科要求和标准约束着群体的行为，行动更统一，目标更一致。

五是实践性。课堂是中学教师学术共同体的主阵地。中学教师最核心的职能，就是将国家教育方针、地方教育政策、学校教育目标转化为实践行动，将教学理念要求落地。因此，中学教师学术共同体更多的是在教育教学实践活动中建构起来的。

为彰显中学教师学术共同体的上述特征，可以强化如下功能：

一是将学校的战略规划有效落地，推动学校整体改革。教师是学校发展的支柱，一所学校教师群体的高度、境界、格局和智慧，决定了这所学校的发展速度、力度、程度与可持续发展水平。世界一流中学要以教师学术共同体为中坚力量，致力教育教学实践研究，高品质推进全景德育、全息课程、全息课堂的系统改革。

二是实现学校的人才培养理念，促进"全人"发展。每所学校都有相应的人才培养理念，世界一流中学对人才的培养应遵循"全人"发展理念。"全人"首先是指完整的人，即身心健全的人；其次是指德智体美劳全面发展的人；再次是指"善于契合天然而又应合人为的全德之人"，即懂得和遵守天地规律、为人处世符合人心向背的人。世界一流中学的教师学术共同体，正要以"中国风骨""世界担当"的人才培养目标为引领，构筑"全人发展"的三个台阶，在德育、课堂、课程三条路径上进行创新，引领学生一步一个脚印向前发展。

三是促进教师相互学习和发展，实现教师的自我成长。由于中学教师学术共同体具有同一性、专业性、学术性、规范性等特征，在群体协作的过程中，教师个人也在不断自我成长。世界一流中学的教师学习共同体应在系列保障之下，着力进行全景德育、全息课程和全息课堂的实践研究，彰显专业价值、提升育人效益、建构优质课程、尝试跨界整合等。因此，世界一流中学建设学术共同体或者学习型组织，是其建设过程的必备力量。

二、教师学术共同体的建设理念

世界一流中学以培育具有"四为"信念的教师团队为理念。"四为"信念是指以"为天地立心，为生民立命，为往圣继绝学，为万世开太平"为精神支柱和价值引领，在自我修养、团队建设、专业发展、育人活动、绩效评估等方面，坚定不移地涵养天地正气，培育自己和学生的"君子"品行；始终心系万民，成就自己和学生的优质生命；致力光大圣贤学统，修炼自己和学生的生命智慧；在点点滴滴中奠定万代基业，共创"大同"世界，和学生一起，竭尽全力地做"有德行的人""有奉献的人""有智慧的人"和"有境界的人"。

"为天地立心"就是遵循发展规律，不扭曲和异化教育；按照万物生长的节律培育学生，避免"假性成长"和"恶性成长"；在天地大美中培育学生生生不息的正气，不矮化和窄化学生的成长空间。"为生民立命"就是帮助每一个学生找到适合自己的位置，支持他们在适合自己的位置上各得其所，彰显生命意义。"为生民立命"有三项基本任务：一是让每一个学生都有自己的位置；二是帮助每一个学生认识到他们的独特性，找准自己的发展位置；三是支持每一个学生以适合自己的方式活出生命精彩，彰显生命意义。"为往圣继绝学"主要有三项任务：一是认识、理解和传承中外圣贤的优秀文化及其智慧；二是在现实生活中运用这些智慧，让古圣先贤的文化与智慧在现实生活中焕发出生命活力；三是融合与创新中外智慧，为"往圣"的"绝学"开创新的局面。"为万世开太平"意即创造美好的未来。美好的未来，是和谐发展、蓬勃向上、积极进取、快乐幸福的未来。"为万世开太平"就是"为美好的未来而创造"，只有立足未来、服务未来，才能创造美好未来，"为万世开太平"。

三、教师学术共同体的建设目标

世界一流中学以培育具有生命境界的教师学术共同体为主线设置阶梯目标。生命境界是在认识生命、对待生命和发展生命等方面具备的思想观念、精神高度、价值追求与格局视野等。具有生命境界的教师学术共同体，能够充分认识每一个生命的独特价值，能够尊重、热爱和善待每一个生命，能以最优的方式和最有力的手段提升每一个生命的价值，实现生命培育和生命发展的价值最大化和效益最优化。

第一，在常态工作中彰显生命价值，提高常态工作的生命境界。常态工作是指与专业发展和立德树人等有关的校内外各类日常事务与活动。世界一流中学教师的常态工作，包括课堂教学、优势增值课、项目学习、社团活动、德育活动、班会课，班级管理、年级管理、后勤管理、行政管理，备课、观课、议课，各项专题活动等。在常态工作中彰显生命价值，是以"精心培育每一个优质生命"为工作宗旨，树立工作的神圣感、责任感、使命感以及积极的教育信念和情怀；是把自己的工作视为有生命力的工作，用自己饱含激情的生命与工作相遇，让工作变得鲜活、灵动而精美，以此树立工作的过程观与发展观；是把"学生生命发展的优质程度"作为教育教学的结果追求，整合"升学"与"生命"以及"分数"与"素质"，在提高生命发展质量的过程中提高学生分数，帮助学生进入理想的高一级学校。要在常态工作中彰显生命价值，需要所有教师和不同学术共同体不断提升能力和生命境界。

第二，提高在全景德育中促进"全人"发展的生命境界。首先是发展自我生命境界的提高能力。不断提高自己的生命境界，让自己成为"中国脊梁、世界担当"，成为"坚韧自强、卓越发展"的"全人"，用高境界的"全人"生命点燃学生高境界的生命。其次是用高境界的生命观善待学生发展过程与结果的能力。尊重每一位学生的生命独特性与鲜活性，树立每位学生都能铸炼优质生命的观念，以高境界的生命观善待每位学生，以精心呵护的责任观陪伴每位学生，以坚韧不拔的意志静待学生花开，通过不同方式促进每位学生生命的优质发展。最后是帮助学生成为高质量的"全人"。依托自己所教的学科和具体工作，根据"身心健全发展的'合格全人'""迎难而上、不断超越的'优秀全人'""知行合一、成果丰硕的'卓越全人'"的发展要求，发掘工作内容与方式中的生命教育要素，帮助学生在"立品立德""立学立业""立身立心""立艺立美"中提高生命质量，在学生的责任心和"四为"精神培育的过程中，涵养大格局、大思路的生命境界，并在思想品德、学业成就、身心健康、艺术修养、社会实践等领域得到充分体现。

第三，提高在全息课堂中促进全体发展的生命境界。在全息课堂中，始终以世界一流中学学科教学目标体系、学习单、课件、学习资源等的优化为抓手，不断渗透"全体优秀""活态优质""过程优化"的基本理念；不断提高"以整合促效益，以效益换时间，以时间活结构，以结构育素养"的意识与能力，在整合性的改革中引导学生提高生命境界；不断提高"盘活校内学习时空，让每一个学习时段都产生效益，让每一块教育场地都发挥作用；整合校内与校外的学习时空，把校外的世界引入课堂，把学生的学习足迹延伸至校外，让校内外有价值的时空都为学生的成长服务，以此建设'立体优化'的课堂"的意识与能力，在广阔的教育教学时空中提高师生共同的生命境界。

第四，提高在全息课程中促进个性发展的生命境界。以让生命多姿多彩为重要追求，逐步深化和细化现有的优势增值课程；在加大整合资源、引领发现、活化基础、锻造韧性力度的基础上，为不同学生的不同需求创造有意义的成长经历；以兼顾全面发展和个性发展为宗旨，培育学生的成长型思维；在落实"自我评估、目标指向、探索热情、坚持改变"四个关键中，强化学生的生命意识和综合体验，提高问题解决能力，提升学生的学习获得感，帮助学生实现"共同优秀＋特色优秀"的目标。在此基础上，加大"后勤"课程开发力度，如"食育"课程等，让学校的每一件事和每一项工作都成为有意义的教育活动，都具有开发成特色课程的可能。

第五，在连接世界中拓展生命宽度，提高全球时空的生命境界。生命宽度影响生命境界，因此，要有效提升师生的生命境界，需要不断拓展师生的生命宽度。世界一流中学教师在常态生命中提高生命境界时，需要提高在连接世界中拓展生命宽度的能力，涵养覆盖全球时空的生命境界。一是提升连接古今世界的能力与境界。树立和提高把过去、现在和未来有机衔接起来的意识与能力，有意识地在"过去"中知晓"现在"的来路，在"未来"中明了"现在"的去向，以此确定教育教学管理改革的重点与方向，提升在历史的厚重感和未来的方向感中延展自己和学生生命长度的能力与境界。二是提升连接中外世界的能力与境界。以中国发展感知世界，以世界之眼赏识中国，在"地球村"里整合教学和课程资源，以全球发展的趋势审视知识的价值，选择有意义的课程内容，在提高自己连接世界的能力的过程中，引导学生发展在全球视野中拓展生命宽度、提升生命境界的能力。三是提升连接学校内外世界的能力与境界。打破学校围墙，借助多种手段拓展学习时空，把学校所得用于校外世界，把校外世界引入学校，连接书本世界和生活世界，融通知识与生活，实现校内校外的有效整合，在"无围墙"的学习中拓展自己和学生的生命宽度，提升生命境界。四是提升跨界教学（工作）的能力与境界。突破学科和工作领域局限，逐步提高跨学科、跨领域等跨界教学或跨界工作的能力，在拓展学科教学宽度和工作宽度的过程中，提升课程与教学的综合性程度，在引导学生解决综合性问题（跨界问题）的过程中拓宽自己和学生的视野，增加自己和学生的生命宽度，提高自己和学生的生命境界。

第六，在引领未来中优化生命质量，提高创造未来的生命境界。引领未来主要有两层意思。一是用未来引领现在的教育教学改革。分析未来的发展趋势，明确未来社会对人才的要求，根据未来社会对人才的要求，把握教育改革的方向和学校建设的基本样态，以此推进具体的教育教学改革，实现为创造美好的未来而学、为创造美好的未来而教的目标，使教育教学改革具有未来特征、适应未来的需要。二是用卓越的发展引领未来的潮流与改革。首先是教师群体在同行中具有持续发展的引领水平；其次是学生在同辈中具有持续的领跑能力；最后是学校在德育、课堂、课程、管理等方面的改革具有长期的示范作用。而这两层意思的背后都是"优化生命质量"，即用美好的未来引领现实生命的优化，用生命的发展质量引领未来的教育教学改革。世界一流中学的教师需要在引领未来中持续优化生命质量，形成如下境界：预测未来，即在认识未来、把握和利用未来发展趋势的过程中，形成利用未来引领自己和学生生命发展的教育教学境界；有效转型，即根据未来需求对教育教学提出的新挑战，加速改革步伐，加大改革力度，在不间断的教育教学改革中，促进现有教育教学的不断转型，提高在改革中优化生命质量的境界；创造未来，即在积极的创造性的工作中，建构学校的未来形态，强化未来生命的培育意识，提高在创造性的工作中优化未来生命的境界；引领未来，即以高平台、高标准树立学校建设、学生发展和教育教学改革的未来标杆，引领和影响教育行业的发展，提高在引领改革和行业发展的过程中优化生命质量的境界。

四、教师学术共同体的建设任务

世界一流中学以培育智慧型改革团队为学术共同体建设的核心任务。智慧型改革团队是指在道德智慧和专业智慧的支撑下，通过全景德育、全息课堂和全息课程的建设，集聚校内外资源，凝聚校内外力量，形成的有助于创建学校德育、课堂、课程品牌的学术共同体。

（一）培育道德智慧与专业智慧交融发展的学术共同体

其一，道德智慧是有效提升自我道德和引领学生道德发展的意识、方法与能力等的综合体现。世界一流中学教师的道德智慧主要包括四方面内容。一是体现"四为"信念的道德智慧。"为天地立心，为生民立命，为往圣继绝学，为万世开太平"的意识与能力，即生生不息的正气涵养意识与能力，尊重生命和彰显生命价值的意识与能力，传承、运用和创新圣贤精神的意识与能力，为自己和他人创造美好未来的意识与能力等。二是自我发展即"立己"的道德智慧。具有进行正确的自我判断和合理定位自我发展水平的能力，能够较好地找准自己的位置，具有在自己的位置上积极进取、奋发努力、尽全力展现出最好的自己的意识与能力。三是欣赏别人和助人成功即"达人"的道德智慧。能发现他人优势，能鼓励他人发展，能为他人的发展创造条件，能在力所能及的范围内帮助他人克服困难，具有助人成长的意识与能力。四是成就团队发展的道德智慧。能很好地融入自己所在的团队，能以团队的发展为己任，能积极主动地参与团队建设，能和团队的其他成员友好相处、精诚团结、共谋发展，具有为团队发展贡献自己最大力量的意识与行动。

其二，道德智慧是维护正义，追求和实现向真、向善、向美等价值标准与精神的艺术。世界一流中学的智慧型学术共同体，除了具备道德智慧，还必须以强有力的专业智慧做支撑，具体体现在五个方面。一是彰显专业价值的智慧。能够理解不同专业的生命培育价值，能通过教育教学改革，在目标确定、学习单设计、教育教学实施过程的优化等方面深度发掘本学科的专业价值，帮助学生认识、理解和实现学科价值，提高生命成长的效益与质量。二是提升专业育人效益的智慧。能整体把握专业的核心知识与能力，能理解和把握专业知识与能力的内在逻辑联系，能在整合专业思想、专业方法、专业知识与专业能力的基础上，巧妙施教，提高教育教学效益。三是建构优质课程的智慧。具有强烈的课程意识，能站在课程的高度上思考教学或活动等的设计与实施，避免教学或活动的零散、随意；也能根据学生实际和国家课程校本化的需要，整合多种资源，设计、建构和实施优质校本课程。四是跨界整合的专业智慧。能在整体把握本学科或本专业价值、思想、内容与方法等框架的基础上，合理而有一定深度地促进跨学科整合，较好地提高跨界教学和跨界发展的效益。五是研究问题、突破困境的专业智慧。能在实施全景德育、全息课堂、全息课程等战略规划的过程中，发现问题和难点，并能在聚焦问题和难点的过程中，结合自己和所在团队的实际，研究和使用解决办法，克服改革难点，突破改革瓶颈，提高在实践改革中研究和解决问题的智慧。

世界一流中学教师的道德智慧和专业智慧是交融发展、彼此促进的。培育智慧型学术共同体，要以道德智慧为根基，以专业智慧为支柱，两线并进，螺旋提升，既不空谈个人道德，也不唯专业是尊。

（二）提高全景德育、全息课堂和全息课程的研究与实践能力

全景德育、全息课堂和全息课程三项战略规划的研究与实施，是培育智慧型学术共同体的阵地和渠道。世界一流中学教师的改革智慧，主要集中和体现在三个方面。在培育智慧型学术共同体时，不断深化所有教师对全景德育、全息课堂和全息课程的认识与理解，逐步强化在专项研究中提高德育品牌、课堂品牌和课程品牌的建设能力，提高在系列化的改革中持续发展的学术能力。以全景德育、全息课堂和全息课程的建设为主线，提高不同教师和团队的如下能力：一是教育教学改革的设计能力；二是行动研究能力；三是学术性教育教学能力；四是持续改革的意识与能力。

世界一流中学应据此围绕团队改革、学术能力、实践攻坚等重点细化教师学术共同体的建设任务。首先是聚焦战略规划，建构优秀团队。世界一流中学的战略规划应聚焦办学目标和学校精神，以涵育学生的核心素养为圆心，面向未来和世界推动学校的整体变革，契合时代改革的潮流，在深化学校综合改革的过程中创新人才培养模式。战略规划是对学校价值文化体系的细化和逐层展开，能为学校发展勾勒美好蓝图、指明方向，能为全体教师追求理想的教育提供思路、途径、方法和工具。聚焦战略规划，就能凝聚共识、铸造灵魂、鼓舞人心和指引实践的力量；就能着力培育团队优势，提升团队的专业引领力，实现个体和团队的共同发展，建构优秀的学校管理团队和教师团队。其次，依托龙头课题，强化集体攻坚。可以把"中国特色的世界一流中学建设研究"作为龙头课题，以学校整体发展为依托，聚焦学校自我赋能和学校与外部大环境的连接点，以全景德育、全息课堂、全息课程研究为载体，充分研讨当前课堂教学改革的世界前沿与发展趋势，学校教育教学工作从学科教学走向学科育人的策略与路

径，以及打造"全体""立体""活态""轻负高质"的全息课堂以促进学校整体发展的思路等，要具有引领性和指导性意义。在学校龙头课题确定的主要研究目标下，引申出一系列子课题，涵盖学校多维度的改进思路。根据全景德育、全息课堂和全息课程的战略要求，在研究中逐步改变日常惯性思维，走出经验主义的封闭圈子，以变革的意识和思路，思考和形成落实战略规划的教育理念、思维方式、操作策略和评价办法，在持续推进的日常研究中优化改革思维，保持敏锐的研究意识和较强的改革能力，为建设智慧型改革团队创造条件。这是一种把课题研究与学校变革高度融合的有效行动方式，在新的教育变革中能帮助学校精准定位，实现内涵式发展，有助于学术共同体成员之间互相学习、共同进步、提升学术研究能力，实现最终的学术难题集体攻坚等目标。

五、教师学术共同体的建设策略

世界一流中学教师学术共同体的高度、境界、格局和智慧，决定了这所学校的发展速度、力度、程度与可持续发展水平。成就卓越而具有智慧的教师学术共同体，是培养智慧型改革团队的重要突破点，应成为世界一流中学的不懈追求。

（一）以整体改革引领高位发展

和一般中学不同的是，世界一流中学要明确"以改革推动教师学术共同体发展，以系统的战略规划引领学术共同体高品质推进学校整体改革"的发展策略。首先要制订着眼于未来的战略规划，对学校文化、德育、课堂、课程、教师发展等问题进行系统的顶层设计。顶层设计由学校价值文化、全景德育、全息课程、全息课堂、教育保障五个板块组成，五个板块都应有对应的内涵框架，并提出相应的实践建议，以此作为教师学术共同体建设的直接依据和行为准则，这样才能指导全体教师立足长远并且有条不紊地推进学术共同体建设，引领学术共同体高位发展。

（二）以高端资源支撑卓越发展

教师学术共同体的卓越发展离不开高端教育资源的引领和支撑。首先，世界一流中学要组建以全国、省、市知名专家学者为主的教师专业发展工作指导团队，指导团队深度参与教师学术共同体的发展指导工作。

【案例】高品质教育沙龙

2019年12月9日，由北京明远教育书院主办、锦城一中承办的第20期明远教育沙龙在学校模拟联合国教室举行。本次教育沙龙以"深度学习：如何把知识化为素养"为主题，重点讨论了站在立德树人的高度，在教育教学过程中教师应该如何把学科变成课程、把知识变成活动等问题。郭华教授首先和大家探讨了深度学习的意义。在讨论如何"从课时到单元，即从知识单元到学习单元"时，郭教授首先提出了"课"的概念及意义，其后列举了大量的教学改革案例，对学习单元的内涵和意义进行了深入的探讨。郭华教授还指出，知识要转化为素养还需要让学生有问题、有话可说、有活动可参与，增加知识传授过程中的活动与体验；我们应该改变备课思维模式，当我们思考教什么知识的时候，首先就应该思考什么知识不教；我们在关注学生的学习过程的时候，首先应关注如何进行教学改进，将知识转化为学习活动。

本次教育沙龙聚焦当前我国教育改革与创新所面临的实践问题，为大家提供了深度交流、思维碰撞的契机。郭华教授在接近三个小时的讲座里娓娓道来，抽丝剥茧，将深度学习讲到了老师们的心里。与会教育同人深受启发，纷纷表示会将本次沙龙的学术思想付诸平时的教育教学实践，让每一个学生在课堂学习活动中真正得到长远的发展。

其次，要邀请不同类型与风格的专家，到校引领全校教师专业素养高位精进。如学校邀请了北京师范大学、华东师范大学、华中师范大学、四川师范大学、成都大学、成都师范学院以及中国教科院、四川省教科院、成都市教科院、成都高新教师发展中心等的专家到校深度指导，邀请北京、上海、沈阳、深圳等地的一线名优教师到校上课，共析教育思想，共研教育技艺，从不同层面和视角高位引领教师专业发展。

【案例】全国知名教师与本校教师同台竞技

在一次青年教师发展沙龙活动中，分管校长询问初中语文朱老师："你觉得目前国内上课上得特别好的学科专家是哪位？"朱老师答是肖某某老师。分管校长马上拍板："好！本年度的学校教育研讨会，就邀请他和你同台切磋。"朱老师非常感慨："在两年前，我还是肖老师的'小迷妹'，当时拿着听课本在台下聆听肖老师上课并在下课后等签名。没想到两年后我们可以同台竞技了。"

于是，在当年的教育研讨会上，有了两堂精彩纷呈且各具特色的观摩课：肖老师的《周亚夫军细柳》和朱老师的《狼》。肖老师的课紧扣自读课文的特

点，引导学生深入把握人物形象，并探讨文中细部笔墨的表达效果，润物无
声、大道至简，展示了语文课应有的美好姿态；朱老师的课力求探讨文言自
读课与讲读课的不同，通过"一个策略四个活动"展开教学，呈现出"狼与
人"的二元对立，体现出对语文内涵的深刻理解和诠释，有温度、有深度。

（三）以学术力提升改革品质

根据中学教师学术共同体的主要特征和功能，世界一流中学教师学术力的核心指
向是课堂，主要由学习转化力、学生体察力、学科把握力、课堂研究力、课堂创新力
等组成。学习转化力是指教师在学习过程中能敏锐捕捉信息，充分感受、认真领悟、
积极思考，将新信息、新资源、新思想与自身教育教学实践对接，促进自身教育理念
更新、教育智慧生长、教学实践改进的能力。学生体察力是指教师能敏锐体会、洞察
学生所知、所感、所想和所需，并在教学活动中遵循学生身心发展规律，满足学生身
心发展需要，促进学生健康发展的能力。学科把握力是指教师立足学科本质，充分理
解本学科在学生发展中的地位和作用，帮助学生建构本学科的知识体系、研究方法和
思维方式，体验感悟本学科的研究精神与态度的能力。课堂研究力是指教师运用课堂
观察、课堂诊断等技术，分析、总结、反思和改进课堂的能力。课堂创新力是指教师
个体在体察学生、把握学科、学习转化、研究课堂的过程中思索体悟、创生智慧、变
革课堂的能力。作为落实教育方针理念目标的终端、打通理论和实践"最后一公里"
的践行者，中学教师的学术水平极为重要。因此，着力发展中学教师的学术力，提升
教师实践改革品质，是世界一流中学教师学术共同体建设的重中之重。

第一，课题引领，聚焦共同体研究目标行为。在战略规划的引领下，我们以龙头
课题"中国特色的世界一流中学建设研究"为总领，让各学科教师学术共同体申请相
应子课题进行研究。以课题聚焦全校教师学术共同体的研究目光，达成全息树人的育
人共识，共同致力教育教学实践研究，高质量推进全息课程、全息课堂等的系统改革。

第二，整体变革，助力共同体改革实践品质提升。全息树人教学改革是指根据全
息缩影原理、全息重演原理和全息结构原理等全息理论，设计和实施课堂教学，以此
培养具有现实社会适应力和未来引领力的学生的教学改革思路与策略，轻负、高效和
着眼于未来发展是其重要特点。各教师学术共同体在建设世界一流中学的愿景激励下，
以全息理念为指引，全面推进全息树人教学整体改革，探索建设学校优质育人生态的
有效实施策略，在此过程中提升学校教师学术共同体的课堂学术能力，助推学校教师

学术共同体的实践改革品质不断提高。

采用这种策略时，要选择适宜的研究主题。研究主题包括学科内研究主题和跨学科研究主题。学科内研究主题分三个层面：学科教师学习共同体结合学校战略规划及学科特点选择相应研究子课题；各年级教师学习共同体根据学科教师学习共同体子课题选择相应研究专题；各位教师则结合年级教师学习共同体研究专题选择相应的研究问题。以生物教师学术共同体为例，学科教师学习共同体选择的研究课题是"全息视角下的中学生物学单元教学设计与实施研究"；七年级教师学习共同体在七年级上期承担的是"生物体的结构层次""植物的生活"两个单元的专题研究；组内黄老师和田老师则承担了"如何以系列化实验教学促概念的系统建构"这一问题的研究。三个层面研究主题的选择，使得共同体既能聚焦统一的研究主题，又合理分工合作，体现了共同体的"同一性"和发展"学术性"等特点。跨学科研究则以项目方式进行，由相应的两个及以上的学科学习共同体通过共同的核心词进行联合研究。如语文、美术学科的"鲁迅"主题研究，物理、化学、生物学科的"以系统实验促进大概念形成"主题研究，地理、生物学科的"泡菜"主题研究等。

同时还要形成并实施规范的学术研究流程。相比传统教研模式，教师学术共同体的研究要形成规范的学术研究流程，并在实践探索过程中充分实施。这样的操作流程可以更好地解决传统教研中存在的内容随意、形式单一、结构碎片、效果各异、无法延续等问题。规范的学术研究流程主要包括课前设计流程、课中实施流程与课后反思流程三个板块。

课前设计流程促使个人智慧与集体智慧交融。整个课前设计流程包括"初步设计、组内研讨、修改完善、形成定稿"几个环节。即教师先根据选定的单元或课题进行独立思考，初步设计并在组内开展交流。组内教师通过认真倾听后，发表意见并提出建议供执教教师参考。执教教师在充分整合大家的意见与建议后，对初步设计进行修改完善，形成执教稿。通过这种方式，执教教师可以在个人独立思考的基础上，充分吸取集体智慧，形成较为新颖、完善的教学设计。

课中实践流程让观课有序、议课有据。中学教师学术共同体着力实践研究，因此课中实践特别重要。这个过程并不以听课后对执教教师品头论足为目的，而是基于课堂观察的改进过程。这部分包括"任务分配、授课与观课、诊断与改进"等流程。由于这个过程是基于课堂观察的改进过程，所以科学合理的课堂观察特别重要。通常可以从教学结构、教师行为、学生行为三个维度进行课堂观察与记录。授课与课堂观察完成后，学术共同体的教师要花一定时间，通常是 20 至 30 分钟，整理观察记录，然后围坐在一起进行课堂诊断。负责观察的教师会以自己的观察记录为依据，从自己观察的维度对本节课进行描述与判断，对存在的问题做出诊断并与参研的教师商议，提出合理的建议，促进执教教师改进教学。接下来，再进行下一轮任务分配、授课与观察、诊断与改进，并和上次课进行对比分析，以期获得更好的教学成效。

【案例】英语学习共同体阅读课程设计与实施研讨

初中英语阅读课程以三年为序列进行系统规划，从单篇深度阅读到群文阅读，从报纸阅读到整书阅读，整合各个话题、不同学科的内容，采用自主阅读积累、小组合作分享、班级戏剧表演等多种方式，力求培养学生的综合阅读能力。

阅读课程研讨分四步进行——解读课标，确定篇目；教师共读，解构语篇；瞄准目标，设计任务；课堂实施，成果展示。首先，我们依据课程标准，针对某一阶段的内容确定主题，并结合学生学段以及课标中的学生能力分级来确定语篇难度，再综合考虑单元主题、子话题、目标等维度，选择符合学生学情的语篇或书目。其次，所有教师共读所选篇目，选、编、改后，多维解读语篇。再次，对标单元或阶段目标，精准确定课时目标，并设计课堂任务。最后，实施课堂教学，除了设置课堂任务让学生展示，也会要求学生进行过程性积累，并多元化设置课后任务。我们针对学生的不同能力层次制订了不同的阅读积累方式，例如从简单的单句积累到大意归纳，再到针对不同体裁文章制作思维导图和说明类学习单，并定期让学生进行交流分享和展示。

综上所述，我们的阅读课程无论是单篇还是群文或是整书阅读，其研讨流程都基本以此为基准：从课标开始，到语篇解构，再到目标与任务，最后是实施和展示。当然，在展示部分，单篇和群文主要集中在课堂和课后积累，而整书的展示会更加多元化。

课后反思流程使研究成果得以保存提炼。课前设计时的思维碰撞、课中实践时的体验感悟，会随着时间的推移逐渐淡忘。因此，后续的课后反思流程十分必要。它能让研究成果得以提炼，为下一次的教学改进提供参考，有利于研究的继续推进。课后反思流程包括"撰写教学反思、整理教学实录、存储相关资料"几个部分。撰写教学反思通常由执教教师当天完成。刚上完课时感受最深，再辅以其他教师的课堂观察数据，执教教师会对这次课有一个清晰完整的认识，这时动笔记录效果最好。就算语言不够优美、逻辑顺序不一定完善，但一定是最真实、最直观的记录，最能反映教师在研究过程中的成长。整理教学实录是一个花费时间较多但十分有用的过程，可以借助现代信息技术手段，如在授课时进行实时录像或录音，再将视频或音频导入电脑，进行实录整理，形成一篇完整的教学实录。整理教学实录的过程，本身就是对教学的反思过程；教学实录的形成，也为日后教学的改进、论文的撰写提供了最直接的依据。

第三，成果提炼，实现共同体学术力整体提升。系列化成果的提炼，是建设中学教师学术共同体的重要一环，也是中学教师学术共同体建设的薄弱环节。共同体的学术成果是基于个体和集体的教育教学实践，在特定的学术话语体系下形成的实践改革认识与经验，是在学科规律践行与深化方面取得的成就，包括实践改革方案、学术论文、著作等。成果提炼主要有两条路径：一是由学科教师学习共同体引导，促进所有教师提炼自己的改革成果。二是学科教师学习共同体核心团队成员和全体教师一起，共同提炼实践研究与改革成果。以外语学科教师学术共同体为例，共同体在学校全息课堂理念的统整下，融入学科特色，着力建构目标导向的全息英语课堂，提出了全息英语课堂的实施原则、路径及实现方式。在实践过程中，共同体组织骨干教师，对全息英语课堂的具体实施进一步总结提炼，将课堂教学按照听说课、语法课、阅读课、写作课、复习课、讲评课等不同课型进行细致的再总结、再梳理，分课型确定课堂教学的基本原则、目标，以及教学活动的设计方式、评价方式，将这些研究与实践成果融入学校外语课程的整体架构，最终形成了锦一英语学科教学的纲领性成果《锦一英语课》。在此过程中，教师个体研究的整体概念、架构由共同体提出，具体案例与学术表达则来自教师个体的教学实践。集体研究与个体研究双向奔赴，使共同体的学术成果能够按照系列化的方式进行提炼，最终形成指导全组教育教学行为的规范性文件，巩固和深化了团队研究成果。目前，学校各学科教师学术共同体实践研究的系列成果于《课程·教材·教法》《人民教育》等杂志发表，部分文章被人大复印资料全文转载；研究专著《核心素养培育与课堂整体转型》也由知识产权出版社出版。

（四）以高层次研讨涵养改革智慧

教师学术共同体的高位发展需要高层次的交流研讨平台。世界一流中学要致力推进教师学术共同体在全国、省、市、区层面的研讨交流，力求以高层次研讨交流助推共同体的高品质发展。如学校先后承办了全国"2020年初中教育发展论坛""北京明远书院'世界一流中学课堂建设'学术沙龙""国家社科基金教育学一般课题'基于核心素养的课堂教学改革研究'成果推广会"等国家级研讨活动，为共同体搭建了高层次的交流研讨平台；还多次承办省、市、区各级各类教育教学研究活动，为共同体教师提供展示交流机会。

【案例】2020 年全国初中教育论坛

2020 年 10 月 22 日至 23 日，锦城一中隆重召开 2020 年初中教育发展论坛。本次论坛的主题是"新时代'五育'并举的学校变革和实践创新"。主办方和参会学校积极参与，齐聚锦城一中，围绕"五育"并举的核心话题展开讨论。

教育部中学校长培训中心主任代蕊华、人大附中航天城学校周建华、北京圣陶教育发展与创新研究院专家委员会副主任项贤明三位专家围绕"五育"并举这一核心主题作主旨报告。

作为"五育"并举实践者的锦城一中向全国各地的专家学者、名校校长等教育工作者分享了学校是如何在教育教学过程中贯彻社会主义思想和全国教育大会精神的。会议由四川师范大学教授、教育部教育考试中心特聘专家张伟教授主持，锦城一中杨斌校长、张新民书记、何刚副校长、陈玉芳主任从高位引导、中层定位、微观落实等方面展示了锦城一中在改进初中教育教学方法中不断提升教育教学质量，为培养德智体美劳全面发展的社会主义建设者和接班人所做的具体实践活动。主题汇报结束后，学校四位教师以生动的课堂教学展示了锦城一中在坚持"五育"并举理念下的具体的教育教学实践，包括李滔老师的劳动教育主题班会"劳获之间久久为功"、朱莉老师的语文课"纪实类作品阅读"、欧林阳老师的跨学科整合课程"地球上的水循环"、葛赛老师的历史课"中国工农红军长征"。

会议期间，各位来宾还走进锦城一中的优势增值课和社团活动课的课堂，实地考察锦城一中"五育"并举的课程和课堂。

10 月 23 日上午的论坛活动由全国知名中学校长、教育专家的主题演讲组成。林卫民、王建华、郭永福、饶美红、李金初、张斌平、苏虹、杨华等主讲专家从"五育"并举的整体建设、学生学习资源的重构、学习方式的创生等角度聚焦新时代"五育"并举趋势下的新经验、新做法，为与会嘉宾带来了新的碰撞与思考。中国科学院院士武向平和西南政法大学谭启平教授则为大家带来了高端学术报告。

论坛最后，中国教育学会初中教育专业委员会荣誉理事长李锦韬与民进中央教育委员会副主任姚炜分别作学术总结与致闭幕词。两位专家对本次会议做了高度评价，对锦城一中的教学实践给予了充分肯定。

六、教师学术共同体的评价

教师学术共同体的评价应该与学校教育发展目标和发展愿景相匹配，以推动和形成全面提升学术共同体专业水平、全面优化学校发展的教师学术共同体发展态势，为建设世界一流中学奠定坚实基础。一方面，始终强调学术发展和学术引导，以学术发展为主线，在共商、共研、共享、共治、共生等环节中，实现学术共同体的培、用、改、评一体化发展；另一方面，坚持对学术共同体的教育教学工作实行生态评价，重点强调协同育人、多元发展、可持续发展的教师发展评价。

（一）评价的基本理念

世界一流中学教师学术共同体的评价要重点强化以下理念：

一是以评价促发展的理念。学生是一切发展的根本，需要整体发展、多元发展，教育的目的就是促进学生发展。学生发展的基础是教师的发展，是教师的全面、多元发展。世界一流中学的教师不应该只把目光放在学科知识的教学上，而应该用"全人"发展的视野和理念，整合身边的一切教育资源，考虑学科育人、实践育人、文化育人，培养学生自我发展的动力和能力。因此，世界一流中学评价的目的是更好地促进发展，既促进学生的发展，也促进教师的发展。

二是培、用、改、评一体化的理念。世界一流中学教师与一般学校教师最大的不同，就在于他们不断增强的研究意识和在平时的工作实践中养成理论学习和实践反思的习惯。比如，教师结合自身工作实践，以学校教育发展战略为核心，以学校发展、教师发展、学生发展为价值取向，以解决学校发展宏观问题为实践取向，结合学科特点、教师群体特征，选择有特色的研究点展开研究，在课题研究中学会研究的设计、研究方法的运用、研究成果的提炼、研究报告的撰写等。教师学术共同体在实践和进行学术研究的过程中不断提高研究和解决教学实际问题的技能，提高课程开发和建设的自觉性，使日常教学工作和教学研究、教师专业成长融为一体。因此，世界一流中学教师培养的基本方式就是以学术发展为主线，在共商、共研、共享、共治、共生等环节中，实现学术共同体的培、用、改、评一体化发展。

三是生态评价的理念。教学的本质是"促进学生'全人'发展"的育人专业实践，"全人"发展是建构世界一流中学教师评价体系的逻辑起点。因此，教师评价的根本目的在于促进学生的全面学习与发展，促进教师专业的生态发展，提升教师职业发展活力。评价的内容要紧紧围绕参与有利于"全人"发展中的全息育人、全息课堂和全息课程的教学实践与专业贡献进行，同时强调对教师同伴合作的评价，引导和支持教师协同育人，实现促进教师可持续发展的生态评价。生态评价需要运用表现性评价收集并分析相关证据，基于证据引导教师提升教书育人的专业实践能力，聚焦促进学生的全息学习与全面发展，为教师创造静心育人、潜心育人的良好环境，形成促进教师可持续发展的教师发展评价。

（二）评价的基本原则

基于以上评价理念，应该确立以下评价原则：

公正性原则。公正性主要指评价人员应以公正的态度、方法和程序进行评价，评价标准应该明确、具体、客观且公正。评价人员应当避免主观臆断、评价歧视、评价过失和过度推理等，以保证评价的公正性。同时，评价结果必须在实践中可被理解和可被操作。

迭代性原则。迭代性是指评价过程应是循序渐进的，可以逐步调整和反馈。通过不断循环和重复的评价过程，教育者和评价人员在评价结果中不断地辨别和修正，以保证评价结果准确无误。

激励性原则。激励性意味着评价结果应该是有正向激励意义的，可促进教师不断发展和提高自身能力，使其实现个人和集体的共同进步。评价的结果应该根据评价人员的需求，遵循一定的激励原则。同时，评价人员还需要提供更多相关内容的反馈，帮助评价对象理解自身能力和评价结果，以促进自身发展和提高。

多元性原则。多元性主要指评价应从多个途径、多个角度、多个层面来收集评价信息，确保评价的全面、真实和客观。评价人员应该运用不同的评价方法和技术，如观察评价、问卷评价、自我评价、课堂教学成果评价等，以便形成更全面和客观的评价结果；充分发挥自身的主观能动性，以及教师和学生的主观评估能力，以获得更加准确、全面的评价结果。

监督性原则。监督性主要指评价应当具有监督机制，能够发现教育中的不足，推动教育的发展和进步。评价人员应站在更高的角度，较全面地评估"三全"育人体系建设中的成效，成为"三全"育人体系质量和效益监督和评估体系的一部分。

发展性原则。发展性评价关注学术共同体的发展和潜力，遵循其职业生涯的发展方向和趋势；扶持学术共同体中的教师实现其职业愿望和理想，也使其更好地发挥潜力，提高工作绩效。评价人员应尊重学术共同体中教师的职业发展规划和个人意愿，充分发挥评价的引导性和促进性作用，针对个体需要提供细致、个性化和差异化的发展帮助和指导。

过程性原则。过程性指评价应当是一个连续、系统的过程，该过程重视评价过程中的自我反思和自我提升，以促进教师职业精神的实现和职业水平的提高。这种评估模式强调评价人员应不仅关注教师工作的绩效，同时还要关注教师工作的过程，尤其是教学和自我学习的过程。因此评价人员在评估一位教师时，除了评估教师的教育成果和专业资质，同时也应该注重工作过程、教学方案、教学方法和自我反省学习能力等因素，较全面地推动教育的发展和进步。

综上所述，对教师专业能力评价原则的内涵、特点、价值意义、应用方法的详细探讨，有助于我们更好地理解和应用评价原则，从而促进教育的可持续发展和教育工作质量的提高。

（三）评价的指标框架、逻辑与解释

世界一流中学教师学术共同体的评价指标体系，是对教师各方面能力进行评价的体系，包括价值观维度、专业品格维度和专业能力维度。根据世界一流中学的建设愿景和主要任务，教师学术共同体的专业能力评价可采用如图 7.1 所示的框架。这一框架旨在评价教师学术共同体的综合素质和教学水平，帮助学术共同体的教师不断提升自我素质和教学能力，进而提高教学质量和教育教学效果。

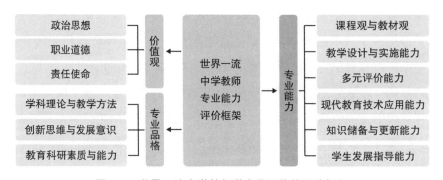

图 7.1 世界一流中学教师学术共同体的评价框架

价值观维度是教师学术共同体评价体系的第一维度，包括政治思想、职业道德和责任使命三个指标。政治思想是学术共同体的核心素养之一，是评估教师对道德的看法和思考方式。职业道德是评估学术共同体教师职业道德水平的指标，包括诚信、真诚、勤奋、责任心等方面。责任使命是教师肩负的基本社会责任，评估教师责任意识和义务感，包括教育职业责任、教育服务社会的责任和教育实践中的责任。

专业品格维度是教师学术共同体评价体系的第二维度，包括学科理论与教学方法、创新思维与发展意识以及教育科研素质与能力三个指标。学科理论与教学方法是教师专业素养的基础，评估教师学科素养和专业知识水平。创新思维与发展意识是评估教师创新意识和教育观念的指标，包括对课程开发、教学模式、学生评价等方面的新思维和新观念。教育科研素质与能力是评估教师科研水平和科研意识的指标，包括科研思维、综合素质、调研能力、实践经验等方面。

专业能力维度是教师学术共同体评价体系的第三维度，包括课程观与教材观、教学设计与实施能力、多元评价能力、现代教育技术应用能力、知识储备与更新能力、学生发展指导能力六个指标。课程观与教材观评估教师对课程与教材的认识程度和深度。教学设计与实施能力评估教师教学设计水平和实施能力。多元评价能力评估教师运用评价手段和方法的多样性和多样化程度。现代教育技术应用能力是评估教师信息技术应用水平和能力的指标。知识储备与更新能力评估教师知识更新和知识应用水平。学生发展指导能力是评估教师对学生发展起到指导作用的能力指标。

以上三个维度和指标之间相互关联和支撑，构成了一体化的教师学术共同体的评价体系。这个体系旨在促进教师学术共同体养成正确的价值观、专业品格特点、专业能力水平，提高教学质量和教育教学效果。

一是政治思想。这个指标评估教师的政治思想水平和道德水准。教育的目标是立德树人，教师必须先要自立，要有正确的政治思想和高尚的道德水平。这种政治思想和道德水平可以在教育和个人行为中体现出来。

二是职业道德。这个指标评估教师是否遵守职业规范和行为准则。教师是学生学习成长的重要导师，必须遵守职业规范和行为准则，代表良好的教育形象和标准。

三是责任使命。这个指标衡量教师的责任感。教师负有巨大的责任，必须努力确保学生的学习和成长。一个有责任感的教师，会认真履行自己的职责，并对学生负责。

四是学科理论与教学方法。这个指标评估教师学科领域的知识、理论、方法论基础。教师在教学中，必须知道学科领域的核心概念、基本原理和方法，以便在教学实践中加以应用。

五是创新思维与发展意识。这个指标评估教师的创新精神和跨学科发展能力。教师必须不断开拓创新思维，创造性地思考，探索全新的课程设计和教学方法。

六是教育科研素质与能力。这个指标评估教师开展教育科学研究的能力，比如设计互动式教材、探索全息课堂的新形式等。教师必须紧跟教育科学研究发展趋势，以提高自己的全息课堂教学水平，促进学生的全面发展。

七是课程观与教材观。这个指标评估教师对全息课程设计和教材准备的重视程度。教师必须了解全息课程和教学资源的最新变化，才能设计出符合最新发展趋势的教学计划。

八是教学设计与实施能力。这个指标评估教师的教学结构设计能力和执行力。这涉及教师对教学目标、教学内容、教学方法和评价方式等几个方面的规划和设计。

九是多元评价能力。这个指标评估教师选用多种评价方式对学生进行全面、客观、公正评价的能力。教师必须在了解各种评测方式的基础上综合使用评价方式，以确保评价的客观性和公正性。

十是现代教育技术应用能力。这个指标评估教师使用和整合计算机技术的能力。教师必须善于应用计算机软件、网络设备和其他信息技术或数字化技术，以便为学生创造更丰富的学习体验。

十一是知识储备与更新能力。这个指标评估教师学习和掌握最新教育体系变化的能力。教师必须熟悉当下最新的教育教学内容，能够不断提升自己的专业知识，学习更优秀的教育经验。

十二是学生发展指导能力。这个指标评估教师有效引领指导学生多元化身心发展的能力。教师必须了解新时代"全人"的学术和发展能力，为每个学生量身定制一份发展计划，为学生提供精良的学习资源，以促进学生的全面发展。

世界一流中学教师学术共同体的评价要点与观测点如表7.1所示。

表 7.1　世界一流中学教师学术共同体的评价要点与观测点

维度	一级指标	权重	二级指标（评价要点）	观测点
价值观	政治思想	0.1	自我约束能力 良好的师德规范 社会责任感	思想政治表现 社会贡献 学生对教师的评价
	职业道德	0.1	热爱教育事业 教育诚信 团结协作	工作态度 团队协作 同事的评价
	责任使命	0.1	承担学生教育任务 育人为本 关注学生健康成长	教师育人成果 教师讲课充实度 开班会、家访、升学指导等 工作量
专业品格	学科理论 与教学方法	0.1	基础理论 基础方法 理论方法的应用	教学计划与课时安排 教学方法选择和使用 课堂教学评价
	创新思维 与发展意识	0.05	积极拥抱变革 创新教育形式和教学方法 关注学科前沿发展	教学策略的多元化 学科发展的结合 学生主动性和创造性
	教育科研 素质与能力	0.05	注重教育研究 了解教学改革趋势 开展教育实践研究	教育科研论文和著作数量 教育研究成果应用贡献 教育科研能力对教学的提高

续表

维度	一级指标	权重	二级指标（评价要点）	观测点
专业能力	课程观与教材观	0.05	掌握教学目标与知识要求 能够准确理解和运用教材	教材使用的恰当性和有效性 具有与教材相关的补充教学资源 等课件制作能力
	教学设计与实施能力	0.1	根据学生特点和需求进行教学设计 高效地完成教学工作	课程设计的合理性与完整性 教学实施与教学效果 指导学生学习的方式
	多元评价能力	0.1	评价工具的应用 评价方式的多元化 评价结果的应用	不同类型测评工具的熟练度 评价方法的选择和针对性 评价对课程质量与学生发展的支持
	现代教育技术应用能力	0.1	教育技术的教学应用 可视化数据的解读和呈现 网络教学能力	教育技术应用效果 网络课程设计、制作、推广 数据分析能力和数据应用
	知识储备与更新能力	0.05	了解学科发展动态 将新知识运用于教学中	教育进修成果 科研成果应用 教师知识更新对教学的提升
	学生发展指导能力	0.1	注重辅导和指导学生 悉心关注学生的学业与心理健康 协助学生全面发展	学生学习方法的指导 学生人际关系的指导 学生多元发展的指标

　　"教师们需要在整个学校空间中采取集体行动，并在学校的管理和领导中发挥更大的个人作用。不过，企图强迫教师协作往往是徒劳和适得其反的。我们必须对课程和教学的组织形式进行改革，以便自然地促进教师之间的协作。如果所有的教育都是以教师在教室里授课的形式来组织，那么协作就毫无用处。反之，如果学习是在不同时间和空间中基于问题和项目进行组织的，那么协作将必不可少。"[①] 这是对世界一流中学建设教师学术共同体的基本要求，也是对建设教师学术共同体的理想期待，更是世界一流中学培养新时代"全人"的坚实支撑。

---

　　① 联合国教科文组织国际教育发展委员会. 一起重新构想我们的未来：为教育打造新的社会契约［M］. 北京：教育科学出版社，2022：85.

第二节 提升教师数字素养

《纲要》做出了"实施国家教育数字化战略"的部署，明确了"推进智慧校园建设，探索数字赋能大规模因材施教、创新性教学的有效途径，主动适应学习方式变革"，"制定完善师生数字素养标准，深化人工智能助推教师队伍建设"等任务，这些任务对教师的数字素养提出了更高要求。要全面推进"三全"育人模式改革，提高中国特色世界一流中学建设的质量，除了建设高品质的教师学术共同体，还要致力提升教师的数字素养。

一、教师数字素养的内涵与内容

重视信息技术、提高数字素养，已成为世界不少国家的重要事项。建设中国特色世界一流中学，也必须融入数字化的世界潮流，运用数字化手段助推办学目标的顺利实现。

从世界范围看，美国于 2007 年发布的《21 世纪技能框架》，将数字素养确立为学习者的核心能力，正式拉开了培育与发展数字素养的序幕。2010 年，美国教育部教育技术办公室发布了第四个国家教育技术计划，推进了利用技术改进教与学的进程。2022 年，美国教育部教育技术办公室开始实施"数字素养加速器"创新性计划，大力提高教育工作者、研究人员等的数字素养。2020 年，欧盟发布了《塑造欧洲数字未来》文件；2021 年，发布了《2030 数字罗盘计划：欧洲数字十年之路》，对掌握数字技术的人员和高技能专家、安全高效的可持续数字基础设施、企业数字化转型、公共服务数字化等的发展提出了具体要求和指标，加大了数字素养的培育与提升力度。这一时期，英国发布了新版《英国数字战略》；澳大利亚发布了《数字经济战略：在2030 年实现领先的数字经济与社会》，法国、意大利、奥地利、西班牙等也纷纷制定并实施了国家数字化发展战略，数字素养的提升成了这些战略的重要内容。

从国内看，我国也逐步加大了对教师数字素养的培养力度。2021 年 10 月，中央网络安全和信息化委员会发布了《提升全民数字素养与技能行动纲要》，对教师数字素养的发展提出了相应要求；2022 年 11 月，教育部发布了《教师数字素养》行业标准，对教师的数字素养提出了多方面要求，并明确了相应的发展标准，标志着我国教师的专业发展开始步入数字化阶段，各省市也陆续加大了对教师数字素养的培养与考核力度。2024 年，中央网信办等四部门印发了《2024 年提升全民数字素养与技能工作要点》，提出了培育高水平复合型数字人才的战略任务，全面提升师生数字素养与技能是其重要内容之一。随着人工智能的快速发展，特别是 DeepSeek 等大模型的问世，我国更是加快了对教师数字素养的培育速度。中国特色世界一流中学作为我国中学教育的标杆，理应在数字化运用和教师数字素养培养等方面探索更多经验，为其他学校提高数字化运用水平提供借鉴。因此，应把提升教师的数字素养作为创办世界一流中学的重要支撑和重要事项。

从现有文献看，"数字素养"这一概念是由以色列学者约拉姆·埃利希于 1994 年提出的。他认为，数字素养是个体理解并有效运用计算机数字化呈现信息资源的能力，将数字素养集中在理解数字资源、呈现数字资源和运用数字资源三个方面。随着计算机的不断普及，越来越多的人认识到数字素养在 21 世纪学习、生活与工作中的重要作用，将其作为适应未来社会的基本生活技能，这一技能主要包括获取数字信息、理解数字信息、批判分析数字信息、整合数字信息和运用数字信息等能力，后来逐步发展为掌握数字媒体、综合处理和运用数字资源的知识、技能、意识、态度与行为，数字素养就是这些知识、技能、意识、态度和行为的综合体。2017 年，国际图书馆协会联合会提出，随着现代信息技术和人工智能的飞速发展，现代社会中人们的数字素养主要是有效运用数字技术满足多样化信息需求的能力，并体现在个人生活、社会参与和职业发展等方面，进一步丰富了数字素养的内涵与内容。2018 年，联合国教科文组织发布了《全球数字素养框架》，这一框架将数字素养定位在运用数字技术获取、处理、整合、交流、评估和创造信息等多个方面，包含了计算机素养、信息通信技术素养、信息素养以及媒体素养等，数字素养的内涵与内容覆盖面再次大幅度拓展。2021 年，我国中央网络安全和信息化委员会印发的《提升全民数字素养与技能行动纲要》以及随后发布的相关文件，进一步明确了数字素养的内涵及其包含的主要内容，认为数字素养是在学习、生活和工作中必须具备的获取、制作、使用、评价、交互、分享、创新数字信息的意识、态度与能力，以及数字安全保障、数字伦理道德等，包括数字化意识、数字技术知识与技能、数字化应用、数字社会责任、专业发展等，根据这五个维度形成了评价教师数字素养的二、三级指标。对数字素养内涵和内容的不断探索，为教师数字素养的提升奠定了基础。

和全民的数字素养相比，教师数字素养具有自身的特殊性，不少研究者根据国际组织和国家确定的数字素养框架，对教师数字素养的构成进行了细化研究。一些研究者认为，教师的数字素养应主要从教学、课程和方法等维度进行细分，包括数字技术资源和空间规划，教学数字资源的组织和管理，以及学生数字道德、法律和安全等的培养方法与能力等。就如何提升教师的数字素养等问题，不少研究与实践者也进行了探索。如以分层分类的数字素养评价引领教师个体和群体发展；依托国家中小学智慧教育平台，建设等级划分、逐级晋升的教师数字素养发展机制；以线上线下相结合的方式，构建教师数字化教学发展共同体；等等。这些研究和实践探索，为中国特色世界一流中学提升教师的数字素养提供了理论与实践参照。

二、中国特色世界一流中学提升教师数字素养的主要内容

根据中国特色世界一流中学的育人目标和对可持续育人质量的追求，中国特色世界一流中学在提升教师数字素养时，既要关注上文谈及的一般性数字素养，更要考虑全球性人才所需要的数字素养，为培养具有全球竞争力的未来人才服务。因此，中国特色世界一流中学在提升教师数字素养时，要将数字技术的发展与全球胜任力的培养结合起来。国际学生评估项目确立了分析议题、理解视角、进行互动、采取行动四个维度的全球胜任力框架，每个维度均须同时掌握相关知识、技能、态度和价值观。

根据全球胜任力的这一内容框架，具体而言，中国特色世界一流中学在提升教师的数字素养时，要帮助教师利用数字技术形成理解和欣赏他人的视角与世界观，提高分析具有当地、全球和跨文化重要议题，为集体福祉和可持续发展采取行动，进行开放、得体、有效的跨文化互动等能力。因为只有提高了教师整合数字技术与全球胜任力的这些意识与能力，中国特色世界一流中学才能真正为培育出具有全球竞争力的人才奠定基础。

从目前情况看，国家层面的教育战略为这项工作提供了系统支撑。国家正分阶段推进教师信息技术能力建设，如着力全员智能教学设备操作、数字化教案设计、混合式教学实施等基础能力培训，实现人工智能辅助教学、教育大数据分析等深度应用能力全覆盖。这些目标的实现，需要教师将数字素养的提升与全球胜任力的发展结合起来。

中国特色世界一流中学要帮助教师实现数字素养提升的上述目标，可以突出如下重点：在课堂教学中，着重引导教师将全球视野融入日常教学，通过设计结构化辩论主题、构建跨文化项目式学习、整合全球热点事件作为教学资源等，帮助学生在真实情境中形成全球胜任力。例如，在政治课上组织题为"数字经济对全球治理的影响"的辩论；在地理课堂上运用卫星地图分析气候变化议题；等等。这些实践可以重塑教

师的教学设计思维，提高教师整合数字技术与全球胜任力培养内容的能力。

在具体实施层面，要特别注重三个结合：一是将数字工具与学科特性结合，如英语教研组开发模拟国际交往场景；二是将技术应用与教育温度结合，要求教师在使用智能阅卷系统时保留个性化批注；三是将数字能力与专业发展结合，通过建立教师数字成长档案，动态跟踪每位教师从掌握基础操作到形成特色教学模式的进阶过程。从锦城一中的实践看，这些探索让课堂发生了可见的变化：老教师们熟练运用数据看板诊断学情，青年教师牵头创建数字教学资源库，跨国界的云端联合教研成为常态。为了促进这三个结合，学校可以建立"技术实操—创新应用—示范引领"三级成长体系，每位教师至少应完成 50 学时的定制化培训，培训内容要涵盖智能备课系统使用、在线教研社区运营等多个实用模块。除了上述内容，中国特色世界一流中学在提高教师的数字素养时还应强化两个层面的内容。

教师层面要关注持续迭代的数字能力，并重点从三个方面发力：一是技术融合教学能力，掌握 AI 工具辅助教学设计（如生成式 AI 备课）、数据分析优化课堂反馈（如学习行为追踪系统）等；二是数字伦理与批判思维能力，引导学生识别信息真伪、防范网络风险、培养数字公民意识，如开展"用 DeepSeek 让自己 Deep Seek"主题研讨等；三是创新能力升级，运用 XR（VR/AR/MR）技术开发沉浸式课程，推动跨学科项目式学习，如元宇宙虚拟实验室等。以此促进教师角色转型，从"知识传授者"转向"学习设计师"和"数字导师"，如通过智能平台动态调整分层作业，或使用数字画像技术实现个性化学习路径规划等。

学校层面要注重顶层设计与生态构建。一是搭建硬件设备生态链。如锦城一中全校学生人手配备一个平板，教师人手配备一个平板、一台电脑，教室配备投屏仪，所有设备在生态系统里高效支撑教师教学。周期性更换教师教学用电子设备，保障教学高效运转。二是建立校本化的数字素养标准体系。可以参考欧盟《教育者数字素养框架》制订校本化教师数字能力分级标准，如基础级、融合级、创新级等。三是优化资源支持系统。创建"数字工具箱"，用一站式资源平台整合 EdTech 工具库、开源课程模块等；同时提供技术轻量化接入支持，如提供 H5 页面的使用工具演示视频等。

三、中国特色世界一流中学提升教师数字素养的主要策略

中国特色世界一流中学要落实上述内容、实现上述目标，可采用如下策略提高教师的数字素养。

其一，建构分层分类培训体系。如锦城一中建立了如下分层分类培训体系：新教

师参加"教师专业发展计划阶段一"培训，如每年8月中旬的新教师培训。骨干教师参加"技术深度融入学科"工作坊，参加针对教研组长的"用 DeepSeek 教导学生 Deep Seek"等项目。对新应用和技术有时甚至不开展培训，直接发布任务，让教师自己去主动学习、主动使用，以强化对工具的理解。管理者参加"教育数字化转型战略"高阶课程，课程内容包括学校行政会时间的专题研修项目等。针对教师们有关新技术的新问题，学校教育技术中心会提供解决问题的方法。

【案例】新教师视频剪辑能力培训

一、培训背景与目标

在信息化教育背景下，视频剪辑技能已成为教师优化教学资源、提升课堂吸引力的核心技能。本培训以实现"工具易用性"与"教学实用性"为原则，帮助新教师掌握基础剪辑技能，并针对学科需求拓展高阶应用，助力其快速适应多媒体教学场景。

二、基础技能培训

1. 视频分割与重组

核心操作：时间轴切割、片段顺序调整，适用于精简教学视频或拼接多个素材。

2. 音频适配与降噪

添加背景音乐：为视频添加匹配教学主题的轻音乐或学科音效（如实验操作声）。

降噪处理：消除录课环境杂音，提升语音清晰度。

3. 智能化字幕生成

语音转文字：利用软件自动识别语音，生成字幕。

字幕样式优化：调整字体、颜色及动态效果，确保视觉美观与易辨认。

4. 转场与滤镜应用

转场选择：基础淡入淡出、学科特色转场（如理科实验的"粒子溶解"效果）。

滤镜适配：根据课程主题选择冷色调（理科严谨感）或暖色调（文科情感渲染）滤镜。

三、拓展提升培训

1. 智能抠像与虚拟背景

应用场景：微课录制时替换绿幕背景为课件或实景，增强画面专业性。

工具技巧：使用"智能抠像"功能一键操作，结合虚拟数字人技术实现"教师＋PPT"的画面融合。

2．动态效果与分屏教学

实验慢动作回放：通过关键帧控制播放速度，突出理科操作细节。

画中画分屏：同步展示 PPT 内容与教师讲解画面，提升信息密度。

3．音效与互动元素

趣味音效：为语文诗词朗诵添加音效（如雨声）、历史事件讲解搭配背景声（如钟声）。

动态标注：使用蒙版工具圈注重点，如数学几何题的逐步解析。

四、实践任务

通过让教师合作创作一个微视频，实现"剧本创作—拍摄—剪辑"一系列内容的综合实践。具体任务要求如下：以 4～6 人为一个小组，创作 3 分钟的情景短片，主题自定，须包含以下内容：

完整结构：片头（动态标题）、主体内容、片尾（创作分工表）。

技术要求：全员出镜、全字幕覆盖，至少运用 2 种转场与 1 种特效。

创意加分：添加相关花絮，使背景音乐、音效与情绪相适配。

五、持续学习支持体系

1．免费学习平台

哔哩哔哩视频网教程（如"剪映官方教学"）、微信小程序"教师社群"中的微课剪辑专栏。

2．资源共享库

学科素材包：数学公式动图、化学实验图标、文学名著插画。

模板复用：提供微课片头模板、评课视频脚本范例。

3．素材与工具指南

素材获取：利用免费图片、音频平台资源，丰富视频内容。

格式处理：使用 Total Video Converter 压缩大文件，适配不同平台上传要求。

其二，建设校本实践共同体。成立"数字教学创新小组"，通过"设计—实施—复盘"闭环推动校本案例开发。例如，锦城一中英语学科组利用豆包、Kimi 等工具分析学生作文情感倾向，优化写作指导；生物学科组通过传感器采集实验数据，构建可视化科学探究流程等。

【案例】建设课堂改革实践共同体

在教育信息化驱动下，锦城一中依托 AI 全景课堂构建智慧教学生态平台。该平台集成云技术、移动终端与 AI 分析，支持多设备协同，覆盖"备课—授课—评估"全流程。新教师培训依托此平台，聚焦三大核心应用，并基于课堂形成改革实践共同体。

1. 备课：跨学科资源共建

教师通过网页端协同设计课程，调用校本资源库，组建跨学科团队开发特色课例。如信息与美术学科联合打造"三星堆文明重启行动"课例，融合 3D 建模与文创设计，实现历史场景数字化重构。

2. 上课：沉浸式场景互动

利用平板端发起实时授课，调用抢答、多屏、投屏等工具。如生物课嵌入虚拟显微镜供学生 360°观察细胞结构，历史课通过 VR 还原重大事件场景，数学课依据 AI 错题热力图动态调整教学策略等。

3. 课后：数据闭环与资源再生

平台基于学情分析推送分层作业（如编程纠错微课），教师批改电子作业后，平台自动生成班级作业报告并归档入资源库，形成"教学—分析—沉淀"可持续链条。

通过持续运用和实践共同体建设，教师沉浸式教案设计能力显著提升，跨学科备课覆盖率提高 60%，建成包含多个学科课例的三级校本资源库，教学资源实现跨学科利用。通过"工具赋能—资源共建—数据驱动"创新模式，既增强了教师的精准教学能力，又激发了学生的实践创新愿望。

其三，采用技术轻量化渗透策略。一是运用低门槛工具，推广无需编程的轻应用，如 Canva 设计课件、Padlet 协作墙、贴了秀分享窗等；建立学校教师必须掌握的技术三级标准，如每位教师都要会剪辑视频、会使用高级提示词等。二是推广微创新模板。开发学科专用数字工具集，如学科类 APP、全景课堂、DeepSeek 小程序、智能体等，降低技术使用成本。

其四，建立评价激励机制。可以引入数字素养发展档案袋，结合学生数字素养表现、教师技术应用创新案例等多元指标，纳入绩效考核。锦城一中每学期都会对教师进行迭代工具的使用抽检，如 2024 年阶段一的抽检，要求教师对每个工具当面进行实际操作，包含的软件有：Screenflow、Handbrake、Totalvideo、剪映（专业版）、无边际、APP Store、课堂、自己学科、全景课堂、Keynote、PPT、Siri。如 2024 年下学期是 AI 工具在自己课堂内的使用，要求教师提交剪辑好的视频；2025 年上学期则是当面抽检 AI 工具的教学使用情况。

同时，学校还鼓励教师通过自适应学习平台如 Coursera SkillSets 等诊断数字能力短板，匹配定制培训内容。

其五，直面新的挑战。随着人工智能的迅猛发展，新的挑战层出不穷，中国特色世界一流中学在提升教师的数字素养时，要引导教师直面新的挑战，在研究和解决新问题的过程中持续提高自身的数字素养。一是提高智能化教学管理水平，有效使用 AI 教务系统自动生成班级学情报告，高质量优化教学策略。二是虚实融合学习空间，建设“数字孪生校园”，支持远程协作实验，如通过“5G＋全息投影”开展跨国联合课堂；利用大数据模拟教育场景，如通过虚拟仿真预测教学干预效果等。三是防范技术过载风险，如建立“技术使用伦理监管制度”，定期评估工具实效性，避免为数字化而数字化等。四是缩小数字鸿沟，如设立“数字水平监测制度”，为资源薄弱教师提供一对一辅导等。五是提供可持续性保障，如将数字素养纳入学校战略发展规划，绑定预算，合理配置年度绩效与资源等。

中国特色世界一流中学通过上述内容与策略，推进教师数字素养从“技术应用”升维至“教育生态重构”，激发教师的好奇心，启发教师的创造力，释放教师的想象力，为“三全”育人模式的高质量实施提供技术保障。

第三节　建好全球教育交流平台

《纲要》明确要求，到 2027 年，我国“具有全球影响力的重要教育中心建设迈上新台阶”。“迈上新台阶”主要体现在两个方面：一是质量和数量；二是类型和层次。各级各类教育都建设了一定数量的具有全球影响力的教育中心，重要教育中心的建设才可能迈上新台阶。中学教育是我国教育的重要组成部分，也应建设具有全球影响力的教育中心。中国特色世界一流中学作为中学教育的标杆，理应成为具有全球影响力的教育中心。但中学教育具有自身的特殊性，成为具有全球影响力的教育中心的重要途径之一，是建好中学教育的全球交流平台，这既是世界一流中学的品质体现，也是建好世界一流中学的重要支撑。

一、全球教育交流平台的建设目的与功能定位

建设全球教育交流平台是党和国家赋予各级各类教育的基本任务。《中国教育现代化 2035》强调要"构建全球教育共同体"，要求通过深化教育对外开放，形成"全方位、多层次、宽领域的教育开放新格局"。随后印发的《关于做好教育对外开放工作的意见》，进一步细化了"打造教育对外开放新高地"的实施路径，明确提出要加强优质教育资源的国际交流与合作，提升我国教育的国际影响力和竞争力。

从国家层面看，全球教育交流平台的建设，不仅要助力教育强国建设，还应积极参与全球教育治理体系的重塑，服务国家软实力的提升与国际话语权的拓展，通过搭建国际课程互认体系、健全师生双向流动机制、设立跨国联合研究平台等措施，促进教育资源、人才、知识生产等跨国整合与优化配置。

从学校层面看，应肩负展示中国教育创新成果、传播中国教育理念、促进中外文明互鉴的重要责任，成为推动全球教育共生发展的前沿阵地。总之，全球教育交流平台的建设应致力探索和形成兼具中国特色与国际认可度的教育质量标准，在推动教育国际合作共赢的同时，有效提升我国在全球教育规则制定、标准引领和治理体系构建中的能动性与主导权。

根据国家的战略部署和中学教育的特殊性，中国特色世界一流中学在建设全球教育交流平台时，应重点强化如下目的，并据此进行功能定位。

（一）全球教育交流平台的建设目的

根据上述两个层面的建设任务，中国特色世界一流中学的全球教育交流平台建设应主要围绕三个方面的目的展开，即学术交流、资源共享和文化互鉴。学术交流驱动创新突破，资源共享促进均衡发展，文化互鉴深化价值共识，三者形成理念、资源、文化的协同发展格局，共同支撑全球化时代的一流中学建设。

其一，促进学术交流，推动建设教育创新的国际协作平台。国际课程的引入与本土化实践、教学法研讨、教育技术合作是学术交流的三大核心内容。基于此，学校可

构建国际教育实践共同体，联合多国教育者设计跨文化课程框架，促进知识体系的兼容性创新。通过比较研究提炼教学策略的共性规律与文化适应性，并建立教育技术应用标准与伦理规范，推动技术赋能教育的全球协同发展，以打破教育创新的地域壁垒，形成持续迭代的全球教育智慧池。

其二，促进资源共享，助力构建全球教育要素流通网络。资源共享的核心要义，是以教师培训库、数字化课程平台、学生交换项目为载体，实现教育资源的优化配置与再配置。通过资源的高效流通，缩小区域教育发展差距，促进全球教育公平。首先，整合国际教师专业发展资源，形成覆盖教学技能、管理能力、研究素养的模块化学习体系，提升教师的全球视野与课程胜任力。其次，建设多语言数字化资源库，支持课程素材的跨国适配与二次开发，实现国际课程的本土化。最后，推动建立设计能力互认机制，保障跨国学习经历的有效转化。

其三，促进文化互鉴，培育双向理解的教育实践场域。围绕中华文化传播与国际理解教育，构建文化对话的实践框架，超越单向文化输出，构建平等互惠的文明对话生态，为全球教育注入多元文化活力。第一，阐释文化价值，系统提炼中华教育传统中的重要元素，形成可传播的知识载体。第二，深化理解教育，在课程与活动中植入多元文化认知工具，培养文化批判与对话能力。第三，建设互动机制，创设文化符号转换通道，使不同文化特质在碰撞中实现创造性转化。

锦城一中为了在世界一流中学的建设中促进学术交流、资源共享和文明互鉴，开展了"世界一流中学特征研究"专项活动，将研究视线投向全球教育发达国家公认的知名中学，对它们的办学理念、育人目标、培养策略、课程设置与实施、办学成绩等各方面展开了深入研究，以吸收世界一流中学建设的养分。在研究小组的深入研究中，世界著名高中如美国的斯蒂文森学校、安多佛菲利普斯中学，英国的哈罗公学、伊顿公学，日本的筑波大学附属中学，新加坡的华侨中学、莱佛士书院等10余所学校被系统研究，产生了系列研究成果，如在国际交流活动中分享的"联结世界：破译世界著名中学的基因密码"等成果。

（二）全球教育交流平台的功能定位

综合上述目的，中国特色世界一流中学在建设全球教育交流平台时，可重点强化如下功能。

1. 推动全球教育资源共享，促进跨文化理解与创新人才培养

中国特色世界一流中学可依托数字化技术，搭建跨国中学教育资源共享与协同创

新平台，整合中国基础教育的优质资源与国际先进教育成果，实现教育内容、教学方法与研究成果的高效互通与深度融合。

可通过与海外友好学校建立长期合作关系，共同设计和开展跨学科项目学习与联合研究，培养具有全球胜任力和跨文化沟通能力的青少年创新人才。与此同时，还应积极举办国际交流活动，如学生研学营、教师访学交流、政策对话论坛等，促进不同文化背景下师生及教育政策制定者的深度互动与互鉴。通过构建常态化、机制化的国际交流网络，推动教育资源的持续流动与共享，形成多元融合、创新驱动的发展生态，进一步夯实跨文化理解与全球创新人才培养的基础。

2. 促进跨文化交流，构建互学互鉴的全球中学网络

中国特色世界一流中学建设好中学教育的全球交流平台的核心价值，是通过建立系统性、结构化的跨文化互动机制，打破教育的国界局限，形成多元文化共生共荣的教育生态。学校应以互学互鉴为基本原则，通过建立制度化的交流框架，将教育资源整合为有机网络。在此过程中，逐步形成以文化平等为根基，通过定期的学术对话、联合教研活动及管理经验共享等模式，形成非层级化的合作模式，打破单向度的文化传播路径，构建双向甚至多向的知识流通通道，使不同文化背景下的教育智慧得以碰撞、融合与再生。

3. 推动课程融合，建设兼具本土特色和国际视野的课程体系

课程融合的核心是通过系统性设计，在教学内容与目标中平衡本土文化传承与全球视野拓展的关系，构建一种新型教育生态，使其既能守护文化根脉，又能开放吸纳全球知识，最终培养出扎根本土、胸怀世界的"全人"。

首先，平衡本土与国际元素，将本土教育智慧与国际主流课程框架有机结合，避免简单拼凑，注重知识结构的逻辑衔接。其次，培养文化自信与全球意识，筑牢民族文化根基，强化全球问题关切，使学生既能理解自身文化的独特性，又能参与全球性议题探讨。最后，推动教育公平对话，通过课程融合实践，既吸收国际先进经验，又向世界传递中国教育智慧，促进全球教育标准的多元包容性发展。

4. 提升教师全球胜任力，打造一支具备国际素养的教师队伍

教师全球胜任力的提升，需要通过系统性能力建构与支持性生态培育来实现。通过系统性赋能，教师不仅能掌握国际教育前沿理念，更能立足本土语境进行创造性转化，最终形成一支既能扎根中国教育实践、又能参与全球教育对话的专业化队伍。可重点培育教师跨文化教学能力、国际课程执行及开发能力、全球议题敏感度等方面的

核心能力，通过专业发展支持体系，如国际研修、跨国教研、语言提升、数字技术应用等模块的立体化培训机制，实现持续性的知识更新与实践反馈，分阶段塑造一支具备国际素养的教师队伍。

5. 拓展学生国际理解力，培养具有全球竞争力的学生

以"认知—理解—行动"为进阶路径，使学生在知识积累、情感认同、实践能力三个层面上形成闭环发展链条，最终具备在全球化环境中持续学习、主动参与、积极引领的综合素质。其核心在于通过系统性教育设计，培育学生适应全球化社会的综合素养。学校应聚焦全球认知框架、跨文化沟通能力、全球责任意识、批判性思维与创新品质等核心能力点，通过模拟国际协作、虚拟跨国项目等实践载体，训练学生将抽象认知转化为解决实际问题的行动力，包括资源协调、冲突调解、方案优化等核心技能。

6. 建构中国教育话语权，输出本土教育理念与实践经验

通过系统性的话语权建构与价值传递，中国教育从"经验提供者"升级为"标准共建者"，在全球化教育治理中实现从被动适应到主动引领的角色转变。其核心在于通过体系化建设与战略性传播，增强中国教育的国际影响力，通过理念系统化提炼、标准国际化对接、传播渠道立体化建构、双向对话机制建设等手段，在输出过程中注重互动性，既阐释中国教育方案的文化根源，也吸纳国际反馈进行优化，形成解释、对话、改进的动态循环机制，以增强中国教育模式在全球的可接受度。

二、全球教育交流平台建设的关键领域与核心任务

从上述目的与功能看，中国特色世界一流中学要建好全球教育交流平台，其关键领域是课程，只有建好了具有全球影响力的课程，形成了促进国际理解与跨文化交流的课程品牌与建设经验，才能吸引世界目光，促进学术交流、资源共享和文化互鉴。因此，中国特色世界一流中学建设全球教育交流平台的核心任务，是在高质量实施国家课程的前提下，开发和建好国际课程，提高课程的全球联通能力，以课程建设为纽带，实现上述目标和功能。

（一）建设国家和国际相互融通的优质课程体系

课程，是全球教育的共同语言，是促进全球交流的重要载体。世界一流中学中国家和国际相融合的课程，一方面要以高质量实施国家课程为基本任务，体现课程的中国特色；另一方面要吸收和转化世界优质教育资源，体现国际大势和全球共性，建好

国际课程。只有将国家和国际融合起来整体建构学校课程体系，才能把"中国特色"和"世界一流"两大元素有机融合起来，实现建设全球教育交流平台的目的。

第一是高质量实施国家课程。国家课程蕴含着深厚的文化底蕴和坚实的知识基础，是培养学生民族文化认同感和国家意识的重要依托。中国特色世界一流中学在高质量实施国家课程时，既要全面完成国家规定的教育目的、目标与任务，更要强化文化认同的育人功能。文化认同是学生在全球化浪潮中保持自我、坚守民族精神家园的关键。在全球交流中，学生不可避免地会接触到多元文化。如何让学生在吸收外来优秀文化的同时，不迷失自我，做到坚定对本民族文化的认同和热爱，是实施国家课程的重要任务。锦城一中在"全息课程"的建设中融入了丰富的中国传统文化元素，依托国家课程开设专门的文化课程和活动，引导学生深入了解和传承中华优秀传统文化，增强民族自豪感和文化自信心。同时，通过国际文化交流活动，让学生在对比和体验中，更好地理解不同文化的差异和价值，以培养开放包容的文化态度。

第二是建设国际课程。国际课程是有利于国际理解，能够促进跨文化交流的各类课程的总称。国际课程内容丰富，种类较多，需要学校整体规划、系统设计和有序实施。如锦城一中以国际预科证书课程（下简称"IB课程"）和美国大学先修课程（下简称"AP课程"）基本框架为重要基石，搭建起了一套较为完善的课程体系。IB课程以其独特的课程理念和国际化的课程设置，注重培养学生的批判性思维、探究能力和国际视野，鼓励学生从全球视角去理解和解决问题；AP课程则专注于学科知识的深度拓展，为学生提供了在高中阶段挑战大学水平课程的机会，有助于学生提前适应大学的学术要求，培养学术专长。学校的国际课程以现有的IB和AP双轨课程体系为坚实纽带，在当地国际教育领域具有广泛的认可度和影响力。学校凭借这两种课程体系，精准定位，重点深化与课程理念高度契合的海外学校合作。在合作对象的选择上，学校秉持审慎态度，坚决避免盲目追求合作数量，而是将重心放在合作质量上，确保每一项合作都能切实推动学校教育教学的发展。

第三是促进国家和国际课程的有机融合，建构"中西合璧、知行合一"的课程生态。国家和国际相互融通的课程生态，可以为学生搭建起扎根中国、通往世界的桥梁，使学生能够在接受本土优质教育的同时，接触到国际前沿的教育理念和知识体系，获得丰富多样并能与国际接轨的学习体验，为全球交流奠定基础。同时，还可以放眼全球培育学生的创新能力。创新能力是推动社会进步和发展的核心动力，也是未来人才必备的关键素养。如锦城一中积极营造创新的课程氛围，鼓励学生质疑、探索和实践。在课程设置上，增加创新实践课程和科技活动，为学生提供创新的平台和资源。教师在教学过程中，采用启发式、探究式教学方法，激发学生的创新思维，培养学生的创新能力，让学生在学习和实践中不断探索未知，勇于突破传统，为未来的发展做好充分准备。

（二）建设具有全球联通能力的国际基础课程

国际基础课程是以学生走向世界、理解全球必备的知识、能力等为依据设计的课程。建设具有全球联通能力的国际基础课程，是建设全球教育交流平台的基础。这些课程主要包括语言、科学、数学与社会等，因为这些内容容易形成全球共同话题，提供全球交流议题与素材。

第一是建设国际学术英语课程。这门课程以夯实学生的语言基础，提升学生走向全球的语言素养为主要目的。锦城一中的国际学术英语课程以《国家地理》杂志的原创内容为依托，选用 Reading Explorer 系列教材。该教材依据 CEFR 欧洲共同语言参考标准改编，以世界各地真实的人物、地点和故事为素材，系统性地教授学术论文阅读技巧与思辨能力。本门课程致力于全面提升学生英语听说读写各项能力，通过对各类文章的深入阅读和分析，学生不仅能够积累丰富的词汇、提升语法运用能力，还能学会从不同角度思考问题，培养批判性思维，从而对全球性问题进行深入思考和讨论。在一学年结束后，学生可根据自身语言水平，自主选择参加外部标准化语言测试，如雅思、托福等，以检验学习成果。

第二是做优国际科学课程。这门课程的主要目的是激发学生的探究热情，接轨国际科学教育。锦城一中的科学课程以培养学生科学探究兴趣为出发点，注重让学生积累学科词汇、提升表达能力，锻炼团队合作技能与演讲能力。课程围绕科学性探究方法展开，引导学生掌握国际课程科学学科的学习方法，学会从现象观察入手，逐步进行理论总结。在学习过程中，学生将积累大量学科英文词汇，为后续学习 IB 或 AP 科学课程奠定坚实基础。这种注重实践与理论结合、强调国际视野的科学课程设置，能够有效提升学生的科学素养，激发学生对科学领域的探索热情，让学生更好地适应未来国际化的学术环境。

第三是设置国际微积分衔接课程。这门课程主要是为学生搭建数学进阶桥梁，定制学习路径。锦城一中的国际微积分衔接课程作为国际课程教学总体规划的重要一环，旨在为学生进入微积分学习做好充分准备。课程内容包括双语数学基础中的复合函数、指数函数、对数函数、圆的方程、三角函数等重要知识点，这些既是数学学习的基础，也是微积分学习的必备前置内容。学校国际部根据各年级考生数据，为学生制订因人而异的学习规划。对于有能力和意愿的学生，9 年级即可挑战 AP 微积分 BC/AB 考试。这一课程设置不仅符合不同学生的学习节奏和能力水平，体现了差异化教学的教研思路，还为学生在数学领域的深入学习和未来学术发展提供了清晰的路径。

第四是拓展商业基础课程。这门课程主要着眼于培养学生的审辩思维和财商素养。锦城一中的这门课程涵盖了微观经济学、宏观经济学以及商业管理多个领域，构建起了理论与实践紧密结合的知识体系。在微观经济学部分，学生将学习基本经济学理论、需求与供应关系、市场平衡等基础知识；宏观经济学板块则聚焦国内生产总值、失业、通胀等宏观经济现象以及宏观经济目标和政策；商业管理方面涉及商业企业的组织形式、市场营销、财务管理、人力资源管理等内容，以培养学生的资金规划与风险管控意识，引导学生掌握人才培养与团队管理的核心策略。

在教育全球化与知识快速迭代的时代背景下，中国特色世界一流中学建设的国际课程，应始终秉持"以学习者为中心"的理念，构建动态更新机制。通过组建跨学科教研团队，定期开展教育趋势研讨会，结合前沿学术研究成果与行业发展动态，对课程内容、教学方法和评价体系进行系统性优化。同时，还应引入教育科技工具，运用虚拟现实、人工智能辅助教学，让知识传递更贴合数字原住民的学习习惯，确保课程始终处于国际教育的前沿水平，为全球交流创造条件。

（三）建设多元适切的国际理解课程

国际理解课程不是一门具体的学科，它面向的是广泛的群体，包含国内的全体学生，同时还包含国际友好学校的部分师生。就内容而言，国际理解课程是以培养学生跨文化理解力与全球责任感为核心目标的课程体系，主要涵盖多元文明认知、全球议题探讨、跨文化沟通技能培养，旨在帮助学生超越地域局限，理解不同文化逻辑，建立对人类共同挑战的关切，最终形成既能尊重文化差异，又能参与国际合作的核心素养。学校通过课程的推进，培养既能理解多元文明本质，又能立足自身文化背景进行批判性思考的全球公民，使学生国际视野的拓展与个体成长需求深度契合。

国际理解课程的设计须平衡文化多样性与教育实效性之间的关系。一方面是多元内涵构建。课程需要覆盖不同文明的历史、价值观与实践智慧，避免单一文化视角。同时还需要融入全球议题的多元解决方案，呈现多国经验与文化逻辑的差异性。另一方面是适切性的分层分类设计。内容深度匹配学生年龄特征与认知水平，分阶段递进，体现认知的适切性。在引入国际内容时，要建立与本土语境的关联解释，避免文化悬浮，达成文化适切的目标。要针对学生未来发展场景，确定能力培养重点，满足需求的适切性。要锚定不同年龄段的学生特征和认知水平，开展形式多样的课程或者活动，实现形式适切的目标。中国特色世界一流中学建设国际理解课程时，可重点考虑如下几个方面。

1. 校本国际理解课程的开发与实施

在技术革命加速国际互联、文明碰撞不断加剧的当下，国际理解教育已成为破解文化隔阂、应对全球挑战的基础性工程。锦城一中开发的校本国际理解课程体系，以"全球胜任力"为核心培养目标，通过重构教学内容与方法论，系统培育学生的跨文化沟通能力、多元价值判断力及复杂问题解决力——这些素养不仅是理解他者文化的钥匙，更是参与全球治理的基石。学校的课程实施主要聚焦三大维度展开：其一，在知识建构层面，打破传统学科壁垒，围绕气候变化、科技伦理等人类共同议题，构建跨学科认知框架，使学生理解全球系统的互联性；其二，在价值引导层面，通过比较文明研究、冲突性议题思辨，帮助学生超越文化中心主义，在坚守文化主体性的同时形成开放包容的价值观；其三，在实践转化层面，依托项目式学习、模拟联合国、跨国协作项目等载体，训练学生将理论认知转化为国际合作的行动力。

【案例】山河一道同云雨，海陆何曾是两乡

谢晓婧老师以"山河一道同云雨，海陆何曾是两乡"为题目开发的国际理解教育课程，聚焦了国际热点问题中的核污水排放问题，通过各种图表、文件、采访报告等多模态材料的运用，与同学们共同探讨核污水产生的原因、排海计划带来的危害以及不同国家民众的看法等内容。同学们根据老师提供的资料和问题各抒己见，并根据已有的知识经验归纳总结出普通中学生可以做的事。

该课程引导同学们学会分析理解国际问题的复杂性，通过多种途径关注国际问题，体会人类命运共同体理念，持公正客观的态度看待国际议题，进而针对国际问题采取相应的个人或集体行动，发展全球责任感。

【案例】我是世界卫生组织小代表

在新冠肺炎疫情期间，锦城一中教师开发了"我是世界卫生组织小代表"国际理解课程。在执教教师的引导下，同学们通过阅读和观看视频了解世界卫生组织的基本信息以及过去的成绩和当下的挑战；通过扮演世界卫生组织驻各国代表团的工作人员，培养合作与沟通的能力、思考和解决问题的能力；通过了解世界卫生组织当下的挑战，认识到世界卫生组织代表工作的不易，并且通过对未来的展望，帮助学生理解构建人类命运共同体的基本概念。随着课程的不断推进，同学们逐渐了解了世界卫生组织这一国际卫生与健康方面重要的组织形式，体验世界卫生组织代表的一般工作，并反思各国在抗疫过程中出现的问题并提出了解决方案。

2. 开设多语种课程

为破除语言壁垒、夯实全球发展根基，锦城一中在基础英语课程之外，还开设了德语、法语、外教英语等多语种课程，构建了阶梯式语言能力培养体系。多语种课程均采用"小步渐进、趣味浸润"的教学策略，通过歌曲学唱、短剧创编、观点分享等活动提升学习趣味，让学生在文化探索中自然提升语言能力与跨文化交际意识。

法语课程以"语言能力筑基、文化素养塑魂"为核心理念，重点强调三个方面。首先是强调语言与文化并重。课程涵盖法语语法、法国社会文化、中法文明对比等内容，通过影视赏析、戏剧表演等载体，将语言学习融入真实文化场景。其次是关注思维与能力共育。通过设计"旅行规划""节日探究"等生活化主题任务，在实践中培养学生语言应用能力与批判性文化认知。最后是重视当下与未来衔接。课程兼顾日常交流与学术发展需求，为学生未来的跨文化交际奠定基础。

德语课程则遵循"实用导向、多元共生"原则，分步实现三重目标。首先是语言技能习得。学生通过课程学习，系统掌握德语基础知识与听说读写核心技能，能在购物、问路等场景中灵活运用。其次是文化认知拓展。学生通过节日习俗、建筑艺术等专题，理解德语区的文化特质，在比较中深化中华文化认同。最后则是学习策略的养成，鼓励学生通过小组协作、情境模拟等方式，将母语经验迁移至德语学习中，形成多语言思维框架。

外教英语课程聚焦原版小说的阅读与分享。在课程设计上，外籍教师依托自身丰富的语言背景和文化理解，依据学校的严格审核标准，从海量英文阅读材料中遴选符合学生理解水平、兼具趣味性与思想性的文本集。教学过程中，外籍教师通过设问启发、情境创设、角色扮演等多种方式，引导学生深入理解文本内容，培养批判性思维与跨文化理解能力。通过系统的阅读与交流训练，学生不仅提升了语言综合运用能力，还拓展了国际视野。作为校本英语课程的重要组成部分，该模块通过原生态语言输入与文化认知支架的搭建，有效弥合了教材英语与真实语用之间的鸿沟，为培养具有文学素养与国际对话能力的未来人才提供了关键支撑。

　　3. 开展系列化的国际理解教育

　　国际理解教育的实施不应局限于课堂教学环节，更应通过多样化的课外研究与实践活动实现纵深发展。课堂教学为学生提供了系统化、理论化的知识学习框架，有助于奠定国际理解的认知基础；课外活动则为师生创造了多元参与、深度体验与跨文化交流的真实情境，有效拓展了学生的全球视野与跨文化素养。课堂教学与课外活动的协同推进，能够增强学生对国际理解的核心价值的内化认同，促进教育成效的持续深化与实践转化，从而实现国际理解教育由知识传授向价值塑造和行动引领转变。

　　在锦城一中，"用外语讲好中国故事"活动已成为学校国际理解教育的活动平台。活动面向全体师生，鼓励学生运用英语、法语、德语等多语种，围绕中国的历史文化、社会生活、科技创新等多元主题，进行内容策划与表达。学生不仅撰写外语文案，还通过微视频、短片制作等形式，将所学外语和跨文化表达相结合，形成了一批具有较高水准的作品。这些作品参加区、市、省的评选，连续多年多次获得各级特等奖、一等奖等，通过学校微信公众号、官方网站等对外宣传，扩大了学校国际交流的影响力，也为学生提供了真实、立体的国际传播体验。从实践情况看，通过此类活动，学生在真实语境中锻炼了跨文化沟通能力，增强了民族认同感与文化自信，同时也培养了全球意识与多元视角，为未来在更广阔的国际舞台上讲好中国故事、促进文明互鉴奠定了坚实基础。

　　（四）与国际友好学校联合设计和实施国际课程

　　除了上述课程，中国特色世界一流中学还可以与国际友好学校联合开发与实施国际课程。锦城一中在推进国际理解教育课程的过程中，积极探索"引进来，理解世界文明"与"走出去，传播中国声音"的双向互动路径，与多国友好学校建立了密切的合作关系，围绕联合课程开发、联合教研与教学经验分享等开展交流活动，形成了较为成熟的国际交流机制。

　　目前，锦城一中已与美国、英国、泰国、澳大利亚、以色列等国家的十余所学校建立了国际友好学校关系，通过线上与线下相结合的方式，常态化推进教育交流与课程共建。一方面，定期组织教师和学生互访交流，实地体验不同文化背景下的教育教学模式；另一方面，依托视频会议、网络课堂等平台，开展线上教学研讨、学生项目互动与跨国课程合作，有效打破了时空限制，拓展了交流的广度与深度。

在联合课程设计方面，学校注重以共同关注的全球性议题，如可持续发展、科技创新、多元文化理解等为切入点，推动课程内容与国际视野相融合，既体现本土特色，又具有全球关怀，帮助学生在真实交流中发展跨文化沟通能力和国际理解素养。通过一系列实践，学校不仅吸收和转化了国际先进教育理念，促进了自身教育质量的提升，也在多元文化交流中不断丰富"用外语讲好中国故事"的内涵，有效培育了具有全球胜任力的未来公民。

三、全球教育交流平台的主要形式

建好国际课程，只是为全球交流提供了载体，要想使交流顺畅，还必须丰富平台形式。中国特色世界一流中学的全球教育交流平台建设应依托"线上合作"与"线下强化"双重实践，利用现代通信及数字技术进行有效支撑。线上平台扩展合作广度，线下枢纽强化合作深度，线上线下联动发展建构全球教育交流的综合性平台，才能提高学校教育的全球影响力。

第一，建设线上平台，构建跨国教育共同体。搭建全球中学互联的数字化网络，支持课程协同开发、教学资源共享、教研数据互通、教育经验传递，形成在线协作机制，聚合全球优质课程资源，提供多元学习路径，实现教育服务的时空延展，突破物理边界，形成全天候、跨地域的教育资源流通与协作通道。

为了建好、用活线上平台，锦城一中正着力建构智慧教育全球合作体系，以整合全球教育资源，提升全球交流质量。一是整合在线学习平台，打破地域和时间限制，汇聚全球优质教育资源。通过对各类在线学习平台的深度整合，将原本分散的课程、教学资料、学习工具等进行有机融合，以打造一个统一、便捷的学习入口。不同国家和地区的学生，都能随时随地访问这些丰富的学习资源，实现学习的自由化与个性化。这不仅为学生提供了更多选择，还能满足不同学习风格和学习进度的学生的需求，让学习更加高效。二是开设跨学科资源专区，将不同学科的知识和资源进行有机结合。例如，将科学、艺术和数学等领域的资源整合在一起，学生在学习过程中能够从多个角度思考问题，发现不同学科之间的内在联系，从而培养学生的跨学科思维和解决复杂问题的能力。同时，跨学科资源专区还可以提供丰富的实践项目和案例，让学生在实践中运用所学知识，提高动手能力和创新能力。在智慧教育全球合作体系的建构中，整合在线学习平台和开设跨学科资源专区相辅相成。整合在线学习平台为跨学科资源专区提供广泛的传播渠道和便捷的访问方式；跨学科资源专区则丰富在线学习平台的内容，提升平台的教育价值。通过这两项举措，促进全球教育资源的共享与交流，为培养具有全球视野和创新能力的人才奠定了坚实基础。

第二，建设线下枢纽，深化实体教育合作网络。线下活动的开展，旨在通过面对面深度互动，增强信任关系，推动合作成果的实质性转化。首先，举办国际会议，开展专题研讨活动，促进教育政策对话、实践成果展示与前沿问题探讨，形成共识性行动纲领。其次，推动师生互访，建立常态化交流机制，通过沉浸式文化体验与协作学习，强化师生跨文化认知与情感联结。最后，设立项目式研究活动，聚焦全球教育难题或热点问题，开展跨国合作研究，产出可落地的解决方案。

第三，线上线下联动建构综合性平台。线上线下联动需要做强技术支持。技术手段的赋能，既有利于破解全球化协作的物理性制约，提升教育合作的精准度与可持续性；也可以通过大数据分析教育需求，精准匹配资源，优化资源配置效率；还可以通过 AI 语言转换系统，实时消除多语言交流障碍，保障跨国协作的流畅性与信息传递的准确性，降低跨文化合作成本，进而提高综合性平台的利用效率。

为了建构线上线下联动发展的全球教育交流平台，锦城一中着力打造了“课程共建、师生互访、学术共研”三位一体的常态化交流机制。在课程共建方面，学校与海外合作学校的教师团队共同探讨课程设计，结合双方教育优势，开发融合多元文化和先进教育理念的特色课程。例如，在人文社科课程中，融入不同国家的历史文化案例，让学生能够从全球视角理解和分析问题；在科学课程中，借鉴国外先进的实验教学方法，提升学生的实践操作和创新能力。学校通过这种方式，丰富课程内容，提升课程品质，为学生提供更具国际化特色的教育。

师生互访是交流机制的重要组成部分。学校在国际课程建设中定期组织学生和教师前往海外合作学校交流访问。学生们能够深入体验国外的校园生活和学习氛围，与当地学生共同学习、生活，增进文化理解和友谊。在这个过程中，学生不仅可以提高语言能力，还能拓宽国际视野，培养跨文化交流能力。同时，教师互访也为双方教师提供了面对面交流教学经验、分享教育心得的机会。教师们可以走进对方的课堂，观摩教学过程，学习先进的教学方法和课堂管理技巧。这有助于教师更新教育理念，提升教学水平，进而推动学校整体教育教学质量的提升。

学术共研则聚焦教育领域的前沿问题和教学实践中的实际难题展开。学校深度推进与海外友好学校的合作，组建跨国研究学习小组，针对共同关心的教育话题展开深入研究，例如，如何利用现代教育技术提升教学效果、如何培养学生的创新思维和实践能力等。双方教师通过线上线下相结合的方式，定期开展研讨活动，分享研究成果和实践经验。例如选派骨干教师赴合作校进行沉浸式教研，骨干教师们深入合作学校的日常教学和教研活动，全面了解对方的教育教学体系，参与课程开发、教学评估等工作。在沉浸式教研过程中，骨干教师们能够更直观地感受国外教育的优势和特色，带回宝贵的经验和启示，促进学校教育教学的改革创新。

四、全球教育交流平台建设的支撑与挑战

全球教育交流平台建设的首要支撑，是构建兼具国际化与专业化的教师队伍。在教育国际化的大背景下，一支既具备国际化视野又拥有专业素养的教师队伍，是提高教育质量促进全球交流的关键保障。为了做强教师支撑，锦城一中积极探索本土教师国际化的发展路径，采取多种方式提高教师队伍的国际化和专业化水平。

一方面是国际课程的培训与认证。学校组织本土教师参加各类国际课程培训项目，涵盖 IB、AP 等主流国际课程体系。这些培训不仅包括课程内容的深入学习，还涉及教学方法、评估方式等方面的专业指导。通过系统培训，教师们能够精准把握国际课程的核心理念、教学要求和评价标准，为在课堂上有效实施国际课程教学奠定了坚实基础。学校还鼓励教师参加国际课程的官方认证考试，如 IB 教师的培训认证，获得认证的教师在教学过程中更具专业性和权威性，能够更好地引导学生适应国际课程的学习节奏。

另一方面是建设教师培养体系。学校建构了一套全面、系统且具有持续性的教师培养体系，涵盖入职前培训、在职进修、教学实践指导和教学研究支持等。第一是入职前培训。对于新入职的教师，学校开展为期数周的入职前培训。培训内容包括教育教学理论的系统学习，以及现代教育技术在教学中的应用。深入了解学校的教育理念、课程体系和教学管理制度，能使新教师快速融入学校的教育教学环境。同时进行模拟课堂教学训练，由经验丰富的骨干教师担任导师，对新教师的教学表现进行点评和指导，帮助新教师熟悉教学流程，掌握基本的教学技巧，提升课堂教学能力。第二是在职进修。学校为在职教师提供多样化的进修机会，以满足不同教师的专业发展需求。定期举办校内专题讲座和工作坊，邀请教育专家、学科带头人就教育教学中的热点问题、新的教学方法和课程改革趋势进行分享和研讨。组织教师参加校外的专业培训课程和学术研讨会，拓宽教师的学习渠道，以获取最新的教育资讯和专业知识。第三是

教学实践指导。在教师的教学实践过程中，学校建立了高效指导机制。每位新教师都会配备一名导师，导师与新教师结成师徒对子，进行一对一的指导。导师定期深入新教师的课堂听课，观察教学过程，课后给予有针对性的反馈和建议，帮助新教师发现教学中存在的问题并及时改进。组织教学观摩活动，让教师们相互学习优秀的教学案例，借鉴他人的教学经验和教学技巧。开展教学反思活动，鼓励教师定期对自己的教学实践进行总结和反思，撰写教学反思报告，促进教师不断优化教学方法，提高教学质量。第四是教学研究支持。学校高度重视教师的教学研究工作，认为教学研究是推动教师专业化发展的重要途径。为教师提供教学研究的经费支持，鼓励教师开展各类教育教学课题研究，从课程开发、教学方法创新、学生学习效果评估等多个方面进行深入研究。组织教师参加教学研究团队，开展合作研究，促进教师之间的学术交流与合作。邀请教育研究专家对教师的研究工作进行指导，帮助教师掌握科学的研究方法，提高研究能力。学校还定期举办公开课分享会，展示教师的研究成果，促进研究成果在教学实践中的应用和推广。

除了教师队伍，聚焦全球教育交流平台建设的关键领域与核心任务细化评价指标，建设与之相应的评价激励体系，也是做强支撑的重要任务。一是细化社会影响力的相关指标。细化这一维度的指标可重点考虑合作伙伴层级、原创课程输出量、外部媒体报道频次等方面。合作伙伴层级是衡量社会影响力的重要因素。原创课程输出量也将体现合作体系的教育创新能力和知识贡献度。开发并向市场输出具有独特教育理念和教学方法的原创课程，不仅能传播优质教育资源，还能增强学校在国际教育市场中的竞争力。外部媒体报道频次也将从媒体传播角度反映合作体系的受关注程度，较高的报道频次，意味着合作体系的教育实践和成果得到了社会的认可和关注。二是细化学生成长维度的评价指标。细化这一维度的指标可重点考虑跨文化能力、全球议题参与度、创新成果转化等。跨文化能力是学生在全球化背景下必备的素养。通过参与国际交流项目、与不同文化背景的学生互动合作等，学生能够学会理解、尊重并欣赏不同文化，提高跨文化沟通和协作能力。全球议题参与度反映了学生对全球性问题的关注和参与解决问题的能力。应鼓励学生参与由国际组织举办的全球议题研讨活动等项目，培养学生的全球视野和社会责任感。创新成果转化则强调学生将创新思维转化为实际成果的能力，如科技发明、学术论文发表等，这有助于提升学生的综合素质和国际竞争力。围绕这些方面细化评价指标，将有助于引导全体师生提高自身的优秀程度，为建好全球教育交流平台提供坚实支撑。

由于有了教师队伍的支撑和评价指标的引导，锦城一中的国际姊妹学校数量不断增加。这不仅拓宽了学生的国际视野，更为师生创造了丰富的国际交流机会。通过与姊妹学校的定期互访、线上交流等活动，学生能够亲身体验不同国家的教育模式与文化氛围，培养跨文化交流能力；教师也能借此平台与国际同行切磋教学经验，引进先进的教育理念和教学方法。学生在国际竞赛中也屡获佳绩，无论是在国际科学奥林匹克竞赛、国际数学竞赛，还是各类语言和艺术赛事中，都取得了佳绩，仅近两年就获得了多项国际奖项。如学生在 2024 美国数学测评（AMC10/12）中荣获 4 个全球卓越奖、11 个全球优秀奖，其中邓戎轩同学得到了满分；在 2024 澳大利亚数学测评中共获 1 个卓越奖、3 个一等奖、17 个二等奖、20 个三等奖；在 2024 年"物理杯"美国高中物理测评中共获 4 个金奖、3 个银奖，在 Himcm 美国高中数学建模竞赛中连续两年获 F 奖（为西南地区唯一学校）；在英国数学/物理/生物测评活动中连续三年获全球金奖；在 2025 Brain Bee 脑科学地区赛中获得三个地区奖；等等。这些成果的取得，为提高学校全球影响力，建好全球交流平台奠定了基础。但随着全球变局的日益复杂，中国特色世界一流中学在建设全球教育交流平台时也会面临诸多挑战，只有提前预判和应对这些挑战，才能持续建好全球教育交流平台，成为影响全球的中学教育中心。

一是文化冲突。不同国家和地区有着独特的文化价值观、教育理念和行为规范，这些差异在师生的国际交流过程中可能引发误解和冲突。在与国外学校的合作项目中，由于文化差异，学生在团队合作时可能对任务分配、沟通方式等方面存在不同理解，导致合作效率低下；教师在教学理念的交流中，也可能因文化背景的不同而产生分歧。这需要中国特色世界一流中学加强跨文化教育，强化相关课程建设，帮助师生了解不同文化之间的差异，培养文化包容意识和跨文化沟通能力。

二是资源分配。在国际教育资源的获取上，存在地区差异和校际差异。一些发达地区的学校能够获取更多优质的国际教育资源，如国际知名教育专家的讲座、先进的教学设备等，而相对偏远地区的学校则难以企及。中国特色世界一流中学在建设全球教育交流平台时，要进一步思考如何优化资源配置机制，加强与教育部门和社会各界的合作，拓宽资源获取渠道，确保资源在不同地区的合理分配。

三是评价标准。国际教育与国内教育在学生评价标准上存在明显不同，国际教育更注重对学生的综合素质、创新能力和实践能力的评价，而国内传统教育则侧重于考试成绩。在全球教育交流平台的建设过程中，若完全依凭国际评价标准，可能与国内教育的整体评价体系脱节；若过于强调传统的国内评价标准，又难以充分发挥国际课程的优势。中国特色世界一流中学需要探索一套融合国际与国内评价标准的综合评价体系，既关注学生的学术成绩，又重视学生的综合素质发展，才能获得国内与国际的共同认可，全球教育交流平台的建设才会有较好的基础。

四是风险防控。特别要关注意识形态和数据安全等方面的风险。在国际教育合作中，意识形态安全是不容忽视的重要问题。需要加强对教育内容和交流活动的审核，确保传播的信息符合国家的主流价值观和意识形态要求。数据隐私保护是保障学生和教师权益的关键。随着教育数字化的发展，大量的个人数据在教育平台上存储和传输，必须建立严格的数据保护制度，防止数据泄露和滥用等。同时，中国特色世界一流中学还应着力提高制订突发事件应急预案和有效应对突发事件的能力，提高自身的抗风险能力和办学的稳定性，稳步前进，稳定发展，才可能建好中学教育的全球交流平台。

第四节　创新办学质量评价内容与指标

办学质量是指办学条件、过程与结果满足育人需要的程度。世界一流中学的育人目标是培育具有可持续素养的新时代"全人"，其办学质量的本质是可持续育人质量。世界一流中学的办学质量是指其办学条件、过程与结果满足可持续育人需要的程度，其质量要素及其关系如图7.2所示。

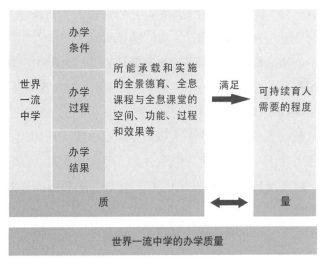

图 7.2　世界一流中学的办学质量要素及其关系

由于世界一流中学追求的是可持续育人质量，这种育人质量既要体现在办学质量上，也要通过创新办学质量的评价内容与指标为其提供保障。因此，世界一流中学要聚焦可持续育人质量来推进学校的办学质量评价内容与指标改革。

一、创新办学质量评价内容与指标

世界一流中学要推进办学质量评价内容与指标改革，首先需要明确世界一流中学办学质量的构成要素及其表现。从世界一流中学办学质量的内涵与特殊性看，其构成要素应主要集中在办学条件的可持续育人质量、办学过程的可持续育人质量和办学结果的可持续育人质量三个方面，每一个方面都有自身的独特表现。

（一）办学条件的可持续育人质量及其表现

办学条件是指学校开展育人活动、实现育人价值所具备的外部环境和内部"软硬件"。世界一流中学办学条件的可持续育人质量，是指学校的外部环境和内部的物质条件、组织条件与文化条件等所能建构的全景德育、全息课程和全息课堂满足培育具有可持续素养的新时代"全人"需要的程度。世界一流中学要提高可持续育人质量，首先需要提高办学条件的可持续育人质量，要提高办学条件的可持续育人质量，需要同时提高学校外部环境和内部的物质条件、组织条件、文化条件等的可持续育人质量。

学校外部环境的可持续育人质量，是指学校所处的家庭教育环境、社会教育环境和校际教育环境能根据新时代"全人"的发展需要，为学校建构和开展全景德育、全息课程与全息课堂提供良好条件，由学校外部环境转化而来的全景时空和全息系统能够在较大程度上满足新时代"全人"发展的需要。

学校内部"软硬件"的可持续育人质量，是指学校的物质条件、组织条件和文化条件有利于全景时空和全息系统的建设，能够满足新时代"全人"的发展需要。从物质条件看，固定的物质条件和相对固定的物质条件能够满足学生个体的全面发展和学生群体的多元发展需要，并为学生的本我素质、社会素质、生态素质的发展创造条件；发展的物质条件为学校建设全景时空和全息系统提供了充足资源，为学生的本我素质、社会素质和生态素质的完整发展提供了大量数据，这些物质条件能在发展主体上兼顾个体和群体或自己与他人，在时间上能兼顾过去、现在与未来，在空间上能兼顾本土与全球，能为引导学生适应"明日世界"并打好建设"明日世界"的基础等提供较为广阔的空间和良好条件。

从组织条件看，学校的机构、制度能够激励教师建构全景时空和全息系统，能够为新时代"全人"的可持续发展提供良好的人力支撑。学校的组织机构、运行机制和运行制度等形成的学校运行动力、样态与效能，体现了全景时空、全息系统建设的要求和新时代"全人"可持续发展的需要，既能满足学生全面发展的需要，也能保障每位学生获得最大限度的高质量发展，还能打通校内外资源的整合壁垒，整合家校社人力资源与各类办学资源，引导和促进家校社立足现实、面向未来提高学生的本我素质、社会素质和生态素质。学校的人力支撑是办学条件中的关键因素，主要包括学校内部的人力支撑、与学校关系密切的人力支撑、对办学大环境能产生一定影响的人力支撑。学校内部的人力支撑主要指学校管理者与师生对全景时空、全息系统和可持续发展的认可度和参与建设的能力，只有当学校绝大多数管理者和师生都认同全主体、全视域和全过程的整体发展育人理念时，学校才能创设出更有利于可持续发展的物质条件，并为提高育人过程的可持续育人质量铺垫基础。与学校关系密切的人力支撑，主要指家长、学校上级管理部门和教研部门、与学校关系密切的专家等，只有当家长、教育管理者和相关专家都认同并支持学校提高可持续育人质量时，这些人员才能变为学校的人力支撑。对办学大环境能产生一定影响的人力支撑，主要指社会其他行业中有影响力的人物和国家大政方针的宏观决策者等，只有当这些人物都极力倡议并支持中学教育提高可持续育人质量时，才能形成可持续发展的良好氛围与政策环境，学校的可持续育人质量才能提高。

从学校的文化条件看，世界一流中学应通过全景时空和全息系统的建构创设有利于新时代"全人"可持续发展的价值场域、情感场域和关系场域，师生们不但认同和支持全景时空和全息系统的建构，而且身体力行参与全景德育、全息课程和全息课堂的建构。世界一流中学在细化和具化学校质量建设任务时，需要从全景时空、全息系统、可持续发展、新时代"全人"等视角分析学校应该达成的可持续育人目标，以此为标准，审视学校现有的物质条件、组织条件和文化条件与实现新时代"全人"可持续发展目标之间有无差距，差距主要体现在哪些方面，在这些方面的差距分别有多大，为什么会存在这些差距，缩小这些差距需要哪些条件，学校缩小这些差距的时间安排与最佳办法是什么，等等。根据这些问题的梳理结论拟制评价框架，才能引导师生逐步提高学校办学条件的可持续育人质量，为提高办学过程的可持续育人质量创造更好的条件。

（二）办学过程的可持续育人质量及其表现

世界一流中学的办学过程，是学校利用办学条件开展的系列育人活动及其提供的保障，这些育人活动及其保障构成了学校的办学过程，这一过程集中体现在"四个转化"和"三个进步"上。"四个转化"是把蕴含可持续育人价值的学校外部环境、内部"软硬件"、教育活动与过程等转化为建构全景时空和全息系统并以此培育学生可持续发展意识与能力的有效资源、内容、方式与过程，进而转化为产生和发展可持续育人价值的基本手段。这种"转化"主要体现在四个方面：一是把办学条件转化为建构全景时空和全息系统的育人资源，这是可持续育人价值产生与发展的前提；二是把育人资源转化为促进可持续发展的育人活动，这是可持续育人价值产生和发展的路径；三是把育人活动蕴含的可持续发展价值转化为学生的可持续发展素养，这是可持续育人价值产生和发展的关键；四是把学生的可持续发展素养转化为满足办学相关方可持续发展需求的办学结果，这是可持续育人价值实现的显性标志。"三个进步"主要是指"四个转化"所实现的进步幅度、进步效率和进步价值。进步幅度是指在规定时间内表现出的可持续素养的提升幅度，其核心是纵向进步的大小；进步效率是进步幅度与进步成本的比率，某一进步主体实现的进步幅度除以其付出的时间、精力、体力、经济等成本所得到的数字，就是其进步效率，进步效率主要分析进步主体获得进步所花费成本特别是时间成本的大小，以此考察进步幅度的"含金量"；进步价值是指师生和学校获取的可持续素养进步幅度，在满足办学相关方如学生、学校、社会、国家和全球可持续发展需要方面所发挥的作用，这是有目的育人和基础性育人对可持续发展价值提出的要求。

世界一流中学办学过程的可持续育人质量，是指学校在办学活动中力求促进"四个转化"和"三个进步"，建构和使用全景时空与全息系统的过程与结果较好地满足了学生本我素质、社会素质和生态素质的可持续发展需要。世界一流中学开展的育人活动及其提供的保障，既包括学生的学科学习活动、跨学科学习活动、品德修习活动、优势潜能培育与展示活动、社会实践活动等不同层次与不同维度的教育教学活动，也包括教师备课、教研、科研与培训活动等。师生的学习活动既要在全景时空和全息系统中展开，也要在参与学习活动的过程中提高全景德育、全息课程和全息课堂的建设能力，以满足全主体、全视域和全过程整体发展的需要，增强活动内容、方式、方法、技术与展开过程的包容性与可持续发展功能。其表现主要体现在如下两个方面：

一方面是育人活动的包容性。从"全主体"看，育人活动的包容性主要是指学校设计的育人活动既要促进学生个体的全面发展和学生群体的多元发展，也要有利于教师提高可持续育人素养和涵养教育教学风格。教育有两个根本弱点，往往使教育成了一个难以对付的"工头"，第一个弱点是它忽视了（不是单纯的否认）个人所具有的微妙而复杂的作用，忽视了个人所具有的各式各样的表达形式和手段，第二个弱点是它不考虑各种不同的个性、气质、期望和才能。[①] 这是在师生学习活动中促进"四个转化"和"三个进步"时需要避免的。在全景时空和全息系统的建构中要充分重视师生的本我价值，着力提高师生的本我素质。从学生层面看，学习活动中存在的这两个弱

① 联合国教科文组织国际教育发展委员会. 学会生存——教育世界的今天和明天［M］. 华东师范大学比较教育研究所，译. 北京：教育科学出版社，1996：105.

点既不利于学生个体的全面发展，也难以促进学生群体的多元发展。多元发展是体现高质量教育公平性的必经之路，也是"育人"与"育分"有效整合的重要途径，只有同时满足学生个体全面发展和学生群体多元发展的需要，育人活动才具有学生发展的包容性。从教师层面看，教师学习活动中的这两个弱点，既不利于学校发现不同教师的不同优势，也不利于教师提高可持续学习能力，因而难以增强教师的可持续育人素养与涵养教育教学风格。因此，要提高育人活动的包容性，需要通过全景时空和全息系统的有效建设，把育人活动建设成促进全面发展、多元发展与最优发展的支持系统。育人活动构成了师生的学习与成长环境。学习的质量依赖于学习环境的质量，但有效的学习环境并不必然是一个特定的场所或空间，而是支持学生最优化学习并能满足每个学生特定学习需求的支持性系统。① 这种支持性系统就是高质量的全景时空和全息系统。世界一流中学要增强育人活动的包容性，就要提高育人活动中的全景时空和全息系统质量。

从"全视域"的角度看，育人活动的包容性主要表现为学习内容、方法与技术等所具有的全球格局。世界一流中学强调学习活动的全球格局，其目的是引导师生走出书本与教室的封闭学习状态，将书本知识学习与社区、社会、国家、全球的发展结合起来，为今后成为中国式现代化的贡献者或人类命运共同体的建设者打下良好基础，这也是建设全景时空和全息系统的基本要求。世界一流中学的全球格局，既包括学校、社区等微观层面，也包括学生可能经历的社会生活等中观层面，还包括国家、全球、人类与自然等宏观层面。随着全球化的不断推进，各国面临的困难越来越相似，特别是"德洛尔报告"指出的紧张关系依然没有消解，有些方面还愈演愈烈，如整体与局部、普遍与个别、传统与现代、长期和短期、必要的竞争和机会均等、知识的巨大发展和人的领会吸收能力、精神和物质之间的紧张关系还普遍存在。② 特别是人类越来越贪婪地从我们赖以生存的生态系统中攫取，把人类逐渐逼近那个可能导致不可逆转的大崩溃的临界点③，人类与自然的紧张关系日益加剧。这些都要求世界一流中学直面全球难以消解的紧张关系设置育人活动，根据学习需要将学习内容置于全球学习格局的不同层面中展开，据此引导学生树立可持续发展思想，并为消除这些紧张关系而努力，这样的育人活动才能提高满足"全视域"发展需要的程度。

---

① 邓莉. 培养具有全球竞争力的人才：美国 21 世纪能力教育改革研究［M］. 上海：上海教育出版社，2019：57.

② 联合国教科文组织. 教育——财富蕴藏其中［M］. 联合国教科文组织总部中文科，译. 北京：教育科学出版社，2014：序言.

③ 联合国教科文组织国际教育发展委员会. 一起重新构想我们的未来：为教育打造新的社会契约［M］. 北京：教育科学出版社，2022：32.

从"全过程"的角度看，育人活动的包容性既要求考虑师生的学习经历和已有基础，也要求注重师生的现实学习体验，更要考虑育人活动面向未来的价值、空间与功能。"教育必须认识它本身是为什么的。教育也许是历史和社会的产物，但它不是历史和社会的消极产物。教育是形成未来的一个主要因素，在目前尤其如此。"① 面对未来的种种挑战，教育看来是使人类朝着和平、自由和社会正义迈进的一张必不可少的王牌，高质量的中学教育必须引导学生面向未来并为走向更好的未来积蓄力量。世界一流中学是高质量中学教育的代表和领头雁，其育人活动建构的世界应是一个相互依存的世界，是一个向真向善的积极互动的全景时空，学生只有在这样的全景时空中不断积累和创生建设可持续未来的相应知识和能力，才能不断提高自身的本我素质、社会素质和生态素质。

学校承载着支持包容、公平以及个人和集体健康的职责，应成为受保护的教育场所，同时还应重新规划学校，以便更好地推动世界向更加公正、公平和可持续的未来转变。学校应成为汇聚多样化人群的场所，并让他们体验在别处接触不到的挑战和可能性。为鼓励和促进个体进行合作，学校建筑、空间、时间、课程表和学生分组都应重新规划设计，以此建构和展开的育人活动才具有真正的包容性，才能提高其满足新时代"全人"可持续发展需要的程度。

另一方面是育人活动的可持续发展功能。育人活动的可持续发展功能是指育人活动中的"四个转化"和"三个进步"能够充分彰显和实现育人活动的包容性，具有促进学生、学校、社会、国家和全球可持续发展的引力和张力。从已有研究和实践成果看，不少研究者都从不同角度强调了育人活动所应具备的可持续发展引力与张力。德国哲学家恩斯特·卡西尔关注了育人活动中的多重关系。一是物理世界与符号世界的关系。他认为中小学生学习的重要目的，是透过符号世界认识物理世界，学习者、符号世界和物理世界构成了学习对象的全景时空和全息系统之网，符号世界居于网的核心位置。二是符号世界内部的多重关系。从横向上看，符号世界由语言、艺术、概念、图像等多种符号组成，这些不同类型和不同领域的符号共同构成了生动、神奇而博大的符号全景，跨学科学习在所难免；从纵向上看，符号世界是由一代代人长期编织而成的，学生的学习对象是无数人的符号智慧的结晶，学生既要理解前人的符号智慧，更要发展已有的符号世界，只有在全景时空和全息系统中进行学习才能真正走进与盘

---

① 联合国教科文组织国际教育发展委员会. 学会生存——教育世界的今天和明天 [M]. 华东师范大学比较教育研究所，译. 北京：教育科学出版社，1996：137.

活知识世界。三是学习者与符号世界的联系。学习者必须自发地在理解中建立自己与符号世界的深层联系，并主动创造自己的符号世界，才能在学习活动中把"全主体""全视域""全过程"整合起来，完成"人"的全面发展、多元发展与最优发展任务。要完成这一任务，就需要在学校课程与课堂中建构全息系统。

《中国高考评价体系》和基于核心素养发展制订的课程方案与课程标准，都强调了育人活动的全景时空、全息系统特性与可持续发展功能。缺乏全景时空、全息系统和可持续发展功能的育人活动，不但难以提高学生全面发展的素质，也难以提高学生的考试分数，而且会对社会建设和人类持续发展带来巨大挑战。"但从目前情况看，中学的学习活动几乎在全世界都受到指责，教育内容受到批评，因为它不符合个人的需要，因为它阻碍了科学进步和社会发展，或者因为它和当前的问题脱了节；教育方法受到批评，因为它们忽视了教育过程的复杂性，不是通过科学研究进行学习，也没有充分地对思想和态度的训练做出指导，从而降低了学习活动的全景性、全息性和可持续发展功能。"① 世界一流中学应直面全世界中学教育存在的这一普遍问题，在提高育人活动的包容性与可持续发展功能方面设置明确的质量任务，以此提高育人过程的可持续发展质量，才能落实上述育人定位和质量目标。

（三）办学结果的可持续育人质量及其表现

办学结果是指学校展示的育人成效和整体输出的育人价值，主要表现在学生质量、学校质量形象、学校综合贡献与学校可持续发展能力四个方面。世界一流中学办学结果的可持续育人质量，是指学校办学一段时间后所呈现出的学生质量、学校质量形象、学校综合贡献与学校的可持续发展能力，在较大程度上体现了世界一流中学的全面质量思想和育人定位，全面促进了学生、学校、人类社会、人类与自然的可持续发展。学生质量实现了新时代"全人"的可持续发展目标，是指学生的本我素质、社会素质和生态素质都得到了应有发展，既符合全面发展的目标要求，也具有较高的多元共生质量。在学校质量形象上，实现了"育人"与"育分"的有效整合，形成了在全景时空和全息系统的高质量建构中促进学生、学校、社会、国家和全球可持续发展的质量形象。在学校的综合贡献上，既有整合"中国属性"与"世界一流"两大元素建构全球学习格局、融合创新育人体系的改革性贡献，也有引领高质量公平发展，并为社区、社会、国家和全球可持续发展做出了基础性贡献等。

除了上述成效，世界一流中学还特别关注在办学结果中体现出来的可持续发展能

---

① 联合国教科文组织国际教育发展委员会. 学会生存——教育世界的今天和明天 [M]. 华东师范大学比较教育研究所，译. 北京：教育科学出版社，1996：89.

力，因为只有学校具备了可持续发展能力，才能不断优化学校建构的全景德育、全息课程和全息课堂，其办学条件和育人过程才会处于不断优化的过程中，使学校不断增强持续发展潜力。只有学校具有较强的可持续发展能力，才会不断培育出具有可持续发展意识与能力的学生，学校和学生才可能为社会、国家和全球的可持续发展做出贡献。学校的可持续发展能力是学校面向未来发掘和孵化自身发展潜能，实现自身特色发展并保持发展后劲的能力。影响这一能力的主要因素有四个方面：一是面向未来的能力，即学校具有分析未来社会所需人才素质，并将其转化为学校办学目标、育人目标和课程目标等的能力；二是定位发展潜能的能力，即学校能立足学校传统与现实分析办学潜能，并将自身办学潜能与未来发展需要结合起来谋划办学战略与方案的能力；三是特色发展的能力，即学校能根据自身办学潜能与未来发展需要，整合相关资源，孵化和培育办学特色，促使学校和学生多样化发展的能力；四是保持发展后劲的能力，即学校能够在组织建设、队伍培养、制度创新、教育教学改革等方面留足未来发展空间，打好未来发展的坚实基础，营造良好发展生态等。只有同时兼顾这四个方面，学校才能不断提高可持续发展能力与可持续育人质量。世界一流中学会根据可持续发展的需要同时提升这四个方面的结果性质量，并以此促进办学条件和育人过程的不断改革，不断探索"育人"与"育分"有效整合的经验，以帮助更多中学走出"分"与"人"之间不和谐的"吃力不讨好"困境。

世界一流中学办学质量的构成要素与主要表现如表 7.2 所示。

表 7.2　世界一流中学办学质量的构成要素与主要表现

表征维度	主要表现	办学质量本质
办学条件有利于建构"三全"育人体系，并为提高可持续育人质量创造条件	学校外部环境有利于可持续发展；学校内部的物质条件、组织条件和文化条件有利于建构全景德育、全息课程和全息课堂，促进可持续发展	世界一流中学办学质量的本质是可持续育人质量，是在全景时空和全息系统中构建的全景德育、全息课程和全息课堂对可持续育人质量的支撑与实现程度
办学过程有利于建构、利用、优化全景德育、全息课程和全息课堂，能够在全景时空中以全息思维促进可持续育人质量提升	能在全景时空和全息系统的建构中促进"四个转化"，能在"四个转化"中促进"三个进步"，提高可持续育人质量的进步幅度、效率与价值	
办学结果能满足学生、学校、社会、国家和全球等的可持续发展需要	学生的可持续发展质量，学校的可持续发展质量形象，对建设世界一流中学的改革性贡献与基础性贡献，学校的可持续发展能力	

二、评价内容与指标的建构、筛选和检验

为了提高评价内容和指标的科学性与可行性，本书在理论建构和实践研究的基础上，根据我国中学教育的困境和学校评价存在的主要问题，确定了如下建构、筛选、验证评价内容和指标的依据与方法。

（一）评价内容和指标的建构依据

世界一流中学的评价内容与指标，主要是依据相关政策、学校评价的内容要素、世界一流中学的特殊性和"三全"育人的办学实践确定的。其中，国家政策依据明确了评价内容和指标的价值取向；学校评价要素确定了评价的主要板块，即第一级内容与指标；世界一流中学的特殊性确定了评价内容与指标的大致框架，明确了第二级评价内容与指标；"三全"育人的办学实践确定了相关的具体内容及其发展参数、规格和应达到的程度等，明确了第三级评价内容与指标。

第一，国家政策明确了评价内容和指标的价值指向与价值要点。我国于 2019 年连续发布基础教育的改革文件，2020 年 10 月 13 日中共中央、国务院印发《深化新时代教育评价改革总体方案》，对中学教育的评价改革提出了明确要求，强化了通过评价促进中学教育可持续发展的价值取向。2021 年和 2022 年连续发布的《普通高中学校办学质量评价指南》与《教育部关于开展中小学幼儿园校（园）长任期结束综合督导评估工作的意见》，都强化了全面质量思想和新时代"全人"的可持续发展价值。本书依据国家政策中有关中学教育评价改革的要求和可持续发展的价值取向，形成了选择和确定评价内容与指标的价值取向与价值要点。

第二，依据学校评价的基本要素确定了评价内容与指标的主要板块。根据全面质量思想的要求，学校评价应主要集中在办学条件、办学过程和办学结果三个板块上。其中，对办学条件的评价主要集中在学校的外部环境和内部的物质条件、组织条件和文化条件上；对办学过程的评价主要集中在"四个转化"和"三个进步"上；对办学结果的评价主要集中在学生质量、学校质量形象、学校综合贡献和学校可持续发展能力上，对每一个方面的评价都有细分要素。这些研究成果为本书的评价板块提供了依据，据此确定了第一级评价内容与指标。

第三，依据世界一流中学的内涵、本质、表征、建设原点和改革框架等，确定了评价内容与指标的第二级框架。兼顾"中国特色"和"世界一流"两大元素形成的全球学习格局和世界性贡献等特征，结合办学条件、办学过程和办学结果所包含的可持

续育人质量、全景时空、全息系统等要素，细化和具化第一级指标，形成了世界一流中学的第二级评价内容与指标。

第四，依据"三全"育人的办学实践，进一步聚焦和明确了评价内容与指标。根据学校评价要素和世界一流中学的质量本质确定的评价内容与指标框架，结合全景德育、全息课程、全息课堂建构与实施的具体要求，确定了具体的第三级评价内容与指标。

（二）评价内容和指标的筛选方法

为了增强评价内容和指标的科学性、实用性、权威性与说服力，本书在综合了我国政策的可持续发展导向、中小学特别是世界一流中学的评价探索和世界一流中学的办学特殊性等实际情况基础上，采用文献研究法、校长访谈法、专家访谈法等方式进行梳理，以进一步选择评价内容与指标。

首先，基于主题词批量获取高被引文献，在研究中提炼指标高频词。为了在现有研究成果中提炼"世界一流中学"或"卓越中学""世界知名中学"的下位概念及其在办学实践中的关键表现，研究采用了定点文献研究法，基于主题词批量获取了高被引文献，从高被引文献中提炼了与主题下位概念相关的高频词。

首先确定了两轮文献检索的主题词。第一轮以"中国特色中学＋评价""世界一流学校＋评价""可持续育人质量＋评价""学校全景时空＋评价""学校全息系统＋评价"为主题词进行文献检索。第二轮分别以第一轮主题词的下位概念为文献检索的主题词。如对"中国特色中学"的文献进行第二轮检索时，主要聚焦于"中国立场""中国自觉""中国贡献"等主题词；对"世界一流学校"的文献进行第二轮检索时，主要聚焦于"全球视野""天下胸怀""全球学习格局"等主题词。通过主题词索引，批量获取了高被引论文，并对这些论文进行了扎根研究，力求从中提炼出指标设计的高频词。

以中等教育为类别在中国知网中对"中国特色中学＋评价"进行了两轮检索，共找到 68 条结果。对这 68 篇文献进行应用分析，发现篇均被引率为 1.01，篇均下载率为 322.44。这说明"中国特色中学"在学界受到一定关注，但论文产出率低，文献应用率低。用第二轮检索的主题词对这些文献进行分析后发现，对"中国立场""中国自觉""中国贡献"的表述有不同形式，但系统化分析并系统建构评价指标的文献缺失，需要在研究和实践中进一步细化。

以中等教育和高等教育为类别在中国知网中对"世界一流学校＋评价"进行两轮检索，共找到 34 条相关结果。对 34 篇文献进行应用分析，发现篇均被引率为 0.51，篇均下载率为 58.51。这说明"世界一流学校"引起了一定关注，近五年的论文产出在增加，但文献的应用率依然较低。用第二轮检索的主题词对这些文献进行分析后发现，对"全球视野""天下胸怀""全球学习格局"的表述有明显增多趋势，但对第二轮主题词的下位概念缺乏完整表述，对指标建构与筛选依然意义不大。

以中等教育为类别在中国知网中对"可持续育人质量＋评价"进行两轮检索，共找到23条结果。对23篇文献进行应用分析，发现篇均被引率为0.63，篇均下载率为116.02。这说明"可持续育人质量"也引起了一定关注，近三年来的论文有增多趋势，但文献的应用率却很低，中小学一线实践者对这一主题普遍缺乏热情。

以中等教育为类别，在中国知网中对"学校全景时空＋评价"和"学校全息系统＋评价"进行两轮检索，共找到112条结果。对112篇文献进行应用分析，发现篇均被引率为0.32，篇均下载率为64.51。这说明"学校全景时空"和"学校全息系统"引起了部分人的关注，但文献应用率非常低，作者主要为高校研究者，中小学虽有一定提及，但缺乏深入和系统的思考，对其评价内容与指标的研究更是不够。

从上述分析看，已有文献无法有力支持本研究的内容与指标设计，采用扎根文献的研究方法难以建构和筛选出评价内容与指标设计的高频词，需要采用调查法，在一线实践中探寻评价内容与指标。

其次，基于主题词分批调查教师和专家，在实证研究中定位评价内容与指标高频词。研究将对教师和相关专家的调查方法统称为实证研究法。基于主题词分批调查教师和专家的思路与方法和上述文献法大体一致，主要围绕世界一流中学评价内容要点中的主题词展开调查，筛选调查结果的高频词。

调查内容分为中国特色、世界一流、全景全息、可持续发展4个模块，分4组进行了两轮研究。第一轮对全校的320位教师按4个主题分4组进行调查；第二轮对研究机构和高校的64位专家按同样的4个主题分4组进行调查。下面以"中国特色中学＋评价"为例，说明用调查法探索高频词的方法和流程。

第一轮分三步完成：第一步，以"中国特色中学"为主题，用电子文件提请A组102位教师每人填写5个关键词，共收到423个关键词，通过删除无效关键词和合并相似词，余下182个关键词。第二步，把182个关键词发给102位教师，提请每位教师从中选出5个其认为最符合"中国特色中学"的词语。对选择结果从高到低排序，发现关键词最高选择率为57，最低选择率为3.5（借助普赖斯分布定律计算最后得出8.3），即选择词频在8.3～57的词为准高频词，最后得出105个准高频词。第三步，用同样的方法，由教师对105个准高频词再次选择并简要说明选择理由，参考词频和选择理由,最后确定了 55 个高频词。

第二轮仍然分三步完成,邀请 38 位研究机构和高校的专家,就教师最后筛选出的高频词进行认定,去掉不认可的高频词,补充具体词语。最后整合校长和专家共同认定的高频词,将其作为评价内容要点中的下位概念,作为内容和指标表述的高频词。(如表 7.3 所示)

表 7.3　教师和受访专家共同认可的"中国特色中学"评价内容与指标高频词

维度	高频词
中国立场	为党育人、为国育才、中国共产党领导、社会主义道路、社会主义核心价值观、人民中心、人民民主、中华优秀传统文化、革命文化、社会主义先进文化、民族自豪感、中华文化自信、中国视角、中国眼光、中国思维
中国自觉	政治认同、道路认同、制度认同、文化认同、民族认同、中华民族共同体、关注国家发展、维护国家声誉、为国奉献、为国读书
中国贡献	中华民族伟大复兴、中国式现代化、中国科技、中国文化传播、国家安全、中国影响、社会风气、教育公平、经济繁荣、社会文明、文化转化、教育改革、新发展理念

教师和受访专家认为,上述指标高频词可以从不同侧面和层面描述学校办学条件、办学过程和办学结果中所蕴含的"中国特色",以此确立评价内容和指标,能够分析出学校是否彰显了中国特色、如何彰显中国特色以及中国特色彰显得如何等,据此可以评价学校在创建过程中是否做深做透了中国属性。但教师和专家也认为,上述三个维度的高频词不是截然分开的,学校在确定评价内容和指标时,可以根据阶段发展需要灵活调整。

在筛选"世界一流学校"的评价内容与指标高频词时,采用了与"中国特色中学"评价内容与指标筛选相同的方式和方法,只不过在不同步骤中筛选出的高频词数量不尽相同。通过"两轮三步"筛选,教师和受访专家共同认定的评价内容与指标高频词如表 7.4 所示。

表 7.4　教师和受访专家共同认可的"世界一流中学"评价内容与指标高频词

维度	高频词
全球视野	世界眼光、全球格局、开放办学、国际理解、全球化、逆全球化、全球问题、生态危机、国际秩序、先进经验、学习资源
天下胸怀	多元文化、社区参与、社会意识、国家关系、人类福祉、弱势群体、饥饿贫穷、发展中国家、发达国家、气候、瘟疫、移民、地球村
全球学习格局	国际理解课程、全球胜任力、国际交往、全人类共同价值、人类命运共同体、人类文明新形态、中国方案、中国智慧、中国经验、世界性教育产品

教师和受访专家共同认定的上述高频词,丰富了"'世界一流'的主要表征"的下

位概念，能够整合学校办学实际设计和表述相应评价内容和指标。鉴于此，研究在确定评价内容和指标时，整合与细化了上述高频词。

在筛选"可持续育人质量"评价内容和指标高频词时，也采用了同样的方式与方法。通过两轮筛选，教师和受访专家共同认定了如表7.5所示的高频词。

表7.5 教师和受访专家共同认可的"可持续发展质量"评价内容与指标高频词

维度	高频词
新时代"全人"本我素质的可持续发展	全面发展、完整发展、整全人格、个性发展、发展潜力、主体性、自主发展、学习能力、复合型发展、综合素质、核心素养、必备知识、关键能力、核心价值、终身学习
新时代"全人"社会素质的可持续发展	善于合作、尊重他人、共同发展、帮助他人、团队精神、社会意识、社会进步、社会问题、社会参与、国家意识、国家能力、民族责任、人类关怀、社会正义、积极眼光、面向未来
新时代"全人"生态素质的可持续发展	学习方式、学习空间、合作学习、善于学习、和谐发展、社会和谐、社会秩序、美好社会、多元文化、和平发展、国家关系、国际正义、生态危机、生命多样性、人类与自然、生态建设、未来发展

根据结果研究的可持续育人质量主要集中在新时代"全人"本我素质、社会素质和生态素质的可持续发展上，所以将高频词的筛选集中在了这三个维度上。这三个维度涵盖了学生、学校、人类社会、人类与自然四个方面的可持续发展，在筛选高频词时把这些内容综合了起来，筛选出了上表中的高频词。

综合全景全息的内涵、"三全"育人体系及其在办学条件、育人过程和办学结果中的表现，教师和受访专家筛选出了如表7.6所示的高频词。

表7.6 教师和受访专家共同认可的"全景全息"评价内容与指标高频词

维度	高频词
全景 （全景时空、全景德育）	全景思想、全景思维、全视角、全视域、360°、大格局、大视野、全球学习格局、全时间流、立足现在、面向未来、学生全景、学校全景、社会全景、中国全景、世界全景、全景德育、育人场域、育人体系、育人全景、可持续育人素养
全息 （全息课程、全息课堂）	全息性、全息系统、全息原理、全息思维、整体原理、缩放原理、结构原理、全息元、自相似性、全息课程、全息课堂、全息课程目标、全息课堂目标、全息课堂情境、全息课堂活动、全息课程结构、全息课堂评价、可持续学习素养

从表7.6的高频词看，教师和受访专家对全景全息有了一定了解，对以全景全息为基本思路促进师生的全面可持续发展表示认同，并从全景全息的一般性理解、全景德育、全息课程和全息课堂的具体落实上筛选出了高频词。这些高频词与办学条件、育人过程和办学结果结合起来，可以拟出相应的评价内容与指标。

　　在确定了上述评价内容与指标高频词后，研究继续采用"两轮三步"的方式对高频词的难易程度进行分类，以区分指标表述的程度。这一次对确定高频词的顺序做了调整，第一轮是请 38 位专家对高频词的难易程度进行归类。第二轮是请教师对专家的高频词进行确认，对不认可的高频词进行调整，以此为基础整合专家和教师归类的高频词，确定相关指标的难易程度。受访专家对高频词难易程度进行归类时主要采取了三步措施。

　　第一步，请受访专家根据"易、偏易、适中、偏难、难"五个层次归类上述高频词。第二步，在大家形成大体一致的意见后，请十位专家对归类的高频词作简要解读，参考词频和解读内容明确其难在何处或容易在何处，应该如何表述其难易度等，以避免高频词归类的随意性。第三步，确定"易、偏易、适中、偏难、难"高频词应该达到的程度，即量化指标如何确定，确定为多少合适。受访专家提出的量化数字主要集中在80％、85％、90％、95％和100％，认为指标低于这些数字，学校的可持续发展成效就会受到影响。

　　教师总体上认同受访专家对高频词的难易归类及其量化数据，认为属于"易"的高频词在指标程度的表述上可以达到100％，依次递减即可。根据受访专家和教师的共同主张，本研究根据指标高频词的难易归类，确定了可量化评价指标中的数据（程度）尺度。

　　综上，本研究以世界一流中学评价的主题词为上位概念，通过文献扎根研究和一线实证研究等方法，提炼评价内容要点的下位概念高频词，由此确定指标设计的侧重点，力求提高评价内容和指标的现实针对性与实用性。

　　（三）评价指标的信效度检验与调整

　　根据筛选出的高频词，按照建构评价指标的上述依据，初步拟订了世界一流中学的办学条件、育人过程和办学结果的评价内容与指标。为了进一步分析和验证初步拟订的评价指标的信效度，研究开展了新一轮的问卷调查和专家咨询，借用相关工具对指标进行了检验，采用简单随机抽样的方法，抽取 50 名学校教师做初试问卷，并进行项目分析，之后形成正式问卷，对全校教师进行调查，然后对所得数据进行因素分析和信效度检验。

　　从检验结果看，虽然评价内容、指标与创建世界一流中学的设想与实践总体拟合度较高，但如何与办学条件、育人过程和办学结果的实际工作结合得更紧密，还需要进一步调整和具体化。

　　根据信效度检验结果，重新审视和修订了原有指标，保留了信效度高的评价指标，对信效度低的指标进行修改和调整，形成了世界一流中学办学条件、办学过程和办学结果的评价内容与指标。

三、分项评价和整体评价的内容与指标

综合上述高频词，根据评价内容与指标建构的基本框架和思路确定分项评价和整体评价的内容与指标。分项评价主要是对办学条件质量、办学过程和办学结果分别进行评价；整体评价是对学校的办学条件、过程与结果进行的一体化评价。

首先是分项评价的内容与指标。世界一流中学的分项评价内容与指标，主要是综合世界一流中学的质量特性、质量目标、质量任务、价值取向、相关高频词和评价内容与指标建构的框架确定的，经过信效度检验和在办学实践中的调整，分别形成了办学条件、办学过程和办学结果的评价内容与指标。在分项评价内容与指标中，第一级评价内容与指标分别是办学条件、办学过程和办学结果的构成要素；第二级评价内容与指标是这些构成要素需要蕴含的可持续发展、全景时空和全息系统的建设要求；第三级评价内容与指标是结合全景德育、全息课程和全息课堂建设的具体要求确定的具体评价内容与指标。

其一，建构和细化世界一流中学办学条件的评价内容与指标，如表 7.7 所示。世界一流中学办学条件的第一级评价内容与指标，主要是学校的外部环境和内部"软硬件"；第二级评价内容与指标是细分外部环境和内部"软硬件"形成的评价内容与指标；第三级评价内容与指标是根据这些要素需要支撑的可持续发展、全景时空、全景德育、全息课程、全息课堂建设内容形成的具体评价内容与指标。

表 7.7　世界一流中学办学条件质量的评价内容与指标

第一级评价内容与指标	第二级评价内容与指标	第三级评价内容与指标
学校外部环境	家庭教育环境	1. 家长注重孩子的全面发展，支持学校发掘潜能、发展孩子个性 2. 家长支持孩子参与学校的综合实践活动与社会公益活动，引导孩子学会与人相处 3. 家长支持孩子参与社会和全球热点问题的调查、讨论和建言献策 4. 家长支持孩子参与环境保护等生态建设活动 5. 家长支持学校创建世界一流中学，并尽自己所能为学校提供多元化的育人资源

续表

第一级评价 内容与指标	第二级评价 内容与指标	第三级评价内容与指标
学校外部环境	社会教育环境	1. 上级主管部门和教研部门为学生全面发展和多元发展提供政策支持和专业指导 2. 学校所在社区形成鼓励孩子全面发展与个性发展的氛围，并为学校的特色发展提供支持 3. 社会媒体大力倡导学生本我素质、社会素质和生态素质的完整发展；积极报道学生参与的各类社会公益活动与生态建设活动 4. 教育专家和行业精英愿意担任学生的校外导师，并能为学生拓宽学习视野提供帮助 5. 社会各行业和博物馆、文化馆和公园等能为学生的校外研习提供支持
	校际教育环境	1. 绝大多数同类学校能够维护教育生态，能促进"育人"与"育分"的有效整合 2. 小学和大学都重视新时代"全人"的培养，且致力提高可持续发展的育人质量
学校内部 "软硬件"	物质条件	1. 学校固定的物质条件能保障学生的全面发展，并为学生的多元发展提供空间与设施设备 2. 学校空间具有人文性和发展张力，具有活力和吸引力 3. 学校相对固定的物质条件有利于学生开展合作学习和探究学习 4. 学校发展的物质条件为学生本我素质、社会素质和生态素质的完整发展提供了丰富资源 5. 学校的整体物质条件具有明显中国文化特色，有利于涵养学生的中国立场和中国自觉 6. 学校整体物质的条件有利于师生了解世界发展，有利于创造性生成全球学习格局
	组织条件	1. 学校的管理组织、教师组织和学生组织有利于培养学生的主体性，能够促进学生自主发现和发展自身潜能，力所能及地实现个性发展目标 2. 100%学生参与了社团活动，并对社团活动中的发展表示满意；95%以上的教师具有可持续发展的意识；85%的教师具有培育学生可持续发展素养的能力 3. 学校的专兼职教师队伍有利于把学校、社会、国家和全球连接起来 4. 学校的各种制度都有利于促进学生本我素质、社会素质、生态素质的完整发展 5. 学校的各种制度有利于帮助教师提高可持续育人素养和养成教育教学风格
	文化条件	1. 学校形成了促进新时代"全人"可持续发展的文化氛围 2. 学校确立了全面可持续发展的质量观念，具有促进"育人"与"育分"有效整合的发展导向 3. 学校形成了全面发展、多元发展、促进教育公平发展的精神追求 4. 学校内部环境能够反映社会、国家和全球的整体发展概况，在学校小时空内营造出了全球学习大格局

上述评价指标，主要是从建设世界一流中学应该具备的内外部条件设定的，这些评价内容与指标既涵盖了办学条件应该具备的各个要素，也把"中国特色""世界一流中学""全景全息"和"可持续发展"四个方面的高频词融入了相关条目中，从而把世界一流中学的办学条件评价与一般中学的办学条件评价区分开来，凸显了世界一流中学在办学条件建设上的特殊性，因而有利于引导其他中学创建世界一流中学。

其二，建构和细化世界一流中学办学过程的评价内容与指标。正如前文所言，中小学的办学过程主要体现在"四个转化"和"三个进步"上。和一般中学相比，世界一流中学的"四个转化"主要以全景时空和全息系统的建设为中介，具体表现为全景德育、全息课程、全息课堂以及"三全育人"的建构、实施与优化；"三个进步"主要表现为本我素质、社会素质和生态素质的进步幅度与效率。综合起来看，世界一流中学办学过程的评价，应主要分析和判断全景德育、全息课程、全息课堂以及"三全育人"对学生本我素质、社会素质、生态素质发展所起的作用以及产生的效益等。经过信效度检验和实践修正，最后形成如表 7.8 所示的评价内容与指标。

表 7.8 世界一流中学办学过程质量的评价内容与指标

第一级评价内容与指标	第二级评价内容与指标	第三级评价内容与指标
四个转化	全景德育对全景时空的转化	1. 德育目标兼顾学生发展的"全主体""全视域""全时间流"要求，体现学生的共性要求与个性需求，兼具"中国属性"和全球视野，既立足现实也面向未来 2. 德育内容综合学生全景、学校全景、社会全景和自然全景，具有"全视域""全视角"特征 3. 德育情境符合全景时空要求，具有文化厚重感、现实鲜活性、未来挑战性 4. 德育方式既能体现中国属性，也有利于整合全球资源 5. 在德育主体和机会上，人人都是德育工作者，时时都有德育最佳机会
	全息课程对全景时空的转化	1. 课程目标、功能和结构既符合学生全面发展的要求，也为学生的多元发展提供空间和机会 2. 课程的内容要素承载和反映社会、国家、全球和自然等系统的全部信息，有利于在小时空内培育完整发展的人 3. 课程的实施方式与评价符合"全人"培养要求，能够提高学生适应未来的可持续发展能力 4. 树立大课程观，打破书本、学生、学校和社会壁垒，拓展课程空间，丰富课程形式
	全息课堂对全球学习格局的转化	1. 课堂具有全息特征，课堂教学目标承载和反映了新时代"全人"素质的全部信息 2. 学习内容与情境承载和反映了全球学习格局的全部信息，在小课堂上建构出全球学习大格局 3. 课堂展开过程既承载和反映了学生发展全景的全部信息，也承载和反映了社会发展全景的全部信息，有利于学生把学习过程变成"全人"素质的发展过程 4. 树立大课堂观，把教室、学校、社会、国家、自然和全球变成学生成长的大课堂

第一级评价内容与指标	第二级评价内容与指标	第三级评价内容与指标
	"三全"育人对全景全息的整体转化	1. 全景德育、全息课程和全息课堂的内部一致性好、匹配度高，用好用活办学条件，育人过程具有整体合力。 2. 全景德育、全息课程、全息课堂相互匹配和支撑，形成系统性强的学校育人大时空 3. 全景德育、全息课程、全息课堂能够体现学生本我素质、社会素质、生态素质的完整素质结构，能够促进新时代"全人"素质的完整发展
三个进步	本我素质的进步幅度与效益	1. 学生的德智体美劳素质得到了较大幅度的发展，95%的学生认为学习负担可以承受 2. 95%以上的学生感到自己的潜力得到了发展，培育了自己的发展优势 3. 90%的学生认为自己的主体性获得了发展 4. 85%的学生认为自己的自主发展能力有较大进步
	社会素质的进步幅度与效益	1. 95%以上的学生能够在学习活动中提高关心同学、与同学合作学习、共同进步的意识与能力 2. 90%的学生能在积极参与学校开展的集体活动的过程中较大幅度地提高与伙伴讨论社会热点问题并建言献策的能力 3. 80%以上的学生能在参与社会公益活动的过程中增强关心社会弱势群体的情感取向和维护社会正义的意识 4. 100%的学生在学习过程中强化爱国情怀，最大限度地提高对我国政治制度、社会制度、中华文化、中华民族共同体等的认同度 5. 90%以上的学生在学习过程中最大限度地强化全球视野和天下胸怀，树立和巩固全球胜任力
	生态素质的进步幅度与效益	1. 90%以上的学生能在学习过程中逐步学会学习，并最大限度地提高可持续学习的能力 2. 85%的学生能在学习过程中逐步学会处理全面发展与个性发展的关系，并能最大限度地提高共生发展的能力 3. 85%的学生能在学习过程中不断强化和巩固维护社会正义、促进人类和平发展的意识与价值取向 4. 90%的学生能在学习过程中增强面对全球生态危机的意识；85%的学生能够在学习过程中增强维护身边环境的意识与能力

从表 7.8 可以看出，世界一流中学办学过程的评价既包括对育人过程中育人目标、内容、情境、方式等进行评价，也包括对育人过程所应该产生的新时代"全人"培养价值与效益进行评价，其目的是引导学校注重过程进步，把"育人"与"育分"整合起来，以避免"分"与"人"之间的不和谐。从实践过程看，这些评价内容和指标对师生起到了较好的引导作用。

其三，建构和细化办学结果的评价内容与指标。正如前文所论述的那样，中小学办学结果的评价要素主要集中在学生质量、学校质量形象、学校综合贡献和学校可持续发展能力四个方面，世界一流中学的办学结果质量评价也可以从这四个方面展开。但和一般中学相比，世界一流中学可持续发展的要素、中国属性和世界贡献特征、全面质量思想、新时代"全人"的育人定位以及可持续育人质量的目标与任务等，为这四个方面赋予了特殊内涵及不同表现，因而需要建构不同的评价内容与指标。其中，学生质量应主要体现在新时代"全人"完整素质发展以及为一流大学输送生源等方面；学校质量形象应主要体现在新时代"全人"培养、全景时空和全息系统建构等改革方面；学校综合贡献应主要体现在中国贡献和世界贡献两个方面；学校可持续发展能力应主要体现在面向世界和未来建构全球学习格局、全景时空和全息系统的潜力上。

表 7.9　世界一流中学办学结果质量的评价内容与指标

第一级评价内容与指标	第二级评价内容与指标	第三级评价内容与指标
学生质量	新时代"全人"素质的发展	1. 90%以上的学生同步实现了全面发展与个性发展的目标，对自己的主体性与自主能力的发展表示满意 2. 85%以上的学生对自己乐群素质、乐业素质、国家能力与全球意识的发展表示满意 3. 85%以上的学生对自身优化学习生态、社会生态、自然生态等的素质发展表示满意 4. 80%以上的学生对本我素质、社会素质、生态素质的完整发展表示满意
	学生发展	1. 学生的分数获得应有发展，"育分"与"育人"有效整合的成效获得了学生、家长、专家和同类学校的高度认同 2. 学生潜能和优势获得充分发展，具有创新能力的学生不断涌现 3. 升入一流大学的学生能适应一流大学的创新学习要求
学校质量形象	可持续发展形象	1. 学校"育分"与"育人"有效整合的改革形象得到高度认同 2. 95%以上的学生认为学校课程有利于发展自己的潜能和优势 3. 90%以上的学生认为学校的办学条件、学习内容与方式有利于自己的长远发展
	全景时空建设形象	1. 90%以上的家长对学校的家校社协同育人表示满意 2. 学校全景德育目标、内容、情境与形式等改革得到专家和业内人士的高度赞同，并对学生整全人格的培养发挥了较大作用 3. 建立了学校、社会、国家、全球和自然的联系，拓展了学校的育人时空，并对其他学校全景时空的建设产生积极影响
	全息系统建构形象	1. 全息课程建设得到校内外相关人员的高度认可，大课程建设形态与成效获得业内外人士的高度认可 2. 全息课堂建设取得明显成效，课堂上全球学习格局的建设得到同类学校和专家的高度认可 3. 学校以课程课堂改革实现"轻负高质"育人的形象得到广泛认同
学校综合贡献	中国贡献	1. 100%的学生具有中国立场和中国自觉，形成中国文化自信、政治自信和道路自信 2. 95%以上的学生具有为国贡献的意识、行为与能力，并体现在日常生活与学习的点点滴滴中 3. 为我国中学教育走出困境、提高可持续发展的育人质量提供改革策略和案例 4. 为我国中学教育的高质量公平发展提供改革经验和范例

续表

第一级评价内容与指标	第二级评价内容与指标	第三级评价内容与指标
	世界贡献	1. 90%的学生认同并坚守全人类共同价值 2. 90%以上的学生具有人类命运共同体意识与情怀 3. 95%以上的学生知晓并认同人类文明新形态 4. 学校开设的国际理解课程或全球胜任力课程扩展了学生视野，提高了学校参与全球中学教育的意识与能力 5. 为世界一流中学提升可持续育人质量贡献了中国的教育智慧，提供了具有全球推广价值的多样化成果
学校可持续发展能力	生态效益	1. 学校形成了低成本高效益的"轻负高质"办学的价值观念与运行机制，在较大程度上实现了"轻负高质"的办学行为 2. 90%以上的学生在学校里具有"轻负高质"的体验，具有学习的幸福感和成就感，对今后的学习与生活充满信心和期待 3. 85%的教师没有职业焦虑感，而是拥有职业幸福感、成就感和自豪感
	改进能力	1. 学校具有根据全面质量思想和新时代"全人"培养需要不断进行反思和改进的机制和措施，并在不断改进中获得新发展 2. 90%以上的学生具有主动反思的意识与能力，能在本我素质、社会素质和生态素质等方面不断超越自我 3. 95%以上的教师能够根据新时代"全人"的培养需要主动反思自身的可持续育人质量，并能根据反思结果主动改进和超越自我
	改革潜力	1. 学校具有持续改革的动力、措施与能力 2. 学校能通过全景德育、全息课程和全息课堂的不断优化促进"育分"与"育人"的有效整合，不断提高可持续发展的育人质量 3. 90%以上的教师具有研究与改革的意识与主动态度；85%以上的教师具有研究、建构和优化全景德育、全息课程与全息课堂的能力

其次是整体评价的内容与指标。世界一流中学的整体评价内容与指标是综合上述分项评价内容与指标形成的，它更注重办学条件、办学过程与办学结果在整体上显现出的可持续发展思想以及全景时空、全息系统体现出的中国属性与全球学习格局。处于不同创建阶段的学校可以选用不同的评价内容与指标，但无论选用何种评价内容与指标，都必须凸显出世界一流中学的特殊性，都可参照如表 7.10 所示的矩阵细化评价内容与指标。

表 7.10　世界一流中学整体评价的内容与指标矩阵

第一级评价内容与指标	第二级评价内容与指标	第三级评价内容与指标
办学条件	外部环境	□全面质量思想□新时代"全人"□可持续发展□中国属性与全球格局□"三全"育人□中国贡献与世界贡献
	内部"软硬件"	□全面质量思想□新时代"全人"□可持续发展□中国属性与全球格局□"三全"育人□中国贡献与世界贡献
育人过程	四个转化	□全面质量思想□新时代"全人"□可持续发展□中国属性与全球格局□"三全"育人□中国贡献与世界贡献

续表

第一级评价内容与指标	第二级评价内容与指标	第三级评价内容与指标
	三个进步	□全面质量思想□新时代"全人"□可持续发展□中国属性与全球格局□"三全"育人□中国贡献与世界贡献
办学结果	学生质量	□全面质量思想□新时代"全人"□可持续发展□中国属性与全球格局□"三全"育人□中国贡献与世界贡献
	学校质量形象	□全面质量思想□新时代"全人"□可持续发展□中国属性与全球格局□"三全"育人□中国贡献与世界贡献
	学校综合贡献	□全面质量思想□新时代"全人"□可持续发展□中国属性与全球格局□"三全"育人□中国贡献与世界贡献
	学校可持续发展	□全面质量思想□新时代"全人"□可持续发展□中国属性与全球格局□"三全"育人□中国贡献与世界贡献
整体发展	融合创新育人体系	□全面质量思想□新时代"全人"□可持续发展□中国属性与全球格局□"三全"育人□中国贡献与世界贡献
	中国使命	□全面质量思想□新时代"全人"□可持续发展□中国属性与全球格局□"三全"育人□中国贡献与世界贡献
	世界性"产品"	□全面质量思想□新时代"全人"□可持续发展□中国属性与全球格局□"三全"育人□中国贡献与世界贡献

　　为了引导学校各部门和教师运用上述指标矩阵形成不同阶段的整体评价内容与指标，并运用这些评价内容与指标反思和改进自己的工作，可以编制绩效核查表，对学校办学过程中取得的进展进行综合核查，核查的内容主要包括条件改善和使用绩效、办学过程转化和优化绩效、办学结果进展绩效等。制订办学规划和方案时，要对这三个方面的绩效有明确要求，核查时首先要对照既定目标和评价指标，然后判定是否达成了目标；与此同时，还要分析学校在主体与环境三个层次上的关系质量建设是否有利于促进学生、学校和社会的可持续发展，明确问题所在并据此提出改进建议。世界一流中学办学质量绩效核查表的内容框架如表7.11所示。

表7.11　世界一流中学办学质量绩效核查表的内容框架

核查维度	核查内容、目标和评价要点	核查结论					核查结果分析	问题与建议
		1	2	3	4	5		
办学条件改善和使用绩效	学校环境的改善与利用							
	学校组织建设							
	学校物质条件建设							
	学校文化条件建设							
	办学条件的整体优化与使用							

续表

核查维度	核查内容、目标和评价要点	核查结论					核 查 结果分析	问 题 与建议
		1	2	3	4	5		
办学过程转化和优化绩效	把办学条件转化为"全景""全息"资源							
	把教育素材转化为全景德育、全息课程和全息课堂							
	把育人活动转化为新时代"全人"素质的完整发展							
	"三全"育人体系的整体建设							
办学结果进展绩效	学生质量发展目标							
	学校质量形象发展目标							
	学校综合贡献能力发展目标							
	学校可持续发展能力目标							

第五节　办学诊断与持续改进

世界一流中学的办学诊断，是根据可持续育人质量的提升要求和推进一体化改革的需要，对办学条件、过程与结果进行分析，发现其优势与不足的过程。世界一流中学建设是一个持续不断的过程，在这一过程中，需要参照办学质量评价内容与指标的整体框架研发诊断指标，根据诊断结论提出改进措施并不断改进。在诊断世界一流中学的办学情况时，要聚焦于可持续育人质量这一核心，对办学规划的理解、执行、成效和改进方案等关键节点进行分析和判断。

一、对可持续育人取向的诊断与改进

为了诊断学校是否在办学过程中始终坚持促进新时代"全人"可持续发展这一价值取向，以及学校建构的"三全"育人体系能否促进学生、学校和社会可持续发展，本研究团队和学校、学生、家长、主管部门、社区、专家学者等协商，提出了学校可持续育人取向的诊断指标并进行了实践。世界一流中学可持续育人取向的诊断与改进框架如表 7.12 所示。

表 7.12　世界一流中学可持续育人取向的诊断与改进框架

诊断主题	在"三全"育人体系建设与优化中是否落实了可持续育人取向					
诊断指标描述	1．学校秉持的全面质量思想和着力提升的可持续育人质量有利于引导师生、家长、所在社区、专家学者等共同关注和支持全体学生本我素质、社会素质和生态素质的完整发展 2．学校建构的全景德育、全息课程、全息课堂有利于促进办学条件质量、过程质量与结果质量等整体关联、动态平衡地协调发展，能持续提高办学效益与质量潜能 3．"三全育人"体系的建设与优化有利于促进学校全体师生坚持把办学条件转化为系统性的办学资源，把校内外教育素材转化为系统性的教育内容，把教育活动转化为学生可持续素养的发展过程，把办学难点转化为质量改进资源的教育教学改革理念与实践 4．"三全育人"体系的建设与优化有利于全体师生坚持新时代的学生质量、学校质量形象、学校综合贡献和学校可持续发展能力螺旋共生的办学结果质量观念与实践改革追求 5．"三全育人"体系的建设与优化有利于办学相关方进行整体规划，利用学生的全部生活经历丰富促进自身完整发展的功能					
分析对象与诊断标准	评估办学规划及其实施过程中所体现的质量思想、育人定位、实践行为、评价内容与指标是否符合可持续育人理念					
	优秀		合格		待完善	
	1．体现上述所有指标的全部要求 2．可持续育人的价值追求体现充分，在质量战略中具有统摄作用 3．体现中国特色和世界一流、全景时空和全息系统等建设的基本要求		1．体现两个关系层次上的指标要求 2．体现可持续育人的价值取向 3．关注中国特色和世界一流、全景时空和全息系统等建设的基本要求		1．未体现上述指标要求 2．可持续育人的价值追求体现不明显 3．在中国特色和世界一流、全景时空和全息系统等建设上缺乏系统性	
	分析办学条件、全景德育、全息课堂、全息课程、教师队伍建设等是否落实了可持续育人质量的追求					
	优秀		合格		待完善	
	1．体现上述所有指标的全部要求 2．各实践板块都体现可持续育人质量的追求与全面质量思想 3．各实践板块在质量建设上具有整体关联、动态平衡、协调发展的关系		1．体现两个关系层次上的指标要求 2．2/3 的实践板块体现了可持续育人的价值取向，能在一定程度上落实全面质量思想 3．各实践板块基本上体现了一体化设计的质量建设思想		1．很少关注关系质量建设的要求 2．可持续育人的价值追求体现不明显，与全面质量思想脱节 3．各实践板块中的质量观念缺乏一致性	
诊断主体、结论与简要说明	诊断主体	学校	家长	主管部门	社区	第三方	综合结论
	诊断结论						
	简要说明						
改进建议						
学校意见						

　　根据以上框架，结合世界一流中学的建设要求，我们邀请家长、社区、第三方（这里指"北京明远教育研究院"）等，对学校的办学质量取向进行了评估，其诊断与改进意见（摘录）如表 7.13 所示。

表 7.13　世界一流中学可持续育人取向的诊断与改进意见（2019.12）（摘录）

	锦城一中的质量战略	锦城一中的"三全"育人体系
分析的主要内容	1. 办学定位：创办世界一流中学，做好受益终身的教育 2. 办学思想：连接世界，引领未来 3. 育人理想：培育具有中国根基、世界胸襟的"全人" 4. 校训：为天地立心，为生民立命，为往圣继绝学，为万世开太平 5. 学生成长目标：涵养创造未来的智慧，沉淀行走全球的品格 6. 学生成长理念：在发现世界中发展自己[①]	1. 德育：建设全景德育生态，强化德育过程中的"文化底蕴、未来意识、时代强音、立体发展" 2. 课堂：建设全息育人的课堂生态，强化课堂上的"全体优秀、活态优质、立体优化" 3. 课程：建设全息育人的课程生态，注重"中国脊梁、世界眼光、当下意义、未来价值" 4. 教师：建设研究立教、改革立人的教师发展生态，培养"有信念、有情怀、有本领、高境界、大格局、宽视野"的智慧型改革团队[②]
对标分析	1. 指标覆盖面和实现程度分析：从办学定位看，"创办世界一流中学"，把"世界"作为学校的参照系，具有空间的广阔性，重视了办学系统与办学环境的关系质量建设；"做好受益终身的教育"兼顾了学生的现实状态与未来发展。办学思想中的"连接世界，引领未来"，强化了办学质量的广阔时空，覆盖了关系质量的三个层次。"在发现世界中发展自己"的成长理念，把学生与其所经历的全部生活联系了起来……育人理想、校训、学生成长目标和理念等，全面强化了三个层次的关系质量建设，对四个关系维度的质量发展具有统领作用，指标覆盖面好 2. 可持续发展思想的体现程度与统摄地位分析：锦城一中的学校文化、年级文化和班级文化建设方案，都强调了兼顾现实与未来、中国与世界、学生与社会等整体关联、动态平衡、协同发展的质量思想，并着力强化了学校发展的生态效益与生态潜能等可持续发展思想，且全方位贯穿了学校文化建设的全过程，具有统摄作用 3. 四个关系维度的协同发展思想分析：锦城一中建构的学校精神文化，虽然均从大处着眼于学生的全面发展和卓越发展，但也强化了差异发展、多样发展、潜能发展、长远发展等，从不同侧面对共生与竞争、平衡与失衡、遗传与变异、现实与未来的关系建设提出了要求 4. 需要细化和调整的内容：可根据三个关系层次的内在逻辑，建构更加清晰的精	1. 指标覆盖面和实现程度分析：锦城一中德育、课堂、课程和教师团队建设的战略规划，都明确提出了生态建设的思想、思路与目标，其强调的质量主题词、质量建设目标以及规划的质量建设路径、项目等，都同时兼顾了办学系统与办学环境、办学系统内部各要素、学生与其所经历生活的关系质量建设，强化了"四个转化"的过程性质量与四个方面的结果性质量的协同发展，指标覆盖面和达成度好 2. 可持续发展思想、精神文化与实践文化的统整程度分析：对比分析学校文化建设方案和学校分项战略规划可以发现，学校每一个板块的质量观念都与精神文化中的质量思想呼应，反复强化并渗透了可持续发展思想，统整度好 3. 各实践板块的关系维度与一致性分析：从各实践板块规划的具体内容看，每个实践板块都在不同程度兼顾了四个维度的关系如何落实的问题，各实践板块在质量观念上具有高度一致性 4. 需要细化和调整的内容：对学校组织的可持续发展质量凸显不够；在教育研究课题的设置上，对如何建设不同层次的关系质量研究不够；"四个转化"的过程性质量还可进一步强化

---

① 杨斌. 走向远方：成都金苹果锦城第一中学战略规划［M］. 成都：四川教育出版社，2018：1—26.
② 杨斌. 走向远方：成都金苹果锦城第一中学战略规划［M］. 成都：四川教育出版社，2018：27—313.

续表

		锦城一中的质量战略	锦城一中的"三全"育人体系
		神文化表述体系；对精神文化的诠释，也可进一步强化三个关系层次与四个关系维度的内涵指向	
评价结论与简要说明	学校	学校领导班子、各部门、年级组、教研组能从学校精神文化中领悟到三个关系层次上强化的可持续育人思想，能以学校精神文化为指引，形成本组织和全体师生的生态质量观，普遍认可学校精神文化表达的质量思想。98%的师生的评价结论为优秀	学校各组织和师生认同各实践板块所体现的可持续发展思想，也能从实践规划中读出本部门或本人在三个关系层次和四个关系维度上应秉持的基本质量观念并高度认同。95%以上的师生的评价结论为优秀
	家长	绝大多数受访家长赞同学校的质量思想，认为学校确立的质量思想有利于学生的长远发展，赞同学校对家长和家庭教育的质量期望。97.5%的家长的评价结论为优秀	绝大多数受访家长认同学校各实践板块的质量追求，赞同学校对家长的质量要求。96.7%的家长的评价结论为优秀
	社区	社区组织赞同学校盘活社区资源，努力实现社区与学校资源共建共享的思想，认同学校对社区提出的营造可持续质量发展氛围等质量建设主张，对学校精神文化的评价结论为优秀	社区赞同并支持学校利用社区资源开展教育教学活动，非常认同并欢迎学校和社区共建高质量综合实践课程，对实践质量观的评价结论为优秀
	第三方	北京明远教育研究院的专家团队认为，锦城一中的质量思想符合生态理念的基本要求，可持续发展的价值取向明显，精神文化中的核心主张能体现出学校在三个关系层次和四个关系维度上的质量追求，能引导办学各方树立和形成基于生态理念的办学质量观和评价观，评价结论为优秀	北京明远教育研究院的专家团队认为，锦城一中各板块的实践规划与学校文化建设方案匹配度高，渗透的质量观念具有鲜明的生态站位，符合新时代立德树人的基本要求，有利于引导师生和办学相关方在具体实践中形成可持续发展观念，评价结论为优秀
改进建议		1. 精神文化中的不同表达更能聚焦于关系质量，更能体现办学质量三个关系层次上的关系质量建设特征，以建构更能体现办学质量生态建设要求的精神文化体系 2. 各实践板块渗透的质量观念可进一步强化条件性质量、过程性质量与结果性质量中的生态性要素，突破不同质量板块在建设质量生态方面的难点	
学校意见		学校认同相关方的诊断结论和上述分析，全体师生在充分讨论后决定：①以建设优良的办学质量生态为重要任务修改和完善学校精神文化，以丹尼尔的"文化本身是为人类生命过程提供解释系统，帮助他们对付生存困境的一种努力"① 的观念，体现整体关联、动态平衡等生态理念，强化精神文化的生态属性，以此凸显关系质量建设的三个层次和四个维度；②进一步强化可持续发展的价值观念对精神文化和实践规划的统领作用；③进一步强化"四个转化"和"四方面质量"在实践规划中的分量	

二、办学规划的诊断与改进

为了促进办学规划的有效实施，在诊断和改进时可强化理解、执行和结果三个

---

① 贝尔. 资本主义的文化矛盾 [M]. 赵一凡，译. 北京：三联出版社，1992：24.

方面。

（一）办学规划的理解情况诊断与改进

首先，诊断办学规划的理解质量。一是全主体全视域。在理解主体上，主要取决于办学相关方是否都理解了学校的办学战略，即理解主体的覆盖面大小；在内容的理解上，是否兼顾了可持续发展、全景时空和全息系统要素，是否明确了质量思想、育人定位、质量目标与任务以及办学条件、办学过程与结果等因素。二是理解的深度，即是否从明白做什么、怎么做到读懂为什么做这些、为什么这样做等。三是明晰创造的空间，即办学相关方在明确规划、方案、实施地图中规定的统一标准和要求的基础上，能否读出自己可以发挥个性潜能的创造性空间，也就是自身还可以怎样做得更好的相关内容，促进统一发展与个性发展的有机结合。根据"三全"育人体系、评价内容的相关构成，本研究团队与学校、家长、社区、主管部门和北京明远教育研究院协商后，确定了相应的诊断框架，根据诊断框架，邀请锦城一中师生、家长及所在社区等对办学规划与方案的理解情况进行了诊断。除了分析学校开展的各类办学规划的解读与转化活动，还对师生、家长和社区代表进行了访谈。

（二）办学规划的执行情况诊断与改进

理解办学规划的目的，是为了进一步提高办学规划的执行质量。影响执行质量的关键因素是信息交换、资源整合与资源转化。本研究结合世界一流中学的发展特点和规划实施的主要内容，形成了相应诊断框架。根据诊断框架，本研究团队对学校、家长和社区进行了调查，结合这些方面的记录和对学校教育教学活动的观察，对学校执行规划的情况进行了诊断，形成了诊断记录。

（三）办学规划的实施成效诊断与改进

诊断办学规划的理解、执行情况，其重要目的是提高规划实施的成效。诊断规划实施成效的关键，是分析和判断学校在实施办学规划一段时间后，是否优化了办学的内外生态，是否促进了新时代"全人"素质的完整发展。本研究结合结果性质量的四个方面，确定了相应的办学规划实施成效的诊断框架。

根据诊断框架，本研究团队与学校、家长、社区、主管部门、北京明远教育研究院协商，除了诊断学业分数与各类获奖，还通过调查等方式，对办学规划实施成效进行了诊断。

三、办学规划与实施的改进方案诊断和完善

世界一流中学通过诊断促进改进的关键主要集中在战略、组织和改革三个方面。战略诊断和改进，是通过审视学校确定的办学质量思想、规划、方案和实施方案等是否具有可持续发展的价值追求，能否促进"三全"育人体系的持续优化，全景时空和全息系统是否具有可实践性和可操作性等，并据此提出办学规划与实施的改进建议。组织诊断和改进，是通过诊断分析学校内外组织生态的建设是否有利于推动可持续育人质量的发展，能否提高全景德育、全息课程和全息课堂的建设水平，并最终提高学生、学校和社会发展的可持续发展潜能等，并据此提出组织生态建设的改进建议。学校改革的诊断与改进，是通过诊断分析学校推动的整体改革是否有利于创建世界一流中学，能否促进学生、学校和社会的可持续发展等，并据此提出学校整体改革的改进建议。在这三个关键要素中，战略改进是引领，组织改进是保障，改革改进是手段，只有综合上述评价结论和改进意见，从战略、组织和改革三个方面建构办学规划与实施的改进方案，才能从根本上促进学校可持续育人质量不断向前迈进。本研究结合世界一流中学的办学实际，确立了相应的诊断与改进框架。

办学规划与实施的改进伴随世界一流中学建设的全过程。我们在实施办学规划的过程中，不断反思、不断改进，根据不同阶段的诊断结论，形成了不同阶段的改进方案。学校、家长、社区和专家学者等根据框架从不同视角诊断了学校的改进方案。

从总体上看，世界一流中学的办学诊断与改进是依托教师学术共同体和办学质量评价两个核心支撑展开的：诊断与改进内容要依靠教师学术共同体研发和落实，诊断与改进的内容框架要根据办学质量评价内容与指标进行细化。只有两者结合，才能把世界一流中学的内涵、本质、表征、建设原点与改革框架落到实处，才能让"三全"育人体系在办学实践中不断融合，并在提升可持续育人质量方面发挥更大价值。唯其如此，世界一流中学建设才能逐步走向理想样态，"为何建""能否建"和"建什么"等追问才能在办学行动中得以澄清和回答，中学教育的可持续育人困境才能逐步破解，新时代"全人"的培育理想才能逐步得以实现。

| 后　记 |

　　这部书稿的整理工作虽已接近尾声，但我们的研究与实践却还将继续。经过八年多的研究与实践，我们深知创建世界一流中学的欢乐与艰辛。欢乐，是因为我们不断朝着可持续育人质量在迈进，看到了学生的高分数和可持续发展的巨大潜能，并得到了越来越多家长、师生、领导、专家、同行和社会人士的认同。艰辛，是因为我们在探索过程中感受到诸多艰难：世界一流中学为何建、能否建和建什么的争论；对世界一流中学的内涵、表征与建设原点的探讨；可持续育人质量的内涵、表征与"三全"育人体系的建设……有许多认识难以澄清，有许多理论难以深入，有许多实在的问题亟待攻坚。但让我们备受鼓舞的是，全国教育科学规划领导小组办公室、中国教育科学研究院、北京师范大学、华东师范大学和北京明远教育研究院等教育行政部门、教研部门、高校的专家和领导对本研究的支持、指导和鼓励，让我们看到了本研究的价值与前景。特别令我们感动的是，我国著名教育家顾明远先生从一开始就鼓励我们创办世界一流中学，做好让学生受益终身的教育，并为学校专门题词"创办世界一流中学，做好受益终身的教育"。在办学过程中，顾先生多次指导、关心学校发展，并提供了多方面支持。在本书成稿后，顾先生亲自为本书题写书名，叮嘱我们持续探索。顾先生的持续指导、关心、鼓励和支持，既坚定了我们的信念，也给予了我们信心，感谢顾老师为推动世界一流中学建设付出的巨大心血！

　　事实上，我国中学教育所面临的可持续育人困境问题，已经从个别学校的办学困扰扩展至多所学校致力研究的教育公共议题。研究从这一公共议题切入，探讨世界一流中学应该追求怎样的育人质量，追求这样的育人质量应从什么原点出发，应遵循怎样的路径和使用怎样的策略才能到达目标彼岸等问题，由此建构了"三全"育人的实践改革体系。在这一改革体系中，我们将"全人""全景""全息"作为走出可持续育人困境的三把钥匙，以这三把钥匙的相互支撑为骨架，建构了提高可持续育人质量的理论与实践方案，并在持续实践中取得了多方面的成效："育人"与"育分"得到了有机统一，学生的可持续素养在不同方面得到了检验，学校的可持续育人质量得到了多方认可。我们努力探索，不是寻找我国中学教育走出可持续育人困境的唯一答案，而是为我国中学走出可持续育人困境增添一种可供选择的改革方案，其理论也许不够严谨，其实践也许不够完善，但我们的探索却是全力以赴而且持之以恒的。

本书就是我们全力以赴且持之以恒探索的部分成果，这些成果不是从概念演绎出来的，而是在实践中不断尝试后的思考与提炼。作为中学教育工作者，我们的这些思考与提炼也许缺乏理论高度，但它却是指导我们实践的有用理念；构建的实践体系也许不够系统，但它却在推动学校持续改革。我们珍惜全体师生在实践中探索出来并通过实践检验的这些成果，所以将其整理出来，献给所有致力建设世界一流中学并力求为我国高质量教育体系做出贡献的同人们。

为了整理我们的改革成果，不少教师付出了辛勤劳动。本书第一章由杨斌、张伟、莫芮、王东、杨泽海整理，第二章由杨斌、张伟、莫芮、雷国亮、黄悦、罗丽容整理，第三章由杨斌、张新民、何刚、荣彬、王东、杨泽海、雷国亮整理，第四章由何刚、黄悦、唐杨、黄晓芳、罗勇、张宇、陈玉芳、蔡远林、杨钧文、胡正云、张菱芮、梁佳斌、张玲莉、李海燕、刘欢、王德俊、梁滔、邱鹏、刘思贝、晏学渊、欧林阳等整理，第五章由张新民、荣彬、罗丽容、莫芮、王明为、匡全伟、李刚、邱声誉、曹永伟、李婧雯、余灵、李海燕、付雪、王强强等整理，第六章由张新民、周密、程瑜、李滔、杨帆、陈芃、朱莉、汤勇、晏学渊、周泽彬、欧林阳、史广军、王强强、王龙、付雪、连晋、李杰波、帅必成、陈子斌、葛赛、吴树青、黄薛蓉、焦锐、方志勇、李阳、吴秋园、张迷、甘李、罗婷、周敏、谢琴、敬婷等整理，第七章由杨斌、荣彬、周密、莫芮、程瑜、沈子稚、李帛阳、王金梅、刘倩、易惜阳、李婧雯、彭杰等整理。在此，对所有参与研究与实践改革的教师表达敬意！对在成果整理中付出辛勤劳动的教师致以谢意！

米尔斯告诉我们："基于问题的梳理应该明确关注一系列公共议题和个人困扰，并且应当开启对于情境与社会结构之间因果关系的探究。我们在梳理问题的时候，必须搞清楚在所涉及的困扰和议题中，真正遭受威胁的都是哪些价值，搞清楚是谁在奉行这些价值，他们又受到了哪些人或哪些事的威胁。"① 毋庸讳言，当前我国中学教育的可持续育人价值依旧面临挑战。世界一流中学建设正视了这一挑战，力求聚焦于可持续育人质量探索改革方案。我们看到，富有教育理想的中学教育人都在坚守可持续育人价值，并力求走出可持续育人困境。但挑战这一价值的诸多教育现实也在不断提醒我们：坚守世界一流中学的可持续育人价值并非易事，"三全"育人体系的建设也不可能一蹴而就。无论如何，我们都将正视可持续育人价值受到的各种挑战，坚守可持续育人价值，把这一课题研究持续进行下去，收获属于世界一流中学应有的教育风景。

---

① 米尔斯. 社会学的想象力［M］. 李康，译. 北京：北京师范大学出版社，2017：181.